珍藏本
纪念版

汉译世界学术名著丛书

十八世纪
科学、技术和哲学史

下册

〔英〕亚·沃尔夫 著

周昌忠 苗以顺 毛荣运 译

周昌忠 校

2017年·北京

目　　录

第十八章　动物学 460

十七世纪的生物学家锐意致力于精确描述前人没有细心观察的许多植物和动物。仔细的观察和忠实的描述，成了这些科学工作者的重要职责。可是，为了达到理解现象这个每门科学的终极目标，还需要做更多得多的工作。随着生物学研究材料在十八世纪里迅速积累，生物学家们倾向于产生一种手足无措的感觉，因为缺乏一种总括万殊的图式，可据以有条不紊地整理或理解浩瀚的具体资料。无论动物学还是植物学，首要的必备条件是某种适当的分类体系。早在十七世纪，约翰·雷就已在他的《四足动物方法概要》(*Synopsis methodica animalium quadripedum*)(1693 年)中，提出了一种动物系统分类法；但是，它不能令人满意。只要生物学家们还相信物种的固定性，也许就不可能有一种完全令人满意的分类法。林奈在十八世纪采取的动物分类法也有同样的毛病，但它至少一度证明在某些方面比较有益。不管怎样，这个时期的动物学家满足于那种把他们注意力引向其他问题的系统工作，因此，在解剖学、形态学和生理学等学科的研究上取得了重要进展。甚至对一些哲学的或思辨的问题，例如活力论和机械论的问题，也表现出了相当大的兴趣，虽然它们并未对促进这些动物学家的科学工作提供具体帮助。

一、分类法

林奈

林奈把种作为分类单位。作为物种固定性的信仰者，林奈认为，种是不可变的，种在以往和将来都始终保持同样性质，因此，种是可靠的分类单位。总之，从各种不同的动物种出发，他把它们排列成如下六类：

Ⅰ. 哺乳动物……胎生 ⎫ 血红色且温；心脏有两个
Ⅱ. 鸟……………卵生 ⎭ 心耳和一或两个心室。
Ⅲ. 两栖动物……用肺呼吸 ⎫ 血红色而冷；心脏有
Ⅳ. 鱼……………用鳃呼吸 ⎭ 两个心耳和一个心室。
Ⅴ. 昆虫…………带触角 ⎫ 血冷而无色；心脏没有
Ⅵ. 蠕虫…………带触毛 ⎭ 心耳，有一个心室。

在某些方面，这种动物分类法是错误的，并且就没有区别脊椎动物和无脊椎动物而言，它还不如雷提出的分类法。像对植
461 物一样，林奈在动物情形里也满足于仅仅应用形态特征作为他的分类法的基础；他没有注意动物的内部结构。例如，鸟的性状判别因而就归结为这样几句话："身体长羽毛，两足，两翼，雌鸟下蛋。"

林奈自己看来对他的动物分类法也不完全满意。他没有给这种分类作总的论证，而在他的《植物学哲学》中，为了支持他的植物分类法，则曾这样做过。他在《自然体系》的各个版本中，都对他的动物分类方案作了各种小修改。他也许把它当作尝试性的工作方案，需要在进一步的研究中加以修改。事实证明，它是很有用的：它在很长时间里流行不衰，在十九世纪之前未作过重要修改。

像在植物学情形里一样，在动物学方面，在很大程度上也是仰赖于林奈，纲名双名法才被公认为动物学命名法的一个固有部分。他的《自然体系》第十版（1758 年）公认是动物命名的基础，一如他的《植物的种》之成为植物命名的出发点。

二、形态学

布丰

布丰伯爵乔治·路易·勒克莱克（1707—88）出生在第戎附近。1735 年，他发表了黑尔斯的《植物静力学》的法译本。1739 年，他就任皇家植物园园长。虽然他实际上并不是专业博物学家，但他对皇家植物园抱极大的兴趣，使之成为法国的植物学研究中心。在他当园长期间，这植物园大大扩充，增添了许多外国植物。由于这个功绩，不过更大得多程度上还由于他擅长明白通畅地描述和阐释，他极大地促进了生物学研究的普及；他在生物学史上的地位也许主要就是建立在这上面的。

布丰作为博物学家而驰名，乃得力于他的名著《自然史》，其前三卷出版于 1749 年。这部著作的宗旨纯粹是“记叙一切自然界知识”。这个任务不是一个人所能胜任的。因此，他聘请了许多合作 462
者。但是，即便如此，这部著作还是美中不足，错误所在多有，并且他也未完成全部工作；最后八卷（论述爬行动物和鱼）在 1788 和

1804 年间问世。布丰在世时出版的三十六卷中，第一卷论述一般问题；下面十四卷主要论述哺乳动物，继之是七卷增补卷（包括著名的 *Époques de la Nature*，1779 年）；以下九卷论述鸟；随后五卷讨论矿物。

布丰对自然界的一般看法是概括的和圆通的。他承认，自然现象有一定程度的秩序和规则性；但是，他很不赞成坚持不懈地努力，试图去发现一个硬性的分类体系，把自然现象都一一对号入座。他认为，一切分类都是人类想象的发明，而不应当过于认真看待它们。如从这种态度可以料想到的那样，布丰最终拒斥了物种固定性的观点。他认为，一个物种只不过是相似的和相互能育的个体的演替，而并无权要求不可变性。他倾向于认为，他所知道的两百个四足动物种可能是仅约四十种原始类型的后代；换言之，他已准备承认新物种的可能起源。后来，他甚至还不太认真地认为，一切脊椎动物都是同一祖先的后代。

布丰对比较植物和动物时硬性划界也很反感。他拒斥绝对划分动物和植物的观念。他倾向于认为，它们都由"有机分子组成"，而这些分子通过组合成各种团块而产生新的个体。事实上，他在一定程度上倾向于自然发生说。

在这一切问题上，布丰显然同林奈及其后继者的观点相对立。很可能的是，这种对立或许在一定程度上促成了十八世纪生物学从极其狭隘地专门研究系统分类法转向注意其他生物学问题，尤其是形态学研究。

十八世纪生物学对微小生物的形态学研究特别感兴趣。这个世纪实际上已被称为昆虫研究时代。现在我们可以转到考察这个领域的一些主要研究者。

列奥弥尔

勒内·安托万·费尔肖·德·列奥弥尔(1683—1757)出生于拉罗歇尔,1703 年到巴黎大学攻读数学和物理学,1708 年当选为巴黎 463
科学院院士。他的活动很多,并涉及各个不同方面。他研究和促进了法国的工艺和制造业,他的卓著名声维系于一种温标。本书前面各章已多次提到他的工作。但是,他的最大科学贡献在于他那六卷本《昆虫史研究笔记》(*Mémoires pour servir àl' Histoire des Insectes*)(巴黎,1734—1742 年)。

图 184—列奥弥尔

列奥弥尔在很不寻常的广义上使用"昆虫"这个术语,包括四足动物、鸟和鱼以外的一切动物。他极其细心而又极富独创性地研究这些低等动物以及它们用以保护自己脆弱身躯的那些令人赞叹的手段。因此,他的许多描述性记叙,比如对毛翅目蠕虫、中国条纹蛾的蠋和蜉蝣的说明,至今仍为一些这方面的新著录引,只是略作修改,例如 L. C. 米阿尔的《水生昆虫》(*Aquatic Insects*)(1895 年)。

列奥弥尔的科学独创性表现在他采用"诘难大自然"的实验方法(图185)。他并不满足于仅仅照样观察昆虫,而是试图更有成

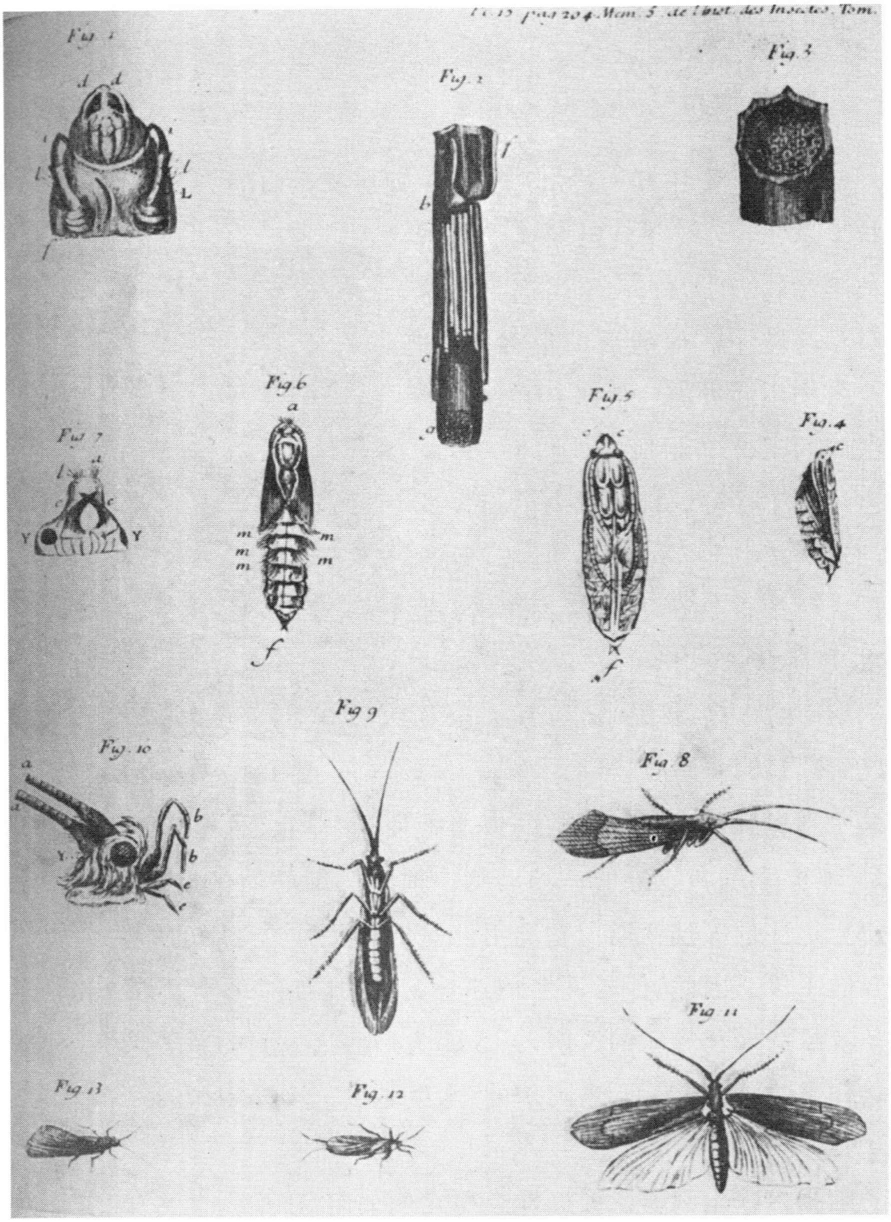

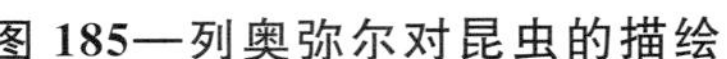

图 185—列奥弥尔对昆虫的描绘

果地观察它们的习性，其方法是安排能表明它们行为的一定条件。例如，为了确定毛翅目蠕虫如何生出它的鞘即壳，他把一只毛翅目蠕虫剥掉壳，放在一个玻璃盘中，内有一些浸泡过水的叶子碎片。然后，他观察，它如何在不到一小时的时间内，利用这些叶子碎片长出一个新的壳。

博内

夏尔·博内（1720—93）出生在日内瓦。父母亲是法国人，为躲避迫害胡格诺派教徒而逃离法国。他是职业律师，因受列奥弥尔著作的激发而从事自然史研究，作为一种业余爱好。

图 186—博内

博内注意蚜虫（树虱），他用类似列奥弥尔的实验方法进行研究，而事实上这个研究课题也是列奥弥尔提示的。他于 1740 年通过隔离新生的蚜虫而证明，一 464
个雌蚜虫能无需受精就产生后代。以此方式（即胎生和孤雌生殖）产生的蚜虫通常在几代里一直是无翅的。然而，后来就产生了有翅的胎生雌蚜虫；最后，雄蚜虫和卵生的雌蚜虫也出现了。这种卵生的雌蚜虫的出生通常在不利条件下发生，它们的卵在能够发育之前必须先受精；卵在春天孵化。

在完成了对分裂生长过程的研究之后，博内研究了水螅和类

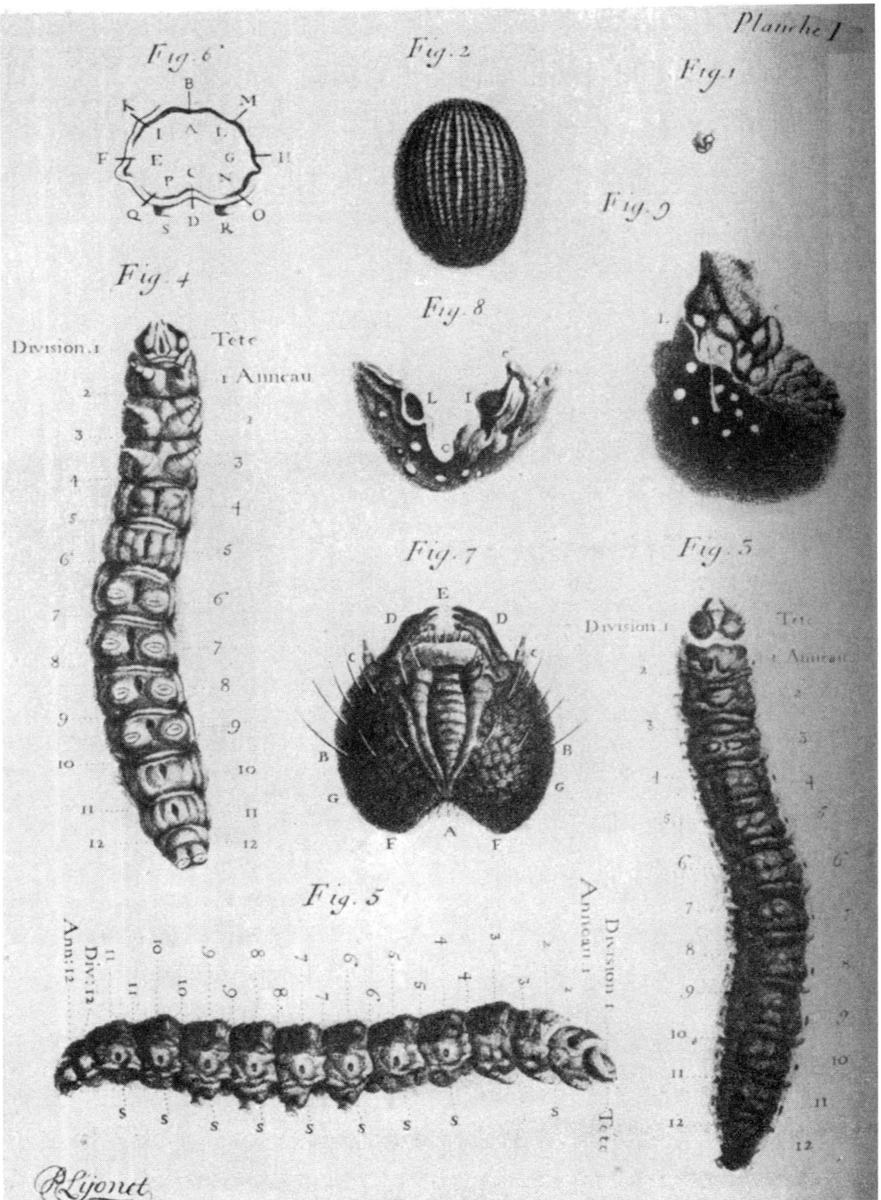

图 187—利奥内的毛虫图解(1)

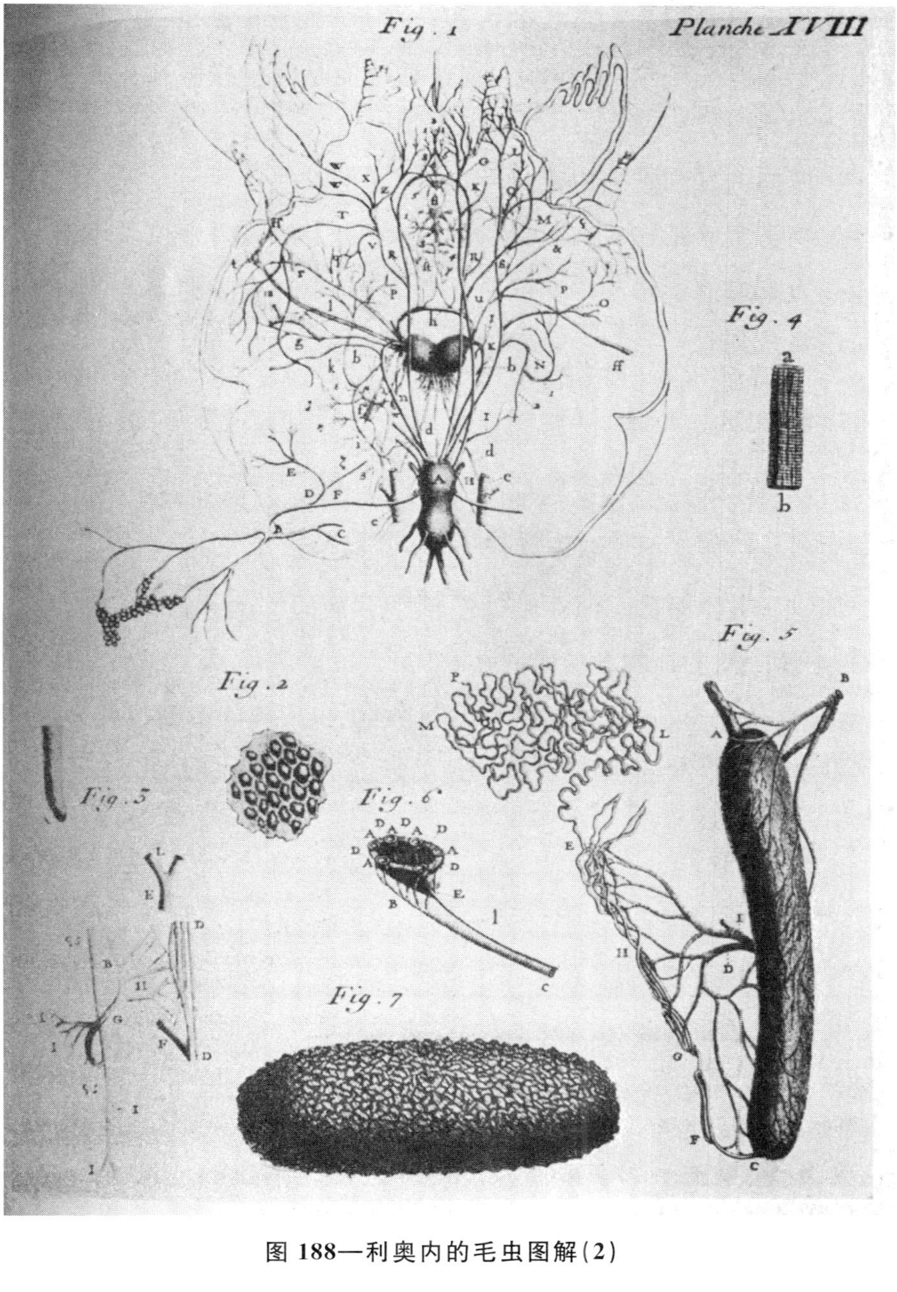

图 188—利奥内的毛虫图解(2)

似动物失去的部分又再生的方式。这是 1741 年的事;1742 年,他研究了蝴蝶和毛虫的呼吸,发现这种功能是由一些微孔完成的(后来称为“气门”)。

博内的发现在当时轰动一时,这也是理所当然的。如果他继续生物学实验工作,那他可能赢得科学史上的重要地位。可惜,他因视力衰退而不得不中止这种工作,转向不切实际的思辨(本章下面还要谈到它们)。

利奥内

像博内一样,皮埃尔·利奥内(1707—89)也是逃离法国的胡格诺派教徒。他从事自然史研究,乃作为业余爱好。他在荷兰政府一个部门任机要译员。他在精微解剖学方面的探索性研究记叙在他的《论使柳树变红的蛹的解剖》(*Traité Anatomique de la Chenille qui rouge le bois de Saule*)(1760 年)。他对毛虫头部的解剖被誉为技艺超群卓绝的手术;他画的图解同他的解剖一样出色(图 187)。

德热尔

夏尔·德热尔(1720—78)出生在瑞典,但他有荷兰血统。他在乌普萨拉和乌德勒支攻读生物学,深受林奈影响。1752 年,他发表了继承列奥弥尔同名著作的《昆虫史研究笔记》。林奈的影响体现在他的比较简明的命名法上。他的描述明白而又准确。

罗森霍夫

奥古斯特·约翰·勒泽尔·冯·罗森霍夫(1705—59)是尼恩

贝格的一个微画家。在一次访问汉堡时，他考察了乌里安夫人的昆虫画。虽然他未受过生物学训练，但他决定研究昆虫的习性和结构。他把观察结果发表在名为 *Insecten-Belustigungen* 465
(《趣味昆虫》)的一种普及性每月评论上，后来这份期刊改为卷的形式印行(1746—1761)。冯·罗森霍夫对昆虫和其他动物的形态和生活史作过大量细致的说明，配有他自己雕刻的丰富的详细图版。他在最后的年月里，以重病之身再也不能从事这个领域的研究，但仍坚持观察朋友赠与的收藏品中的水生生物。正是这个时候，他第一次有机会研究**水螅**即淡水珊瑚虫，它们在当时是个备受瞩目的研究课题，因为它们显得兼具植物和动物的性状。

列文霍克最早于 1703 年研究水螅的本性和幼水螅发生的通常方式。这些研究的结果发表于《哲学学报》(No. 283)，后来贝克和特伦布利继续作了深入研究。

贝克

亨利·贝克是个书商。他对水螅做实验研究，是为了"在人类面前展现造物主惊人力量的一个新证例"；他在 1743 年发表了《珊瑚虫自然史》(*A Natural History of the Polype*)，说明了水螅的各个不同的种、发现它们的地点、它们的惊人生殖力和生长力、它们攫食的方式以及各个部分朝向成为完善珊瑚虫的每日进展。贝克用他的显微镜观察四种水螅。其中两种是特伦布利从海牙寄给他的；另两种是在英国采集的，呈草绿色。他详细说明了水螅的自然营养再生，描述了它们生产幼水螅的方式。

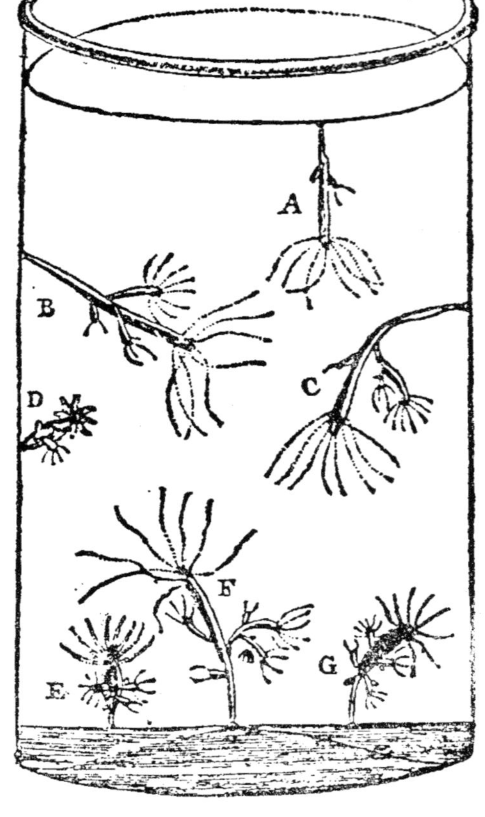

图 189—贝克对珊瑚虫的描绘。悬在上面的是幼珊瑚虫

“它们中没有交配的现象，也没有性的差别。……幼水螅从亲代侧边产生，呈很小的瘤或突出物的形状……它们变长……长成完善的珊瑚虫，同亲代分离”。(上引著作，p. 49)

特伦布利

亚伯拉罕·特伦布利(1700—84)在 1744 年发表了他的《淡水珊瑚虫属史研究笔记》(*Mémoires pour servir à l'Histoire d'un genre de Polypes d'eau douce*)。不过，他对水螅的研究要比这早得多就开始了。同特伦布利保持通信联系、收到过他寄赠的水螅的贝克，早在 1739 年就已告诉我们：“这
466 位富有独创性的先生在寻找水中微小生物时发现了珊瑚虫；由于观察到它有些方面像植物，在另一些方面像动物，因此，他把它切成几块，以判定它究竟是动物还是植物……结果发现，每一块都变成一个完善的珊瑚虫体……他根据这现象本来会得出结论：它是植物……可是，他发现，它形状变化不定，位置游移不驻……捕捉

和吞食昆虫和蠕虫敏捷……这些使他毫不怀疑，它是动物。由于这些发现，他自那时以来又做了各种各样实验。”（*A National History of Polypes*，p. 4.）

特伦布利的实验确凿地表明，一个水螅可以切成一块一块，而每一块都能长成一个新的完全的个体。他还观察了通过出芽的自然再生和产卵。他相信，卵生产新的个体，但是，支持这种信念的证据尚不足以使他确信：他接受的这个观念不止是个尝试性假说。

三、胚胎学

胚胎学的基础早在十七世纪就已奠定。哈维已率先尝试根据他自己的观察结果进行个体发育重要分析。他的发育理论（后来称为“渐成论”）是说，新的个体通过渐次的增长过程发育。稍晚，马尔比基也根据观察教导说，胚的原基在卵中就已发现存在，发育仅仅是渐次的膨胀和业已形成的东西的展开。这种“预成”说主宰胚胎学达一百多年之久，直到十九世纪才受到批驳。

哈维使 Ex ouo omnia〔从卵开始就已具体而微〕这句格言盛
传一时，被公认适合于大多数动物。德格拉夫发现所谓的哺乳动 467
物卵，这使哺乳动物也向这格言看齐，取消了亚里士多德的繁殖观念。德格拉夫明确否定了亚里士多德的观点，即胚是雄性单独的产物，而母亲只不过提供营养和保护。为了支持自己的论点，德格拉夫援引了许多后代和母亲相像的事例。这一切倾向于突出卵，不适当地强调了卵在产生新一代中的作用。上述博内之发现蚜虫

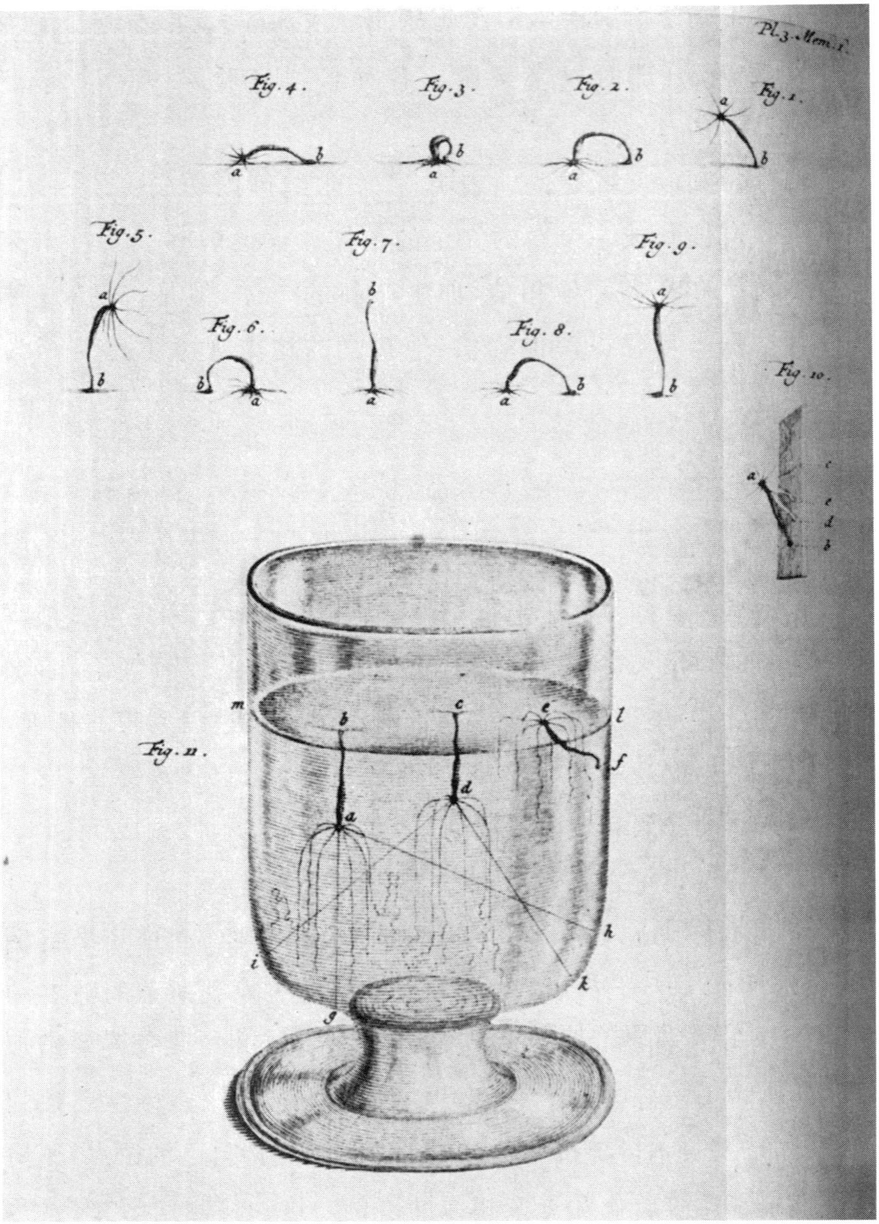

图 190—特伦布利对珊瑚虫的描绘

的孤雌生殖，在十八世纪下半期里也未削弱这种趋向。事实上，倒可以说，这再好不过地导致推翻精源说者以及卵原论者占居主宰地位。

洛根

另一方面，列文霍克之在1677年发现精子，致使许多人转向相信一个古代观念：这些东西可看做为完全的种子。据认为，在受精时，后代结构的胚芽所在的这种雄性种子，只是被传递到母体或某个外部地方，而它可以从那里获得营养和保护。詹姆斯·洛根在1747年撰写的下述一番话证明，这种观点广为人们采纳以及预成说也为人们接受。"既然生殖问题现在陷于不可克服的困难，既然一切解释方法……最终发现都是有问题的，那么，为什么我们不能认为，大自然本身就指明了事情的全部过程，尤其在形成区别于种子其余部分的种子物质方面呢？也就是说，为什么我们不能认为，花粉为此目的被托付空气，它可以从空气得到这种预先存在的、已完全形成的小种子或小植物呢？"

"这种解释生殖的方法也许并不仅仅局限于植物；它可能同样有理由适用于每种生物的繁殖。"洛根援引佩罗和沃拉斯顿的话，继续写道："凡世界上有的生命(植物和动物)，最初都以完全形态的雏形或其原始原基存在；这样，随着被覆一种类似泥土的物质，它们日益生长壮大。生殖无非就是把这要素置于雄性种子之中，它在那里获得一种类似泥土的性质……，恰当地把它传交一个合适的子宫，它就能在其中生长壮大。"(*Experiments and Considerations on the Generation of Plants*，1747，p. 33。)

468 米勒

再早一些年，菲利普·米勒在《园艺师辞典》(*Gardener's Dictionary*)中综述了一切已有的植物生殖知识；通过比较，他对动物生殖知识的现状提出了一些中肯的意思。他写道："显而易见，为了使果实完善，必须由花粉或雄性花粉给花的胚授精；可是，授精是怎么或在什么中进行的问题，我们现在只能作些猜测，因为在动物生殖问题上，我们最伟大的博物学家们意见分歧很大，他们中也没有人能确定授精的具体方法。"他在另一处写道："至于传粉致使结实的方式，杰弗罗伊先生提出了两种见解……雏形植物据认为包含在种子之中，只待适当的液汁来展现它的各个部分，使它们生长。

"第二种意见是，雄性植物的花粉是新植物最初的胚原基或种子，它无须什么就能使新植物生长或展现，不过我们发现，在种子或卵的胚中已有一个合适的带液汁的胚窝。

"可以注意到，这些植物生殖理论都带有同下述两个动物生殖理论的严格类比。这就是，幼仔在精子之中，仅仅需要子宫的液汁滋养，使其展现；或者，卵包含幼仔，只需精子来激发发酵"(米勒：*Gardener's Dictionary*，1731)。

沃尔夫

卡斯帕尔·弗里德里希·沃尔夫(1733—94)约在十八世纪中叶从事胚胎学研究。1759年，他发表了《发生理论》(*Theoria Generationis*)，1768年发表了《论肠的形成》(*De Formatione Inteisti-*

nis)。这部“我们所拥有的科学观察的最伟大杰作”乃是他对胚胎学的最重要贡献。在这两部著作中，他都采取反预成论的立场。他证明了，植物和动物的发育都是通过未分化物质的分化而进行的。他对小鸡的肠的发育的阐释，提供了渐成论最鲜明的证据。可以设想，沃尔夫不抱任何证明或否证某特定理论的观念而进行的工作，应当立即产生影响。然而，一些环境因素共同妨碍它产生影响。沃尔夫的著作直到 1821 年才广为人们所知，那年，J. F. 梅克尔把它译了出来，梅克尔充分认识到其重要意义。

哈勒尔

沃尔夫的工作所以遭到冷遇，原因之一是当时两个最有影响的生物学家反对他的观点。哈勒尔激烈反对沃尔夫，站在预成论者一边。哈勒尔以其杰出的生理学才能而声名卓著，影响所及遍 589
于生物学一切其余分支。他相信，有理由推断，如果具备更有力的显微镜，那么，看来是未分化的组织将可发现，原来具有器官的结构。

博内

如上所述，博内因眼力不济而不得不停止生物学实验研究时，他转向注意哲学思辨。他的思辨观念中，最有名的是他的预成论或“囊包”理论(emboitement)。按照它，每个雌性都包含其一切后代的原胚基，可以说，每一代都包容在其前代之中。如果这样的话，那么，动物每个种的第一个雌性便必须被认为包含着这整个物种的命运。哈勒尔的影响加上博内对预成论毫无保留的支持，促使它成为十九世纪之前的公认学说。

四、生理学

在伯尔哈韦及其追随者的影响下,十八世纪生理学以视野愈趋广阔和观点越来越多面化为特征。它不局限于生理过程的纯粹物理、纯粹化学或纯粹解剖学等方面,而致力于考虑一切同理解生理过程有关的东西。此外,在施塔耳的带领下,反对笛卡尔的观念,后者认为,动物机体(包括人体)仅仅是自动机或机器;如果想理解生命有机体的自我保护,就必须考虑灵魂,这一点已被认识。

哈勒尔

十八世纪生理学最杰出的人物是阿尔布雷希特·冯·哈勒尔(1708—77),他一直被奉为"实验生理学之父"。他先后在蒂宾根和莱
470 顿学习,在那里受到伯尔哈韦和阿尔比努斯的影响。他还访问了英国和法国的各个解剖学派。1736 年,他就任当时新建立的哥廷根大学的解剖学、外科学和植物学教授。那里不受既存传统牵制,因此,他放手按自己的方式发展医疗系。他最重要的著作是八卷本《人体生理学原理》(*Elementa Physiologiae corpo-*

图 191—哈勒尔

ris humani)，第一卷于 1757 年问世。它标志着生理学史的一个新时代。哈勒尔的主要兴趣在于人体生理学，他对这个研究领域的贡献，放在下一章论述十八世纪医学史时考察，更为合宜。不过，他的影响波及整个生物学领域。哈勒尔方法的特征是，始终试图完整描绘生物，因此，他举例说来不把解剖学同生理学相脱离。

作为哈勒尔生理学实验工作的一个例子，我们可以提到他平息当时就呼吸机制进行的一些争论之一的方法。同时代人中，有些人认为，呼气过程是胸膜腔中空气的压力引起的。哈勒尔用一个实验检验这种观点。他打开一个在水下的动物的胸膛。在水中没有看到气泡。这表明，肺和胸腔壁之间的胸腔中没有空气，因此，呼气不能用所提议的方式来解决。

列奥弥尔

列奥弥尔对消化研究作出过一个重要贡献。关于列奥弥尔的工作，我们在本章和以前几章都已提到过。消化问题在十七世纪就已引起注意。范·赫耳蒙特和医学化学家把消化解释为一种发酵过程，而所谓的医学物理学家则用物理学来解释消化，实际上以之解释一切生理过程。列奥弥尔对整个动物消化问题作了严格的实验研究，在他于 1752 年发表的《论鸟的消化》(*Sur la Digestion des Oiseaux*)中记叙了他的研究。列奥弥尔从这样的思想出发：消化过程中胃里食物的变化可能以下述三种方式之一引起。(1)单纯的机械摩擦或研磨；(2)某种腐化或腐烂作用；(3)胃中分泌的液汁的化学作用所引起的某种溶解。他然后用实验检验这些 471 相竞争的假说。他取一些小金属管，给它们充以各种食物，再用精细的格栅把它们两端封闭。然后，他引诱一头鸢吞下这些管子，利用鸢那人所共知的习性，即它的胃排斥不能消化的东西。这些金属管子重又得到后，列奥弥尔经过检查发现，肉和骨已部分溶解（虽然它们得到过防研磨的保护），然而，植物性食物却未受影响。并且，金属管内除了包含部分消化的食物而外，还有一种黄色流体，味道又酸又苦。下一步便是研究这种胃液。为了取得足量胃液，列奥弥尔在金属管内放进一些海绵块，让它们在管子被吞下后到胃里吸收胃液，等管子退出来后又可把胃液挤出。他发现，这胃液使石蕊变红。当把它注入一玻璃器皿中的肉上时，肉溶解了一点，但没有腐败，而同样的肉块但没有放胃液时，则腐败了。他还用狗和绵羊做了类似实验。列奥弥尔并未解决整个消化问题，但他发现了一种适合这问题的独创的实验研究方法，发现了胃液的溶解作用，表明了，这种作用跟腐败过程判然不同。

图 192—斯帕兰扎尼

斯帕兰扎尼

拉扎罗·斯帕兰扎尼（1729—99）把列奥弥尔的消化工作推进了一个阶段。斯帕兰扎尼是修道院院长，还先后任勒佐、摩德纳和帕维亚等大学的教授。他做了大量实验，由此表明，胃液是一种特殊的强力溶剂，它的作用跟发酵或腐败过程判然不同。关于斯帕兰扎尼其他比较有名的生物学贡献，本章还要论述。

黑尔斯

十七世纪化学家已用实验证明，空气是维持生命所必不可少的。洛厄(1632—91)发现了呼吸和血液循环的关系，发现了静脉血和动脉血的差别是由于有无空气引起的，空气和血在肺中接触使暗黑的静脉血变成鲜红的动脉血。黑尔斯用定量方法继续了这些实验研究。“我在估计一个活动物由呼吸……所吸收和固定的空气的数量时，首先把一个高立架或支座放在充满水的容器 xx (见图 193)之中。……在这支座上，我放置那……活动物，然后，用一个倒置的大玻璃筒 $zzaa$ 罩住它。”“我重复了梅奥博士的实验，即看看封闭在玻璃器皿中 472

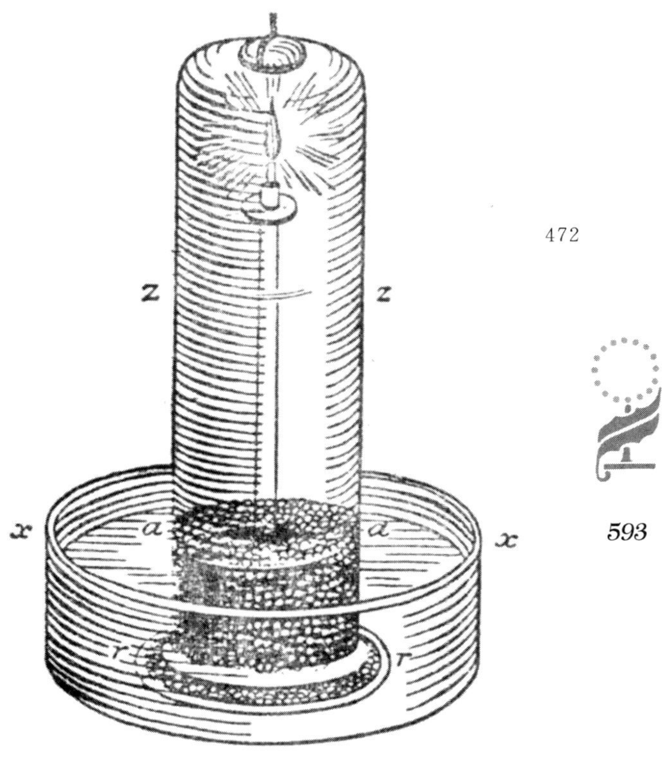

图 193—黑尔斯关于呼吸和燃烧的实验

倒置的玻璃筒 $zzaa$ 用一根绳子悬吊，使它的口在水下 3 或 4 英寸处。用一根虹吸管把空气从玻璃筒中吸出，直至水上升到 aa。当燃烧或呼吸破坏了一部分空气的弹性时，水便上升到 zz，而空间 $aazz$ 表明了弹性被破坏的那部分空气的数量。反之，当支座上的物质产生空气时，水先上升到 zz，而当这水再从 zz 下降到 aa 时，空间 $zzaa$ 便表明了所产生空气的数量。

的动物通过呼吸吸收了多少空气，梅奥发现，一只鼠吸收玻璃器皿中全部空气的 $\frac{1}{14}$。”黑尔斯用一只老鼠做实验发现，“所吸收的弹性空气的数量……超过全部空气的$\frac{1}{27}$，接近一支蜡烛在同一容器中吸收的数量”（*Vegetable Staticks*，1727，pp. 232—33）。黑尔斯本着这个精神还进行了关于血压的定量实验，类似于他关于植物液压的实验。他指出，“好些智士仁人已经……试图估计心脏和动脉中血的力量，但他们都离开真理很远，同时，彼此之间也相去甚远。这是因为，他们缺乏充分的**数据**据以论证。要是这些才华卓著的人更仔细一些……从一系列连贯的适当实验提供他们的知
473 识，来洞察这个问题，那么，他们无疑会获得越来越多适当**数据**，据此便可进行计算，从而使他们大大接近真理”（*Statical Essays：containing Hæmastaticks*，等等，London，1733，Vol. Ⅱ，Introduction）。从下述引文可以看出，甚至黑尔斯也并非总是从他的实验引出正确结论。“我们看到……血液通过肺时远比通过体内其他任何毛细管时为快；我们完全有理由由此得出结论：它主要从它在肺中经历的剧烈骚动获得其热力……因此，也有可能：血液的热主要产生于这种摩擦”（同上，p. 90）。黑尔斯还发现了健康时和患病时血压的变动。这个发现自然地提示了一种新的诊断方式，而这在今天已成为医疗实践的一个常规。

五、自然发生

雷迪（1626—98）在十七世纪就已表明，据说的苍蝇从有机物

质自然发生，可以用这种有机物质中存在其他苍蝇所下卵这一点来解释。他表明，在适当的有机物质样品中，那些暴露着因而昆虫可来访的样品产生了蛹和苍蝇，而那些苍蝇无法飞近叮咬的样品不会产生苍蝇。这些实验使他的许多同时代科学家都相信，至少有些有机体总是从卵产生的，而不是自然发生的。然而，许多人还是接受自然发生的古老信仰。因此，争论仍在继续之中。当显微镜揭示了一个新的生命世界时，自然发生论的支持者找到了支持这种理论的证据。他们争辩说，显微镜使之变得可见的微小有机体是无所不在的，而这只能用它们的**从头开始**而不是**从卵开始**的自然起源来解释。

尼达姆

自然发生说在十八世纪里最重要的捍卫者是约翰·T.尼达姆(1713—81)。他是英国天主教牧师。他做的一系列实验同雷迪的十分相似。他把煮沸的肉汤灌入烧瓶，随即用软木塞盖住，并加封黏胶剂，以防止外来微生物进入。他相信，在煮沸时，必定已把 474
由熬肉汤的肉中的任何微生物都杀灭，并且也没有任何别的微生物进入这肉汤。因此，当打开烧瓶，过了不几天之后，他发现，烧瓶充满生命有机体。他下结论说：这些微生物必定是自然地在这液体中发生的。他用各种有机物质的浸液重复这些实验，始终得到类似结果。他于1748年发表了这些结果。

斯帕兰扎尼怀疑尼达姆实验方法的有效性。他认为，很可能的是，短时间的煮沸未能杀灭全部微生物，有孔软木塞甚至在用黏胶剂加封后，仍不可能阻止外来微生物进入。为了检验这些可能性，他进行了大量实验，实验中采用密封的烧瓶，改变煮沸时间。他发现，把一种浸液煮沸两分钟，并未杀灭全部微生物；事实上，这大约需要煮沸三刻钟；在一个密封烧瓶中的一种浸液如果煮沸足够长时间，那么，只要这烧瓶保持密封，后来就不会产生新的微生物。（参见 *Saggio di observazioni microscopiche* … Modena, 1767。）尼达姆和其他人提出反对，他们认为，延长加热密封烧瓶和内盛物的时间，可能不仅杀灭内盛的微生物，而且也破坏了浸液自然发生新生物的效力或内封空气维持新微生物的效力。这问题要等到十九世纪，才由施旺和巴斯德重新加以研究。

布丰对尼达姆的实验极感兴趣，还提出了一种有机原子论。如上所述，他相信，存在不可破坏的“有机分子”，这些分子以各种形式化合而形成各种生物，当复杂有机体死亡后，它们又重获自由，或者独身存在（如果能用显微镜看到），或者参与其他化合物。

六、解剖学

在哈维发现血液循环的激励下，解剖学的研究在十七世纪下半期取得重要进展。十八世纪继续保持势头，许多解剖学专著问世。黑尔斯在 1727 年撰著时正确地指出：“在不到一个世纪的时
475 间里，对动物机构那惊人优美的结构和本质已作出了一些十分重大而又有用的发现。”（*Vegetable Staticks*, p. i）并且，单纯描述的解剖学最后还补充了比较解剖学，后者看来具有特殊价值。

贝隆在十六世纪已初步开创了比较解剖学研究，他在他的《鸟的历史》（*History of Birds*）（1555 年）中，在相对两页上绘印了一

具鸟骨骼和一具人骨骼的图，用相同参照字母标记这两具骨骼的相应的骨。以解剖学家著称的帕多瓦学派也对比较解剖学作出了一些早期的贡献。然而，这些早期的研究是零星的。十八世纪对这门学科表现出比较持久不变的兴趣。哺乳动物自然提供了用于同人作比较的主要对象。这个时期的解剖学家大都是开业医生，他们主要对人体感兴趣。

阿尔比努斯

伯恩哈德·西格弗里德·阿尔比努斯(1697—70)就是一个这样的开业医生。他在莱顿从伯尔哈韦学习，后来成为这大学的解剖学和生理学教授。他的主要兴趣在于人体的骨和肌肉的结构；他的《人体骨骼和肌肉图表》(*Tabulae sceleti et musculorum corporis human*)是他在这个领域工作的一个永久纪念。此外，阿尔比努斯还造就了许多能干的生物学家，"实验生理学之父"哈勒尔和解剖学家卡姆佩是其中的佼佼者。

卡姆佩

佩特吕斯·卡姆佩(1722—89)一生都在莱顿度过，他以才华横溢而享盛名。他研究了无尾猿的生活史和解剖学，尤其注意那些与人相似的无尾猿，比较了人和它们的结构。他从这些研究得出结论：就猩猩不能直立行走，不能说话而言，猩猩和人之间有巨大的鸿沟。卡姆佩对比较解剖学的其他贡献，包括他对鱼、鲸和爬行动物的研究，尤其注意它们听觉器官的结构，以及他对鸟骨结构的研究。在后一项研究上，他首次表明，鸟骨中包含的空气有助于它们飞翔。

亨特

另一个也从事比较解剖学研究的医生是约翰·亨特(1728—93)。他学业不良,因此,跟一个细木工当了学徒。但是,他还做他哥哥威廉的助手,哥哥是伦敦大学解剖学教师。他成长为一个能
476 干的外科医生。不过,他对动物的比较研究发生了浓厚兴趣,解剖了大约五百种不同动物。他积累了丰富的标本收藏,这些标本用

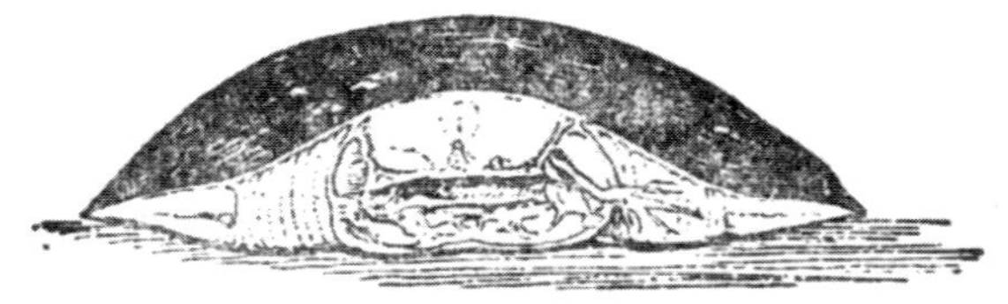

图 194—电鳐发电器的横剖面

发电器由包含电流体的片柱组成

来展示动物各种器官的生物学意义。他最著名的研究包括对电鳐发电器、鸟的气囊和鲸的结构等的研究。(见 *Phil. Trans.*,1773,pp. 481ff.。)1799 年,英国政府买下亨特的收藏,赠与伦敦皇家医学院,成为该院博物馆的主要藏品。

帕拉斯

彼得·西蒙·帕拉斯(1741—1811)出生于柏林,毕业于莱顿大学医疗系。他的学位论文系关于肠道寄生虫。他认为,肠虫是在体外产生的,从外部进入体内。他还研究了植物形动物。他认为,它们是介于植物和动物之间的中介。不过,他最重要的著作是《哺乳动物的新的啮齿动物种》(*New Mammal Species from the*

Rodentia)(1778 年),书中详细说明了他在俄国和西伯利亚发现的许多啮齿动物新种的解剖学和形态学。帕拉斯直接进行比较研究不多。但是,他对一整目脊椎动物各个种的解剖结构的详细描述,却对一门健全的比较解剖学的奠基作出了极其宝贵的贡献。

达齐尔

还有一位以比较解剖学研究享誉的医生是维克・达齐尔(1748—94)。他在巴黎读书和行医。在解剖学研究中,他高度重视适当强调动物各部分间的相互联系,而不是孤立地分别研究它 477
们,以及适当强调对动物各部分作比较研究,而不是单一的研究。他最重要的研究系关于脑,他对脑作了到那时为止(就已发表的而言)最详尽、最可靠的论述。他计划撰著一部广包的巨著《解剖学和生理学论》(*Traité d'anatomie et physiologie*),但到他死去的那一年(1794 年),只出版了第一部分。

居维叶

就某些方面而言,可以说,十八世纪里进行的比较解剖学研究的整个工作在乔治・居维叶(1769—1832)的著作中达到顶峰。不过,虽然他对比较解剖学的第一个重要贡献(即关于化石象及其同现存象关系的研究)是在十八世纪末年发表的,但他的主要工作及其在生物界引起的反响,实际上属于十九世纪。

(参见 W. A. Locy:*Biology and Its Makers*,1928,和 *The Growth of Biology*, New York, 1925; L. C. Miall: *The Early Naturalists*, 1912; E. Nordenskiöld:*The History of Biology*,1929;C. Singer:*A Short History of*

Biology ,Oxford ,1931 ;E. J. Cole :*Early Theories of Sexual Generation*, Oxford,1930,和 *A History of Comparative Anatomy*,*London*,1944。)

第十九章　医学 478

十七世纪下半期，纯粹科学作出的发现中，有许多已证明对于医学发展具有根本性的重要意义。把这些发现纳入医学教学和实践的一个固有部分的任务，是不费容易的。没有一个研究分支比医疗技术更受古老传统束缚的了。敢于引入新方法的医生并不受病人欢迎。

上面已经表明，十八世纪初的生物学家致力于系统整理前人积累的一切知识。在林奈的影响下，分类成为生物学工作的突出特点。虽然生物学的这一方面在这些年来已让位于其他方面，但是还得承认，它是科学发展的一个必要阶段。林奈的分类才智也转向重视医学。像对待其他万物一样，林奈致力于对各种疾病作系统整理的尝试，也显示了他的天才，使他赢得了高于许多先驱的地位。他的“《药物》(*Materia medica*)(1749 年)始终被奉为药物学文献中一部典籍”(B. Daydon Jachson:*Linnaeus*,1923,p. 369)。

医学发展很幸运的是，十八世纪里，一种关于人对他同胞负有责任的新意识觉醒了。人们越来越明白，人的痛苦的减轻，不可能仅仅通过解剖学研究达至。为了理解人体患病时怎么会丧失正常功能，必须知道健康人体如何活动。这样，便发展出了医学知识那个今天得到高度重视的方面即生理学研究。

病人的照料,许多世纪来一直属于各种宗教机构的事情。一所医院最初是在一个宗教团体保护下的一个庇护所;它是一个照料而不是治疗的场所。十八世纪初年,新的治疗疾病的医院纷纷建立。它们最初还算不上保健中心,因为卫生原理还几乎一无所知。人们逐渐地认识到公共卫生和个人卫生的重要性,也认识到空气流通是维护生命的必要条件。这不仅使医院还使城镇乃至监狱成为更适宜人居住的处所。

479 一、临床训练

今天,我们不能设想离开大医院的医学教学。学生在大医院里取得经验,对各种疾病的进程作细心周密的观察和记录。从这种详细的记录,可以确定许多新事实,发明新的治疗方法。十八世纪医学最突出的特点也许是,我们看到,它的一切分支中都越来越需要用于在疾病研究中实施临床方法的设施。

诚然,这种教学方法是在十八世纪发展起来的,但它的基础是在十七世纪中期由西尔维斯在莱顿奠定的。

西尔维斯

弗兰西斯库斯·西尔维斯(即弗朗茨·德·伯厄)于 1614 年出生于汉诺威,在各个学术中心研习了数年之后,最后在四十四岁那年到莱顿大学任医学教授。他在这个职位上出色地工作,直至 1672 年去世。西尔维斯“不仅是个医生和生理学家,而且还显然是个出色的、今天我们所称的化学家”(Foster:*History of Physi-*

图 195—西尔维斯

ology，1924，p. 146）。作为化学家和医生，西尔维斯的工作是杰出的。但是，他作为一个教师的能力和热诚，也许是他对医学的最大贡献。他在 1664 年写道：“我亲手引导我的学生参与医疗实践。我为此利用了一种方法，它是莱顿或许别的地方都闻所未闻的，也即让学生天天去访问公共医院中的患者。我让他们在那里亲眼看到疾病的症状；让他们倾听病人的诉述，询问病人对每个病例的病因和合理治疗的意见以及提出这些意见的理由。于是，我对每个问题都作出自己的判断。当上帝把康复赐予我们下的工夫时，他们同我一起目睹治疗产生的幸运结果；或者当病人无可奈何地向死亡低头时，他们帮助我检查尸体。”（*Epistola apologetica*，1664，p. 907。Withington 英译：*Medical History from* 480
the Earliest Times，1894，p. 312。）

莱顿大学确立临床教学法，并不是采用实践方法教授一门本质上实用的学科的最早尝试。十六世纪时在帕多瓦大学，学生们已偶尔上医院访察病人。不过，及至西尔维斯采用这种方法教授他的学生，它才成为医生训练的一个正规的必要部分。

托马斯·西德纳姆（1624—89）在英国热情倡导必须采用临床教学法。西德纳姆认识到，一个医生为实施疾病治疗所做的最好准备是，了解疾病的一切阶段——研究疾病而不是病人，以及帮助大自然用简单手段实施治疗。

伯尔哈韦

十七世纪晚期，欧洲医学活动的中心重又移到莱顿。西尔维斯在那里牢固确立的临床传统，在赫尔曼·伯尔哈韦身上找到了一个能干而又热诚的倡导者。这位乡村牧师的儿子出生于1668年。他原定去当牧师。但是，部分地由于对斯宾诺莎感兴趣，结果，他对生物学和医学的兴趣甚于神学。直到1714年，伯尔哈韦才主持莱顿的临床教学，虽他讲授医学、植物学和化学已有好几年了。伯尔哈韦在教学上最有名的特点，可能是他对临床方法的发展。他对病人进行富有同情心的治疗；他真诚渴求从自己观察来理解病害和疾病；尤其是，他拒绝接受无论多么吸引人的怪诞学说。这一切激发了病人和学生的信心。伯尔哈韦的热忱感染了他的学生，使他们后来也充满了热忱，终生不懈。他的伟大正在于这里——他激发了一批出类拔萃的学生，经过他们，他影响了十八世纪医学的发展。

图196—伯尔哈韦

伯尔哈韦并未因热心临床教学而忽视解剖学和生理学作为医

学研究基础的重要性；他也没有漠视化学、物理学和植物学等科学的价值。伯尔哈韦是莱顿大学的植物学教授和植物园园长。他大力把植物园用于教学目的。我们发现，他的学生因而坚持认为，在建立新的医学研究中心时，需要设立类似的植物园。

伯尔哈韦写过几篇关于植物学和化学以及著名临床史实的文章，它们被移译成多种语言；另外，还有两部篇幅不大的医学著作《医学教育》(*Institutiones medicae*)(1708 年)和《疾病认识和治疗格言》(*Aphorismi de cognoscendis et curandis morbis*)(1709 年)。这些同他的名著《化学原理》(*Elementa Chemiae*)(1732 年)一起构成了他对科学文献的贡献。

伯尔哈韦声名所系的那些教学方法逐渐地传播到许多其他国家。伯尔哈韦的学生常应邀去欧洲建立或领导医学院校。当哈勒
尔在 1736 年求援创建新设的哥廷根大学医疗系时，他在莱顿和伯 481
尔哈韦那里找到了启示。莱顿大学曾让范·斯维滕放弃在荷兰行医，应玛丽亚·特利萨女皇征召去维也纳侍奉她。他在维也纳大学讲授医学，很快就被说服重组医疗系。他在执行这项任务时，以莱顿为楷模。他还得到了伯尔哈韦的另一位学生德亨的得力帮助。

范·斯维滕

格哈德·范·斯维滕(1700—72)奉召去维也纳时，他并未打算建立一所医学院，而是去当女皇的御医。然而，他不久便开课。他的讲课引起了重视。范·斯维滕最强调生理学的重要性，而回顾一下这一点，是很有意思的。一个学生在第一年必须不仅熟谙人体的结构，而且了解其机能。只是在他了解了这一切之后，他才可以学习疾病、病因和治疗。

起初，这些课程没有列入维也纳大学医疗系的教学，当时，这个系在欧洲医学界还无足轻重。

范·斯维滕受命改组医学教学。对他以及对医学都幸运的是，他得到了女皇的全力支持，她任命他为系主任，主持该系工作。

德亨

尽管遭到前任的反对，斯维滕还是在维也纳大学确立了按照莱顿榜样的教学方针。他在这项工作上得到了安东·德亨的帮助。德亨应范·斯维滕之请去到维也纳，领导医学学生学业的最重要部分——临床教学。

1758年，德亨发表了他的临床讲稿，并附以诊所的年度报告以及所有治疗过的病例的临床史。这几卷以《实用医疗理论》(*Ratio medendi in nosocomio practico*)为题行世的著作堪为一座
482 丰碑，纪念一个如此发展了临床医学，并把它置于科学基础之上的人物。他发展了他老师开创的工作，在维也纳大学医疗系建立起了可用荷兰莱顿大学相媲美的临床教学传统。

二、病理解剖学

将近十八世纪末的时候，马修·贝利写道：“人体各个部分的自然结构都已得到了十分细致的研究，因此，解剖学可以说已达到了高度完善。但是，我们关于疾病引起的结构变化(可称为病理解剖学)的知识却仍然很不完善。”(*The Morbid Anatomy of some of the most important parts of the Human Body*,1793,p. vi.)十八世纪的解剖学研究主要旨在更好地理解病理结构。只是当获得了关于正常解剖结构的准确知识时,病理结构才被认识。不过,早在十五世纪,至少有一个生活在意大利的、观察力极其敏锐的开业医生,记载了大量他护理过的病例。这些记录附有为了确定确切死因而进行验尸的报告。后来的两百年里,不时有人进行验尸。及至十七世纪末,这种做法已成为普遍的惯例,因为临床方法至此已必然地达到了极盛。

莫尔加尼

607

乔瓦尼·巴蒂斯塔·莫尔加尼在十八世纪奠定了现代病理学和病理解剖学的基础。不过,西奥菲勒斯·博内塔斯(1620—89)在十七世纪已迈出了一步。他在1679年发表了《尸体解剖学》(*Sepulchretum Anatomicum*)。关于博内塔斯及其著作,莫尔加尼这样写道:“西奥菲勒斯·博内塔斯发表了题为《尸体解剖学》的书,医务界乃至全人类理应高度尊重他,就像对其他作出如此贡献的人一样。因为,通过尽可能多地收集、整理和解剖因病死亡的尸体,他使它们缩合成犹如一具致密的尸体,从而可以进行这样的观察:当这些观察散见于无数作者的著述时,它们意义不大,但在汇总起来并加以系统整理后,便变得极其有用。”(Morgagni:*The Seats and Causes of Diseases Investigated by Anatomy*,1761. B. Alexander英译,1769,Vol. I,p. xv。)

莫尔加尼生于1682年,卒于1771年。在攻读了医学之后,他于 1711 年就任帕多瓦大学医学教授。奥斯勒这样谈到他:"莫尔加尼的生平同他的著作一样产生了很大影响。他同社会名流、奋发向上的年轻教师和工人频繁地书信往还,其间,他的方法必定成为一种巨大的鼓舞力量。他生逢其时。那时,种种理论、学派和体系正在沉重地冲击这个行业。……莫尔加尼像一个古希腊贤哲,带着他那敏锐的观察力、明智的思辨和炉火纯青的学养,闯入这一片形而上学的混沌之中。"(*Evolution of Modern Medicine*,1921, pp. 188f.)

莫尔加尼的著作《论解剖学所研究的疾病的部位和原因》基本上都是详尽无遗而又明晰地描述他漫长一生里护理过的好几百个病例。整部著作原先是一些写给一位朋友的书信,但莫尔加尼准备加以发表。他写道:"就我自己的观察而言,我特别说明每一次进行的年月和地点。……我不仅指明患者的年龄和性别,而且还叙述了尽我所知的其他方面……例如所施行的治疗方法。……在描述解剖本身时,我认为,我尤其应当注意……我不要去考察那些同通常原始状态一样的病理现象,也不要考察那些与之差别不大的病理现象。……除了观察之外……我们不要再给出什么……免得当我虽以可能性为指导,但仅仅根据观点发议论时,有人会……驳斥我,就像荷马所说的那样……'一个人在谈论可能的事物时,他会大放厥词'。"(Morgagni,上引著作,pp. xxiiiff.。)

贝利

病理解剖学在英国找到的支持者是马修·贝利。贝利于 1761 年出生于苏格兰。他是威廉·亨特和约翰·亨特的外甥,母亲同尊敬的詹姆斯·贝利结婚，后者最终成为格拉斯哥大学神学教授。马修·贝利曾到伦敦从当时已年迈的威廉·亨特习医。他还受到另一个舅舅约翰·亨特的影响，后者也以医学和比较解剖 484
学的研究著称。詹姆斯·沃德罗普在1825年给贝利博士撰著的传记中写道："他后来的全部成就和声誉都是在这两位伟人的收藏室和解剖室里奠定基础的。"毫不奇怪，在这样的环境下，贝利当然会养成对病理解剖学研究的浓厚兴趣。他在这个领域建树了极有价值的劳绩。1793年，他发表了《人体某些最重要部分的病理解剖学》(*The Morbid Anatomy of some of the most important Parts of the Human Body*)，这是英国第一部关于这门学科的专著。贝利在该书的初版序中写道："有一些疾病仅仅有致病作用，而不造成任何身体各部分结构的变化；这些疾病无法在死后作解剖学研究。然而，还有一些疾病产生结构上的变化，而这些正是解剖学考察的对象"(上引著作，p. 1)。他说，他编纂这样一部著作的原委，是"为了以前所未有的细致程度解释致病作用在人体某些最重要部分引起的结构变化。我希望，这将有助于整个医学科学，最终也有助于医学实践"(同上)。

贝利完全清楚他前人的工作。但是，他解释说，"所有解释病理结构的著作在规划上都迥异于今天的著作"，它们在细节上不厌其烦，排列方式也显得累赘，不适合普遍应用。因此，他补充说："在这部著作中我打算不举病例，而仅仅说明所发生的病理变化。"(上引著作，pp. viff.)

贝利的这部著作生前至少印行了五版。这充分说明它何等合乎需要。为了"让人们普遍更精确地了解各部分的病理结构，作为促进我们疾病认识的最佳手段之一”(上引著作,p. ix),贝利在1799年撰著了《病理解剖学图谱》(*A Series of Engravings to illustrate the Morbid Anatomy*)一书。这两部著作都独树一帜,各自完整成篇。不过,它们都旨在“促进形成一门维系着人类健康和生命的科学”(*A Series of Engravings*,p. 4)。这似乎是第一部专门图解人体病理变化的著作。贝利写道:“我相信,在任何别的国家还从未有过一部著作,用正规的一系列图版竭其所能地图解影响人体各最重要部分的主要病理结构变化。”(上引著作,p. 3)

当贝利于1823年去世时,病理学和病理解剖学的研究已在英国扎下根来。在这欧洲处于动乱的时期中,英国引导着理智进步。

485 **约翰·亨特**

约翰·亨特是十八世纪生物学家中最杰出人物之一。我们已经提到过他对动物学的贡献。但是,他并非兴趣褊狭,他“集维萨留斯、哈维和莫尔加尼等人的品质于非凡的一身”(W. Osler:*Evolution of Modern Medicine*,1921,p. 196)。

约翰·亨特生平的早期是众所周知的。他在孩提时代只学习自己想学的东西——它们通常都同自然史有关。家庭曾对他失去希望,直到他受兄长威廉影响。威廉是伦敦一个著名外科医生和解剖学家。约翰·亨特自己请求当了兄长的助手,他很快就掌握了熟练的解剖技艺。他的内弟和传记作者埃弗拉德·霍姆写道:“亨特先生在哥哥开课之前大约两星期就来到了;亨特博士……让他解剖一个手臂的肌肉,给他就做法作了必要的说明;亨特博士发现完成的情况大大超过预料。”

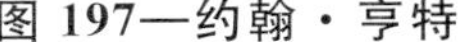

图 197—约翰·亨特

“在第一篇解剖学论文如此赢得声名之后，亨特先生现在进行更为困难的解剖……亨特博士对他解剖的方式极为满意，因此，毫不迟疑地说，自己的兄弟将成为一名优秀解剖学家”（Everard

Home：“Life of the Author”，系给约翰·亨特的 *Treatise on the Blood*，etc.，1794，p. xv. 作的序）。

在伦敦一些最有名的医院里研习了相当时期之后，约翰·亨特取得了外科医学的资格。自此之后，他开始了众多形形色色的经历。在当外科军医期间，他得以进行一些观察，为他的著作《论血液、发炎和枪伤》（*A Treatise on the Blood*，*Inflammation and Gunshot Wounds*）打下了基础。该书于 1794 年即他死后那年出版。这部著作奉献给乔治三世，亨特自己在 1793 年 3 月写了献
486 词。他写道：“1761 年，我荣幸地蒙陛下钦封，任一名外科医生随军远征贝利斯尔……［这］使我有很多机会治理枪伤，查找军事外科学这一分支中的错误和缺陷，研究如何去除它们。这使我注意起一般的发炎，并得以进行一些观察，它们成为这本专著的基础。……本书旨在改良一般的外科学，尤其是它的那个专门应用于军队的分支”（上引著作，p. iii）。这部著作标志着发炎研究上的一大进步，而在这个问题上，以往没有两个研究者采取相同的观点。亨特写道：“发炎应看做为仅仅是各部分的一种受扰乱状态，而这需要一种新的且有益的作用方式来恢复它们……发炎本身不应看做是疾病，而应看做为某种侵害或疾病造成的一种有益健康的作用。……我们应当极端重视发炎，因为，它是动物体中最常见并且效应最广泛的作用之一。……发炎不仅偶尔是疾病的原因，而且常常还是一种治愈方式”（上引著作，p. 249f.）。

约翰·亨特是个杰出病理学家，并且比任何人都更明白解剖学作为一切医学学科之基础的重要价值。马修·贝利的《医科学生初阶讲义》（*Introductory Lectures to Medical Students*）最好不

过地说明了这一时期对解剖学的重视。“使一个人能够发现新的疾病的，莫过于解剖学知识。要去发现新疾病，比起一个熟谙动物体自然结构和病理现象的人来，还有谁更胜任呢？……实际上，舍此途径，医术怎么会提高呢？

“解剖学同外科学的关系比同内科学更为密切。……事实上，解剖学是外科学的基础。

“如果说解剖学在医术和外科学中是那么有用，那么，凡是真正想精通其专业，希望成为行家的人，都应当锐意修习它”(*Lectures and Observations on Medicine*，1825，pp. 84—7)。

然而，亨特远不止是个病理学家。他还是个自然史学者，而疾病研究在他那里仅仅是生物学的一个特殊方面。多亏约翰·亨特，我们才尝试使医学成为一门内科医生和外科医生都能对之作出贡献的系统学问。

他做的实验中，有一个特别令人感兴趣，它表明，血液循环中存在一种调节作用，而这已证明对于外科学具有相当重要的意义。实验是对一头鹿做的。他把给生长着的鹿角供血的一根动脉结扎起来，由此切断其血液供应，于是鹿角变冷了。过了不几天，鹿角温度又回升到正常值，这表明，血液又以某种方式进入鹿角。解剖表明，已建立起了一种补偿性的附属循环，取代由于结扎而已完全 487
萎缩的动脉。这一发现不仅从纯生物学观点看来是令人感兴趣的，而且还有着医学上的应用，而亨特本人已看到了这一点。例如，对患动脉瘤的病人，可将受扩张或血块影响的那根动脉结扎，血液循环将很快通过建立从这动脉出发的补偿分支来维持，而这被结扎的动脉及其扰乱也将消失。亨特利用自己的发现，采取这

种方式进行外科治疗,曾成功地做了腿弯部动脉瘤手术。

威廉·亨特

当约翰·亨特在1748年来到伦敦时,他的兄长威廉·亨特早已是出色的外科医生和解剖学家了。

威廉·亨特于1718年出生于苏格兰。父母原来要他当牧师,但他很小时就厌恶这职业。他受卡伦影响,后者劝他从事医学研究。他正是随卡伦开始了自己的生涯;但后来经过安排,"亨特去爱丁堡和伦敦攻读医学,之后又回到汉密尔顿定居;同卡伦合作"(Peachey:*William and John Hunter*,1924,p. 55)。

威廉·亨特到达伦敦,同那些几百年来阻碍人体解剖学研究和教学的限制之被部分解除,差不多在同一时候。亨特受业于一些当时最杰出的教师,他凭借自己的才干和刻苦终于在伦敦医学界取得了崇高地位。

只要仔细阅读威廉·亨特的《初级讲义》(*Introductory Lectures*)(1784年),就可看出他在世时解剖学教学所发生的变化。当学生时,他"听过……欧洲最规范的解剖学教程之一",讲课时"教授用一具尸体演示人体的一切部分,不光是骨骼、神经和脉管"。而且他还说:"我在伦敦听的唯一教程中,教授总共只用了两具尸体,而这教程还是这里最规范的。"(上引著作,p. 88)亨特以亲身体会相信,精通解剖学的唯一途径是反复对人体一切部分做实验。他写道:"我早年就自己动刀,得暇就自行其是地探究人体各个部分,深感获益匪浅,以致我深信,我可以开办一所这个大城市前所未有的实用解剖学学校,用教书来服务于公众。它在这个国家实际上产生的影响,是显而易见的……我认为,我的职责是奉劝你们不放弃一切机会地尽可能多作解剖。”(上引著作,p. 108f.)亨特自己的解剖学工作水平极高,作为证例,我们可以举出他的不朽著作《怀孕子宫的解剖》(*The Anatomy of the Gravid Uterus*)(1774 年),以及他发现淋巴管的吸收功能。他曾在《初级讲义》中这样谈到这一发现的重要性:“如果我们没有搞错的话,那有朝一日总会认为,这是生理学和受解剖学提示的病理学上自血液循环
发现以来最重大的发现。”(p. 59)芒罗曾对作出这一发现的荣誉提 488
出质疑。但是,亨特同时代人的评判和后来人们的意见都支持亨特的主张。亨特毕生致力于在他在温德米尔街创办的解剖学校教授解剖学。因为,他相信,“一个解剖学教授应当拥有充分的标本储备……保存非同寻常的东西……和那些需要费力去解剖……鲜明地表明其结构的东西”(上引著作,p. 89),所以,他建立了一个收藏这类有用标本的博物馆。这个博物馆是对一个毕生从事解剖学改良的人的永恒纪念。全部这份收藏现在保存在格拉斯哥的亨特博物馆中。

哈勒尔

曾从伯尔哈韦攻读过的所有杰出科学家中,最出类拔萃的莫过于阿尔布雷希特·冯·哈勒尔。哈勒尔于 1708 年出生于伯尔尼。哈勒尔本来会在任何学术领域中留下印记。但是,他选择了医学,进行了极其成功的探究,结果成为十八世纪生物学上具有支

配性影响的人物。“1757 年可以被认为……标志着一个时代，给现代生理学和一切以往的生理学划了一道分界线。正是在这一年，哈勒尔的《生理学原理》(*Elementa Physiologiae*)第一卷出版了”(M. Foster：*History of Physiology*，1901，p. 204)。这部著作总结了他漫长一生积极从事实际促进我们关于人体构造和功能的知识的全部经验。它对每个人体器官都作了详细描述，大量征引其他作者的著作，按新的著作讨论和评价他们的观点。这种汇编无疑给它的作者博得高度赞扬。但是，哈勒尔不止是进行搜集；他把关于人体各种器官的著作联系起来；他旨在依据自己的大量实验工作，阐明一般的原理。

489 除了《生理学原理》之外，哈勒尔还发表了许多其他研讨医学和植物学问题的著作。即便列举他的主要著作，也将占据太多的篇幅。不过，这里必须提及《生理学基础》(*Primae lineae physiologiae*)(Cullen 英译，1779 年)这本书。这部著作初版于 1747 年。它旨在通过补充莫尔加尼、温斯洛、阿尔比努斯、道格拉斯和其他人的新发现，来修订和改进伯尔哈韦的《医学教育》。这是第一部生理学教科书。像在一门科学活跃进展时期里的一切这类著作一样，它也很快就过时了。哈勒尔应付了这个困难。1751 年，它出了第二版，书中有的地方比第一版论述更详备，有的地方则更简洁。第三版于 1764 年出版。作者在书中调整了他的论题次序，使之同他的大部头著作相一致。

要从哈勒尔工作中挑选一个方面专门加以论述，是很困难的。他于 1758 年发表了关于骨骼形成的研究著作。它价值很高。像他自己告诉我们的那样，它是他研究营养的部分成果。“我在

1751 年从事研究营养的工作。……我发现一切都含糊不清。但是，我对骨骼的形成却更有了解了。”通过《论骨骼的形成》(*Mémoires sur la Formation des Os*)(1758 年)中详述的一系列实验，哈勒尔尤其研究了鸟的骨骼的构造和形成。他发现，“四足动物骨骼的构造基本上和鸟的相同，对这个纲动物业已得到证明的东西，同样也对其他纲甚至人成立。人的骨骼在其构造的任何部分都同四足动物的没有差别”(*Mémoires*，p. 263)。

在前一年(1757 年)，哈勒尔向哥廷格皇家科学会呈交一篇关于鸡心脏形成的论文。他的胚胎学工作是一项重要的科学贡献。不过，他全部工作中最带根本性的也许是他藉以建立肌肉激应性学说的那项工作。1760 年，《论动物体的敏感和易激部分》(*Mémoire sur les Parties Sensibles et Irritables du Corps Animal*)发表。哈勒尔在书中说明了一些实验，它们用来检验动物体对外界刺激的反应，发现动物运动的基本原理。

哈勒尔区分了他所称的“死力”和“更为生命所专有的”visinsista[坚持力]。“死力”是一种收缩力，它抵抗其实体的伸长，而且在伸张力去除时便使纤维恢复其原先的大小。这种力“为肌肉纤维所专有，是身体任何其余部分所没有的”。它赋予肌肉一定程度 490
的激应性，使之对外界刺激作出反应。“运动原因通过神经传入肌肉”，但“这种力不同于 vis insista。前者从外部来到肌肉；而后者始终存在于肌肉本身之中。……意志激发和去除这种神经力，但不能控制 vis insista”(*First Lines of Phgsiology*，英译本，pp. 189—196)。

哈勒尔从考察肌肉作用和神经系统之间关系出发，自然地过渡到研究脑和神经。“脑和神经的另一种功能是**知觉**;也即经受外界物体的作用或印象所引起的变化,从而在心灵中……激起其他相应变化”(上引著作,p. 204)。哈勒尔的见解建基于实验结果,这使他能够“本着一种真正的科学精神,实际上也就是一种现代精神来研究神经系统的许多难题”(M. Foster:*History of Physiology*,p. 293)。他大大增进了我们关于这些问题的知识。

四、天花预防接种

人们长期以来就知道,患过一次天花而康复的人,以后对再次感染具备免疫力。一种广为流行又危害甚烈的疾病,总是不仅引起医学家而且也引起外行的关注。天花的疾患有时极其剧烈;但有时却十分轻微,罕有病例是致命的。然而,这种轻微型在预防继发感染上的效验却同剧烈型一样灵。在流行时,逃脱感染的机会微乎其微。十八世纪里天花频频流行,因此,人们希望尽可能早地在幼年就感染轻微型,以便由此得到免疫性。东方长期来就流行一种习惯,即故意让人感染相当轻微的天花。十八世纪初,玛丽·沃特利·蒙塔古女士不仅给她自己的儿子接种天花浓液,而且还劝使威尔士亲王给皇家子弟也作类似的接种。这种做法很快在英国和欧洲流传开来。

然而,种痘(按过去对这种天花浓液接种的称呼)对社会带有相当大的危险性。首先,如此故意引起的疾病也必定经历其通常病程,而在此期间,病人极易传播感染。其次,尽管小心翼翼地用取自一个已知患轻微型天花的病人的浓液接种,以及使病毒在给

另一个病人接种之前保持干态，但是，有时仍可能由于接种而使疾 491
病发展为恶性型的，而这有时证明是致命的。此外，接种过程的一个必不可少的环节，是把取自一个患者的一个脓疮的浓液移植到被接种的人身上，而可惜这样常常还会传染其他疾病。

尽管有这种种非议，但是，这种做法仍日渐扎下根来。那时常常是，当医生能搞到所需的病毒时，一个机构的全部成员尤其在乡村都同时被接种。非常幸运的是，为了人类的安全和舒适至少有一个乡村医生，作为自然史研究者和医生在探索为何在有些病例中种痘似乎不起作用。这就是爱德华·詹纳。他不顾种种反对，通过耐心观察和实验给世界提供了“一种解毒药，它能从地球上灭绝一种无时不在肆虐、被认为是人类最严重灾祸的疾病！”(Jenner：*An Inquiry into the Causes and Effects of the Variolae Vaccinae*，第三版，1800，p. 181。)

图 198—詹纳

詹纳

爱德华·詹纳于 1749 年出生于格洛斯特特郡的一个小村落里，在伦敦大学作为约翰·亨特学生学习了一个时期后，回到故乡当乡村开业医生。这种环境提供给他机会“从事这种探索，而鼓舞的源泉是希望它于人类造福非凡”(上引著作,p. 63)。

如上所述,有些人在种痘后未出天花,而另一些同时接种的人则像通常那样经受这疾病。詹纳通过探索明了,那些没有得这种病的人,总是已知在接种之前得过牛痘。而且他还知道,当时乡村居民通常都相信,那些得过牛痘的人后来都不会得天花。

根据这些观察,詹纳先用牛痘进行接种,然后暴露于天花,甚至用天花接种。詹纳完全弄清楚了,用真正牛痘苗做接种,总是使人完全对天花免疫。

像詹纳自己告诉我们的那样,这一结果刚宣布时遭到了冷遇。“当我对牛痘这个重要问题的观点最初公布时,甚至最开明的医生

492 也抱怀疑态度,而这种态度是颇值得称道的。没有经过极其严格的考验,就接受一个这么新奇而又这么异乎寻常、在医学会年刊上从未见过的学说,就认为它是正确的,那将迹近轻率”(上引著作,p. 181)。詹纳注意到许多事例,据认为它们表明,牛痘未提供对天花的免疫力。但是,詹纳认为,在这些事例中,所认为的牛痘并不真是牛痘,而是别的与之相似的病,因此,并不赋予免疫力。詹纳以外的其他医生用真正的牛痘病毒给他们的病人接种,结果失望地发现,有些人没有获得对天花的免疫力。詹纳又来解围,他指出,关键在于用于接种的病毒应当在牛痘脓疱的一定发展阶段上采取,因为过了这个阶段,脓疱便不会赋予免疫力。

詹纳对一切报告给他的明显失败例子,都极感兴趣。他仔细研究它们及其同总的问题的关系。他写道:“在我继续进行下去之前,先让我弄清楚这种探索以及我已予以注意并已成为我研究对象的一切其他生理学探索的真相;如果这个事例表明,我陷于错

误，我可能对我劳动的成果抱有溺爱，那么，我宁肯目睹这种探索立即消亡，而不是继续存在去贻害大众。”（上引著作，p. 72）

詹纳对其劳动成果的信仰已证明是合理的，他生前看到 Variolae Vaccinae［牛痘接种］不仅在我们自己中间而且也在欧洲第一流同行中受到欢迎。

不断有人向詹纳咨询和征求牛痘，他都非常乐意。亨利·克莱因在 1798 年 8 月 2 日给詹纳的信，对他的工作作了最恰当不过的褒奖。克莱因告诉他“牛痘实验”已获成功，并说：“我认为牛痘病毒之取代天花有可能成为医学史上最重大的改良。这个问题，我越想越觉得它重要。”（詹纳，上引著作，p. 129）这种见解为后来几代人所赞同。

五、医疗方法和药物

十八世纪开始在内科和外科医生的训练上作出重大改进。由于伯尔哈韦及其门生倡导，莱顿、哥廷根、维也纳、巴黎、爱丁堡和伦敦等地成为有效临床教学的重要中心。并且，各种个体内科和 493
外科医生也凭借独创性进行了种种活动。他们做了一些重要的科学实验，发明新的诊断或治疗方法，提出对某些疾病的较好解释，敦促采取预防方法以保护公众健康。然而，总的来说，医学行业还是相当混乱。由于没有适当的国家监督，因此，仍然是庸医泛滥。有些外科医生聊胜于理发师，虽然英国（1745 年）和奥地利（1783 年）试图把这两种职业分开。1744 年，腓特烈大帝批准普鲁士刽子手有权接合骨折和治疗创伤。许多乃至大多数热心医学职业的

人所受的训练，仅仅是跟开业医生当学徒，而这些开业医生并非总是在行的教师。在这种情境下，毫不令人奇怪的是，各种新的医学可能性并不总是为人们所充分认识，有时根本未为人们认识，而仅仅变成江湖医生谋利的手段。

十八世纪里取得的医学实践进步中，最值得提及的有下述这些。现在，十七世纪发明的体温表更正规地应用于临床。这部分地是因为伯尔哈韦树立的榜样，尤其是德亨的影响。但是，由于缺乏方便的形式，所以，体温表仍未得到普遍应用。约翰·亨特在里奇蒙公园做的鹿角实验几乎立即导致他成功地把结扎股动脉的方法应用于腿弯部动脉瘤的病例。1760 年，维也纳的利奥波德·奥恩布鲁格尔（1722—1809）经过历时七年的实验研究，发表了一本小册子（*Inventum novum*，etc.），他在书中说明了一种用叩诊检查胸腔疾患的新方法，即叩击胸部，观察由此引起的声谐振的变化。在这个发现之前，胸腔疾患直到病人病入膏肓时才能正确诊断。像其他医学革新一样，这种胸部诊断的新方法也遭到许多医生反对；但另一些医生都热情地欢迎它。让·尼古拉·科维扎尔（1755—1821）（他后来成为拿破仑的常任医生）极端热忱地推广和发展这种新方法。这不久便导致发明听诊器（1819 年由拉埃内克发明），它是每个医生常备的一件器械。最快得到公认的医学新发明，是詹纳的种牛痘方法，这在上面已经说明过。这里还要提到
494 的，只有两件事。苏格兰医生詹姆斯·柯里采用海水冷冲浴的方法治疗伤寒，这种方法还包括对结果作仔细的检温研究。最后，这个世纪里还越来越反对滥用放血法和滥用药物。J. G. 沃尔斯特因（1738—1820）在他的《静脉切开放血术评论》（*Annotationsre-*

garding Venesection)(1791 年)中力陈,血是“生命的液汁”,反对鲁莽的放血者;威廉·卡伦(1710—90)谴责滥用药物。

十八世纪医学还错过了一些机会,这里可以提到下述几个。斯蒂芬·黑尔斯的血压实验(*Haemastatioks*,1733)最终为最重要的医学诊断和治疗方法之一开辟了道路;而这方法直到下一世纪才发明。1752 年,蒙彼利埃的泰奥菲尔·德·博尔当注意到了腺的重要功能,是内分泌理论的先驱;但他的观点没有给同时代人留下印象。十年以后,即 1762 年,维也纳的马里乌斯·安托尼乌斯·普伦齐茨奠定了细菌传染理论的基础。他力陈,每种类型传染病都是某种微生物引起的;但这种观念在十八世纪未产生结果。1776 年,约翰·彼得·弗兰克发起一场持久的运动,要求建立国家公共卫生部的机构。但是,这个建议直到下一世纪才真正得到理解。另一方面,十八世纪里电磁现象(包括伽伐尼电或“动物磁”)研究上的进步实际上提示了电疗的可能性。但是,这些可能性仅为江湖医生所利用,没有沿合理的路线发展。在伦敦,爱丁堡的詹姆斯·格雷厄姆建立了一座做电磁医疗的“伊斯丘莱庞乌斯庙”。[①] 庙中有一张玻璃柱支承的“天床”,悬挂着一些磁铁和电的玩意儿。它保留给能偿付每夜 100 镑费用的入选者,由后来以哈密尔顿夫人闻名的埃玛·莱昂照看。在巴黎,德国医生弗朗兹·安东·梅斯梅尔(1733—1815)开办了一个与此相似的机构,他的半催眠方法后来就称为“mesmerism”[催眠术]。

我们现在可以来讨论十八世纪所用的药物。这个世纪里出现

① 伊斯丘莱庇乌斯(Aesculapius)是罗马神话中的医神。——译者

了大量药典、处方集和药方集，但是药物学尚不成系统。老的药物
495 大都仍在应用，它们中很多是无用的和讨人厌的，有些则是危险的。偶尔有人提出，反对使用其中有些药物，而一些比较著名的药典便逐渐把它们删除掉。医生和药商常常发生摩擦。药商有许多聊胜于食品商，但却给顾客处方，配药和治疗。由于就医价格高昂，因而造成了牟取暴利的机会，不乏江湖医生乘人之危，私下提供无效或价值不大的治疗。然而，这一世纪里也出现了一些优秀著作。1762 年，安托万·博梅发表一部关于药学的重要的一般著作（*Éléments de pharmacie theorique et practique*）。范·斯维滕在维也纳的后继人安东·施特尔克进行了关于乌头属植物、伞形科有毒草类植物、天仙子、草甸藏红花和曼陀罗等的疗效的大量实验，他仔细记载了所得结果。在英国，伯明翰的威廉·威瑟令精心研究了洋地黄的疗效，于 1785 年在他的《毛地黄述要》（*Account of the Fox-glove*）中发表了研究成果。（他最初是由于看到一个老妇人的处方而注意起这个问题的。）十八世纪首次采用或重新采用的药物中间，最著名的如下所述。这里仅按迄今所知的年代顺序列举它们。它们的出现很大程度上是偶然的。

十八世纪肇始，镁氧和磷付诸医用。镁氧即碳酸镁似乎在十七世纪就已用作一种称为“帕尔马伯爵粉”的秘药的组分。1722 年，弗里德里希·霍夫曼通过给硝石母液加入钾碱而制备了镁氧，它包含氯化镁。白镁氧这个名字直到 1787 年才出现在《伦敦药典》（*London Pharmacopoeia*）之中。第十三章中已描述过布莱克关于这种物质的工作。作为药物，磷及不上镁氧那样流行，障碍在于很难足够精确地把它分成小的剂量。

1712 年，一种名为“斯托顿兴奋大灵丹”的药物在伦敦获得专利权。它是一种复方龙胆酊剂，这种药物似乎最早就是以这种秘药的形式出现的。

《伦敦药典》第四版于 1721 年出版时，首次载入了樟脑阿片酊灵丹（名为止喘酏）和复方薰衣草酊剂的处方。樟脑阿片酊据说是在伯尔哈韦之前任莱顿大学化学教授的勒莫尔引入的，但是约在 1687 年霍夫曼的止痛剂中就已经应用了它。这种灵丹的主要成 496
分包括鸦片、樟脑、茴香子油、酒精和安息香花。复方薰衣草酊由法国白兰地酒和各种芳香族化合物制成。它似就是那种称为“中风滴剂”的老的秘药。

1722 年的《爱丁堡药典》(*Edinburgh Pharmacopoeia*)载有一种包含硝酸汞的眼药膏处方。

1726 年，本杰明·奥凯尔给“贝特曼止咳滴剂”申获了专利权，这种药包含鸦片酊和黑儿茶。

约在 1740 年，一种发汗粉在伦敦流行。它称为“多弗粉”（阿片吐根散），这个名字令人想起冒险。这种药粉的首创者托马斯·多弗（1670—1742）曾度过多年冒险生活。其间，他的航船《公爵号》访问了胡安费尔南德斯，1709 年 2 月他营救过亚历山大·塞尔扣克，即笛福《鲁滨孙漂流记》(*Robinson Crusoe*)主人公的原型。翌年，多弗退出了他那有利可图的海盗生涯，开始在伦敦行医。他用的药物有些似乎带很大的冒险性；他醉心于使用金属汞，因而得到了“水银医生”的绰号。多弗在《古代医生留给祖国的遗产》(*The Ancient Physician's Legacy to his Country*)一书中概述了他的药粉以及他的疗法和用药，这书是他约在 1740 年撰著的。多弗粉的组成相当复杂，但其主要成分现在仍按原始比例应用。在1788年的《伦敦药典》中，对这种药粉的制备作了如下说明。“取鸦片一盎司；硝石和硫酸酒石各四盎司；甘草一盎司；吐根一盎司。把硝石和酒石放入一个赤热研钵中，搅拌它们直到起火。然后，把它们研成极细的粉末。此后，把鸦片切成片；把这些片研成粉末，再把它们同那另外的粉末混合。上床前在一杯白酒牛奶甜酒中加进40至60或70谷服用，用被子盖暖和，出汗时再喝一夸脱或三品脱这种牛奶甜酒。”一些药商认为，这种药疗很危险，因此，劝病人在服用前先立下遗嘱。

1744年，贝克莱主教的《关于焦油水疗效的哲学思考录》(*Chain of Philosophical Reflections concerning the Virtues of Tar-Water*)发表。这位善良的主教把焦油看做为松树从空气和阳光中吸收的生命元素的浓缩物。因此，焦油当是包治天下一切病害的万应灵药。焦油水很快得到了普遍欢迎。《夜思录》(*Night Thoughts*)的作者爱德华·扬是其疗效的狂热鼓吹者。

1746年的《伦敦药典》在《治创伤香油》的标题下首次提到今天所称的“修道士香油”。它是从新世界传入的药物之一，有许多别名，例如“司令香油”、“病房香油”，等等。它的现代学名为“复方
497 安息香酊”。这部药典还提到“甜硝石精”。它是通过用酒精蒸馏硝酸而得到的，似乎最早是西尔维斯（见边码第479页）把它引入作为这种硝石的溶剂的。

复方菝葜煎药是1750年前后引入的，名为“里斯本特别饮料”，用来治疗梅毒。在德国，它叫做“齐特曼煎药”，齐特曼是使之在德国闻名的一位医生的名字。约在同时，氧化锌首次引入作为

内服药，用来治疗痉挛和消失不良；它作为药膏应用则要早得多。

苦木(Quassia)作为治疗某些种类发烧的药物，最初是在1763 年引入欧洲的，那年林奈收到南美洲一个学生寄来的苦木样品，这个学生告诉他，它在黑奴中间应用。林奈用提供这消息的黑奴[夸西(Quassi)]命名这种植物。

蓖麻油直到1764 年前后才在现代欧洲应用，当时一个在巴思的医生彼得・卡瓦内撰文赞许蓖麻油的药用性质。古埃及人、古希腊人和古罗马人就已经知道了蓖麻籽，但在其后期间并未被应用。蓖麻油在1788 年首次载入《伦敦药典》。

砷在1786 年正式作为药出现，那年，一度当过药商、后来在约克郡行医的托马斯・福勒发表了他的《砷治疗疟疾、弛张热和间发性头痛的疗效的医疗报告》(*Medical Reports of the Effects of Arsenic in the Cure of Agues, Remitting Fevers, and Feriodic Headaches*)。他的制剂曾称为“福勒砷溶液”。福勒最初是在分析当时一种很成功的、称为“疟疾和发烧无味滴剂”的专利药品时，受到启发而应用砷的，他在分析中发现，那种药品含有砷。福勒制备了一种碱性稀释砷溶液，并添加了薰衣草精，使之外表像普通药物。他还建议，把这种溶液改名为 liquor mineralis[矿物液]，以便克服当时反对把有毒金属盐用于医学的偏见。

苏打水即当时所称的碳化水，最早是日内瓦的尼古拉・保罗在1790 年大量制造的。约瑟夫・普利斯特列在1772 年就已描述了一种“让水浸渗固定空气，以便传递派尔蒙特水的那种独特的精和功效”的方法。“苏打水”这个名称是在1790 年以后，用焙烧苏打方法来制备它的时候，才使用的。

（参见 F. H. Garrison：*Introduction to the History of Medicine*，1917；V. Robinson：*The Story of Medicine*，1935；H. E. Sigerist：*Great Doctors*，1933；C. H. La Wall：*The Curious Lore of Drugs and Medicine*，1927；A. C. Wootton：*Chronicles of Pharmacy*，1910；D. J. Guthrie：*A History of Medicine*，London，1945。）

第二十章　技术 498

(一)概述　(二)农业的改良和发明

(三)纺织发明

(一)概述

科学和技术

科学的首要目标是发现事物和事件的本质和规律,以便我们能够理解和解释它们。这种关于事物和事件的知识总是带有较高的实利性,即用新的兴趣丰富人类生活,帮助明智人士确定他们在那度过其短暂一生的伟大世界中应采取什么方针。然而,人必须在他能够认识之前先生活。他必须在能够理解无数事物之前先利用它们。食品、住处、衣服等等在能够掌握关于它们的科学知识之前很久,就是必不可少的了紧接着这种旨在满足人类这些基本需求的努力,首先出现的是试错的探索方法,并受本能和冲动的压力激励。即使在生活必需品得到充分满足,因而有了余暇,有可能探求公正的知识的时候,还会产生别的实际需要。为了谋求它们的满足,有时要借助业已获得的知识,有时主要凭借老的试错方法。并且,人的创造本能也在不断促使

自己有所作为，而不管有用与否。艺术是这种倾向的一种表达，发明也是一种表达。也许，科学本身是这种创造倾向的又一种
499 表达，虽然它在于创造观念而不在于制作有用的或装饰性的东西。总之，事物和过程的发现为一方面，它们本质和规律的发现为另一方，二者都是活动，而这两种活动可以在一定程度上相互独立地进行，并且在早先文明史上也已经这样做过，虽然随着知识增长，两者日趋密切相关。

上述的思考可能有助于阐明科学和技术之间略见复杂的关系。科学或纯粹科学（像有时所称呼的）关心发现真理；技术关心发明新的事物和流程或者改良旧技术。它们肯定密切相联系，尤其是在今天。但是，它们的关系往往被误解，并且历史上就已被误解了。因此，弄清楚这种关系是必要的。技术常常被描述为仅仅是“应用科学”。这种说法显然认为，人们先从对某些现象的科学认识开始，然后把它应用于某种实际目的。这种事情有时会发生，但并不经常，肯定不是始终如此。在文明史上，实际发明的进步无疑先于有关现象的理论知识的进步。甚至在近代最初的几个世纪里，虽然科学进步有时促进实际应用，但更经常地还是预先存在的技术方法为科学发现提供资料。也许最经常的情形是，技术发明和改进是在没有纯粹科学帮助的情况下作出的。

十八世纪里，科学和技术的友好关系更其密切了。一方面，科学家对实际问题的兴趣更浓厚；另一方面，实际工匠或技师对自己工作的科学方面表现出新的兴趣。例如，化学家马格拉夫把他的化学知识应用于用甜菜根制造糖；富兰克林发明了避雷器，对家用炉作了一些改进；地质学家赫顿发明了硇砂制造；勒布朗用盐和硫

制备苏打;贝尔托莱采用氯来漂白纺织品;马凯、贝尔托莱和其他化学家发明了纺织品染色新方法;米欣布罗克、马里奥特、库伦和其他科学家做了一些同建筑和工程有关的实验;法地质学家德马雷斯任法国工业总监,提出了许多关于布匹、纸张、乳酪等等制造的报告;夏普、罗伊泽尔、萨尔瓦和其他人发明了电报系统;巴黎科学院出版了二十卷书,完备地说明有关工艺品的问题,并配有插图(*Descriptions des arts et métiers*,1761—81)。相反,这个时期的有些工匠,尤其是斯米顿和瓦特则本着一种严格的科学精神进行了一些实验。

对技术的鼓励

这个时代的务实精神和人道主义精精的特征是,在十八世纪中期前后,成立了许多旨在促进工艺和鼓励贸易的学会。它们大都只是昙花一现。但是,有一个学会最先只是按无名发起人的计划创办,后来却迅速取得辉煌成功,今天仍然兴旺不衰,以皇家艺 500
术学会而闻名。这个学会起源于威廉·希普利(约 1714—1803)在 1753 年提出的"建议":"募捐一笔基金,作为奖金分配,以促进文科和科学、制造业等等的改良。"希普利是个小有名气的艺术家和画家,他那不怎么令人感兴趣的生涯现在才为我们知道。他为自己的计划谋求有影响人士支持,他得到了罗姆尼勋爵和福克斯通勋爵的支持;主要由于后者的兴趣,这个学会才得以实际建立。1754 年 3 月 22 日,在科文特花园罗思梅尔咖啡馆举行了一次预备会议,目的是建立一个"促进大不列颠的艺术、制造业和商业的学会"。出席者有十一人,除了两位贵族和希普利之外,还有几位当时的名流，包括斯蒂芬·黑尔斯。希普利在这次会议上提出一些建议，预示了这个学会成熟后所采取的政策。他提议，应当颁发两笔奖金，一笔奖给钴的发现，另一笔奖给英国茜草生产（茜草在当时是红色染料的主要原料）；应当组织一次儿童绘画竞赛，并授予奖金。这些建议在接着的一次会议上被采纳，并发放了认捐单来募集奖金款项。在克兰科特的一个图书馆里举行的一系列会议上，讨论解决了组织问题。1755 年初，这个新学会正式按民主方式委任福克斯通爵士为会长，希普利为秘书。然而，这学会的工作刚刚走上轨道，希普利便退休了。会员迅速增多，很快就拥有许多贵族和平民，他们都是各行各业的头面人物。学会由会员捐款、遗产等等资助；它从未依赖政府帮助。它不久就采用“艺术学会”的名字，作为其原始名称的别名；“皇家的”这名称是在 1908 年授予它的。这个学会自奉不是宣读和发表论著的学院，而是鼓励和褒奖发现、发明、改良和其他社会公益活动的机构。它为此给具体问题的解决提供**奖金**，给评定的有价值成就授予**奖品**，以示表彰。这两项都被认为与其说是奖励，还不如说是对进一步努力的补助。然而，学会逐渐地更注重定期出版刊物，报道它所关心的问题的消
501 息。它的《学报》（*Transactions*）第一卷于 1783 年面世。学会第一个固定会址是查林克罗斯的克雷格科特。后来的不几年里，它又迭次乔迁，地方越搬越大，因为会员不断增多。直到 1774 年，它才在阿德尔菲占有一个长久会址，以迄于今。

艺术学会的工业兴趣范围十分广阔。它在十八世纪里奖励了机械（尤其是织造机械）、精密仪器制造和化学品商业生产等方面的改良以及工业发明，例如螺旋千斤顶和用捕鲸炮发射的渔叉。

1796 年,它把一项奖金授予清扫烟囱的最佳方法,这种方法无须利用“攀高工”。但是,此后直到 1805 年,再也没有颁发过奖金。艺术学会还致力于鼓励农业。它奖励的项目包括:成功培育本地作物和引进外国作物;生产纯种;改进耕作方法和饲养牛羊方法;发明新农具(它们放在陈列室里展出)。它敦促栽培芜菁,还促成把芜菁、甘蓝和甜菜引入这个国家。它通过褒奖开创大规模种植园的人来鼓励造林。它还传播大量有关农业问题的有用知识。此外,艺术学会也对开发殖民地的自然资源感兴趣。它倡导使有经济价值的植物适应环境,以及在这些地方创办合适的工业。回顾一下,由于艺术学会的敦促,曾把英国船舶奖金用于奖励在那场著名叛乱发生时把面包树从南太平洋诸岛运往西印度群岛的船只,是很有意思的。这学会从一开始就鼓励精通绘画,因为这对工业有用。它过渡到美术领域是很容易的。学会因它展出当代艺术家作品而闻名,而这在 1768 年导致建立作为一个独立机构的皇家学院。(参见 Sir H. T. Wood:*A History of the Royal Society of Arts*,London,1913。)

(二)农业的改良和发明

十八世纪里,欧洲农业取得相当大进步。这种进步主要是经验的,借助试错法取得。但是,农业工序改进了,还发明了一些新农具。此外,通过对农业实验和结果的周密观察和记录,也为农业现象的科学研究奠定了基础。

十七世纪的农业仍以墨守习惯的分工和土地处理方式为特 502

征。可耕地、草地、牧场和荒地等的划分被认为是永久的，极少有人认为，它们能够定期或偶尔轮换。并且，可耕地以这样的方式耕作：每年，它有三分之一甚或一半时间闲置着。按照这种二区轮作制，可耕地一半种植而另一半休闲；隔年对调一次。按照优越的三区制，可耕地的三分之一种植黑麦、小麦和冬大麦；另外三分之一种植燕麦、夏大麦、玉米和某些菜豆、豌豆和巢菜；余下三分之一休闲，但它在这一年里要犁二三次，如此清地是为了准备来年种植庄稼。十八世纪里，这种相当浪费的方法在英国逐渐为所谓诺福克轮作制取代。这是一种四区轮作制，即三叶草、小麦、萝卜、大麦，不让一点可耕地休闲。类似的轮作制似乎在十六世纪就已引入荷兰以及也许还有别的地方。但是，这种轮作制以诺福克制的形式被广泛采用，则还只是十八世纪的事。这种轮作制在英国的采用，有赖于那里栽培三叶草和萝卜。这些和别一些外来植物（甘蓝、胡萝卜、欧洲防风、蛇麻等等）之引入英国，是理查德·韦斯顿爵士(1591—1652)一类先驱，尤其是查尔斯（绰号“萝卜”）·汤森(1674—1738)的功绩。

诺福克制是基于某些源于观察的信念，但还没有得到科学的理解。就是说当时认为，三叶草为小麦准备了土壤，因为观察到小麦在以前种过三叶草的土地上长得比较好。同样，人们也是以这种经验方式相信，小麦为萝卜准备了土地，萝卜为大麦作了准备，大麦则为三叶草作了准备。这些事情的科学理解要等到十九世纪。汤森以同样的经验方式重新发现了给轻松土（类似诺福克的土壤）施灰泥的优越性。另一个实际发现是杰思罗·塔尔(1674—1741)作出的，他观察到，松土而不施肥，可能比施肥而不松土要好。松土好让空气、露水和雨水更有效地到达植物根部,增加它们侧生长的营养。不过,尚不清楚,塔尔对这些究竟理解到了什么程度。

农具方面,十八世纪的贡献在于发明了一些新的农具,改良了 503
旧的农具。直到十六世纪所应用的犁是笨重的双轮机械,每架都需要六至八头牛的一支牛队。然而,荷兰在十六世纪某个时候发明了一种较轻的犁,两匹马就能拉动。这种犁在十六和十七世纪里从荷兰引入了英国,尤其是诺福克和萨福克。1730 年,迪斯尼·斯塔尼福思和约瑟夫·福尔贾姆获得了一种称为罗瑟拉姆犁的改良犁的专利权(图199)。约翰·阿巴思诺特和詹姆斯·斯莫

图 199—罗瑟拉姆犁

尔作出了进一步改良。约在同一时候,杰思罗·塔尔发明了一种四刀浅耕犁,用于犁除杂草,更有效地把它们埋在土壤下面。类似的犁似乎在十七世纪才在荷兰出现。

约在 1760 年发明的斯莫尔木犁(图 201)十分引人瞩目。因

为，虽然它十分轻，两匹马就能拉动，但它却同六到八头牛拉的重型犁一样有效。约在1780年，引入了一种改良的木犁，它有铁制的犁壁。不久，斯莫尔制成了一种全铁的轻犁。

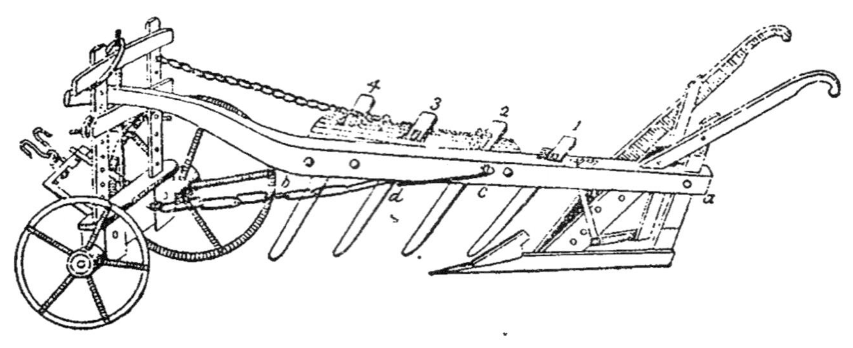

图 200—塔尔的四刀犁

我们现在可以从犁耕的改良转到播种的改良。十七世纪之前，欧洲实际上只有两种播种方法，即撒播和穴播。谷粒和小种子一般用手撒播，种子相当均匀地撒布在整个耕地面积上。豆和马铃薯之类大种子采用穴播，也即在土壤中挖一些空穴，空穴一行行平行排列，每一行上彼此又相隔一定间距，每个空穴中放进一颗或多颗种子。撒播在耗用种子数量和花费手工劳动量上造成很大浪费，不仅如此，而且还妨碍了播种以后对土壤的有效中耕。1600年，休·普拉特爵士发明了一种铁穴播器，它固定在一块板上，这样，便于用手快速穴播玉米。然而，更为重要的是，杰思罗·塔尔在十八世纪发明畜力条播机。塔尔通过仔细的观察和实验，学到了许多关于种子和播种的知识。另外，他还发现，在一定深度上稀播种子，长出的作物最好。不过，他在劝说农夫执行他的指示时，遇 到了很大困难。于是，他毫无畏惧地决心“发明一种机器，比手

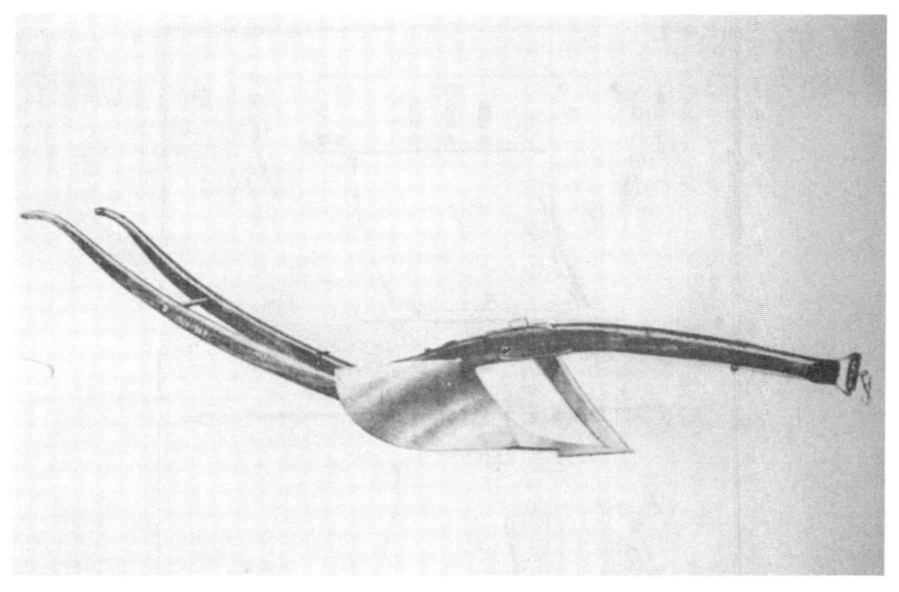

图 201—斯莫尔的木犁

工更可忠诚地种植驴喜豆”。塔尔模仿管风琴的构造,尤其共鸣板的沟、簧片和弹簧,制造了一种条播机。它通过具刻痕的桶输种,种子由一轻型覆土耙掩埋,后者固装于该条播机后部。这种条播方法是撒播和穴播间的一种折中;种子成平行的行地条播,但在每一行上则是连续不断的。总之,同手工撒播相比,畜力条播机不仅节省种子和劳力,而且使得有可能对作物行间的土壤进行适当中耕,而毗连土壤的除草和充气大大改良了这些作物。为了更有效地这样做,塔尔还发明了畜力中耕锄,当时中耕全用费力费时的手锄。

播种和锄耘以后,便是收割或收获。最古老的割玉米和牧草的农具是镰刀和大钐刀。今天,在小面积耕地上,它们仍在应用,但在种植谷物或牧草的大面积耕地上,它们就很少使用了。人类历史早期,人们就已尝试发明一些节省劳力的比较合适的机械。

504

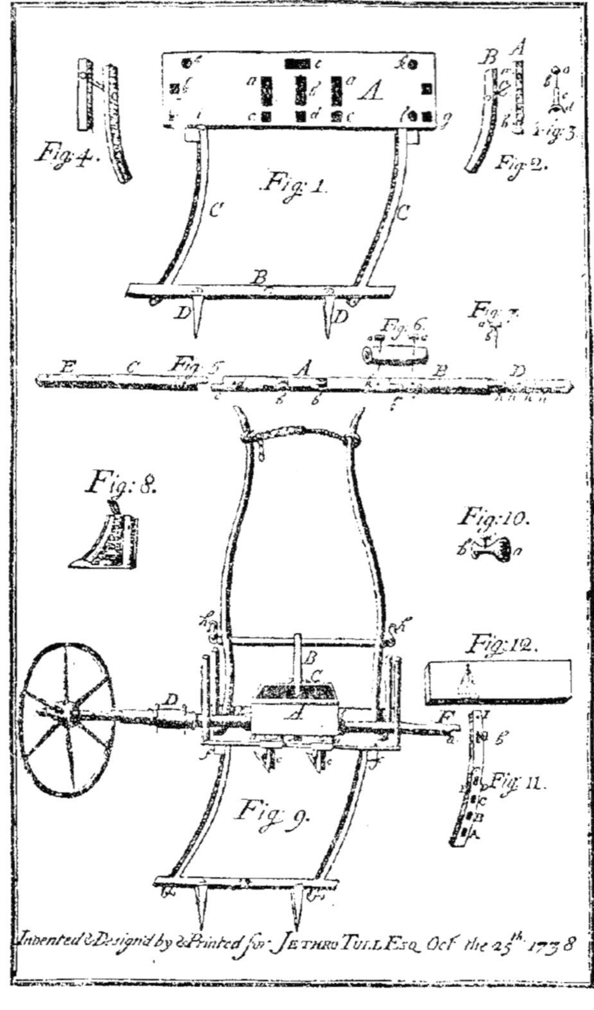

图 202—塔尔用于双行播种的条播犁

图 **1** 为犁的基体 *A*，示出接纳鞘的榫眼 *aa*、让来自漏斗的种子通过的榫眼 CC 和带齿 DD 的耙 B。图 **5** 是纺锤体。图 **8** 是犁沟的鞘。图 **9** 是带一个轮子的犁和在其位置上的给料斗 A。这漏斗分成两个部分，供给两个漏斗 aa。

早在公元一世纪，高卢已在应用一种机械收割装置(参见 Pliny：
505 *Natural History*，Book ⅩⅧ，Ch. 72)。它是一辆马车，正前面有

一把巨大的轮刀。一头牛把马车向前推,在马车旁有一个人把玉米向后弯,以便轮刀把玉米头割下,落进马车。这种精巧的机械装置在后来几个世纪里被废弃了,或许被淡忘了。但是,在十八世纪里,人们又尝试引入这种高卢人收割机的各种改进形式。其中最精致、最有意思的一种见诸威廉·沃克的《通俗哲学》(*Familiar Philosophy*)(1799 年)。这种收割机有两个轮子,由一根轴联接,这轴带有一伞齿轮,后者由一带齿的构架支承,而构架贴近地面,并带有几把水平旋转的刀,而这些刀借助两个滑轮和一个小齿轮同轴上的齿轮相连。这收割机由一匹马拉动,玉米由轮刀的旋转着的刀刃切断。

我们接下来转到最后一道农业操作,即给谷捆脱谷。在十八世纪之前,这种操作一直是用手动梿枷进行的。今天仍用这种梿枷加工少量的谷物。谷捆放在打谷场上,用梿枷打,以便能把秸秆去除。这样留下的谷粒尚混有谷壳,然后利用天然风或者风扇产生的人工气流去除谷壳。1636 年,约翰·克里斯托弗·范伯格获得了一种脱谷机的专利权。十八世纪里,沿这个方向另外还作过多次尝试。不过,所有这类脱谷机中最实用的,当推苏格兰工程师安德鲁·米克尔在 1788 年获得专利权的那种脱谷机。这种脱谷机不止能脱谷,它还包括一个吹掉谷壳和其他杂质的装置以及用于把草种和小谷粒同饱满谷粒分离开的筛。

这里可以提到的另一个发明是詹姆斯·库克在 1794 年获得专利权的一种切藁机。它用来把干草和秸秆切成短段,用作家畜的粗饲料。库克发明之后,常用的切藁机是一端开口的长方形槽。干草或秸秆放到槽的里面,用手推到开端,在那里用一把镰刀切 506

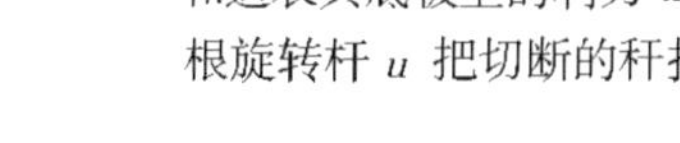
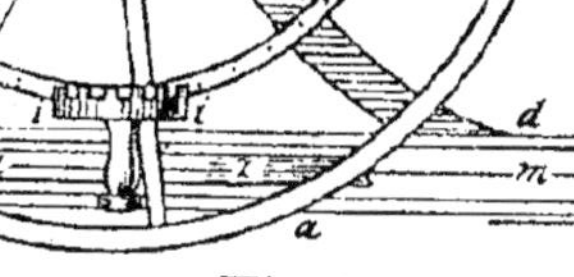
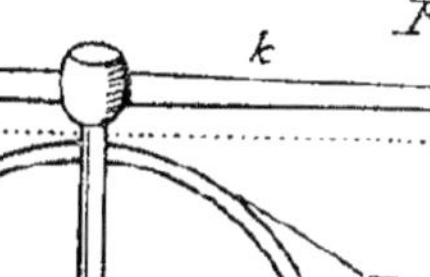
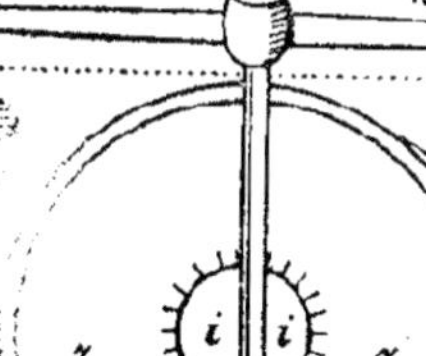
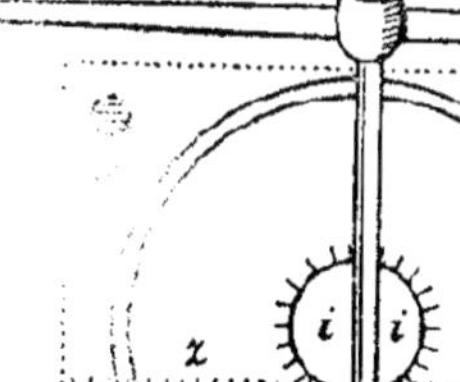
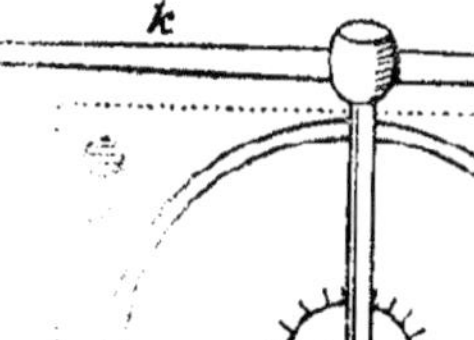
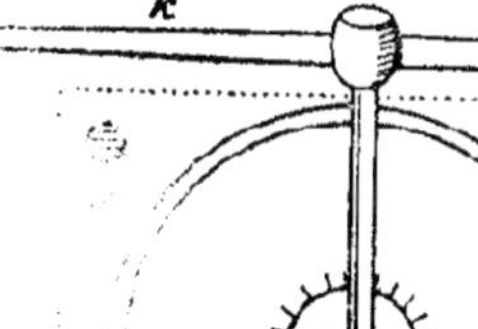
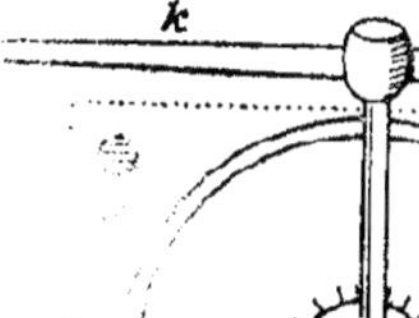
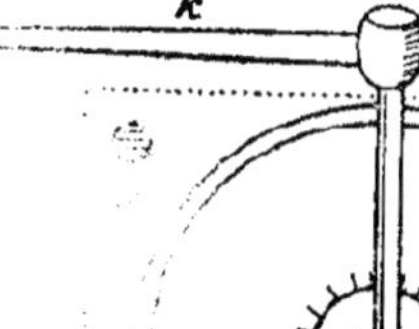
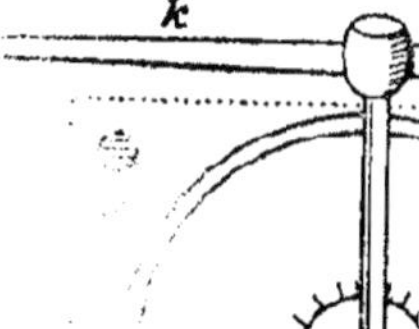
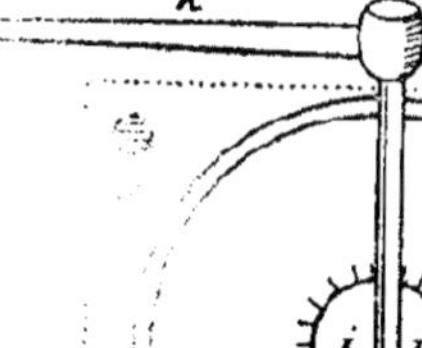
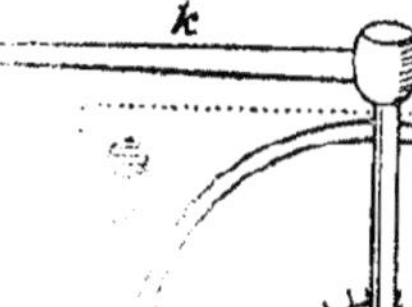

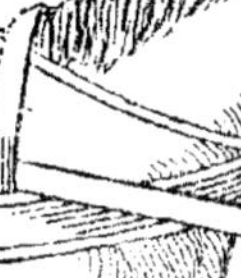

图 203—畜力收割机

图 2　立视图　　　图 3　平面图

轮子 *kk*（马匹靠它们推进这农具）的垂直运动从嵌齿轮 *qq* 传送到水平小齿轮 *ii*，由之再通过一根绳传送到水平轮 *ss*，后者带有七把刀。玉米秆通过被卡入这些刀和这农具底板上的利刃 *xxx* 而被切断。一根旋转杆 *u* 把切断的秆扫除。

割。库克添加一个重物,把干草或秸秆压到靠近槽的开端,并在槽 507
端固定若干刀片;还引入一个轮子,轮辐上装有旋转刀片。旋转刀片顶住固定刀片地运动,其结果便产生切割作用,有如剪刀的作用。

十八世纪,英国在有选择地培育良种牛羊的艺术方面,也有了一个良好开端。结果,莱斯特郡的牛羊受到高度重视。英国农夫崇尚牛羊良种风气的领导人物,是罗伯特·贝克韦尔(1725—90)。

十八世纪九十年代,英国还开始出现了类似农业部的机构。这个组织建立于 1793 年,阿瑟·扬任秘书。它只是个半官方组织,但它为英国农业的研究和改良做了很多工作。

(三)纺织发明 508

十八世纪由于在纺纱、织造、针织、漂白和染色等技术作了各种各样改进而著名。

纺纱

十八世纪在纺纱发明上表现出很大的独创性。这些发明是:用辊处理纱线、把锭子安装在可动的走车上以及大大增加一个操作工所能照管的锭子数目。

约翰·怀亚特和刘易斯·保罗于 1738 年获得了用辊纺纱方法的专利权。在这种新机器里,被梳理的棉或毛由一对辊引入机器,再传送到另一对辊,后者比第一对辊运动快,这样,棉或毛在从第一对辊到第二对辊的传送过程中,就被伸张了。这纱线从辊再传送到锭子和锭翼,最后缠绕在有边筒子上。

509

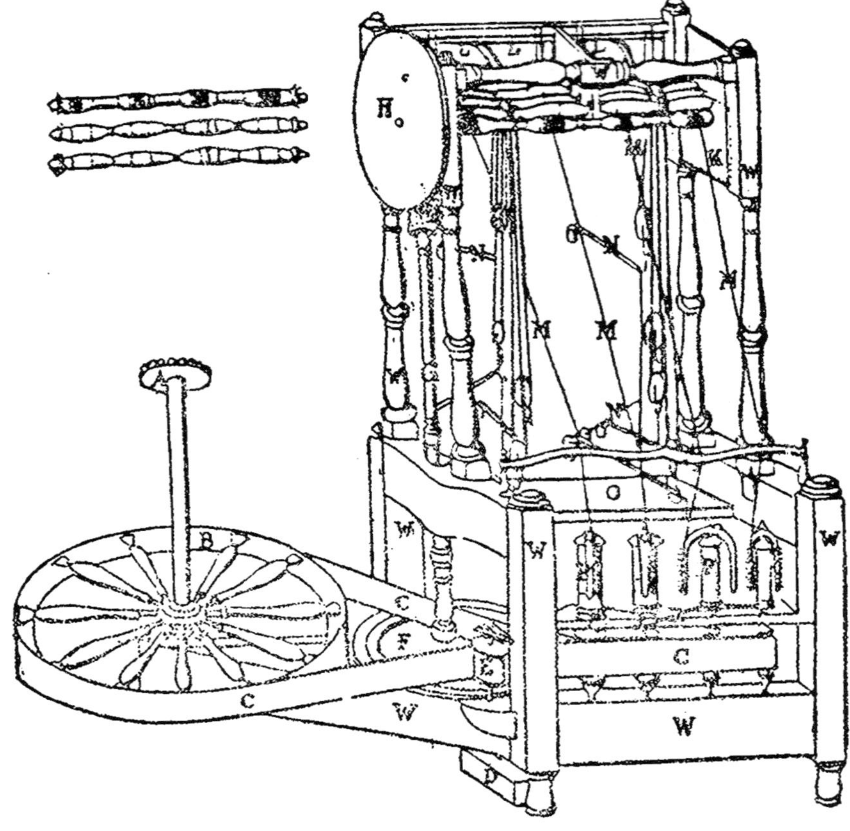

图 204—阿克赖特的“水力纺纱机”(1769 年)

A—嵌齿轮和轴。*B*—驱动该机器的轮。*D*—铅重物,使小轮(*F*)保持稳固于压力轮(*E*)。*G*—木轴,它驱动轮(*H*),并向上一直到驱动四对固定于铁板(*K*)的辊(*I*)。*L*—四个带粗棉纱的大筒管。*M*—四根线,连接到用铁丝固定在木杆(*V*)上的筒管和锭子。*N*—铁片,所带重物通过滑轮悬挂于辊,以使各辊保持在一起。*P*—筒管和锭子。*Q*—锭翼,具有把线引向筒管的铁丝。*R*—小的毛线绳,它们影响筒管的旋转,以调节其转速。*S*—四个锭子旋转物。*T*—锭子。

1771 年,理查德·阿克赖特发明了一种新的纺纱机,称为“水力纺纱机”,因为它用水力驱动。他又对这种机器在细节上作了进一步改进,其结果就是他的所谓“翼锭纺纱机”。这些纺纱机生产的线特别牢，这便使得第一次能够制造全棉织物。在那时之前，所应用的其他纺纱机纺成的棉纱非常脆弱，只能用作纬线，而经线必须应用亚麻。阿克赖特的水力纺纱机在织造棉布时，不再需要亚麻经线。然而，另一方面，它只能纺较粗的纱线，还不能同印度白布和薄洋纱的细纱相比。

其间，詹姆斯·哈格里夫斯于1765年发明了他的“珍妮机”①

图 205—哈格里夫斯的珍妮纺纱机

即珍妮纺纱机(图 205)。这种机器使一个操作工能照管许多锭子——原始珍妮机是 8 个，哈格里夫斯的最后定型是 80 个。然

① 珍妮(Jenny)是他女儿的名字。——译者

而，这种新式珍妮纺纱机在其他方面大都同没有锭翼的大轮纺纱机相似，因此，纺织不能连续地进行，机器必须周期地停车和倒车，以便把纺好的纱摇在纡子上。这种机曾广泛应用，尤其是在塞缪尔·克朗普顿对之大加改进以后。克朗普顿把阿克赖特的“水力纺纱机”方法同哈格里夫斯的“珍妮机”方法相结合。这种纺纱机是如此通过混合方式把不同原理结合起来的产物。因此，它被称为“杂种机”或“杂种珍妮”〔走锭纺纱机〕（图 206），发明于 1774 年。最早的“杂种机”只带 12 个锭子，但它们生产的纺线非常精细，足以同印度棉制品相匹敌。

图 206—克朗普顿的“杂种机”〔走锭纺纱机〕

510 ## 织造

在十八世纪里，包括凯（1733 年）、巴伯（1774 年）和卡特赖特（1785—78）等人在内的一些人对普通织机作了许多改进，尽管这些改进并未带来设计上的创新,但织机变得紧凑了,架空机架没有了;筘座由机座处的枢轴操纵,不再在机顶摆动;织工的职责大大减轻;一个织工借助凯的飞梭就能织造阔幅织物。1796 年,格拉斯哥的约翰·奥斯汀发明了第一台动力织机。它设有断经自停装置和断纬自停装置,能在一小时内织出 2 码 900 线织物。并且,因要求的织物细度不同,一个织工辅以一个童工就能照管三至五台织机。

这里还必须谈一谈织带机。织带机好像是 1621 年前后由荷兰发明,十七世纪里在英国、德国和瑞士得到应用。及至 1765 年,织带机基本上已是自动的。这主要是由于凯和沃坎森进行改进的结果。1745 年,约翰·凯发明了控制织带机踏板的凸盘,这样,织机的一切机构达到了协调运动。沃坎森改良了操作杆和操纵锭子的齿条齿轮传动。不过,织带机尚未达到完全自动;它还需要织工花费体力,在结断纱时,他还得用力制动织机。

针织

第一台针织机是 1589 年在英国发明的所谓"织袜机",发明人是诺丁汉附近卡尔弗顿地方的副牧师威廉·李。当然,李的织袜机不是全自动的,它的开动和各部分运动的协调都得依靠人力。不过,它是后来在针织机械和花边织机方面一切发明的基础。十八世纪里,针织机上最重要的改良也许要算杰德迪亚·斯特拉特在 1758 年作的改良了。斯特拉特在织袜机中引入了第二副织针,它同原来的一副相垂直。他藉此织制出了罗纹表面的针织品,它至少在一个方向上大大提高了弹性。

511 漂白

十八世纪在织物漂白工艺上做出了一些重大改良，即应用稀释的硫酸和氯气作为漂白剂。这些改良引入之前，应用通常漂白的漂白工序如下：亚麻或棉织物放在热水或碱中浸渍，以去除上浆物质或其他杂质。然后加以清洗，放在所谓“漂白场”上晾干，再经过一个称为“煮练”的工艺，即放在炽热强碱中加热。其后，再加以清洗，再次摊开在漂白场上，让风吹日晒，并喷水使之保持湿润。“煮练”和“喷水”这两道工序交替反复进行，直到织物变得相当白。接着是“酸化”工序，为此，织物被浸在酸牛奶溶液或者麸或黑麦粉制成的“酸”中。然后，再用皂水洗这织物。如果尚不够白，那么，就再重复进行“煮练”等等工序。这整个流程是十分费事的，只能在一年的某些时候进行，甚至那时还得受天气条件限制。

1756 年，弗朗西斯·霍姆倡言（*Experiments on Bleaching*, pp. 74—92）用稀硫酸代替“牛奶酸”。这是一项适时的改革。因为，英国亚麻工业当时大大扩展，所以，对全脂牛奶的需求增加，而这导致牛奶价格上涨。同时，稀硫酸总是可按标准规格供给，而酸牛奶则不然，质量变化幅度很大，常常因为太酸而影响效用。

贝尔托莱的改良甚至更为重要。他约三十年之后用氯作为漂白剂。氯的漂白作用的真正发现者是舍勒（氯在当时称为“脱燃素盐酸”或“氧化盐酸”）。贝尔托莱最初应用氯的水溶液。但是，这种溶液释出的气体育伤害作用，因此，他便改而应用它的碱溶液。此外，贝尔托莱还想到，织物在“漂白场”上露置，仅仅是为了让织物中的着色微粒准备溶解和去除碱。因此，“漂白场”可以免除。

贝尔托莱通过交替地用氯和碱溶液处理织物，事实上达到了永久性的漂白效果(*Annales de Chimie*，1789，Vol. Ⅱ，p. 151)。

贝尔托莱的“氧化盐酸”(氯)的碱溶液得到了普遍应用。它通称为“eau de Javelles”〔贾韦耳水〕和“eau de Berthollet”〔贝尔托莱水〕；制造这种溶剂的工人称为“bertholliers”〔贝尔托莱工〕。这种 512
新式漂白方法比旧式的简单、稳当、省事，也便宜得多。“漂白场”可以派别的用处。“煮练”、“喷水”和“酸牛奶”等工序代之以比较省事和稳当的工序：把织物浸在氯溶液中，然后放在碱中煮沸，再放在稀释的酸中浸，最后放在弱碱——但要新鲜的——之中；像旧法一样，其中有些工序需重复进行。

贝尔托莱漂白方法是一种甚合需要的改良。因为，当时**动力织机**已在纺织工业中站稳了脚跟。它的日益增长的产量需要一种比较迅速、可靠、经济的漂白方法。值得指出，詹姆斯·瓦特把贝尔托莱的漂白工艺引入了格拉斯哥。

查尔斯·坦南特又一次降低了漂白的成本。他在 1798 年用石灰乳代替苛性钾碱作为氯的溶剂。1799 年，坦南特用熟石灰取代石灰乳，于是，提供了漂白粉作为漂白溶液的代用品。漂白粉便宜而又有效，在一定程度上促成了漂白工业的迅速发展。

刚才提到的漂白工艺进步仅仅影响到亚麻和棉，而不影响毛或丝的材料。纯碱不能用来漂白丝和毛，因为它要损害它们。甚至在十八世纪，丝和毛也仍然用古代就已应用的一种方法来漂白。略去各地在细节上的一些差异，漂白毛或丝的材料的工艺可介绍如下。材料用皂水清洗，然后使之干燥，最后让燃烧硫的烟来熏。这种古老的漂白方法今天仍在一定程度上为家庭用来翻新草帽之类东西。

（参见 Nicholson：*Dictionary of Practical and Theoretical Chemistry*，1808，词条“Bleaching”。）

染色

十八世纪初期仍沿用传统的染色方法。然而，这一世纪里后来逐渐地引入了一些改良。实用上的改良还同染色化学理论的进步密切相关。这些改良在很大程度上是由于法国政府对染色工业特别感兴趣的结果。早在十七世纪，在富有事业心的柯尔培尔的
513 领导下，已经采取一些步骤来鼓励染色工艺的进步：褒奖促进染色技术改良和染色业工匠效率与技艺提高的人。最后任命一名特别官员专门负责总管整个染色工业。值得指出，两位大力促进染色实践和理论的研究者相继就任法国染色工业总监。他们就是关于化学的那两章里已提到过的马凯和贝尔托莱。

传统的染色方法相当简单。待染织物先按上述方式予以漂白，然后浸在染浴或染锅之中。染料采自植物或动物的有色物质。有时，人们感到，有必要用某种东西来把染料固着在织物上。为此，一般用明矾作为所谓媒染剂。所用的染料数目相当多，但任何一种颜色所能产生的色泽的数目通常却很有限。

十八世纪前几十年里，尤其是法国染色工业早期的两位总监迪费和埃洛所持的染色理论是纯粹力学的。鉴于力学理论在十七世纪处于主宰地位，这也是顺理成章的事。按照染色现象的力学理论，所用染料的微粒进入了被染材料的孔隙。据认为，染色准备工序大致是，借助热或某种化学作用来帮助织物打开孔隙，以使色

素微粒能够进入而填充这些孔隙。同样，染料在被染织物中的固着也被解释为主要是由于冷的作用，即冷使织物孔隙缩小和关闭，从而把色素微粒关在织物组织之中。有些物质之难于染色，也诉诸据说存在的盐来解释：盐阻塞了这些物质的孔隙，从而阻止了染 514
料微粒进入。在马凯和贝尔托莱从事这一问题的研究之前，一直没有关于染色工艺的化学理论。（关于迪费和埃洛的观点，可分别参见 *Mém. de l'Acad. Roy. des Sciences*，1737，p. 253；和 1740，p. 126 和 1741，p. 38。）

约在十八世纪中期马凯研究染色问题的时候，不褪色的蓝染料还只知道靛蓝和淡蓝两种。马凯引用了普鲁士蓝。他把棉、亚麻、丝的绞纱和一块布放在明矾和绿矾酸的溶液中煮。然后，他把它们浸入碱溶液中，用有机物焙烧，使之染色。继而他让它们露置干燥，然后，再放在非常稀的热硫酸中浸渍。结果，产生了浅蓝色。在丝和毛织物上这颜色坚牢不褪。他还发现，反复放在染料中浸渍，这颜色会越来越深，因此，通过改变浸渍次数，可以获得范围很广的各种蓝色泽。此外，普鲁士蓝似乎完全渗透被染材料，而靛蓝和淡蓝仅着色材料的表面，所以，在染过的材料的表面磨损后，下面未染到的组织便暴露出来。因此，普鲁士蓝最后得到广泛应用。

马凯还发现一种给丝染上不褪红色的方法。德雷布尔似乎早已成功地给毛染上坚牢的猩红色，他把毛材料放在洋红溶液中，其中还放入锡的 aqua regia〔王水〕溶液，作为媒染剂。然而，这种方法在染丝时无效。马凯想出一个主意，先把丝浸渍在单独的稀释媒染剂中，然后浸入洋红染液。通过如此分离两道工序以及稀释媒染剂，马凯成功地给丝染上坚牢的红色(*Mém. de l'Acad. Roy.*

des Sciences，1768，p. 82）。

马凯由于亲身经验而动摇了对染色现象作纯力学解释的信念。但他仍相信，被染织物的孔隙起着重要作用。不过，他也许不再接受这样的观点：色素微粒仅仅简单地封闭在被染织物组织的孔隙中。他认为，这里包括某种化学过程，而不单是一个力学过程。织物、色素和媒染剂三者可能形成一种新的化合；一种不能同某种染料化合的织物，有时仍可能同该染料和某种媒染剂的碱相化合（*Dictionnaire de Chimie*，1778，"Teinture"）。继马凯任染色工业总监的贝尔托莱更完整地发展了这些思想。

前面有一章里已介绍过，贝尔托莱对化学亲合性理论作过贡献。贝尔托莱正是用化学亲合性来研究染色问题。他的论证如下。"着色微粒具有区别于一切其他物质的化学性质，它们具有独特的吸引力，藉此同酸、碱、金属氧化物和某些矾土为主的土质等相化合。它们常常沉淀酸溶液中的氧化物和矾土；在其他场合，它们同盐化合，形成超化合物，而后者同毛、丝、棉或亚麻相化合。这
515 样，它们通过矾土或一种金属氧化物就结合得远比没有这中介时紧密"（*Éléments de l'Art de la Teinfure* Paris，1791，Vol. I，p. 20；W. Hamiltan 英译，*Elements of the Art of Dyeing*，London，1791，Vol. I，p. 22）。这里，我们已最明显不过地试图严格用化学、化学亲合性来解释染色现象。一种染料的微粒的溶解取决于该染料对溶剂的亲合性。染料微粒同一种织物的化合可以直接进行，也可以通过一种媒染剂如明矾的中介进行。一种染料的原色可能为它与之化合的那种材料的颜色所改变。另外，空气和阳光等条件也可能影响最终得到的颜色。这些思想促使他去专门研

究氧在染色过程中所起的作用。

贝尔托莱观察到,在明矾溶液中,除了明矾分解而成的一种碱之外,还有色素连同氧化铝一起沉淀。这使他领悟到,金属氧化物对色素有很强的亲合性。于是,他揣测,一种金属氧化物的颜色取决于它作为化合物所包含的氧的数量。因此,他对氧在这些变化中所起作用作了如下说明:“构成大气的空气的那两种要素中,只有生命空气或含氧空气才作用于色素微粒。它同微粒化合,使它们颜色变淡、变灰。但是,现在它的作用主要是被施于化合物中的氢,由此形成水。这效应应当看做为一种真正的燃烧,同色素微粒相化合的木炭由此变成占主导地位,而颜色通常变为黄色、鹿毛色或褐色;或者,受损害的部分同原色的残余相结合而产生其他现象”(上引著作,Vol. I,p. 117;英译本,Vol. I,p. 114)。此外,“金属氧化物在它们与之化合的色素微粒中引起燃烧,其程度同这些微粒可从它们得到的氧的数量成正比。金属氧化物和色素微粒的化合物这时所呈的颜色,是色素微粒特有颜色和金属氧化物特有颜色的结合。不过,这里应当考虑,色素微粒和金属氧化物现在处于 516
因氧化物中氧减少和色素微粒中氢减少而还原成的状态”(上引著作,Vol. I,119;英译本,Vol. I,pp. 116—7)。无疑,这些观点有的带很大猜测性。但是,贝尔托莱表明了许多染色问题和现象的化学本性。他还表明,当用明矾作为媒染剂时,碱使氧化铝沉淀下来,后者同染料微粒化合而形成一种“超化合物”,而这种超化合物同织物相化合,由此使之染色。并且,在很大程度上是贝尔托莱使法国很快成为世界的染色工业中心。

517

第二十一章　技术

（四）建筑

一、材料强度

十八世纪里，米欣布罗克、贝利多、布丰、库仑、苏弗洛、戈特、隆德莱和吉拉尔等人继续了十七世纪里伽利略、武尔茨、马里奥特和胡克等人对建筑材料强度的研究。

米欣布罗克

P. 范·米欣布罗克进行了一系列广泛的精确实验室研究，实验测定建筑材料在应力作用下的性能。他的《实验物理学和几何学》(*Physicae experimentales et geometricae*)(1729 年)中题为《坚实物体内黏性导论》(*Introdnctio ad Cohaerentiam corporum firmorum*)的那一部分(pp. 421—672)论述了这些实验和所用设备。下面的图 207 至 212 也取自该书这一部分。

马里奥特曾用哑铃状的拉力试样做过实验(图 207)。米欣布罗克用玻璃试样做实验时，仍保留这种方式。但是，他不用绳索来悬挂它们，因为这种方法必定带来不确定的加载偏心度。他设计了一种新颖的 U 形夹。

他的拉力试验机示于图 209。

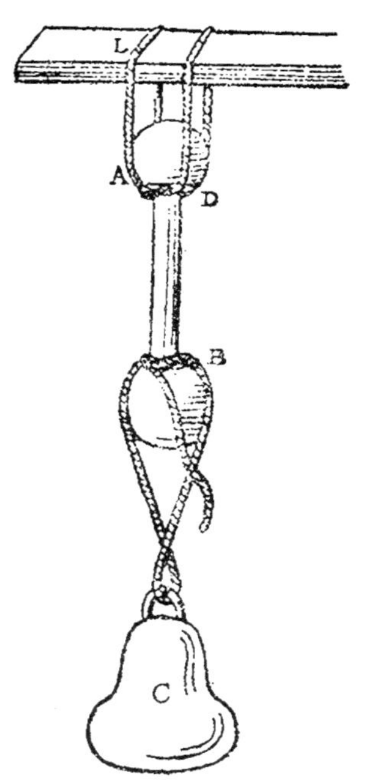

图 207—马里奥特支持试件的方法

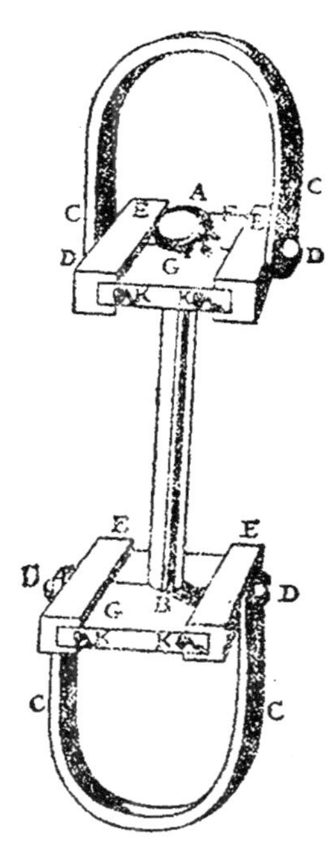

图 208—米欣布罗克紧固玻璃试样的 U 形夹

他用于紧固金属丝的 U 形夹示于图 210。为了试验梁，他应 518
用图 211 所示的装置。狭槽用于仅仅加以支承的端，方孔用于带定向端的试件。试验支柱时，在支柱的头端，加载一个平台，每个角上有一根杆导引平台，如图 212 所示。米欣布罗克极端小心地进行试验，作了许许多多试样。然而，他做过的梁都是小杆，大都只有 0.27 英寸见方。不过，这些试验乃用于证实伽利略的结论："相对结合力"同 b · d^2(其中 b 代表截面宽度，d 代表其深度)成正

比，同 L(即梁的跨度)成反比。像马里奥特一样，他也正确地指出，将一根梁的两端固定，在跨度中间加载，它的支载能力倍增。他采用的支柱长而细，他的试验实际上预言了许多年以后欧勒从理论上推出的结果，即一根给定截面支柱的强度同其长度成反比。

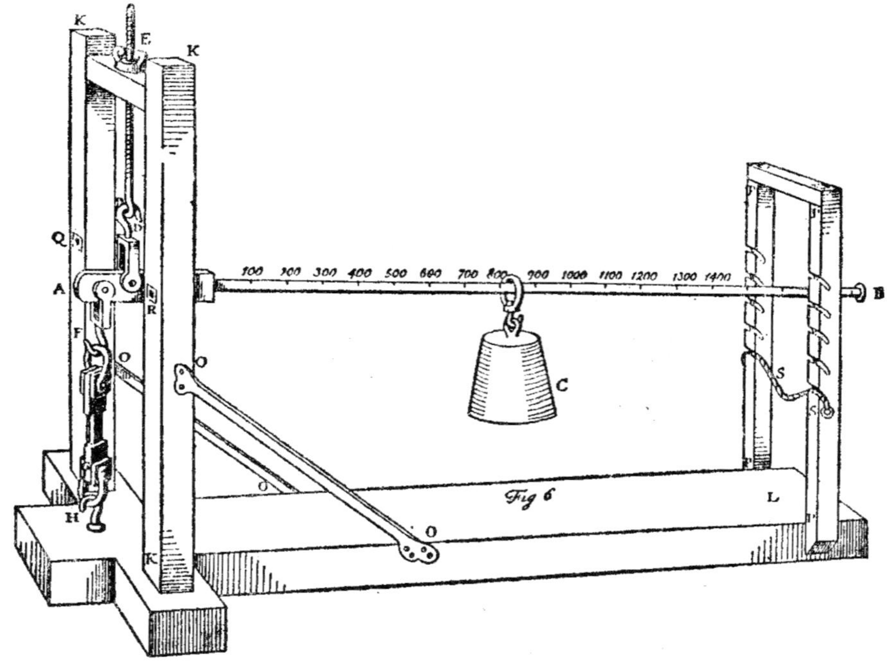

图 209—米欣布罗克的拉力试验机

519 **贝利多**

贝尔纳·德·福雷·贝利多(1693—1761)算不上结构技术领域的一位伟大先驱。他没有设想出几个新实验，也没有发现新的原理，只设计了一些尚称合理但并不出色的建筑物。不过，他作出过一些宝贵的贡献，那就是他写作了几本关于建筑和工程的专著。

在这些书中,他把当时的各个理论和实践汇总加以综述,并作了精辟的评析。这样,他给同行提供了可放心运用的有关科学知识。从历史来说,他的著作也很可贵,为了解十八世纪初期建筑知识的状况提供了指南,并且,它们实际上还是最早的工程学教科书。他最重要的论著是《工程师的科学》(*La Science des Ingénieurs*)(1729 年)和《水利建筑学》(*Architecture Hydraulique*)(两卷,1737,1739年)。把这些著作同以前的书例如阿格里科拉的书相

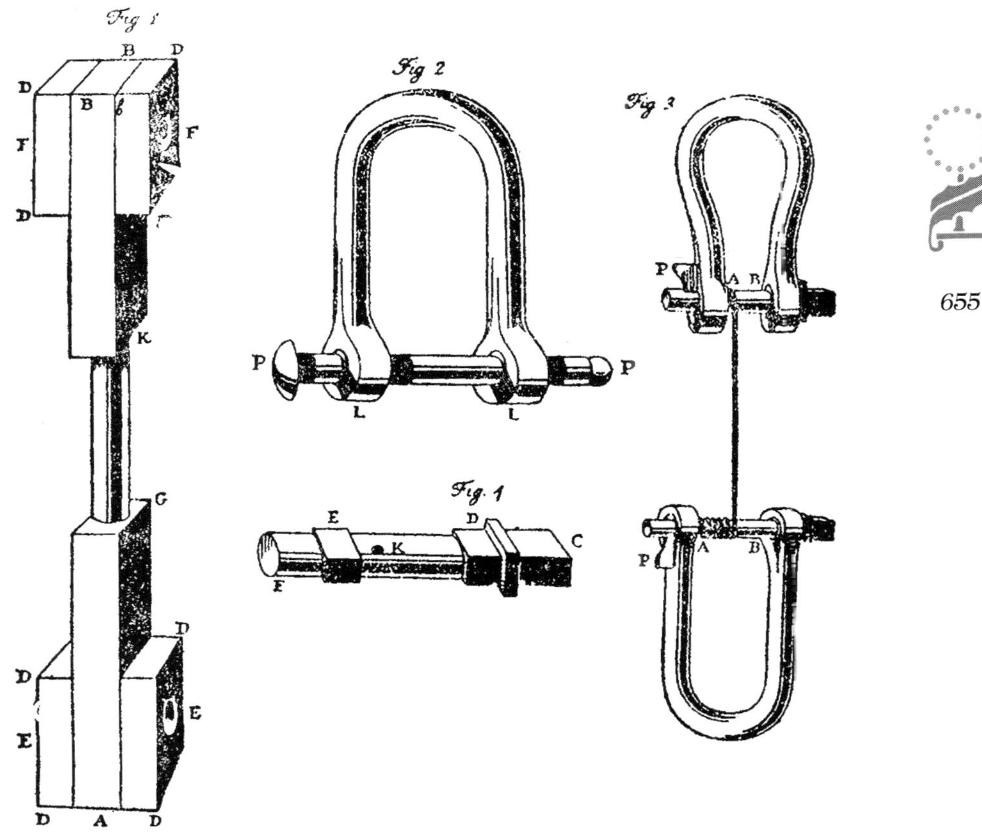

图 210—米欣布罗克的器具:1. 木拉力试样;2—4. 紧固金属丝试件的 U 形夹

520 比较，可以清楚地看出，其间工程学取得了长足进步。贝利多的著作的持久性可从下述事实看出。迟至1830年，他的《工程师的科学》还在重印，正文只字未改，仅由编者（纳维埃）增加了一些脚注，说明这个研究领域在该书问世以来所发生的一些变化。

布丰

布丰伯爵乔治·路易·勒克莱尔（1707—88）如上所述作为一个博物学家享有世界声誉。他还是个热心的数学家，牛顿《流数》（*Fluxions*）法译本（1740年）的译者。这种素质和兴趣的结合导致他担任一个职务，而这职务使他有机会对本章的论题作出了一

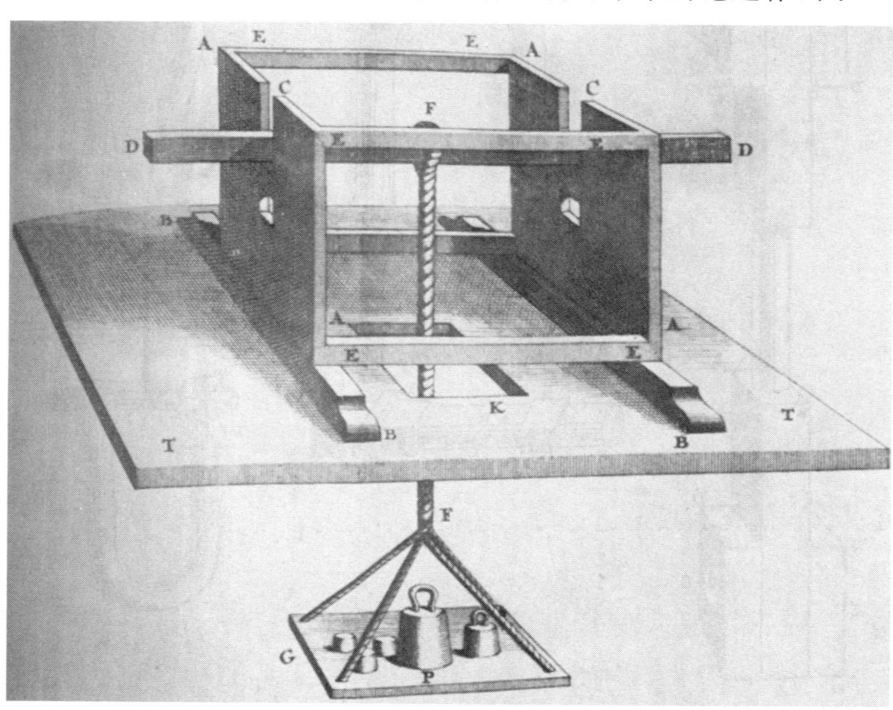

图 211—米欣布罗克的梁试验装置

个独特贡献。

法国路易十五的海军部大臣莫雷帕伯爵任命著名植物学家亨利·路易·杜阿梅(1700—82)任 Inspecteur de la marine〔海军部

图 212—米欣布罗克的支柱试验装置

监察长〕,研究和报道适合海军建设的木材的栽培和保护。布丰就 521
任杜阿梅的助理,尤其协助研究木材强度。杜阿梅已开始着手研究这个问题,但由于更紧迫的问题缠身而不能深入探究下去。布丰在这个任所上得以进行大量实验,几乎不受限制地得到所需尺寸的商品小木材。像米欣布罗克和贝利多一样,布丰也是从小试

样开始实验。他先用同一圆木的不同部分，然后用不同大小的树木作为试件，由此表明，相同木材种中，强度同密度成正比。为了获得最大量密纹木材产品，他建议在春天给准备秋季砍伐的木材剥皮(*Mém. l'Acad. Roy. des Sciences*，1738，pp. 169f.)。对此做法，他还援引了斯塔福德郡和诺丁汉郡的先例。鉴于同一圆木截下的各个小试件在强度上有相当大的差别，他决定试验建筑时实际应用的那种尺寸的试件，为此，他指定不下一百棵栎树为他提供试件，它们在同一树林中生长，完好，健康，属于相同的种，树围从 $2\frac{1}{2}$到 5 英尺不等。每一次，都在第一天把树砍下，由木工把他所需要的那部分粗加工成方形，次日由细木工刨光到精确尺寸，第三日进行试验(*Mém. de l'Acad. Roy. des Sciences*，1740，pp. 453f.)。布丰让坚牢的支架来支承他的木材试样的两端，并用设在中跨处的铁钩环来悬吊负载。将压紧试件上面的那部分钩环锉平，其宽度不到$\frac{1}{4}$英寸。钩环底条处挂两个钩子，那里放置直径 9 英寸、长 4 英尺的坚实圆木，悬挂载重台。因为需试验 4 至 9 英寸见方的木材，所以制作了一系列钩环，每个都是锻打成方框架形状的圆铁条，在准备试验时套在试件端头。

5 英寸木材制成的载重台系 14 英尺长、6 英尺宽，连钩环和载重用的全部吊索共重 2500 磅。开凿三百块重石并加以修琢，重量标为 25、50、100、150 或 200 磅，视具体情况而定，它们足可施加总重约达 27000 磅的负载。

这个工作部门有八人。重石逐步加于载重台，重的先加，当这墩升起时，两个人继续从脚手架上加载较轻的重石；四个人用木杠使载重台四角保持稳定,一个人测量挠曲,第八个人记录时间、所加重量和试验过程中的挠曲等项目。时间是重要的。一个比引起突然断裂的负载少得多的负载所引起的挠曲在导致断裂之前,将可历时几小时并不断增大,这样的负载绝不小于快速试验极限的三分之二。但是,除非试件非常小,否则,只有在听到明显可闻的报警声后,才会发生损坏。在一篇刊于《皇家科学院备忘录》(1741,pp. 292f.)的论文中,详尽无遗地记叙了许多这种试验。

库仑

夏尔·奥古斯特·库仑这位杰出物理学家在其他领域的重要著作前面已经介绍过。在这一章里所以值得崇敬地提到他,是因为他的《论极大极小法则对建筑有关的静力学问题的应用》(*Es-* 522
say on the Application of the Rules of Maxima and Minima to Statical Problems Relating to Architecture)一文。这篇论文于1773年逞交科学院。但是,当时他不是院士,因此,论文于1776年发表于"par divers Savans étrangers"〔由各院外学者供稿的〕关于数学和物理学的《备忘录》。这类文章均不收入科学院《历史和备忘录》总年鉴之中。那个时期的专业文献中很少引证这篇论文。也许只是由于托马斯·扬的作用,库仑著作才取得其在建筑技术历史上应有的地位。扬在收录于他的《综合著作》(*Miscellaneous Works*)(Vol. Ⅱ,pp. 527f.)中的一篇颂文中指出,库仑论内粘学的那篇论文,"它所阐发的观点准确而又有独创性,论证清晰而又简洁,而且结果可以实际利用,因此",完全可以同他后来那些乃他作为一个科学工作者声名所系的著作中的任何一部并驾齐驱。扬

称赞库仑独创地引入极大和极小作为静力学问题的判据。这个方法很快就得到广泛采用,而且它在今天的价值仍不减当年。

这篇论文描述的第一个实验中,一块1英尺见方、1英寸厚的石板 *abcd* 在 *e* 和 *f* 处被切琢,只留下2英寸宽的颈。然后,这石板悬吊在一框架上,加载,直到这材料在颈部断裂。力 *P* 除以 *ef* 处的截面积(2平方英寸)即给出"内聚"。在第二个实验中,库仑试验一根2英寸宽、1英寸高的悬臂,在靠近其支承端处悬一负载,由此测量其截面对近似直接剪力的抗力。在第三个实验中,他给他的悬臂在离支承9英寸处加载。在这三种情形里,导致损坏的负载分别为430、440和20磅。库仑对精良烧制的砖块以及灰浆重复这些试验,结果发现,灰浆在强度上变化很大(Prop Ⅵ)。

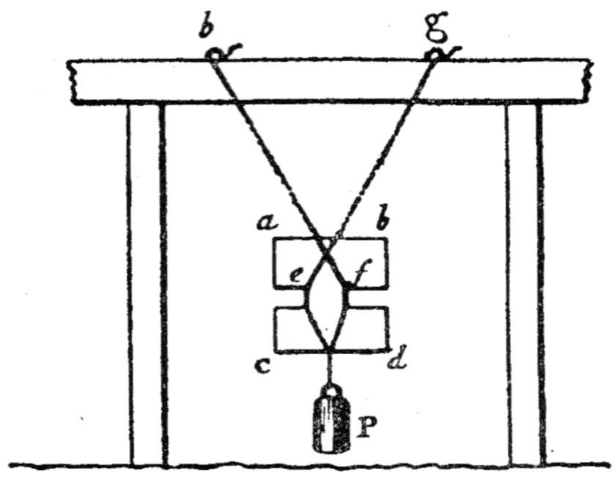

图213—库仑对石块做的拉力试验

库仑然后讨论梁的断裂。他对这个问题的研讨第一次破除了那个玷污伽利略、马里奥特和伯努利等人著作的错误,即忽视了梁的受压边沿。

库仑用来对梁做试验的器具肯定属于简单的类型,但他没有加以描述。然而,我们足可推定,他的挠曲试验结果的准确性不下于直接拉力试验。一块石板切琢得只留下一个带尖角的小颈,这必然要降低材料其余部分的强度。用绳索悬吊试件和试验负载

时，不管如何当心，总要引入偏心矩。也许是只试验了为数不多试 523
件的缘故。因此，库仑之以 20 磅这个数字作为对 2 平方英寸的拉力断裂负载，不能当做一个同石块挠曲强度相比较的可靠数据。然而，它近似于根据伽利略假说即 $WL=T\cdot d/2$ 计算给出的值 24，因为

$$\frac{T\cdot d}{2\cdot L}=\frac{430\times 1}{2\times 9}\approx 24$$

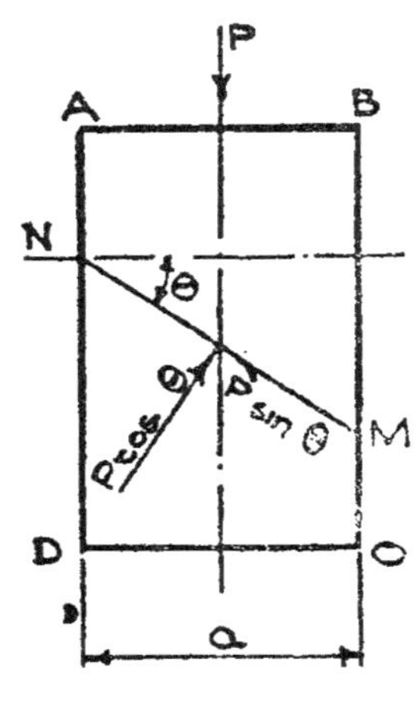

图 214—载重墩中

由此可见，柔性材料(例如木材)在一横截面的各不同纤维上同时显现压力和拉力，而不可延展的材料(例如石头)在其整个截面趋向绕下边沿转动而致使所受应力达到其“绝对抗力”时，突然断裂。他说(*Mémoires*, 1773, p. 352)，“但是，这实验给出 20 磅。因此，人们在石块断裂时不能设想，纤维是完全刚性的，也不能设想，支点正好处于截面的下边沿。一种十分简单的意见会引导我们预期这个结果。按照这个意见，如把下边沿取作为旋转轴，则该边沿将必须支承无限大压力而不破坏内聚力，这是不可能的。”事实上，这边沿应是一条狭带，而不是一线。然而，库仑把他的挠曲理论建基于石料抗拉强度的不准确值。实际上，木梁和石梁的性能差别只是程度上的，而不是种类上的。

库仑接着研究石造物对倾向压毁它们的力的抗力。在图 214 中，当负载 P 沿某个斜面 NM 作用的分量克服沿该处的内料抗力时，石造物 $ABCD$ 便会毁坏。此时，$ABMN$ 便下滑。沿 MN 的

524 每单位面积 c 磅的抗力（这石造物沿图示平面的尺寸为 a，沿垂直于此平面的方向的尺寸为 b）将等于 $c \cdot b \cdot a\ sec\theta$。这力必须抵抗的那个 P 的分量为 $P\sin\theta$。使这两个力相等，我们便得到

$$P=\frac{c \cdot a \cdot b}{\sin\theta \cdot \cos\theta}$$

为了求得 P 的最大值对于给定的 c、a 和 b，求上式对 θ 的微分，并令其等于零。最大值发生在 $\theta=45°$ 的时候。在这里，$P=2 \cdot c \cdot a \cdot b$。库仑未加说明地无端假定，抵抗沿 MN 的剪力的每单位面积内粘力 c，将始终等于抵抗过 CD 的直接拉力的每单位面积内粘力（我们将称之为 t）。所以，依此推理，一根柱抗压毁的抗力将两倍于同一根柱抗直接拉力的抗力。然而，这论证忽视了沿 NM 滑动所遇到的摩擦阻力，而库仑认为，这阻力有助于内粘。不管怎样，在考虑到摩擦后，库仑估算出，对于砖圬工（其摩擦系数为 3/4），可得 $P=4 \cdot c \cdot a \cdot b$，就是说，压毁一个墩的负载四倍于把它拉离的负载。圬工材料的比较抗拉强度和抗压强度的这种估计值由于下述两个因素影响而变坏。其一，他假定，抗剪力和抗拉力总是相等（像他对石料做的粗糙实验所表明的）。其二，他忽视了这样的事实：一个接合的圬工墩不是一个同质的料块。然而，库仑的结果是重要的。它是极大极小法则应用于一个材料强度问题的首例；它合理地解释了压毁的圬工通常沿之出现裂缝的斜面。（参见 S. B. Hamilton：*Coulomb*，载 *Trans*，*Newcomen Soc.*，Vol. XVII。）

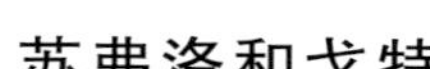

苏弗洛和戈特

自从米欣布罗克精心对小试件做了一系列试验以后，材料试

验技术在将近半个世纪里没有取得任何明显进步。布丰扩大了实验的规模,但对准确度掉以轻心。贝利多和库仑满足于能应他们即时之需,而给出足够数据的少量粗糙但便捷的实验。然而,1770年发生了一场争论,法国第一流建筑师和工程师大都不得不参与 525
其中并表态。曾经作出过一个决定:巴黎古老的圣热内维埃夫教堂应代之以宽敞雄伟的现代屋宇。此项设计任务托付给了科学院的年金领取者雅克·热尔曼·苏弗洛(1713—80)。他努力把两种类型建筑结合起来:传统教堂的十字形平面和古典式大型公共房屋的长长的完整柱廊。他还打算在十字口上面再装置一个庄严的小圆屋顶,这使问题变得更其复杂。基础的铺设花去不少于七年时间(1757—64 年)。但在其间,墙和柱都竖了起来,总的设计也变得明显可见。这时人们看到,必须承载圆屋顶穹隅的那四角处的支撑,其比例已经是不寻常的细了。

抱传统观念的建筑师吓呆了。其中有一个皮埃尔·帕特(1723—1814)在一篇发表于 1770 年的论文中断然表达了他们的恐惧。苏弗洛在答复时仅仅宣称,他依据的是一条新的建筑原理,而其他结果证明是合理的。然而,他的学界朋友却沉不住气。尤其是埃米朗·玛丽·戈特(1732—1807),他在 1772 年发表了论文《力学对拱和圆顶建筑的应用》(*The Application of Mechanics to the Construction of Arches and Domes*),继而又进一步就各种类型石材的强度做了一系列试验。实验结果在 1774 年发表于阿贝·罗齐埃的《关于物理学、自然史和艺术的观察》(*Observations sur la Physique, sur l'Histoire naturelle et les Arts*)之中。

戈特特别适合担负这个任务。他受过当数学家和建筑师的训练，通过了 École des Ponts et Chaussées〔交通工程学校〕的考试，后来成为该校数学教授。1758 年，他进布尔戈尼省工程处，1783 年当上了总工程师，那年，卢瓦尔-索恩运河工程按他的计划动工。他发表的关于材料强度、拱和挡土墙的著作都有很高的价值。

戈特载入罗齐埃《观察》中的论文题为《能承载石料的负荷》(*La Chargeque peuvent porter les Pierres*)。它一开始讨论以往各个时期里建造的柱的长度-直径比，以及评论关于梁和柱的性能的各种理论。像库仑一样，他也认为，伽利略的假说应用于石梁，
526 极其令人满意。但是，他拒斥压屈公式，因为它不适用于通常高度-直径比的石柱。然而，当他研究凿石工程上能安全地放置的负载的问题时，他发现，现有的数据很不充分，他无法据之设计一台机器。因此，他做了一系列试验，它们既用于提供有用的数据，也为了引起其他能够进一步探索这个问题的人的兴趣。

罗齐埃在《观察》中描述了戈特的试验机，但未附草图。不过，他的外甥纳维埃在 1809 年出版的他的《论桥》(*Traité des Ponts*)的那个版本和隆德莱的《建筑的艺术》(*L'Art de Bâtir*)都提供了草图，图 215 即采自后一本书。

秤臂长 7 英尺，铰链枢到刀刃的距离为 $3\frac{1}{2}$英寸。因此，所施加的重量和传送到试件的力两者之比为 24∶1。

戈特是从索恩河畔夏龙附近吉弗里地方的采石场获得他的试件的，那里提供两种等级石料：软性白石，每立方英尺重 145 磅，和硬性红石，每立英尺重 165 磅。在所做的 150 次试验中，试件大小不等，长度从$\frac{3}{4}$到 8 英寸，直径从$\frac{5}{6}$到 2 英寸。试件放在两块有纸

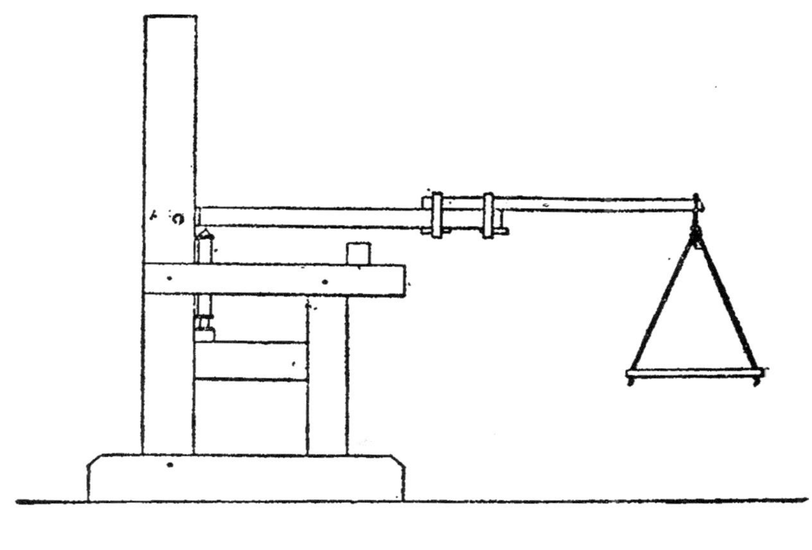

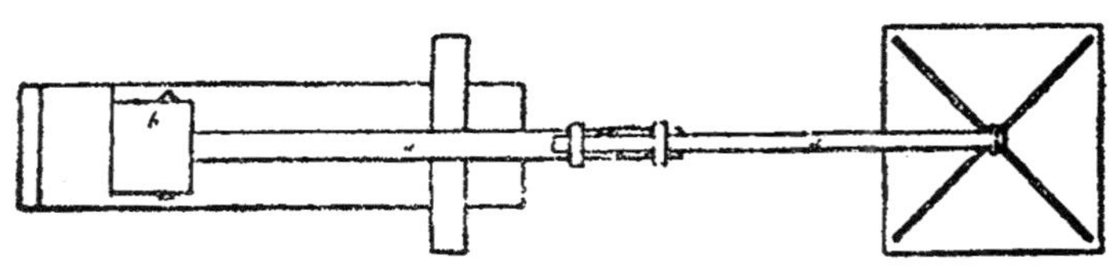

图 215—戈特的试验机

板贴面的铁板之间，上铁板和刃形支承之间的空间则由一个适当长度的木块占居。

这篇论文记载的其他试验是对砖块和小石悬臂做的。1 英寸 527
见方、2 英寸长的小试件平均经受不住 143 磅，而按照伽利略的理论，它们应当承载 383 磅。但戈特认为，它们的质地和数目尚不足以证实或驳倒这理论。

虽然苏弗洛没有采取行动来证明自己有理，以对付 M. 帕特的攻击，但他还是深为所动，遂亲自用一台同戈特相似的试验机

（不过是铁结构的）做了一些试验。佩罗内在交通工程学校装设了一台大型试验机，载重能力约为 18 吨，经过调整后，它能用于试验抗拉试件和抗压试件。P. C. 勒萨热在他的《帝国交通工程图书馆藏论文选》（*Recueil des divers Mémoires extraits de la Bibliothéque Impériale des Ponts et Chaussées*）（巴黎，1810 年，p. 167）中记叙了这台机器。

隆德莱

苏弗洛于 1780 年逝世，圣热内维埃夫工程留给他的助手让·隆德莱（1734—1829）完成。隆德莱熟谙戈特和佩罗内两人工作的结果，但他认识到，用图 215 所示那种试验机进行的试验受到一些错误因素影响。这些错误来自两方面：(1)称梁由螺栓操纵，而螺栓会带来相当大的摩擦，尤其当荷载较重时；(2)当试件被压缩，机

666 器发生应变时，梁便倾斜。这两个因素都会减少负载的杠杆臂，并给木块在把刃形支承同试件隔开时通过其的那个导承带来摩擦。为了消除这些缺陷，隆德莱用刃形支承取代螺栓，通过螺旋起重器把负载施加于试件，如图 216 所示。施加于起重器的力和试件承载的重量均可调节，以使杠杆保持在一水平位置上浮动。隆德莱的试验机可以说是第一台达到令人满意准确度标准的试验机。他自己对这试验机及其之前的这类试验机的描述，见诸他的《建筑的艺术》第四卷（巴黎，1802 年）。

帕特暂时保持缄默。戈特为反对他的观点而提出一些科学证据，它们产生的压力迫使当局人士停止不成熟的探索。但是，后来有一个例证提供的证据，无论戈特的机智还是苏弗洛朋友的权威

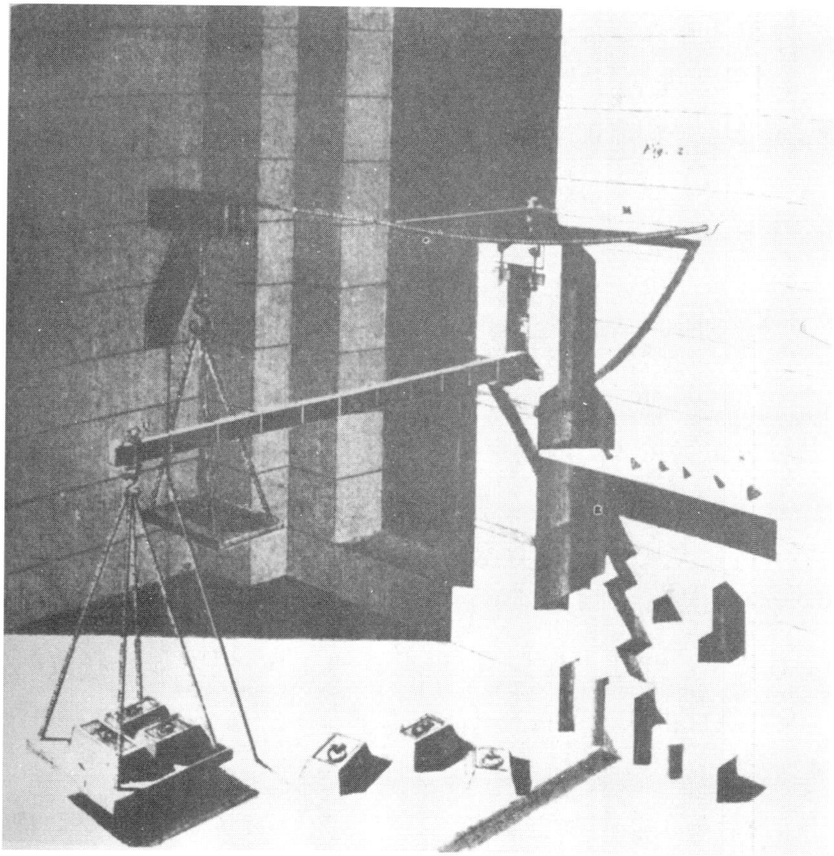

图 216—隆德莱的试验机

都无法加以压制。它就是建筑物本身。按照戈特的精心计算，圆屋顶下的墩承载的平均负载为每平方英尺 33 吨。戈特试验机试验的小石料试件的载重在断裂之前八倍于这计算得到的单位面积负载。然而，这些计算没有考虑到风、载重的偏心或沉陷的不均衡。无疑，这一切都会影响到实际的建筑物。此外，这些墩由两种不同石料构成：一种又硬又脆，而另一种则比较柔软。硬性石虽然坚强，但承受的负载过度了。同时，接合也接得不好，正面狭，背面宽。

打个比喻说，沉重的建筑物坚定地站在 M. 帕特的一边。于是，他又鼓起勇气跻身显要。苏弗洛的神秘新原理仅仅是借用金属杆来把圬工维系在一起的古老手段。这怎么也无助于保护他的**混成墩**免受大应力、不均匀支承和不均衡沉陷影响。M. 帕特在1798 年表明，除了减小负载，这个病症别无他策治救。拆除苏弗洛的高耸小圆屋顶和其上的鼓形顶，另外建造一个紧挨屋顶高度之上轻得多的圆屋顶。在大革命当局主政时，圣热内维埃夫教堂成为 Panthéon Français〔法兰西众神庙〕，用于纪念民族英雄。整个装饰方案保持庄严的国家纪念馆的格局，其中塔式圆顶是关键。隆德莱在 1797 年撰写了一篇论文，详述了这座建筑物的历史，解释了负荷如何承载，描述了毁坏的性质，提议了一种孤注一掷的改建方法。在每次重建一个立柱时圆屋顶下的拱应由若干大的木质中心柱支承。其他人建议，加裹现有的立柱，用附加石料背衬它们，或者增设拱柱。戈特在 1799 年撰著了一篇重要论文，批评这形形色色建议，解释了球形屋顶理论。一个委员会审查了这一切建议，最后指示隆德莱更新表层石料已裂缝的立柱，从而略微增大了总尺寸，但对总的外观影响不大。新添的石件用金属缀条结合在一起，使这建筑物便继续屹立着。然而，它只是成为昭示蠢行的标本：以很小安全系数用混成墩来支承巨大负载，而又不添加有效的侧向链条。不过，它大大推动了材料的科学试验。

朗布拉尔迪和吉拉尔

529 十八世纪末年，又有交通工程学校的两位成员扩充了材料强度实验数据的范围。他们是雅克・埃利・朗布拉尔迪(1747—97)

和皮埃尔·西蒙·吉拉尔(1765—1836)。

朗布拉尔迪的经验主要是在诺曼底的海岸和港湾取得的,他在那里专门研究了浅滩和沙洲以及可用以检测其结构的手段。他还作出过一些著名的桥梁设计。1793 年,他继佩罗内任交通工程学校校长,并组织以 L'École central des travaux publics〔中央市政工程学校〕名义统一管理这所和其他理工学院。1795 年,这所学校成为 L'Ecole Polytechnigue〔高等理工学校〕,而交通工程学校另行重建。

P. S. 吉拉尔于 1789 年任受朗布拉尔迪领导的工程师,另外还担负了系列地试验大型木料试件的工作,试验中把木料作为梁和支撑。吉拉尔可能进行了这些试验的大部分;试验结果发表在他的《固体抗力分析》(*Traité analytique de la Résistance des Solides*)(1798 年)一书之中。

吉拉尔的书开头是一篇历史性的序,追溯了从伽利略到欧勒的材料强度研究史。欧勒的著作激励了吉拉尔进行弹性常数的最早科学测定。这篇序是该书最有价值的部分。

吉拉尔的试验机所以特别令人感兴趣,是因为它的尺寸小,却可用于试验大截面木材。所列的最大试件几乎达 17 英尺长、11 英寸见方。这台机器按设计可以施加高达 100 吨的负载,但他的结果表中所载,却未见有超过 140000 磅者。在图 217 中,示出一处于试验位置的二米半长的支撑。图中表明了吉拉尔试图用以避免方向上约束的方法。支撑立在一个铁基 R 上。负载有一部分不是通过楣窗 K 和立柱 AB 传递到那个载重梁 XY 绕其自由倾斜 的枢。铁基R把这一部分传给一木质格床(图218中的平面图

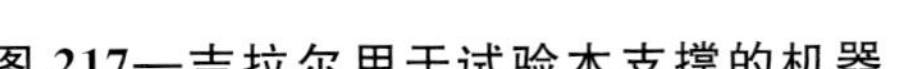

图 217—吉拉尔用于试验木支撑的机器

图 218—支承吉拉尔试验机的格床的平面图

所示)来承重。构成试验机主架的立柱 AB 伸入地基达 $3\frac{1}{2}$ 米,在那深处它们由十字接件 D 相连。当欲用此试验机作挠由试验时,用一根更长的大截面木头取代铁块 R 来承重梁的承座。一根立柱以与支撑试件相同方式安装,它向中跨施加一个点负载。图 217 所示的脚手架和辘轳足以表明这些试验的艰辛。这些试验是在职业工作的闲暇期做的,所以,四十八页的表格的记录和结论花了几年工夫才完成。

尽管试验进行了很多次,试验时又十分小心,但吉拉尔仍然拿 530
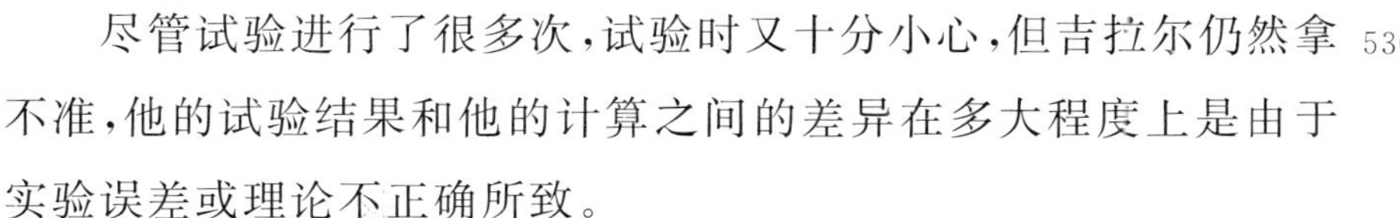
不准,他的试验结果和他的计算之间的差异在多大程度上是由于实验误差或理论不正确所致。

一次作为褒奖的提升把他调到埃及,这使他中辍了在勒阿弗尔的进一步研究。他后来的辉煌生涯乃同尼罗河、卢克运河及其附属、巴黎供水系统、法国水准测量、气体照明(他为此于 1819 年访问了伦敦)和许多市政工程联系在一起。他还对材料强度的研究做出了进一步贡献。

列奥弥尔

我们上面介绍的试验机中,除了布丰的(这里还将谈到)而外,都不适用于试验任何形式金属试件,除非是小截面金属丝或杆。米欣布罗克的器具适合实验室应用,没有证据表明,人们曾把它们用于金属的商品生产或使用。试验金属的商业方法的最早说明,也许是杰出博物学家费尔肖·德·列奥弥尔给出的。他逞交科学院的论文(1711、1713 年等等)结集成一本题为《锻铁转变为钢的技术》(*L'Art de convertir le Fer forgé en Acier*)的著作(1722 年)。书中描述了两种试验,一种是挠曲试验,一种是硬度试验。在前一种试验中,试件是由老虎钳水平地夹持的金属丝或带,这样,它可在一个叉的两尖之间延展,而叉尖能绕垂直于试件轴的一

672 根轴旋转。优质钢能绕一个叉尖折叠而不开裂。在第二种试验中,试件必须加工成一根截面逞等腰三角形的杆。截切两段短的试件,彼此成直角地放置,一段放在一铁砧的平砧面上,另一段以其一平坦水平面向上,两段仅在沿每段边沿上的一点相接触。当打击上面那段时,两试件的边沿受同一打击而产生凹痕。试件越硬,刻痕越小。然而,列奥弥尔没有详细说明打击力或者刻痕测量的标准化问题,即使试验结果具有科学价值。我们未闻这位作者再进一步谈过十八世纪的硬度试验。

这一时期有记载的试验中,布丰做的金属试件最大。他对木材的试验(参见第 657 页)中,负载通过支持被试验巨木的一个铁
531 钩环传送。或许最初的钩环有一个在使用时裂断了,因此,为了进

行比较，就故意把其他的也裂断(布丰：*Histoire des Mineraux-Oeuvres complètes*，1774—8，Vol. Ⅶ，p. 61)。每肢大小近似为直径 $18\frac{1}{2}$ 线即约为 2 平方英寸的一个铁钩环在 28000 利弗尔[①]负载作用下裂断，这负载相当于约每平方英寸 6000 磅的应力。四次这种试验平均仅约每平方英寸 7000 磅，而同样材料的金属丝则要强十二倍。这有趣地从侧面说明了这时期棒铁质量之低劣。

苏弗洛得到布丰的批准，用前述试验机试验了十根小铁棒，它们的两端锻打成截面较大的钩，铁棒垂直地悬置于杠杆上面。截面从 $\frac{1}{24}$ 到 $\frac{1}{8}$ 平方英寸不等的若干试件的平均强度略低于每平方英寸 70000 磅(隆德莱：*L'Art de Bâtir*，Vol. Ⅳ，p. 85f.)。隆德莱亲自试验过截面约 $\frac{1}{8}$ 平方英寸的铁棒。他发现，颗粒细腻和锻打能大大提高铁的强度(同上，p. 88)。

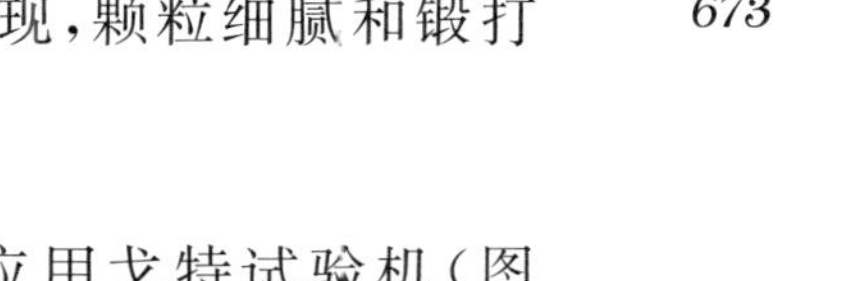

克勒佐地方著名铁工厂的厂主拉米斯应用戈特试验机(图 215)中使用的那种型式杠杆臂，对铸铁做了挠曲试验。值得注意，这杠杆臂分成两部分。在试验中离负载较远的那个部分代之以试件铁棒，铁棒 18 英寸长、3 英寸见方，插入一个铸铁箱之中，构成一魁伟墙。铸铁箱包含两个隔开 6 英寸的刃形支承，一个在底部正面，另一个在顶部背面。试件横在下刃形支承之上而断裂(S. H. Hassenfratz：*Le Sidérotechnie*，巴黎，1812，Vol. Ⅰ，p. 47)。佩

① 利弗尔(livre)是法国古重量单位名，合 500 克。——译者

罗内首先注意到,韧性金属杆在经受拉力试验时出现温升,以及拉力试件在其表面受锉削后,强度大大减少。

二、挡土墙

沃邦和比莱

亘古应用人造堤岸或石墙来保持地坛,否则,地坛会碎裂或滑移。为了防御而在高地筑墙的做法,其发展也许在中世纪后期的城堡中达于极致。但是,起先一直没有关于确定它们正确比例的
532 法则的记载。直到十七世纪,才由塞巴斯蒂安·勒普雷特尔·德·沃邦(1633—1707)制定了一张表。沃邦在1658年就任法国

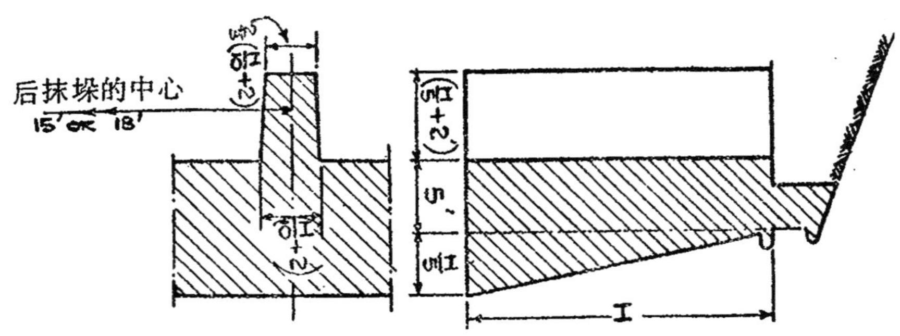

图 219—挡土墙的典型截面(据沃邦)

国王的总工程师,1703年就任法国元帅。任何时期都罕有人比他具有更广泛的防御工事经验,因为他进行过不下50次成功的围攻,设计或改进过160多个堡垒。因此,他用于确定挡土墙最佳尺寸的法则备受尊重。十八世纪初期关于这个论题的著作家无一不援引这些法则。他的表给出了高度在6和80英尺之间的任何墙

的全部尺寸。顶宽为5英尺,面的倾度在一切场合均为1比5。其余尺寸均如图219所示。从未考虑过挡土的质地。据推想,这位工程师大概凭发挥独创性和机智来根据具体环境改变标准截面。

十八世纪前发表的仅有的另一种设计挡土墙的法则,是皮埃尔·比莱(1639—1716)提出的,其说明见诸他的《实用建筑学》(*L'Architecture Pratique*)(1691年)。我们从比莱那里得到启示:一堆砂或砾石可以比做一堆圆子弹。后者可以叠成规则的棱形或锥形,边沿立在一稳定

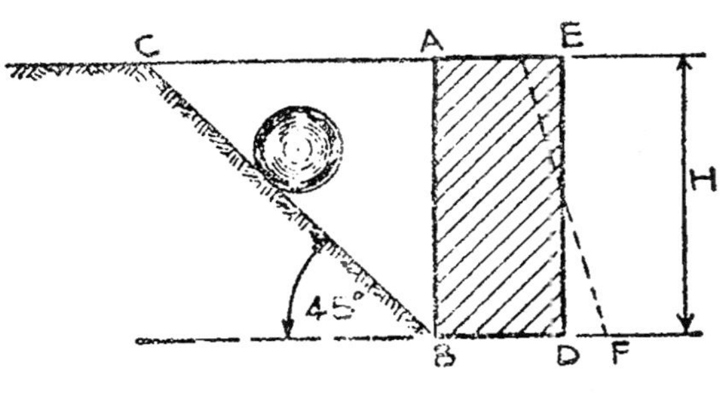

图220—比莱关于土对墙的作用的思想

的斜面上,此斜面按比莱的意见同水平面成60°。砂和砾石在形 533
状或尺寸上不像炮弹那样规则,因此,比莱认为,就它们而言,45°的坡度可以认为是合理的容限。

参见图220,我们可以认为,三角形土楔*ABC*仅由这样的微粒组成,它们受墙*ABDE*阻力的约束而未沿斜面*CB*滚下或滑下。

库普勒和贝利多

皮埃尔·托尔托·德·库普勒(卒于1744年)在于1726年逞交科学院的论文中相当详尽地阐发了比莱关于土压的思想。比莱的三角棱不是一个子弹堆的最紧凑结构:四面体和方锥形较致密,

并对垂直面产生不同的压力值。图 221 表明库普勒关于土楔的思想,以及(他所认为的)总压力将在其上作用于墙的沿墙背面的高度。对于土的密度 w,他计算出 P 等于$\frac{w \cdot H^2}{4}$,倾覆力矩为$\frac{w \cdot H^3}{6}$。作为经验的结果,贝利多(*La Science des Ingénieurs*, 1729, Book I, Ch. IV)指出,新倾倒的普通土将直立在同地平线约成 45°的斜坡上。像图 222 中的球那样,附加的土需要水平抗力 $P = W = \frac{1}{2} w \cdot H^2$。因此,对墙面 AB 的土压力所产生的总力大致等于楔 ABC 的重量,这时,墙在 G 处支持 FG。所以,土压中心就

676

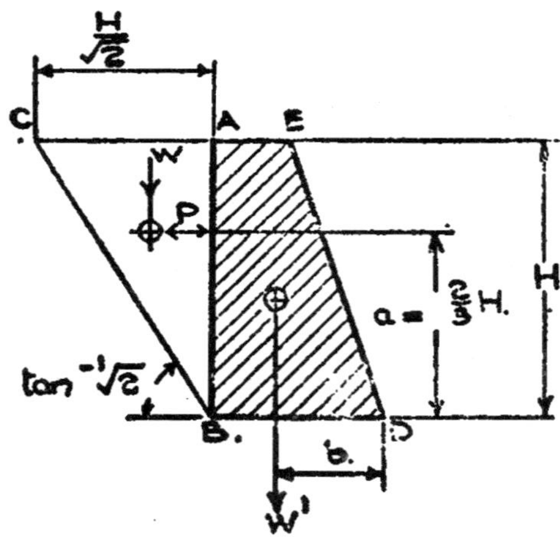

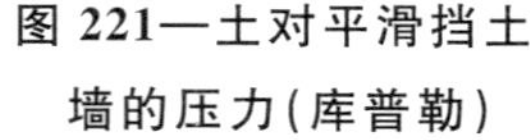
图 221—土对平滑挡土墙的压力(库普勒)

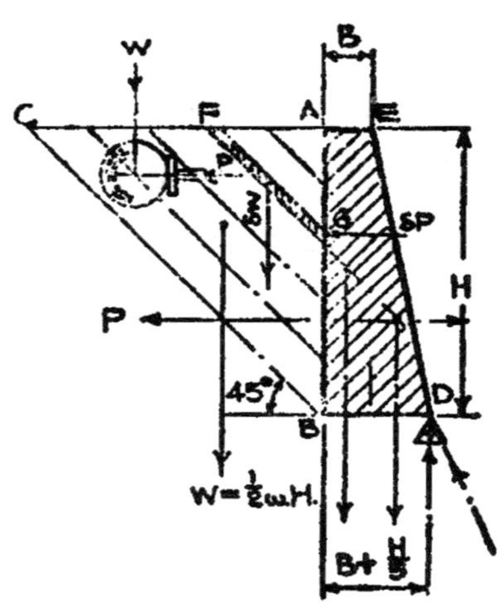

图 222—土对平滑挡土墙的压力(贝利多)

像在无摩擦流体中那样,也位于墙高三分之一的地方;其倾覆力矩 $= \frac{1}{6} w \cdot H^3$.

加德鲁瓦和戈特

比莱、库普勒和贝利多都认为,土由像无摩擦运动的球一样的微粒组成。然而,不同种类的土站立的角度不同;构成土块的微粒之间已知存在摩擦和内粘。这两点都不能证明这个假设。事实上,角 *CBM*(图 223)也同倾倒的土斜坡的站立角度不一致。如能确定角 β、ϕ 和 Ω,则力 P 很容易计算出来。但是,合推力 P 和 AB 的交点 K 仍不确定。在按图 223 那样看待这问题之前很久,人们早就感到,流行假说的随便假定过于含糊不清,使人无理由相信它们。因此,人们试图用实验来研究这个问题。*K.* 梅尼埃尔在他的《土压力和挡土墙的实验的、分析的和实用的专论》(*Traitéexperimental, analytique et pratique de la Pousée des Terres et des Murs de Revêtements*)(巴黎,1808 年)一书中,详尽无遗地论述了十八世纪全部实验和假说。但是,这里只能简单介绍其中少数比较重要者。

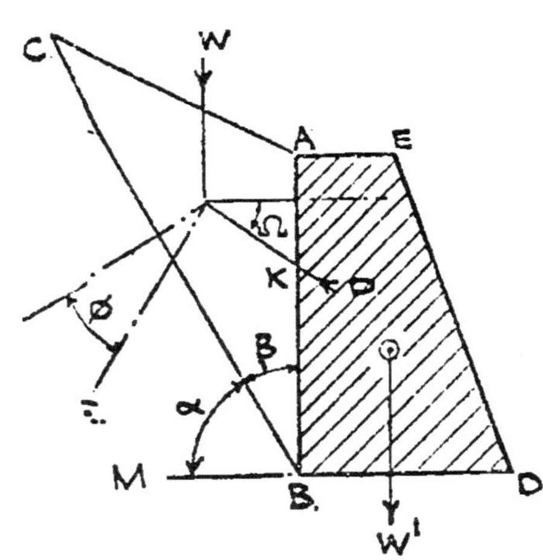

图 223—土压力的楔理论

1745 年,M. 加德鲁瓦发表了一篇论文,描述几个小规模实验,它们在一个箱中进行。它约 10 英寸长,有一端 3 英寸见方,盖着一个小的活动百叶窗,箱内填充细干砂。加德鲁瓦注意到,当一堵墙坍毁时,土的表面在背后距离 *AC* 处总是出现一条与墙平行的裂缝，AC 大致等于墙高 AB 的一半(图 223)。当能够寻迹时，这裂缝总是直通到墙根。这是最早提到**破裂面**的文字。土楔上宽下窄的事实，加之加德鲁瓦箱的百叶窗总是倾向于向外倾覆这一事实，使加德鲁瓦错误地设想，压力在墙顶处最大。

535 *E. M.* 戈特(1732—1807)于 1784—1785 年描述过一些实验。砂放在一个 30 英寸长的箱内，箱有一门，30 英寸深、1 英尺宽，与底铰接。在高度的三分之一处，门上固定一根绳索，它通过箱的每一边沿，经过一个滑轮，通过重物。戈特似乎已考虑到，随着门倾覆时流出 320 磅砂，也就度量了 W。图 223 中的角 CBM 假定等于**休止角**。为使门顶住这假定的 W 值而不移位，需要 $P=35$ 磅。然而，砂要从门漏掉，并且，它的**休止角**也小。因此，戈特用一个较小的箱和弹丸重做了他的实验。戈特用水平的板代替门，分别测量对每块平板的推力。他证明了，在任何深度处的压力实际上同表面以下的深度成正比，从而也证明了，像在流体中一样，合力作用于离底深度的三分之一处，而不是三分之二处。

隆德莱也做过一些实验。

库仑

库仑在他于 1773 年向科学院宣读的论文中，把极大和极小原理应用于确定土压力(*Mémoires par divers savans*, Vol. Ⅶ, pp. 357f.)，由此发展出了第一个令人满意的挡土墙理论。他考察了即将沿其脚跟倾覆时的一堵墙，墙后是未过载的土楔，其截面逞三角形锥。摩擦和内粘沿破裂面抵抗楔的运动。

试考虑在重量 W 的作用下，在作用于 CB 的诸力和墙的抗力

P 的共同约束下,沿垂直于图示截面的方向的单位厚度土楔 ABC 的平衡(图 224)。在重量 W 平行于此破裂面起作用的分量足以克服抵抗沿 CB 的滑动的摩擦和内粘之前,这滑动不可能发生。摩擦力可根据 W、P 和土与土之间的摩擦系数 μ 计算。W 取决于楔的尺寸和材料密度,因此,未知因素只剩下尺寸 X 即 CA 长度。

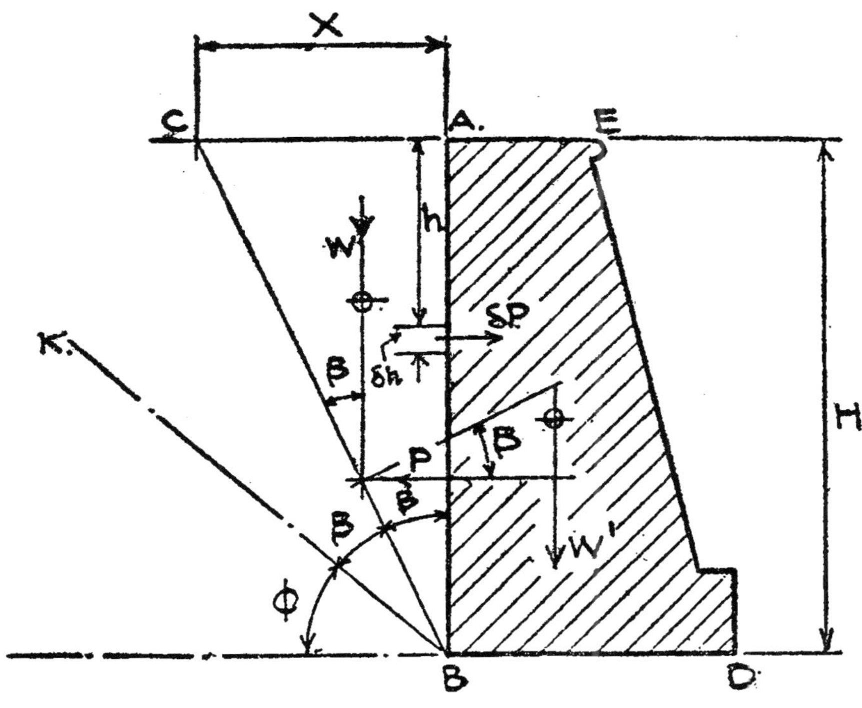

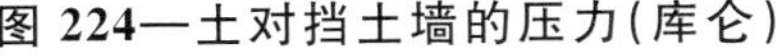
图 224—土对挡土墙的压力(库仑)

679

推出土楔在斜面上的平衡方程,并整理出 P 的方程式,再对 X 求微分,使这样得到的微商等于零。于是,就得到一个只包含 X、μ 和已知尺寸 H 的方程,而不包含内粒力。因此,X 可完全用 H 和 μ 来表达。

库仑进一步修改了他的方程，使之包括土的过载，即 AC 不像图 224 所示那样成水平线的情形；并且，重新估计墙背和土楔间的摩擦效应。

沃尔特曼

赖因哈德·沃尔特曼（*Beiträge zur Hydraulischen Architectur*，1794，Vol. Ⅲ，p. 173）用 $\tan\phi$ 取代 μ，ϕ 为内摩擦角，他取其等于倒在野外的同样的土所形成的堤岸的休止角。

用 ϕ 的函数简化方程，他把库仑的方程化简

$$P=\frac{1}{2}\cdot w\cdot H^2\left\{\frac{1-\sin\phi}{1+\sin\phi}\right\}。$$

这个方程通常归之于麦夸恩·兰金，但他是晚得多的时候根据一
537 个不怎么令人满意的理论导出这个方程的。沃尔特曼还用另一种变换把库仑方程表成应用力学教科书至今还在照样使用的那种形式。

梅尼埃尔

结束本节的时候，还必须说明一下在梅尼埃尔领导下进行的一些实验的结果。这些实验主要在朱利叶进行，那里在 1806 和 1807 年时正在兴建大型防御工事。

框接而成的一个箱总长 3 米，末端由一扇 1.5 米见方的铰链门关闭。门依凭一木撑而抵住箱中填充的土的推力，保持不位移。木撑远离箱的那端抵住一个金属桶，这桶盛满水，承载附加的金属重物，站立在一个由坚固木板构成的平台上。桶有一排出孔，水从

桶里流出，直到由木撑传送的土对门推力致使桶滑动。然后，间接地测量木撑所产生的力，即求出也刚巧引起桶滑动的力，这力通过一根经过一滑轮的绳索施加于一个秤台。做了一系列实验，共三十三次。抗力的作用点通过调节木撑抵住门的支撑点加以改变。仅当木撑在门离铰链的高度的三分之一处支承时，才得到一致的结果，从而证实了库仑关于合压力中心的理论结论和戈特关于这中心的实验结论。在一切其余场合，门的铰链处的未知反力使结果变得不正确。

梅尼埃尔得出下述四个结论：

(1) 迄今所提出的一切理论中，只有库仑的理论正确地预言了实验结果；

(2) 破裂面实际上不受过载影响；

(3) 仔细夯过的土所产生的压力只及松散倾倒的土的六分之一；

(4) μ 对于砂可取为 0.4，对于植物土取为 0.5，对于垃圾取为 1.0。

库仑的理论导致一种切实可行建筑法。即使当墙的背面不垂直以及土过载时，它仍可应用，而误差却不大。这个公式只有一个 538
重要缺陷，即 P 不是成直角地作用于墙。它向下倾斜，倾角等于土和圬工间的摩擦角。这个缺陷在 1840 年由蓬斯莱加以纠正。库仑也知道这一点。但是，忽略这一事实的较简单公式给出了安全裕度，这就致使人们不愿意作必要调整去纠正这错误，从而使公式复杂化。

三、拱

拉伊尔

十八世纪初年，有三种研究拱和拱座设计问题的方法。

（1）德朗和弗朗索瓦·布隆代尔介绍的一种方法（*Mém. de l'Acad. Roy. des Sciences dépuis 1666 jusqu'à 1699*，Tom. V），它把拱座厚度同拱腹形状关联起来。然而，德朗的法则没有表明拱肋的厚度，也没有考虑到拱座的高度。

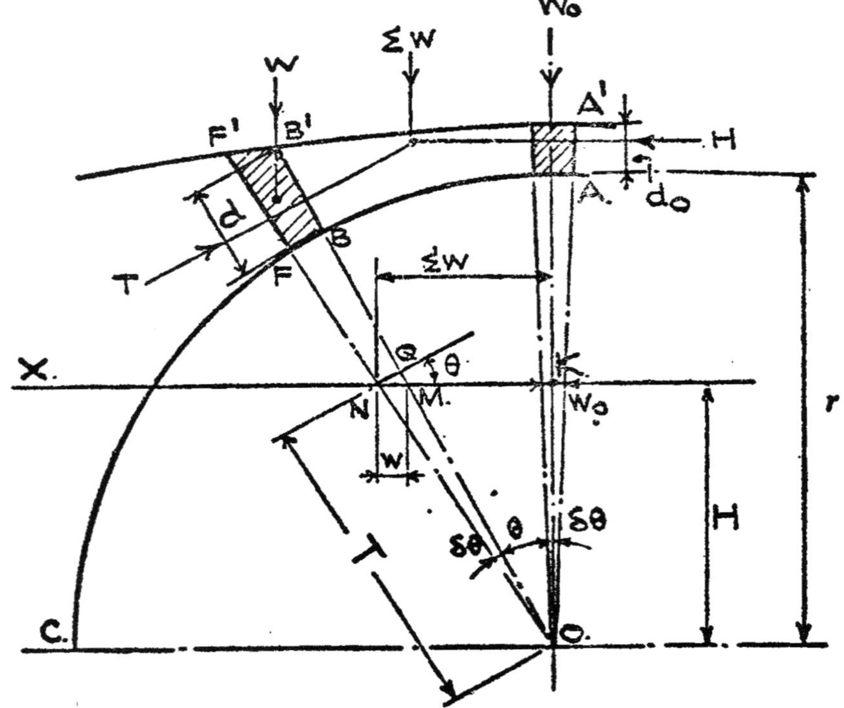

图 225—拉伊尔的光滑拱楔块理论

(2) 按照罗伯特·胡克最先说明的理论,拱的各组成部分被认为彼此推挡,其方式恰同一条链各部分相互对拉的方式相反。如果链杆重量同实际负载成正比,那么,这方法便将给出任何拱的推力线,可以认为,拱各部分的合压力沿此线作用。但是,由于为
负载作的任何修正均将致使拱形状整个地改观,因此,十八世纪工 539
程师没有发展出一种实际方法,能把这理论应用于一种设计方法。然而,这理论一般这样表述:只有当能在一个拱的剖面图中画一条**真悬链线**时,这拱才能是稳定的。

(3) 拉伊尔在他的《论力学》(*Traité de Mecanique*)(1695 年)中首次概述了他在一篇论文中提出的一种方法,这篇论文于 1712 年逞交科学院。这个方法建基于无摩擦拱楔块理论。

拉伊尔考虑了,一个由光滑拱楔块辐式接合而成的拱能够保持稳定的条件。每块楔块均受到其自身重量和各相邻楔块的法向压力的作用。拱顶的石块起楔的作用,倾向于使各拱腋分离和跌落。如此产生的推力同石块重量相结合,一起从一个楔块传到另一个,最后传到拱座。从匿名提供给《哲学杂志》(*Philosophical Magazine*)第 38 卷(1811 年,第 387 和 409 页)发表的一篇论文中,可以看到拉伊尔、帕朗、库普勒、埃梅尔松和其他人制定这理论及其应用的步骤。这论证的大意可参照图 225 扼述如下。可以证明,在 A 和 B 处的两楔块的重量 Wo 和 W,同这两楔块的面所处平面沿水平线 KX 所截成的截距成正比。当角 θ 增大时,这两个截距也随之同 $\sec^2\theta$ 成正比地增大,而当 θ 在近起拱点处趋近直角时,仅仅重量所造成的平衡将要求无限重的楔块。然而,正是在起拱点附近,摩擦的效应达到最大。

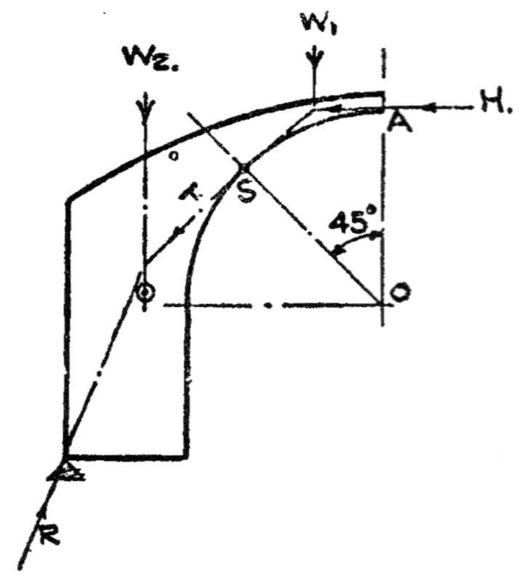

图 226—拱的平衡(拉伊尔)

拉伊尔从一开始就意识到这种反常,但是找不到考虑摩擦的切实可行方法。然而,在他的 1712 年论文中,他以图 226 所示方式提出了一种折中方案。他把拱分成四个扇形体。他认为,这拱从拱顶开始,在垂直线两边的 45°之内,拱由无摩擦楔块组成,而其余部分则构成刚拱座。拱 AS 的重量 W_1 按平行四边形法则同拱顶的推力 H(按上述方法计算,$H=W\cdot do\cdot r$)相结合,决定了 T。T 同拱座和拱腋的重量 W_2 相结合,决定了 R。只要 R 处于底的宽度之内,拱的推力就不会倾覆拱座。他用于求 R 的大小和作用点的几何作图法,是非常复杂的。

戈蒂埃

H. 戈蒂埃关于拱设计的观点包括在他的《论桥台的厚度》(*Dissertation sur l'Epaisseur des Culées des Ponts*)(1717 年)一书之中。戈蒂埃在此之前已发表了《论古罗马和现代的桥梁和道路》(*Traité des Ponts et Chemins des Romains et des Modernes*),此书像他的《论道路建筑》(*Traité de la Construction des Chemins*)(1693 年)一样,也成为一本权威著作,出了四版。他考察了
540 一切比较出名的桥梁结构的尺寸,并像巴拉迪奥一样,也得出结

论：对于实用、目的来说，使墩在宽度上等于拱跨的五分之一，拱圈厚度等于拱跨的十五分之一，就已足够了，但当建筑采用软性石料时，拱圈厚度尚需增加一英尺。他还做了一些关于木楔块构成的拱圈的实验，它们使他相信，必须极其精确地切琢石料，也必须给拱肩提供坚固的背衬。他认为，光滑楔块理论的那些假定大大失实，因此，这理论毫无价值，尽管基于这些假定的方法尚可为实践者采纳，运用起来困难也还不大。

贝利多在他的《工程师的科学》(*Mémoires de l'Académie des Sciences*)(1729 年)中，简化了拉伊尔处理拱的方法，并把它应用于圆形以外的形状。

库普勒

库普勒于 1729 年投交《皇家科学院备忘录》的一篇论文扼述了忽略摩擦的最新拱理论。1730 年，他又撰著了一篇进一步的论文，文中研讨了考虑到摩擦的半圆拱平衡问题。他认为，相邻楔块并不彼此滑移；但是，它们倾向于转动，从而使接缝开口。他设法通过比较复杂的计算确定，为使一个拱在其自身重量作用下，不会 541
因在拱腋的一个关键接缝处发生这种转动而坍陷，所能给予的最小厚度。

达尼西

M. 达尼西进行了一些令人感兴趣的关于拱的实验，他于 1732 年向蒙彼利埃学院报告了这些实验。A. F. 弗雷齐埃的《论立体几何》(*Traié de Stéréométrie*)(1769 年)第三卷的一篇附录说明了这些实验。

这里，我们基本上只局限于注意拱圈在它自己重量作用下的稳定性。达尼西从一个稳定拱开始，注意所施负载的效应。他先对一个由七块灰泥楔块构成的半圆拱做实验。这未给出足够多可能的关键接缝，所以，他重新对一个十六块楔块的半圆拱、一个十三块楔块的椭圆拱、一个拱扶垛和一个平拱楣进行实验。

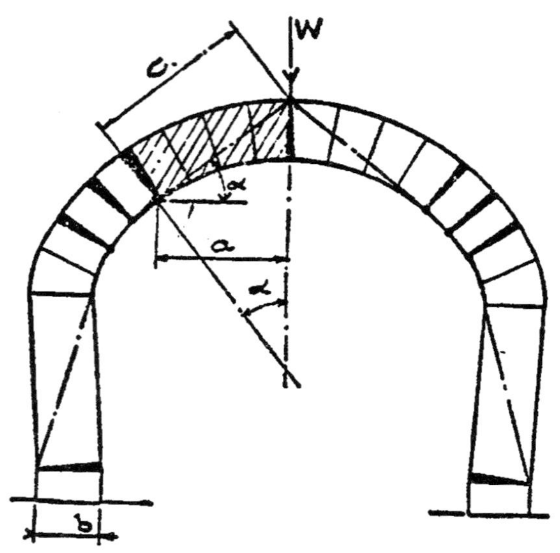

图 227—拱的平衡(达尼西)

当一负载 W 作用于拱顶时，拱腹倾向于在此负载的下面崩开。同时，拱背倾向于在拱腋处崩开。受影响的接缝处的粗锥形线表明了关键接缝。拱的重量同 W 结合所产生的合推力沿图中一链虚线所示的方向。

542 **佩罗内**

J. R. 佩罗内在一个空前发展时期担负法国市政工程工作。

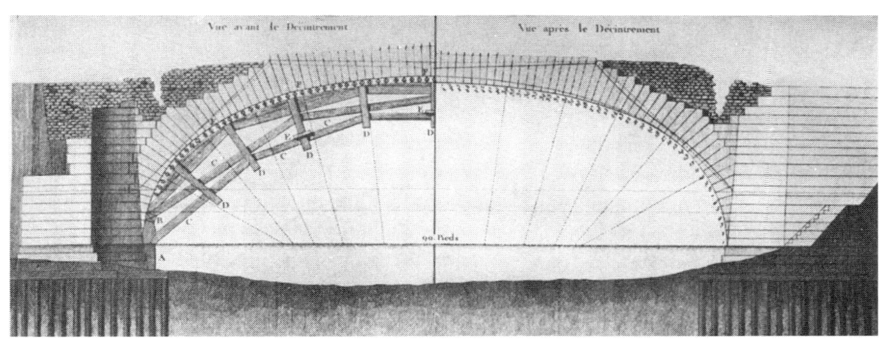

图 228—塞纳河畔诺让的圣埃德姆大桥

因此,他具备得天独厚的条件来通过观察和主动实验获得数据。例如,在建造塞纳河畔诺让的圣埃德姆大桥时,就做了一个实验:在拱建成之前,先试验建造拱腋上墙的一部分。这座大桥是一个跨度 96 英尺、拱高 29 英尺 6 英寸的椭圆拱(参见 *Mém. l'Acad. Roy. des Sciences*,1773,pp. 63 f. 和图 228)。这压低了在拱腋处的拱膺架,致使拱和拱肩填充物之间出现间隙。沿拱的边沿标上水平线。建好拱顶之后,马上就定中心,测量沉陷。间隙闭合了。但是,观察到拱圈出现明显变形,而这清楚地显示了合压力的走向和破裂点倾向出现的地方。这个现象以往只在小的模型中观察到。

佩罗内和谢兹早在 1750 和 1752 年就编纂了批圈、墩等等的合适厚度的表。这些表(可能经过一些修改)后来同其他东西一起发表于 P. C. 勒萨热编的《帝国交通工程图书馆藏论文选(供工程师先生们应用)》(巴黎,1810,Vol. Ⅱ,pp. 249 f.)一书之中。

库仑

C. A. 库仑(*Mém. par divers savants*,1773)放弃了光滑楔块

理论，遵循库普勒于 1730 年首先提出并为达尼西的实验（即毁坏不是由滑动而是由转动引致）所支持的论证路线。

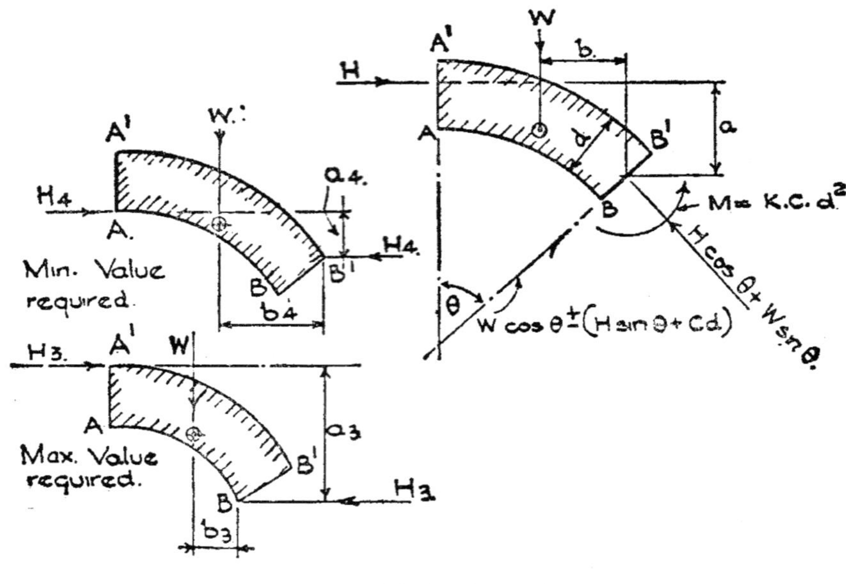

688

图 229—拱的平衡（库仑）

543 在图 229 中，一个拱肋 AA′B′B 即将毁坏时，其一部分保持平衡的条件的确定问题，可以归结为求下述两种情形里的水平推力 H：为阻止逆时钟旋转因而使 A 和 B′处接缝开裂所必需的最大值 H_3；和将不导致顺时针转动及接缝在 A′和 B 处开裂的最小值 H_4。这两个最大和最小值下的截面积可分别用尝试法求得。

戈特

如上所述，在巴黎的圣热内维埃夫教堂——法兰西众神庙重建时期，拱的设计成为激烈争论的主题。

E. M. 戈特的《论力学原理对拱顶和圆顶建筑的应用》（*Mémo-*

ire sur l'Application des Principes de la Méchanique à la Construction des Voûtes et des Domes)(第戎,1771 年)直接回答了,这众神庙的圆屋顶及其支承,如按苏弗洛的设计建造,将弱得岌岌可危这一局面所提出的挑战。戈特利用拉伊尔的理论,计算了圆屋顶的和支承其上鼓形顶的拱的推力,并宣称,甚至以此为基础,他也能证明这设计是合理的。

后来他用弓形拱、三心拱和半圆形拱的模型做实验,它们的净跨为 65 厘米,用精心加工的木楔块(深 27 毫米)制作。当减小所提供的拱座的厚度,并增加所支承的负载时,平衡就被破坏。实验导致戈特像对戈蒂埃和达尼西一样,也拒斥拉伊尔的假定。他对这问题持同库普勒和库仑一样的看法,也即认为,它是可能在某些关键接缝处发生转动的问题。

布瓦塔尔

布瓦塔尔约在 1800 年进行了一些大规模实验,所应用的砖楔块深 4 英寸、宽 8 英寸,用砂岩磨光。拱建立在一些中心上,这些中心跨于拱座间 8 英尺的净跨上。破裂可用三种不同方法引致:

(1) 垂直地降低中心;

(2) 增加拱背上的负载;

(3) 减小拱座的厚度。 544

每种试验——共有二十二种——都重复三次。这系列包括半圆形、椭圆形和扁平形三种类型。勒萨热的上述《文选》的第二部

分(pp. 171—217)详尽地描述了这些试验。作为这些实验的结果,布瓦塔尔得出了下述结论:

(1) 拉伊尔的平衡理论应当彻底抛弃;

(2) 这理论应让位于一些法则,它们建基于他自己的实验以及佩罗内和其他人收集的关于实际桥梁在拆卸拱架时的性能的数据;

(3) 楔块绝不滑动。它们总是转动,拱圈结果分裂成四个部分;拱腹在拱顶和起拱点裂开;拱背在拱腹裂开(事实上当 H 具有库仑的最小值 H_4 时)。

四、住宅房屋

本章迄此所考察的建筑问题,不说全部那也基本上都是关于所谓的公共房屋。这里,还必须论述一下这个世纪里的私人住宅。

十八世纪里,住宅房屋达到了最大程度的壮观,甚至其间牺牲了舒适和方便。中世纪最早的永久住宅是城堡和修道院。在城堡里,贮藏室、军舍、大厅和住家公寓占居的层面互为上下;每一层都光照暗淡;没有私用室;舒适让位于安全。在修道院里,僧侣的宿舍、食堂和仆僧的宿舍一般是三间一长溜的房屋,它们同教堂中殿一起形成一个包围修道院的广场。城堡和修道院在后来几世纪里都趋向于建造外屋来图扩展。私人住宅是一个大厅,家属和仆役在里面住、食和睡。大厅一端,用屏帏隔出一个前厅,用来使从大门进来的穿堂风转向;另一端有一个高台,它在一个演坛上面,演坛略高出底层的一般高度。屏帏端外是厨房;在较大的住宅中,演坛端辟有一间私用室或“日光浴室”。

扩建和改进在于把厨房扩大成一间间房间,分别用于烘烤、酿 545
造等等以及供仆役居住;“日光浴室”发展成为套房,但没有走廊,只有私用室是这套房的最后一间。

有些地方,厨房、大厅和家庭公寓构成一约略方形的三边;第四边上的墙、马棚、门傍屋和外屋完成了这庭园的四围。这使得能够在房屋的庭院边开设较大的窗户,而在面对外界的墙上则仍只保留狭缝。

在其他地方,迭次扩建都一点不考虑到对称性。

在都铎王朝时代,除了皇家宫殿和比较富有的修道院的窗户而外,装配玻璃是罕见的。中世纪住宅的大厅里,有火炉和中央露明壁炉。但是,当煤成为普遍应用的家庭燃料时,露明壁炉就终于废弃了。英国解散修道院(1536—40 年),把教会支配的大量财富分配给新贵族,这给私人住宅的建筑带来很大冲击。新的房屋比以前更开阔、更宽敞,并开始模仿大陆新古典式的装饰细节和风格。1660 年的王政复辟又一次振奋了新贵族,并进一步推动了住宅建筑。旅行和阅读导致要求细节正确并符合古典式。技工师傅不再可以随意修饰他的工件。古典式的细节只能由有学养的艺术家来设计。随着这种新时式兴起,大量附插图的说明性文献应运而生。插图采自古代,或者临摹意大利范本。这些文献实际上用作为商业样本。

十八世纪初，英国建筑时式几乎形成一种框框，即照抄安德列·巴拉迪奥(1518—80)的著作。这种制式中，大厅发展成从一个古典式门廊进入的高高的房间，周围是起居室和会客室，严格按正视图的对称性排列，但这可能同未来居住人的方便或舒适相冲突。厨房必定在一边，马棚在另一边，嵌在一些外表上相同的侧翼区段之中。这往往造成厨房过分远离餐室，或者马棚令人很不舒服地靠近会客室。但是，这规则十分死板。

旧贵族和新贵族都为他们的地产圈地。英国的公有地消失了。“美轮美奂的楼宇”代之而起。炫耀的欲望是如此炽烈，以致许多绅士为了显示豪富，不惜替自己建造在规模和居住方面可同国家美术馆相媲美的宫殿，而这注定是留给后代的一个沉重包袱。
546 多塞特的一个绅士在十八世纪末占有了这样一份房地产，他“据说向凡是愿意居住和维修这房屋的人开价 200 英镑年金。但是，找不到人愿意承担这责任。于是，他最后把这房屋拆毁，只留剩一翼”(J. A. Gotch：*The Growth of the English House*，第二版，1928，p. 158)。

然而，这种房屋的建造没有提出什么问题，可同哥特式泥瓦石匠和木匠所成功地克服的那些问题相比拟。所应用的是比较大的单块石料，但是，配备有较好的提升器具。那些要求建立一门扩充的建筑科学的问题，不是住宅房屋建筑师而是土木工程师提出的；而研究这些问题的不是工匠，而是几何学家和自然哲学家。

当然,同住宅房屋密切相关的,是家庭供暖的问题。我们下面就来讨论这个问题。

五、家庭火炉

十八世纪初,早先的家庭供热方法大都还在应用通常的燃料包括木柴、木炭、泥炭或草皮。最早的壁炉是房间中央的一个洞,洞底铺设一块平石板,烟从屋顶上一个洞逸出。后来,古希腊和古罗马人发明了烧木炭的可携式火盆。十八世纪时,英国国会还在应用这种火盆。古罗马人还发明了所谓的“火坑供暖”,这是一种地下供暖的方法。被供暖的房间在地面下有一个空洞,它同一个外部火炉连通。有时,利用一个发端于地下空洞的烟道系统,由同一个热源向住宅其他部分供暖。这是一种集中供暖系统。后来,壁炉设置在房间边上,而不是设置在中央。逸散烟的开口设在墙上,而不是在屋顶上。当这洞(尤其开在屋顶上时)成为坏天气里不舒适的一个根源时,就在上面装置一个保护角塔。这种配置最终导致建造烟囱。当烟囱普遍应用时,住宅建筑师们便比以前任何时候都更加倾向于把火炉和烟囱的位置从房间中央移到一面的墙上。烟囱看来在意大利早在十四世纪时就已相当普遍了,但在其他地方要到很久以后才达到这种普遍程度。在荷兰、法国和德国,封闭式火炉到十八世纪初才普遍应用。荷兰应用的火炉是一
个圆筒形铁室,有一扇小门供送入燃料用,顶上有一根管子同烟囱 547
相连。法国的火炉设计与此相似,但用陶器制成,并以铁箍加固。

在德国，铁火炉造在墙壁里面，它不向室内开口，点火和添加燃料都在邻室进行。

在英国，从十六世纪起，典型的壁炉都装设在一面墙上的一个凹进处，略高于地面，并有一个烟囱。壁炉每一边通常都有一个小的砖砌平台。这平台用来加热东西，包括啤酒，称为“hob”。冷啤酒放在一个类似的平台上，称为“nob”，离壁炉远。因为啤酒无论冷热，无论取自“nob”或者“hob”，都使人心旷神贻、话不绝口，所以，“hobnob”〔晤谈〕这个词很可能是英国火炉的产物。只要木柴还是主要燃料，火炉的主要设备即炉栅就总是十分简单。它是一个“andiron”［壁炉柴架］（法文古词 andier），即一根铁杆水平地横放在火炉上，并用适当的端件即立杆把它抬高几英寸（见图 230）。木柴都靠在这“andiron”上。

图 230—彭舒斯特的大厅中的壁炉柴架

木柴靠在水平杆 *a* 上，杆 *a* 则由两根立杆 *cc* 支承。（采自 W. Berman：*History and Art of Warming and Ventilating Rooms and Buildings* 1845，Vol. I. p. 159。）

548 然而，从十六世纪起，由于忽视重新植林，木材渐趋短少。这样，煤就日渐用作家庭燃料。及至十八世纪，家庭用煤在英国已经相当普遍。“andiron”显然不适用于燃煤。因此，一种带支撑柱条的金属篮筐或“支架”被采用来燃烧煤或者煤加木柴。然而，这种活动“支架”很早以前就代之以一种固定“支架”，这“支架”的铁杆

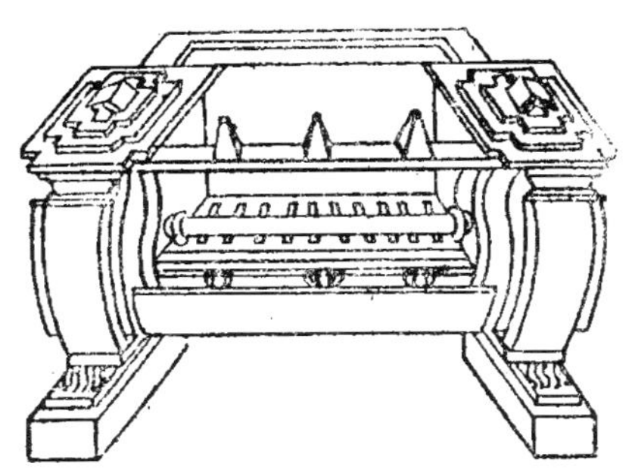

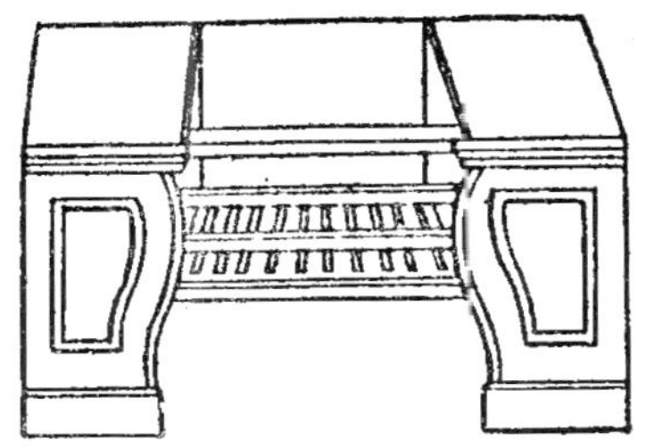

图 231—“hob”或“石棺”炉栅

(采自 F. Edwards:*Our Domestic Fire-places*,1870,p. 29。)

建造在火炉两旁的砖墩之中,如此便构成习见的燃煤炉栅(见图231)。砖墩有时用彩色砖片装饰,成为新式的“hob”,也用于烧煮等等。英国在十八世纪末普遍应用这种炉栅。它那时称为“hob”或“石棺”炉栅。

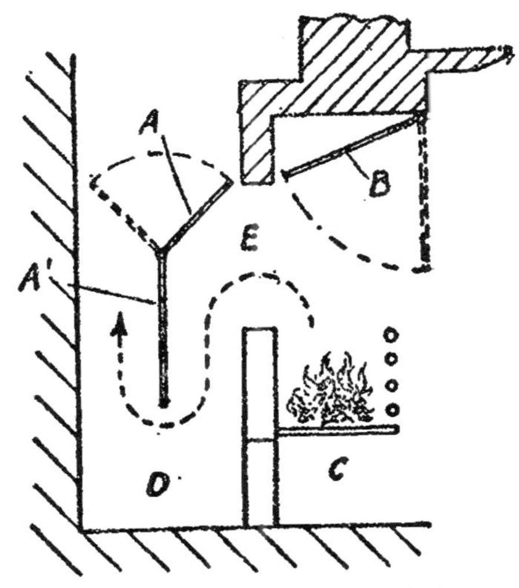

图 232—鲁珀特亲王的壁炉

(采自 W. Berman,*History*,etc.,Vol. I.p. 208。)

D 是煤支架和后墙间的空位。*A'* 是底板,*E* 是烟通过其上行到烟囱的开口。*A* 是一块板,以 *A'* 为支枢,当 *A* 处于虚线位置时,它让火刚点燃时的浓烟直接上行到烟囱。但当 *A* 向前运动到其他位置时,它让火燃得正旺时的烟沿箭头所示路径通过。*B* 是以壁炉架为支枢的铰链板。当降到虚线位置时,它使烟不进入室内。*C* 是一块活动镶板,用于从 *D* 撤除烟垢。

1678 年,已经为鲁珀特亲王建造了一种有趣的燃煤炉栅。在这种炉栅中,“支架”同后墙分开,中间留下空位;一块活动的底板使烟能直接上行到烟囱或者迫使烟先走一段迂回路,以确保全部挥发物质都充分燃烧。还有一板活动的铰链板,它能

降低下来，保持不让烟进入房间(图 232)。

十八世纪末，朗福尔德伯爵对燃煤壁炉作了一些重要改进。图 233 示出他设计的那种壁炉。图(i) 是他的壁炉的部分平面图，图(ii) 是截视侧面图。穹隆 E 同壁炉背面成 135°的角，背面宽度
549 为正面宽度的三分之一。背面和两侧面都加工得很光滑，并具有经白粉饰的饰面，炉火很靠前，以便尽可能多地反射热。D 处的内边弯曲。D 处的一块活动砖片为扫烟囱的小孩提供一个入口。(参见朗福尔德的 *Works*，Boston，1870—75，Vol. Ⅱ，p. 502。)

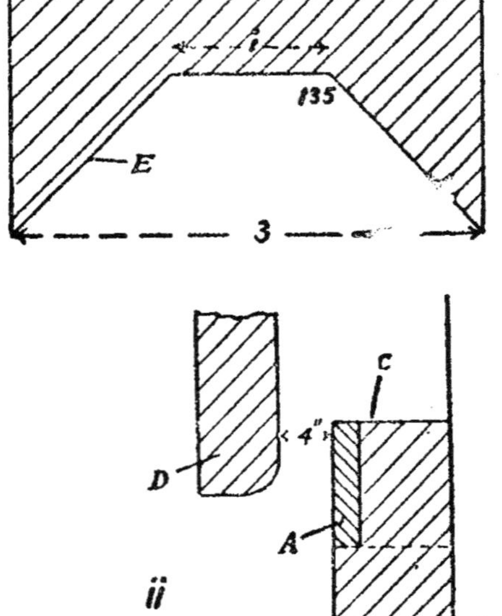

图 233—朗福尔德的壁炉

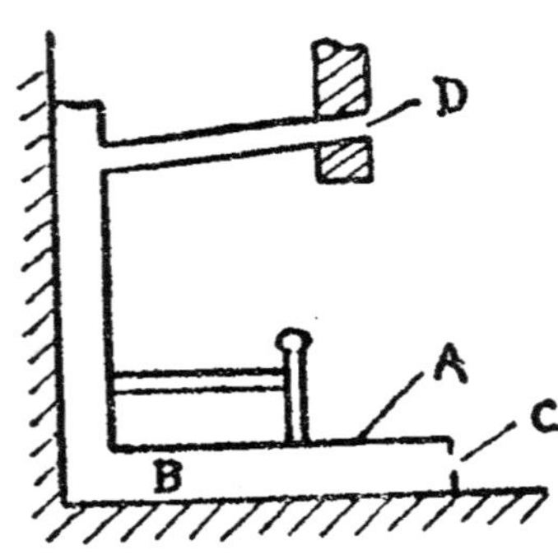

图 234—罗浮宫的壁炉

从 C 进入的空气通过铁结构 A 的室位 B，然后沿火炉背面运动，如此便被加热，再经壁炉台上的孔 D 进入房间。

朗福尔德的壁炉后来很为流行。

与普通燃煤壁炉同时，十八世纪里还发展起来了一些特殊型式空气加热壁炉，尽管它们从未实际流行过。十七世纪末，巴黎以在罗浮宫里拥有这种壁炉而引为自豪。路易·萨沃的《法国

特殊的堡塔建筑》(*L'Architecture Française des Bastemens Particuliers*)(巴黎,1685 年,p. 159f.)中描述了它,这里把它图示于图 234。

罗浮宫式壁炉成为尼古拉· 戈热设计的一种壁炉的基础(*La Méchanique du Feu*,Paris,1713;英译本,1716)。这种设计示于图 235,其中图(i)、(ii)和(iii)分别表示部分平面图、居中平面的截视侧面图和通过热气管即空气加热器(B)的截视正面图。空气在 *C* 处进入,在 *D* 处通入房间。通过在 *G* 处的一块铰链板,可借助烟囱的吸力直接向火炉鼓风。火炉的热直接地同时也通过后通道 *E* 550
作用于 *B*。*D* 是通向邻室的分支。

本杰明· 富兰克林作出了这种壁炉的另一种有趣的设计(*Works*,1806,Vol. Ⅲ,pp. 225 f.)。它示于附图。华盖 *C* 使火焰

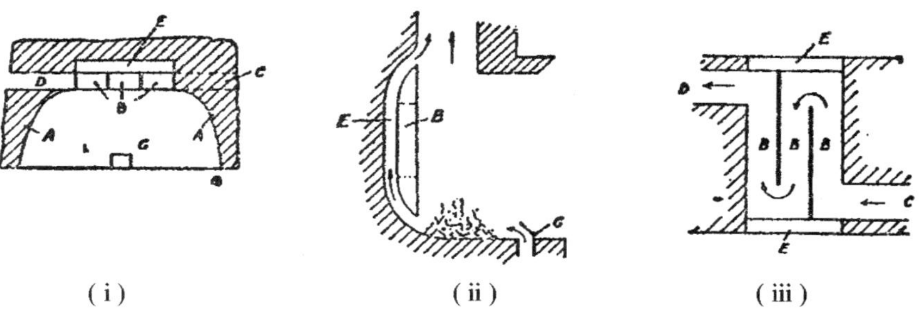

图 235—戈热的壁炉

对准室 *A*,后者包含热气管。空气通过 *H* 进入热气管,在热气管中被加热后,通过管道 F 出现在房间中。*B* 是一个 soufflet[风箱],它的功能像戈热的铰链板(图 235 中的 *G*)一样,也在于使鼓风对准火炉。

以上说明的壁炉中,有一些和这里甚至尚未提到过的许多其

他壁炉，都是按照某些理论设计的，这些理论都或多或少恰当地建基于观察和实验。随着家庭供暖越来越多地应用煤，烟囱成为一个严重问题，迫切需要改良。事实上，烟的问题在十八世纪已严重到这般地步：兴起了一种新的行业，即“烟师傅”的职业，它是供暖和通风专家的前驱。他们撰著了许多书，论述壁炉的正确构造以及它们故障的原因和排除方法。本节引用到的论著全都涉及这整个问题。还有许多其他这种论著。这里只需略述一二。

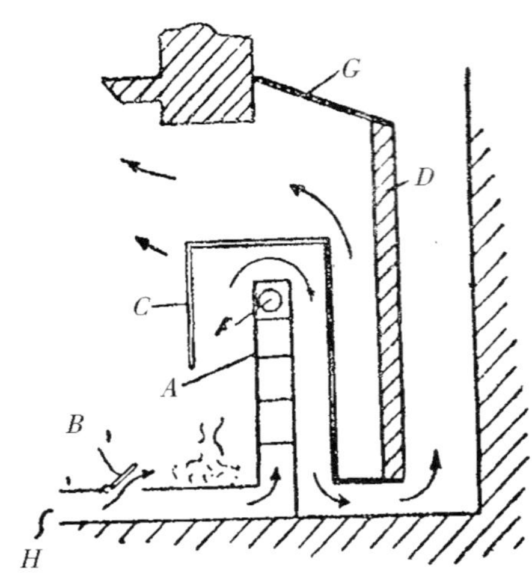

图 236—富兰克林的“宾夕法尼亚壁炉”

尼古拉·戈热(上引著作)强调了下述几点：风吹过开着的门窗时产生的吸入效应；邻近建筑物或其他障碍引起风变向，以致沿烟囱往下通过；大壁炉各个角落上烟积集起来；风箱可用来向火炉供给附加空气；以及烟囱顶上装设风帽，能够提供帮助。詹姆斯·安德森在他的《实用烟囱论》(*Practi-*
551 *cal Treatise on Chimneys*)(爱丁堡，1776 年)中指出，一个高烟囱比一个低烟囱通风更好，因为它提供了外空气柱和内烟柱之间较大的重量差，等等。他强调，低的壁炉突胸具有重要意义，这逼使空气进入烟囱前先靠近壁炉。烟囱不应当太直，否则，风和雨会迫使烟下行。安德森用图说明了当地障碍物使风变向而进入烟囱的方式。这里复和于图 237。图中，图(i)表明高建筑物 *B* 使风变向而进入烟囱；图(ii)表明附近一座山的同样效应；图(iii)表明一种

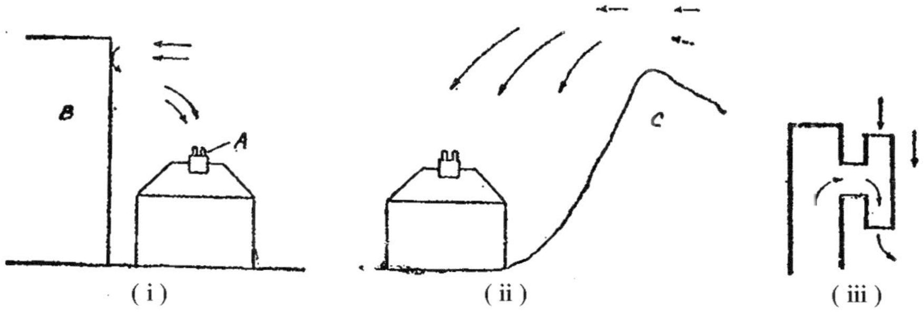

图 237—障碍物引起的风变向的原因和排除

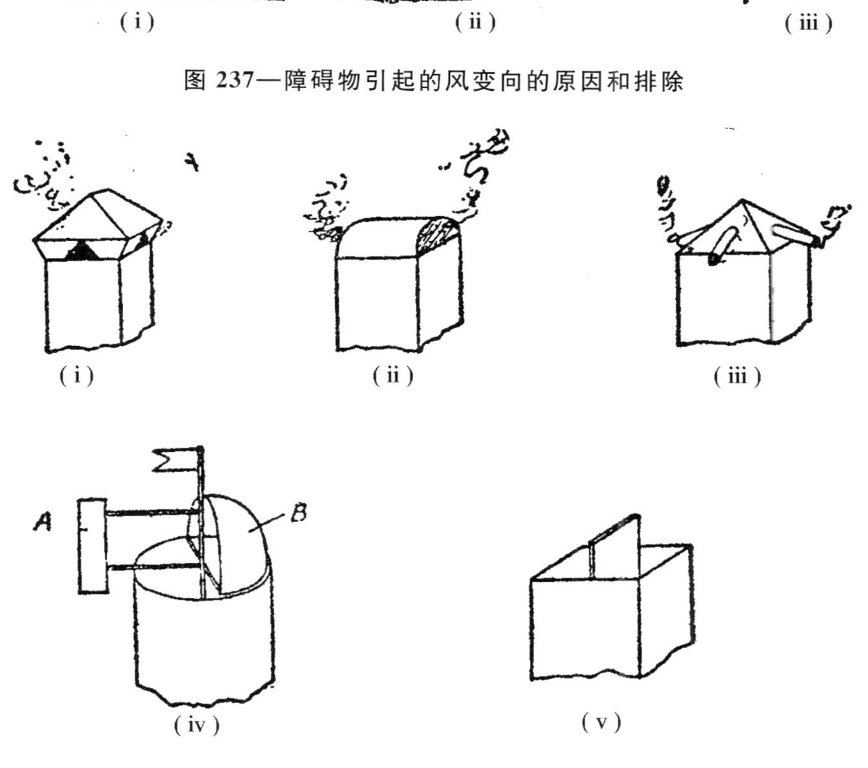

图 238—烟囱的各种装置

图(i) 和(iii) 表明给烟囱挡风、雨和雪的装置——侧孔或管道用作烟的出口。图
(ii)表示当强盛行风沿某一方向刮时,用来保护烟囱的一种风帽——烟的出口同此风 552
帽成直角地装置。图(v) 示出一种烟囱隔板,用来阻断和使烟囱部分地避开风。然而,
最令人感兴趣的装置是图(iv) 所示之旋转风帽。风向标 A 受风的作用而转动,同时带
动了盖 B,这就给开口挡风,而烟则由风吸带走。

用来排除这弊端的风帽。风帽的构造在于，当(邻近障碍物的风变向作用所引起的)局部下行气流通风帽臂上的垂直管道时，对烟道产生一种吸引作用。

十八世纪里，还采用和建议了各种其他装置，用来对付烟这个难题。P. 埃布拉尔的《烟囱论》(*Caminologie, ou Traité des Cheminées*)(第戎，1756 年，pp. 90—104)中附图说明了其中若干种。上面各图均采自该书。

(参见 J. P. H. Curmin：*History of the Domestic Grate*，1934。这是伦敦大学图书馆收藏的一份打字稿。)

第二十二章　技术 553

（五）运输

一、道路和车辆

十八世纪里，随着商人阶级生活水准的提高，不仅对各种商品，而且对改良的旅行设施的需要都与日俱增。无论从商业需要还是从旅行愉快来看，现有的运输手段都极不令人满意。因此，人们想方设法改善所应用的车辆，筑造更适合这些车辆行驶的道路。

十八世纪使用的大车轮子，带有在木轴上运转的木毂。有时，木轴设置有耐磨损铁板，木毂带有铁轴瓦。车轮的轮箍由钉在木头轮辋上的铁条构成。现在还没有证据表明，在十八世纪末之前，

图 239—四轮双座马车的模型

已把单一的铁圈箍套在车轮上(图 239)。

十七世纪末年,客运马车已经用系带把车身挂在车架上。这是一个改进。在那时之前,一直是旅客和货物一起由笨重而又无弹性的货车运送。这减轻了高低不平地面造成的剧烈颠簸的影响。但是,悬挂马车的晃动仍可能叫人很不舒服。

十七世纪后半期,出现了公共马车。1659 年,一辆公共马车往返行驶于伦敦和考文垂。1663 年,大北路核准为收税路。不过,及至 1714 年,从伦敦到约克的路程仍要花整整一个星期。然而,1750 年以后,迅速而有弹性的公共马车很快就普遍应用,但直到 1784 年,它们才用于运送邮件(图 240)。

图 240—皇家邮政马车,等等

大约在十八世纪中期,轻便双轮马车或四轮敞篷马车在法国流行起来。但是,它们看来在十八世纪末之前很久还没有引入英国。

公路的改进(下面将要说明)和高压蒸汽机的发明(其经过在 554
第二十四章中说明)自然而然地促使人们多方试图发明利用汽力推动的火车和牵引车。托马斯·萨弗里(卒于 1716 年)把车船的推动包括在他的“火力引擎”的可能用途之中。但是,他没有把这思想付诸实现。

图 241—十八世纪的四轮敞篷马车

一位名叫尼古拉·居纽的法国工程师于 1763 年建造了第一辆模型蒸汽车(图 242)。它的使用得到充分证实。这模型似乎让人寄予很大希望,为 1769 年建造一辆实际大小的牵引车提供了保证,法国政府承担了后者的费用。这种车辆一小时行驶约 $2\frac{1}{4}$ 英里。但它不稳定,一次在繁忙街道拐角处倾覆后,鉴于给公众带来危险,便把它弃置了。这辆车今天仍保存在巴黎国家工艺博物馆。它的一个模型现在也保存在伦敦的科学博物馆。

接着一个很有前途的实验是在英国作出的。1759 年,罗比森

图 242—居纽的牵引机(1769 年)

图 243—默多克的蒸汽车(1784 年)

图 244—特里维西克的公路火车(1797 年)

555 就已力促瓦特把蒸汽机用作轮式车辆的机车;1765 年,伊拉兹马斯·达尔文对博尔顿提出了类似要求。实际上,瓦特在 1784 年他的蒸汽机专利中已包括一项关于机车的计划。但是,索霍厂里看来只有一个人在认真钻研这个问题,他就是默多克。他在闲暇致力制作一辆模型蒸汽机车,他于 1784 年在雷德鲁思试验了它,当时他正在那里为博尔顿和瓦特装配抽水机(图 243)。然而,瓦特劝阻他,不要继续深究这个问题,唯恐他的兴趣和注意力分散,影响那些同索霍业务有关的更紧迫任务的完成。

十八世纪末制造的另一个实验模型是特里维西克的公路机车,它好像是在 1797 年制作的(图 244)。它现在保存在伦敦科学博物馆里。特里维西克花了数年时间研究机车蒸汽机问题,取得了一定成功,即制成了一些实际尺寸的蒸汽机。这已是十九世纪初年的事了。不过,这里也可以讨论一下。

1801 年,特里西维克制成了一辆实际尺寸的模型机车,他用它在坎伯恩的街道上做了数次试验运行。把它放在一个车库里时,由于火种没有取出,致使木构件着火,结果机车毁坏。1803 年,他又把一辆机车送到伦敦,它在那里牵引一辆客车。1804 年,他的一辆机车在南威尔士的彭尼达兰地方的煤矿轨道上试验,但是轨道不够坚牢,承受不了蒸汽机车,因此,它便移做固定使用。他的另一辆火车于 1805 年在盖茨黑德的一个煤矿的木缘轨道上试验,结果落得同样命运。三年以后,即 1808 年,又作了一次尝试,试图引起公众对蒸汽机车的兴趣。在伦敦尤斯顿广场遗址上的一个围场里铺设了一条轨道,一辆拖拉着客车的特里维西克机车向公众演示(图 245)。然而,显然几乎没得到或者根本没有得到鼓励。特里维西克遂把注意力转向其他的问题。

我们现在可以转过来考察道路。当然,道路有着悠久的历史。古罗马的道路特性多种多样,视交通要求而异。不过,一条典型的主干道路铺成四层:最低层即路基,由大块石头组成,它们有时是铺平的沉重平板,有时是紧密捣固的大块碎石片。垫层是毛石;

图 245—特里维西克的火车的演示(1804 年)

556 内核层是碎砖、瓦片、小石子或砾石,它承载最后的一层即路面。在重要城镇街道,路面可能是紧密接缝的铺路石,在不大重要的干道,则是鹅卵石。使用的材料取决于当地可以得到的供应;厚度视公路所通过的地面性质而定,有时厚达二或三英尺。如果底土松软,当地又多石灰岩,那么,底下的一层或数层可能是混凝土。就古罗马的建筑而言,“混凝土”这个词一般是指,严实夯筑的相交替的岩石层和灰浆层。用石子、细砂与水泥三者密切搅拌而成的混合物意义上的混凝土,是近代的发明。松软的道路实例已经消亡。偶尔发现的古罗马的坚硬混凝土其质地,是因为年代久远所致,而不是精心选择最佳粘结材料的结果。

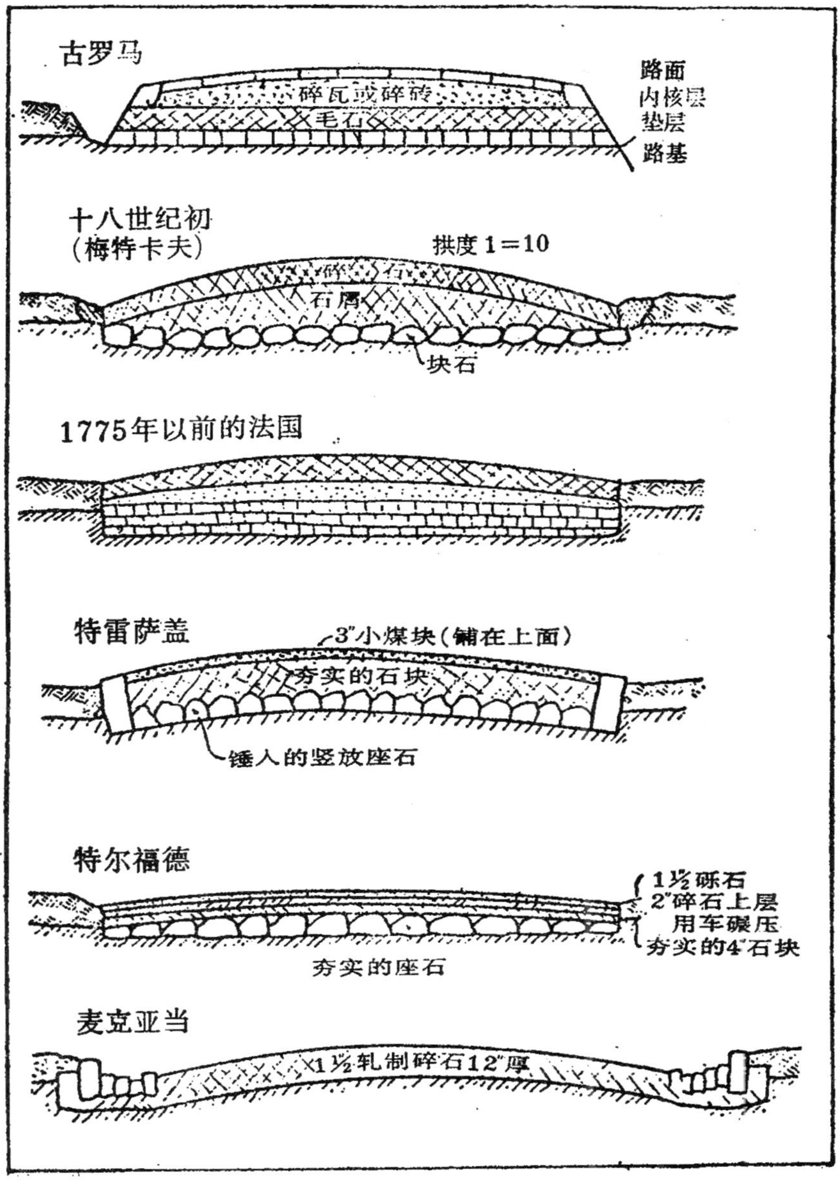

古罗马

碎瓦或碎砖

毛石

路面

内核层

垫层

路基

十八世纪初
（梅特卡夫）

拱度 1＝10

碎石

石屑

块石

1775年以前的法国

特雷萨盖

3″小煤块（铺在上面）

夯实的石块

锤入的竖放座石

特尔福德

1½砾石

2″碎石上层

用车碾压

夯实的4″石块

夯实的座石

麦克亚当

1½轧制碎石12″厚

图 246—典型道路的截面

557

图 247—马帮

罗马帝国衰亡时，给欧洲留下了一个道路网，把一切重要的人口中心相连，这些道路建筑牢固，养护精良。一些基础牢固的古罗马道路有的甚至至今仍在使用。其他的则都已颓废，而许多世纪里一直是马道在满足一切地方的交通要求。负担中世纪偶尔车辆交通的道路和足以服务于正式用途的马道，在用作为正式的货车路时，便落得可悲的境地。在山地，车辙碾压得较深，成为水沟，而把车道深深地切入山坡。在平地，车辆绕过前车造成的沼泽迂回前进，由于缺乏合适的路面，本来应当由货车载运的大量交通任务不得不仍由驮马来负担，驮马在某些路线上定期地以大型马帮旅行(见图 247)。

十七和十八世纪里，车辆交通有了巨大增加，但是骑马旅行和驮马运输甚至增长更快。快运鲜鱼的马队每天从海滨奔驰到伦敦的市场。1710 年，每天有不下 320 匹满载的马通过汤布里奇(参见 S. 和 B. Webb：*The Story of the King's Highway*，1913，Ch. V.)。

日益增长的城镇必须得到食品供应，为此，大大的畜群沿着公共公路行进。1750 和 1800 年间，史密斯菲尔德市场上一年销售的牛从 80000 头增加到 130000 头。同一时期，羊以 640000 头增加到接近一百万头；还有几千只鹅和火鸡也挤在通往这中心的泥泞道路上。1775 年，一条"新路"（今称作马里本路和尤斯顿路）建成，它从帕廷顿到艾斯林顿，作为到史密斯菲尔德的牲畜交通的一条坦途，没有牛津大街的坚硬大卵石。

骑手和赶牲畜人反对坚硬路面，这使地方当局更加不情愿为了过境交通便利而铺设路面，它们自己的纳税人也宁肯让路面保 558
持松软。一条 2 至 4 英尺宽的道堤足够让单行马匹通过，或使其路面抬高或用一行立柱同道路隔开。只有在较大的城镇，街道起先仅仅为了满足当地的需要而加以改进。

法国是近代最早建立了一个令人满意的公共道路网的国家。于贝尔·戈蒂埃的《论道路建筑》于 1693 年出版。这部著作说明了行车路的筑造方法：建筑和夯筑用密接大石块构成的路基，并加以夯槌。这种制式后来同特尔福德的名字联结在一起。1716 年，成立了桥梁道路工程师协会〔Corps des Ingénieurs des Ponts et Chaussées〕。在皮埃尔·特雷萨盖（1716—96）领导下，法国公路在欧洲独占鳌头。他沿用一种经过修改的古罗马方法：在平地上铺设石头路基，然后用大石铺一层厚厚的石座，上面再铺小石块。后来（1764 年），他把基石竖放，并减小上面几层的厚度。

苏格兰高地直到 1715 年叛乱时才出现道路，它们当时是出于军事理由而建造的。这个道路系统在 1745 年后又有扩建。十八世纪四十年代，收税路制度在英国更为普遍，尽管地方用户激烈反对和屡屡向国会请愿。1760 和 1774 年间,通过了四百五十二条关于筑造和修理公路的法令。

图 248—梅特卡夫

图 249—特尔福德

同新的英国道路系统相联系的最杰出人物是内尔兹巴勒的约翰·梅特卡夫(1717—1810)。他在七岁就瞎了眼睛,但竟然在大多数户外运动上都很出色。他作为一个巡回小提琴手到处旅游,还作为志愿音乐家随同镇压 1745 年叛乱的军队进入苏格兰。此后,他在阿伯丁和约克郡之间经商,继而经营一辆往返于内尔兹巴勒与约克之间的运输车。他充分了解对更好道路的需要,遂承包了建造从哈罗盖特到巴勒布里奇的一段收税路的工程;此后的三十年里,大约筑了 180 英里的路,还建造了许多桥梁。他用一捆一捆的石南束在哈德斯菲尔德和曼彻斯特之间的沼泽地上铺设道路,颇似斯蒂芬森后来在泥炭沼上铺设的铁路。

托马斯·特尔福德(1757—1834)的早期工作属于这一时期。

他开始是跟埃斯克代尔的一个乡村石匠当学徒。后来，他在爱丁堡和伦敦当打短工的砖瓦石匠师傅。从1784年起，他当上了承包人，1786年就任萨洛普郡市政工程勘测师。他的第一座桥梁于1792年建造在蒙特福德，跨越塞文河。它由三个椭圆形拱组成：一个跨长58英尺，二个跨长55英尺，材料是红砂岩。基础敷设在围堰上。

虽然他早期受的正式教育是在一所乡村学校完业的。但是，特尔福德努力通过自学提高学识。这个时期，他在化学和建筑学上学问大大长进。因此，他成为采用铸铁结构桥梁的热心者。

特尔福德的筑路方法是：(1)排水和平整土地，每100码开设一条阴沟；(2)用大石块铺设坚实路面，块块密接，7英寸厚，宽端向下；(3)把大石块的尖端去除，给大石块覆盖7英寸厚较小石块，并用砾石铺面。 559

图250—麦克亚当

1802年，特尔福德受政府委任，负责勘测苏格兰的道路。后来，在他的领导下，接连地建造了920英里长的道路和1200座桥梁。英国后来按类似原理铺设的道路设计的名称有以约翰·劳唐·麦克亚当(1756—1836)名字命名的。他们两人都力主，基础应有良好排水设施。但是，麦克亚当认为，不一定要应用大石块底层。

二、桥梁

石桥

十八世纪里，法国在工程理论方面占主导地位。然而，在土木工程实践方面，却是其他国家特别英国取得了重大发展。1750年，一个瑞士工程师夏尔·拉贝利在伦敦建成了跨越泰晤士河的威斯敏斯特大桥，在这之前，那里一直只有一座中世纪的桥梁。这座桥最令人瞩目的特点是运用水密的木沉箱。它们被拖运到桥墩地址，被施加重量而下沉，用作为围堰，而桥墩可建在其中。然后，围绕拆除沉箱墙时留下的木排边沿，打下板桩。桩头在水下用迈尔纳设计的一种灵便器具截去。

罗伯特·迈尔纳(1734—1811)在1760至1769年间建造的布莱克弗里亚尔大桥也用沉箱作为基础。它们把承座放在截成一水平面的桩头上。迈尔纳设计最显著的特点是，运用英国从未尝试过的伪椭圆(三心)拱。

约翰·伦尼的工作使圬工拱桥达至尽善尽美，但它属于十九世纪。然而，这里可以指出，在1821至1830年间，这种带狭孔和阻挡墩的桥取代了旧伦敦大桥。这样，桥墩在桥址处露出河面，高于潮水涨落和冲刷范围，受其冲刷。随着时间的流逝，流水侵蚀了威斯敏斯特大桥和布莱克弗里亚尔大桥、最终还有伦尼的沃特卢大桥的基础，这些桥全都不得不代之以建立在更深基础之上的新结构，沉降这些基础所应用的方法超出了十八世纪建筑师的智谋。

威廉·爱德华兹(1719—89)在纽布里奇的塔夫河上建树的一项杰出造桥功绩不能不大书一笔。他那建于1746年的三拱桥不久就给洪水冲掉。按照他的合约的保修条款,他不得不再建造一 560
座。这次,他选择单拱形式,跨长140英尺,拱高35英尺。然而,由于同细长拱顶相比,拱腋上面引桥的长坡的重量太沉,因此,这第二座桥又崩塌了。听从约翰·斯米顿的劝导,在第三座桥中他用圬工筑出环状排列的圆孔,减轻拱腋的重量。实际上重量不可能有明显减轻。但是,由于这样必须在桥腋上用切琢的圬工取代毛石,结果便造成了一座稳固的桥梁。

爱德华兹和他的儿子还建造了许多座桥。但是,他们不大可能对流行理论给予过哪怕是最低限度的注意。

托马斯·特尔福德于1792年在蒙特福德建造他的第一座跨越塞文河的桥梁。它由三个椭圆拱构成。他晚年得到和研读了当时的重要工程文献的大多数。他常读的那些书成为土木工程师协会图书馆的宝贵基础,人们也许至今还在查阅它们。但是,可能他不大了解在他盛年期间他不可能知道很多法国工程专家的工作。库仑的伟大著作仅仅是通过托马斯·扬(1773—1829)才引起英国工程师们的注意,而扬并不是一位工程师。

铁桥

虽然英国在工程理论发展上落在法国后面,但铸铁之引入桥梁建筑,却几乎完全归功于英国人的技能和胆识。因为,尽管据说早在1755年就已在里昂制成了用于造一座桥梁的铸件,但是,实际建成的第一座铸铁桥是在1777至1779年间建成的,它用来命名塞文河上在这个重要桥头堡处发展起来的城镇——铁桥。这座桥由亚伯拉罕·达比和约翰·威尔金森用邻镇科尔布鲁克代尔的著名工厂铸造的型铁制成。五根主要拱肋仅由两件构成,长 70 英尺,在拱顶枢接在一起而形成单一的 100 英尺 6 英寸长净跨,拱高 45 英尺,桥面由铸铁板构成。这座桥今正规划为一处古迹,但现在仍用于步行交通(见图 248)。

561

图 251—科尔布鲁克代尔附近的铁桥

达比的桥的拱肋由三个同心的环或环段组成,它们与径向连杆铸成整体。托马斯·特尔福德的铁桥建造在铁桥镇上游一侧三英里地方的比尔德沃斯,它的比例更恰当,形状更优美(见图 249)。它建成于 1796 年,但后来又重建过了。特尔福德还把铸铁用于造导水管，这在下面要提到。

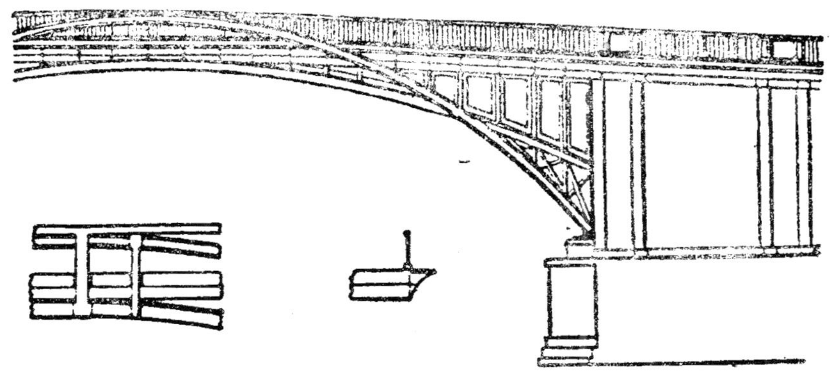

图 252—特尔福德的在比尔德沃斯的铁桥

一座跨越沃尔河、连接森德兰和蒙克沃尔默思的铁桥用在罗瑟勒姆铸造的型铁建造，这批铁材原系《人权论》(*The Rights of Man*)的作者汤姆·潘恩定购运往美国。但是，在伦敦展出之后，这些铸件被罗兰·伯登买下来。这桥建于 1796 年，直到 1929 年才被拆除，让位于一座更加宽敞的现代桥梁(见图 253 和 254)。因为建造时是预备装运的，所以，沃尔河大桥由六根肋拱组成，每根由 125 个小构架即长 2 英尺、深 5 英尺的格框铁构成。这些构 562
架犹如楔块，纵向用铁带、横向用铸铁管和熟铁系杆维系在一起。肋拱和桥面间的空隙用铁箍填充。

后来，铸铁桥更倾向于采用工形截面楔块和格状的拱肩。在整个十九世纪里，它们仍一直同圬工设计相竞争，直至两者都让位于钢和钢筋混凝土。

1800 年，特尔福德同一位名叫詹姆斯·道格拉斯的才华横溢但性格怪僻的发明家联名建议，极其大胆地在桥梁建筑中应用铸铁。这项建议是向一个国会委员会提出的，这委员会的任务是报

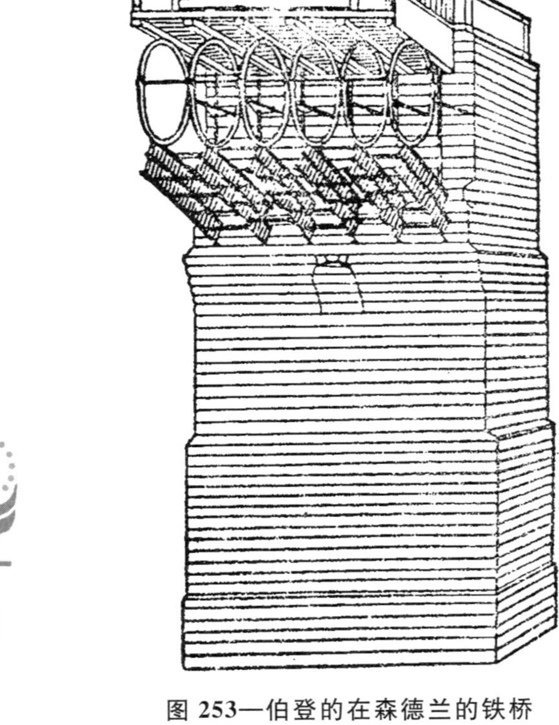

图 253—伯登的在森德兰的铁桥

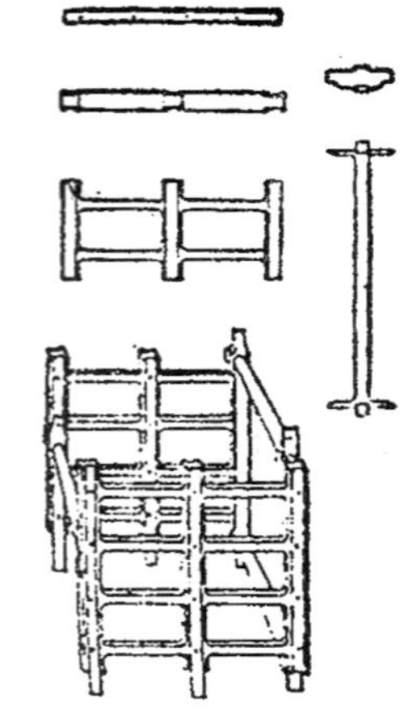

图 254—伯登的铁桥的楔块

告**伦敦港改良案**。这些建议的改良包括用一个更加开阔的结构来取代旧伦敦大桥，以便让远洋轮船通过，在伦敦桥和布莱克弗里亚尔大桥间将兴建的码头处卸货。与特尔福德的名字相联系的这一设计表明一座完全用铸铁建造的拱桥，它具有长 600 英尺的单跨，拱高 65 英尺。拱腹是半径 1450 英尺的圆弓形；行车路从河岸经长坡上升到高架拱
563 顶。公众对这项大胆建议极其感兴趣，以致由一个特别委员会采取向一些名流发征询单，汇总答复的形式专门收集根据。这些人包括上议员约翰·伦尼、詹姆斯·瓦特和索霍的约翰·萨瑟恩、威廉·杰索普(斯米顿以前的学生)、一些数学教授和皇家天文学家。除了**拱腹圈**以外，还有几个半径较大的弓形，彼此在拱顶几乎相接

触,但靠近拱座处则相互分得很开。

专家证言提出要加以决定的第一个问题是,结构的哪些部分起楔的作用,哪些部分仅仅是需被承载的自重。究竟由最低的拱圈承受全部推力,抑或整个结构乃一个结构工件,它总截面变化不一,由许多行肋承担推力,而这些肋则用辐向和水平的加颈杆维系在一起呢?这些回答作为对流行观点的说明,是很有启发作用的。这些证言大都认为,这整座桥起一个构架的作用。甚至杰索普(他认为,铸铁是一种压不毁的材料)和伦尼也都持这种见解。萨瑟恩也认为,这种设计使各个部分形成一个构架,但又认为,沉陷必定不可避免地把整个负载压在最低的拱肋上,而其他拱肋的作用仅仅是牵拉长长的拱肩柱。罗比森教授认为,底肋是实际的拱。他力陈,交会面应加以研磨,紧固件应当用熟铁制造,按伯登在森德兰的桥的方式把各部分连接起来。

对重量应如何分布才给出均匀强度这个问题,好些证言都引用规则 $H \propto \sec^3\theta$,其中有些因此引起了据之编制表的麻烦。

没有一个人能对铸铁的压毁强度有所说明。到那时为止所应用的测试用具都不足以测试如此坚硬、抵抗力如此大的物质。这 564
使得几乎不可能对所需材料作合理的估计,尽管已预计到,所用金属重约 6500 吨,产生约 8000 吨水平推力。至于承载这推力的拱座该如何排列,则一无所知。

尽管存在理论上的种种疑问,但完全可能的是,要不是国外政治形势转移了公众的兴趣,资金也移做他用,这座桥早已经建成。

至于这座桥本来是一项伟大的工程胜利,抑或是对公众的一个灾害,现在就只能猜猜而已。当伦敦大桥的问题再次引起注意时，这建筑沿着传统路线加以建造了。

（参见 E. Cresy：*Encyclopaedia of Civil Engineering*，1847，和 J. Mitchell Moncrieff：*Presidential Address to the Institution of Structural Engineers*，1928。）

三、运河

较大的河流为小船水运提供了条件。因此，最明显的发展是治理这些河流和给它们筑堤，并在可能的地方用运河把它们连接起来。

荷兰在中世纪后期开凿了大量运河，主要是为了排水。早在十六世纪，这些运河有的就已在装设船闸以后可供小型沿海小船使用。在意大利，约在同一时候，也把老的灌溉和排水渠延伸拓宽，建成运输水系。现在还不知道，船闸是这两个国家中哪一个发明的，但在十八世纪初，它们都已广泛应用船闸。法国最早认真试图开凿一条运河，穿过两条河流流域间的分水岭。连接蒙塔尔吉和布里亚尔的塞纳河和卢瓦尔河在十八世纪初拓展到了枫丹白露和奥尔良。中央运河〔Canal du Centre〕在十六世纪初开始兴修，目的是为了把卢瓦尔河上的迪戈恩同索恩河畔夏龙联结起来。埃米朗·玛丽·戈特（1732—1807）于 1792 年把它最后建成（参见 Navier 编：*Œuvres de Gauthey*，Vol. Ⅲ，1809）。

1661 至 1681 年间开凿的一条运河从加龙河上的图卢兹开始，中经朗格多克，长达 148 英里（最高处达海拔 600 英尺，向下通达利翁湾的塞特）。它在当时和以后许多年里一直是欧洲的最大运河。这项堪称伟大的工程包括：给一个陡峭峡谷筑坝拦水而形成一个蓄水库；开凿一条长500英尺的隧道；架设许多导水管。贝利多在他的《水利建筑学》（*Architecture Hydraulique*）和《哲学学报》（No. 56，1669—70年）上详尽无遗地说明了它。在十八世纪，这条运河从两端拓展，最后形成一条长300英里的水道，使得在地中海航行的小船能到达比斯开湾的各个港口，不必再冒险绕过直布罗陀海峡沿葡萄牙海岸作漫长而又危险的航行。

瑞典的古斯塔夫斯·阿多尔弗斯和俄国的彼得大帝也鼓励在 565
他们统治的领土上，在可航河流之间开凿重要的连接渠道。彼得大帝雇用一个名叫约翰·佩里的英国人开凿连接伏尔加河和顿河的运河以及连接圣彼得堡和里海的运河。一支庞大的不熟练的劳动大军但仅是无负担这项任务。然而，资金不足。佩里发现，甚至在那个时代，一个外国技术专家在俄国执行任务也面临重重不可克服的困难和危险，遂只身逃离，到达英国时已囊空如洗。他把自己的经历于1716年发表在一本题为《当今沙皇统治下的俄国的现状》（*The State of Russia under the Present Czar*）的书里。佩里后来的成名工作是，用打下坚实桩子的河岸来弥合泰晤士河在戴根纳姆的堤中的破裂，涌入狭缝的潮水则由水闸控制的分支排水渠排放。

另外，还围绕沃什河和亨伯河成功地建造了堤和排水渠。泰晤士河、塞文河、特伦特河和大乌兹河成为这个时期英国的四大内陆水路。

英国平原以外地区开凿运河的最早认真尝试，仰赖于布里奇沃特公爵三世弗朗西斯·埃格顿（1736—1803）的胆识和詹姆斯·

图 255—布里奇沃特公爵

图 256—布林德利

布林德利(1716—62)的技能。1733 年,布林德利跟麦克尔斯菲尔德附近萨顿地方的一个磨坊主当学徒。布林德利全凭天赋的才智和决心(因为师傅没有教他多少东西,他满师时既不会读书也不会写字)掌握了手艺。1742 年,他在利克独立自营。他当时已勉强能够做笔记。塞缪尔·斯迈尔斯根据他的一些笔记本重述了他后来的生涯(*Lives of the Engineers* ,Vol. I)。这位磨坊主那时自己伐木,自己打铁,还可能开设过一座工厂,装备有风车或水车、水道和水闸、传动装置和轴系。布林德利甚至制造过蒸汽机。1758 年,布林德利还曾受雇踏勘一条拟议开凿的运河,它旨在最终把利物浦经由切斯特、斯塔福德、德比和塔丁汉同赫尔相连。这个计划被放弃了。但是,由于同这计划发生过关系,布林德利对运河发生了兴趣,想象运河开发的种种可能性。

曼彻斯特那时是尚未成熟的纺织工业的一个成长中的中心,

约有居民20000人。它的交通非常落后。去伦敦的公共马车在夏 566
季隔日开行，全程要花四天半。冬季，道路不能通行；新鲜食品供应匮乏，价格高昂；煤用驮马运送，而从仅仅几英里外运来，运费就同开采费用一般贵。

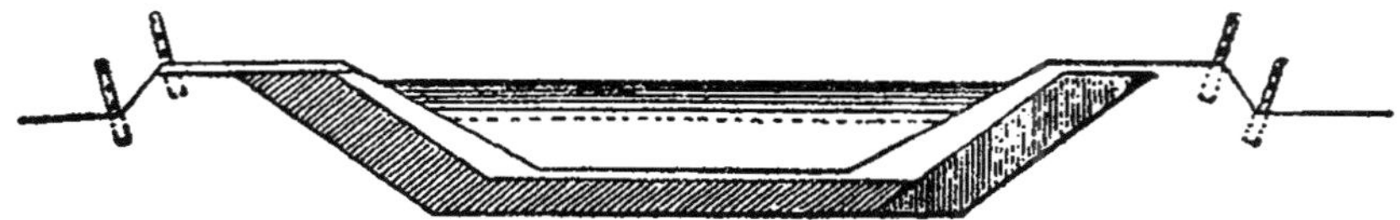

图 257—早期运河的典型截面

上：经过多孔隙地胶土的截面　　　　下：黏土的截面

1759 年，布里奇沃特公爵获得国会授权，建造一条从他的煤矿到沃斯利的运河。它通过一系列船闸通到伊尔韦尔河。这提供了曼彻斯特和默西河间的主要通道。布林德利做了一个磨坊主所能承担的必要工作。他建议对这计划作大幅度修改。他认为，这条运河不应流入伊尔韦尔河，而是跨越它，从南面通向曼彻斯特，并且保持不变的高度，也不用船闸。布林德利的计划要求，这条运河的走向应当沿着在伊尔韦尔河北面低地上方的一条高堤，并藉助一条石砌导水管从高出伊尔韦尔河 99 英尺的高度上跨越这条河。这些困难在朗格多克运河中都成功地解决了，但也许布林德利根本就没有听说过一个世纪之前的这个成就。这项修订计划在 1760 年得到国会同意。尽管除布林德利以外，人人心存疑虑，但是这计划还是执行了，直至成功完成。经过多孔隙地以及在堤和导水管上通过时，运河的河岸都作胶土处理。**胶土处理**就是用铲把黏土和砂充分糅合而成的一种半流质混合物彻底捣混，形成一层不渗透水的黏土衬垫的一种加工。胶土分几层施加，每一层都接着下面一层施加，以避免形成渗漏接合，直至厚度达到约 3 英尺（在运河河岸的场合）。在干开凿时，胶土上覆盖泥土，以便防止黏土因干燥而开裂。布林德利无疑是在制造磨坊用的拦河水坝和水道时掌握这种加工方法的，他把这些成就归结于在运河中自如地应用了这些方法。

反对河流航行的意见之一是，在雨季水流太急；在干旱季节，沿岸水面太低，拖船很不方便。如果仔细避免河水和运河相混合，
567 一条运河就不一定会有这两个毛病。因此，布林德利利用桥梁和涵洞让他的运河越过同它们相交的河流。他几乎总是建议建造一条单独的可航渠道，而不赞成改良现有河流的河床。

在沃斯利，布林德利的隧道从矿山的采掘面钻进一条坑道，煤就从它的深处开采。这样，他为公爵的煤提供了从矿井深处径抵曼彻斯特中心的驳船运输。布林德利设计了装置在运河两端的煤升降机、矿井通风装置、抽水机和开动抽水机的蒸汽机。同年，公爵的运河延长到朗科恩，和默西河连通，沿袭了以往对水路的独占权。值得指出，曼彻斯特的人口在后来的三十年里翻了一番。现在，不再需要一百五十四驮马组成的运输队每周一次把曼彻斯特的货物通过斯塔福德运送到比尤德利和布里奇诺思，以便经由布里斯托尔出口。利物浦得到了供应。靠了这条新的主干大运河，甚至赫尔也有了直达水路。

布林德利后来继续被雇用来建设运河。甚至在公爵的运河建成之前,他已在计划另一条主干大运河,把该水路(它通过他在哈雷卡斯尔的著名隧道进入波特里斯,三次越过特伦特河,最后通到德比的正南方与特伦特河交汇)同从利奇菲尔德附近岔出的一条支流相连,并沿塔默河谷上溯到伯明翰。

这条水路对盐业和陶器制造业产生了革命性影响。它们的产品以往用驮马运送,运价高达每吨英里一先令,而且有很大的破损危险。现在,水运就安全得多了,运价也大大降低,每吨英里不到四便士。

波特里斯“在1760年时是个人烟稀少的半开化地区,总共约7000人,只有一部分人就业,而且待遇菲薄”……“但在二十五年左右的时间里,人口增加到了原先的三倍,就业机会充裕,地区繁荣昌盛,人民生活舒适”(斯迈尔斯:*Lives*,Vol. I,1862,p. 448)。

人们曾惧怕运河将使饲养马的人和沿海货运船主破产。这两
种担忧被证明是没有根据的。运河开辟了新的贸易地区,增加了 568
对马匹和船只的需要。

布林德利在晚年成为公认的运河工程大权威。他始终参与开凿运河的实践,一直工作到五十五岁死去。

这个国家很快就为纵横交错的运河系统所覆盖。可是,这些后来兴修的运河有的在长度和规模上超过了布林德利运河,但并没有引入什么新的原理。特尔福德的运河工作的意义,在于他采用位于高高圬工墩上的铸铁槽,在那里埃尔斯米尔运河从赛西尔陶桥穿越迪伊河(图258);还在于给奇尔克的导水道采用铸铁底和圬工侧壁。

图 258—赛西尔陶桥处的铸铁导水管

运河的兴旺是持久的，同时也吸引了大批勘探者，激发人们发明大量装置，而要不是运河系统的扩展受到铁路发展的抑制，这些装置本来都会奏效。运河在山地拓展的主要困难在于，过船闸时需要花费时间和浪费水。为了克服这一困难，一位改行当工程师的美国艺术家罗伯特·富尔顿(1765—1815)于 1794 年取得了运河提升装置的英国专利权。驳船驶进一条终止于一个"蓄水池"的隧道，蓄水池两端均装设水密的门。两个这种蓄水池用链条悬吊，以便可以在一个竖井中升高一个水池而降低另一个。这样，在把一条船从低水位传送到高水位时，仅仅耗费为使这系统失去平衡所需要的水。

图 259—兰克的巴顿地方伊尔韦尔河上的导水管

在隧道过分长的地方，富尔顿建议利用斜面，像威廉·雷诺兹于 1792 年在凯特利尝试的那样。1796 年，富尔顿发表他的《论运河航行的改良》(*Treatise on the Improvement of Canal Navigation*)。他在书中倡言，采用由小运河组成的、不用船闸的内叉网络，作为内陆交通的一般系统。无论在英国、法国还是在他的祖国美国，富尔顿都没有成功实现这个方案。但是，他因这一倡言而同斯坦厄普勋爵通信，后者正在考虑在计划中的布德运河中应用提升装置。这一倡言还导致富尔顿把兴趣转向注意轮船航行。

在水过分缺乏，或者天然困难很大的地方，人们发现，为了经济地使用运河，采用短的铁路支线比运用像富尔顿所倡言的提升装置和斜面为好。当蒸汽动力运用于这些铁路时，它们很快就不再扶助运河，而开始扼杀运河。然而，这发展已属于十九世纪的历史。

569

四、轮船

十八世纪后期蒸汽机的用途中，船舶的推进该不是最不重要的，虽然在这个时期里，还只是给小船配备这种新动力。德尼·帕潘在 1707 年最早认真提出，把蒸汽动力用于此目的的建议。他曾试图获得汉诺威选帝侯准许，派一艘船从卡塞尔航行到不来梅，以便演示，蒸汽力可实际用于牵引船只，使它向威悉河上游和沿富尔达运河航行。帕潘打算用一种改动过的萨弗里蒸汽泵（其中蒸汽和水用活塞隔开）来提升水，让水在一个轮子上通过，而这轮子同驱动这船的明轮装在同一根轴上。但这项请求未蒙允准。因此，帕潘倒避免了一次代价高昂的失望，因为最早商用上成功的蒸汽机即纽可门蒸汽机直到 1710 年才有供应。

1736 年，乔纳森·赫尔斯获得由一台大气蒸汽机驱动的尾明轮拖轮的专利权，1737 年发表了它的说明和图样。这机构很笨拙，其重量同可利用的动力根本不相称。至今未见关于实际制造过这船的记载。事实上，在瓦特的改进大大提高了对于给定重量蒸汽机所能得到的动力之前，蒸汽机根本不能带动一艘大到足以承载动力设备自重的轮船。

1763 年，宾夕法尼亚州兰开斯特的一个机智的机械师威廉·

亨利尝试把瓦特式蒸汽机用于明轮船。这船因事故而沉没了。他再次作了尝试,但未获得能证明这冒险在商业上合理的成功。

雅克·佩里埃遵照儒弗鲁瓦侯爵命令制造的一艘船于1774年在塞纳河上试航,但未能维持足够的动力。儒弗鲁瓦于1776年用蹼状明轮翼继续进行实验。结果证明并不令人满意。他遂制造一艘长140英尺、最大宽度15英尺的明轮船。它于1783年在里昂附近索恩河上试航,但未获很大成功。

图260—菲奇的第一艘轮船

1785年,约翰·菲奇(1743—98)设计了一种由循环轮翼链推进的船,后来他又用一组明轮翼取代这循环链,这些明轮翼的运动模仿印度独木舟的桨。他认识到,锅炉的重量是一种跛负载,于是在1787年设计了一种锅炉,它有长长管道,在一个砖砌炉膛中 570
的前后方盘旋。它大概是最早的水管锅炉,能够实际工作,虽然并不长久。1790年,他采用一台横引擎,汽缸18英寸。他把明轮翼放在船尾。他结果得到船速为一小时八英里(60 英尺长的轮船)。这船作为商船最后航行了二、三千海里的航程。但是,由于装载旅客和货物的地位少,它在经济上并不算成功。菲奇继续他的实验,并于 1796 年把一艘由螺旋桨推进的小船放在纽约城当时拥有的一个水池中航行。然而,他未能筹措到资金进一步做大规模实验。他于 1798 年去世,把他如此英勇致力的未竟事业留给别人去完成。菲奇的第一艘轮船,见图 260。

图 261—赛明顿的蒸汽机

在十九世纪取得种种卓著成就之前,比较令人瞩目的实验中,值得提到的是弗吉尼亚的詹姆斯·拉姆齐的一些实验。他于 1786 年用喷水推进一艘船,它在波托马克河上以一小时四英里的速度航行。这种推进装置是伯努利提出的,后来又屡次重新发明。然而,它总是证明不如其他推进方法有效。

1788 年,一个爱丁堡银行家帕特里克·米勒做了双体明轮船的实验。有人劝他给这船装设蒸汽机,取代费事而又费用高昂的人力和绞盘驱动。他聘请威廉·赛明顿(1764—1831)按照后者在 1787 年获得专利权的那种型式(图 261)制造一台蒸汽机。两个顶端开口的汽缸按空气原理工作,但配备有单独的喷射凝汽器。汽缸直径为 4 英寸,冲程 18 英寸,两个活塞交替地拉动一条经过一个滑轮的链。一个链系传递动力,使两根明轮轴上的链轮松开,这样,这动力经过棘轮而作用于安装在两个船体之间的明轮。这船长 25 英尺,最大宽度 7 英尺。据说,这小船在达尔斯温顿湖上试航时,时速达 5 英里(图 262)。

图 262—赛明顿的轮船

图 263—“夏洛特·邓达斯”轮船

在花费相当大代价证明了轮船航行实际可行之后，米勒致力于使海军部对这个问题发生兴趣。但是，他未获成功，遂放弃这尝试。这艘船最后于 1853 年拆毁。但是，蒸汽机被保存在伦敦的专利署博物馆。

然而，赛明顿找到了另一个赞助人克尔亚的邓达斯勋爵。他按邓达斯的指示，于 1801 年建造了一艘 25 英尺长的轮船，它装备卧式汽缸、活塞杆和十字头，通过一根连杆和明轮轴上的一根曲柄
571 驱动船尾附近的一对小明轮(图 263)。这种结构方案在机械上简单而又有效。这艘取名为“夏洛特·邓达斯”的小拖船在试航中成功地拖动了两条 70 吨的驳船，迎着强烈逆风 6 小时航行了 20 英里。邓达斯努力劝说福斯和克莱德运河的拥有者们采用蒸汽拖

动。他们担心轮船航行时产生的波浪冲击会损坏这条运河的堤岸,因此谢绝了。

然而,布里奇沃特公爵订购了八艘“夏洛特·邓达斯”式轮船,想把它们用于他的兰开夏运河。但是,他的过早去世致使这份合同无法履行,而小船则被弃置在小港湾中毁坏。

五、港口和灯塔

从一国到另一国通过沿海航行的海上货运,以及从一个内陆中心到另一个内陆中心之利用可航行河流,都是古已有之的事。但是,河流的治理和疏浚以及船坞和港口工程的设置,则是近代的事。只要船舶用木材建造和由人力或风力操纵,大型船只实际上就不可能应用。小船冲上了有遮掩的“硬海滩”或泥泞的河岸,货物和乘客就能够上船,登上陆地或快马的背上。当时并不认为需要专门的停泊或登陆设施。然而,为了保护“硬海滩”免受风暴的袭击,保护河口免受漂移卵石的侵犯,就希望设置防浪堤。这些堤用沉入构架木桩间的石块建成。石块用空木桶或筏运送到堤址。这些工具所能装载的石块尺寸不大,罕能抵御暴风雨激起的巨浪或者开阔海面上大风暴过后进入避风海湾的海啸的巨大搬运力。因此,这类工程通常都是短命的。在可以用蒸汽动力来装卸和运输较重石块之前,十八世纪不得不放弃用这种手段来保护多佛、黑斯廷斯和莱姆里季斯等港口的尝试。

在河流潮涨潮落起伏相当厉害的地方,低潮时可以系船的船坞大大增加了装卸货物的安全和便利。1660 年,挖掘了一个长

1000英尺、宽 500 英尺、侧壁倾斜的系船池，用于接纳服务于格陵兰捕鲸业的船只。这是萨里船坞的开端。一个名叫佩里的造船技师在布莱克华尔为东印度公司的船舶建造了一个专用船坞。然
572 而，这些工程的建设花费了巨大劳力。因此，伦敦船坞系统直到十九世纪初年才开始扩展。勒阿弗尔也有一个 1667 年挖掘的小船坞。利物浦在十八世纪前四分之一中建造了一个面积达三英亩半的船坞，从此这个当时人口只有 6000 的港口小镇便发达起来，地位日趋重要，而在没有得到很好管理的迪伊河上的切斯特则走向衰落。这类船坞仅仅是用镐和铲挖掘的大型系船池，通过没有船闸门的短运河同潮路相联通，闸门只能在高潮时打开。

日益发展的海运贸易要求改良和扩展迄那时为止只是偶而设置的警戒用灯光。古罗马人已设置过一些法罗式的灯塔*，至少包括英国多佛的一个和波洛涅的一个。中世纪早期的信标只是些木柴燃烧的火堆，十四世纪时则代之以高架沥青罐，后来又代之以煤火盆。这一时期最著名的灯塔是纪龙德入口的标志。在这个塔址上建造的第一座灯塔可能是摩尔人造的；第二座是布莱克亲王约在 1370 年造的；第三座是一个名叫路易·德富瓦的工程师在 1584 至 1611 年间造的，它在 1727 年又扩建增高到 $186\frac{1}{2}$英尺。这最后一座包括：一道围绕底层的保护墙、一座包括工作人员住处的华丽塔楼、一个由小尖塔围绕的圆盖、一座中央塔，最后是照明塔楼（见图 264）。

* 亚历山大湾由法罗斯岛上的灯塔，曾被誉为世界七大奇迹之一。——译注

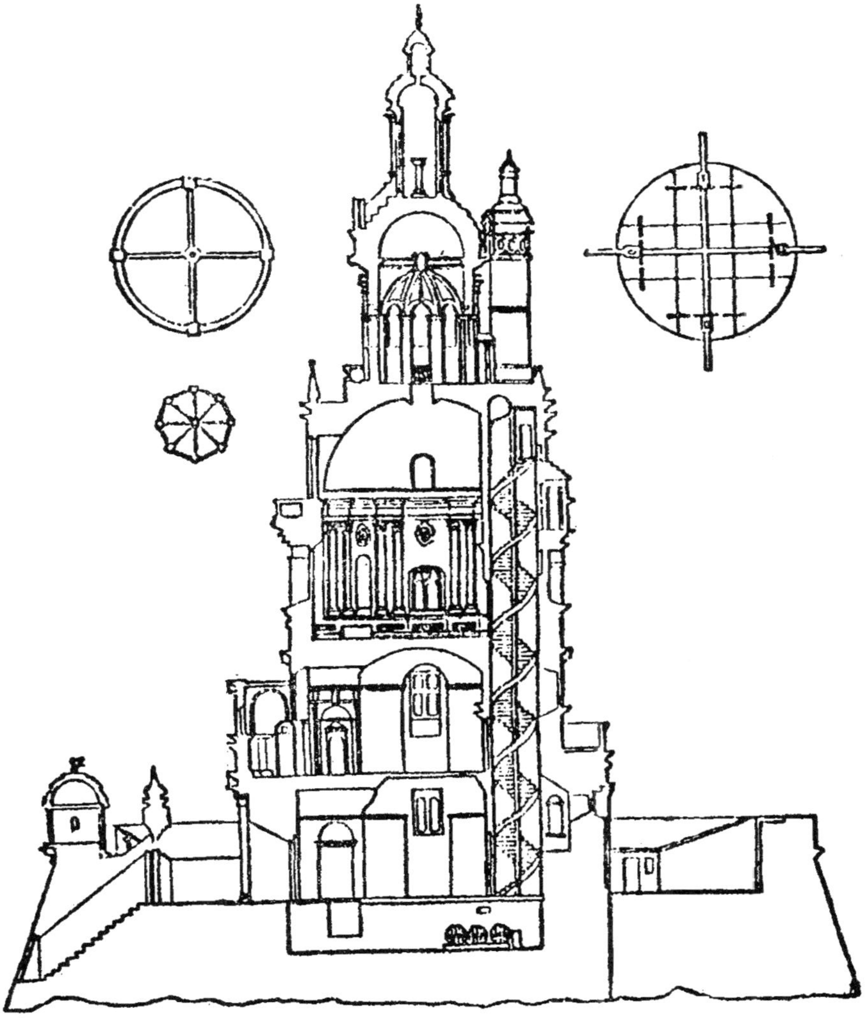

图 264—纪龙德入口处的“Tour de Cordouan”〔“警戒灯塔”〕

至荣至密三一会于 1515 年在英国建立，这个宗教团体的职责 573
主要是为在海上冒险的人祈祷。只是在后来，他们才任命泰晤士河的领航员，征收压舱费，建造信标。同时，人们终于认识到，灯塔

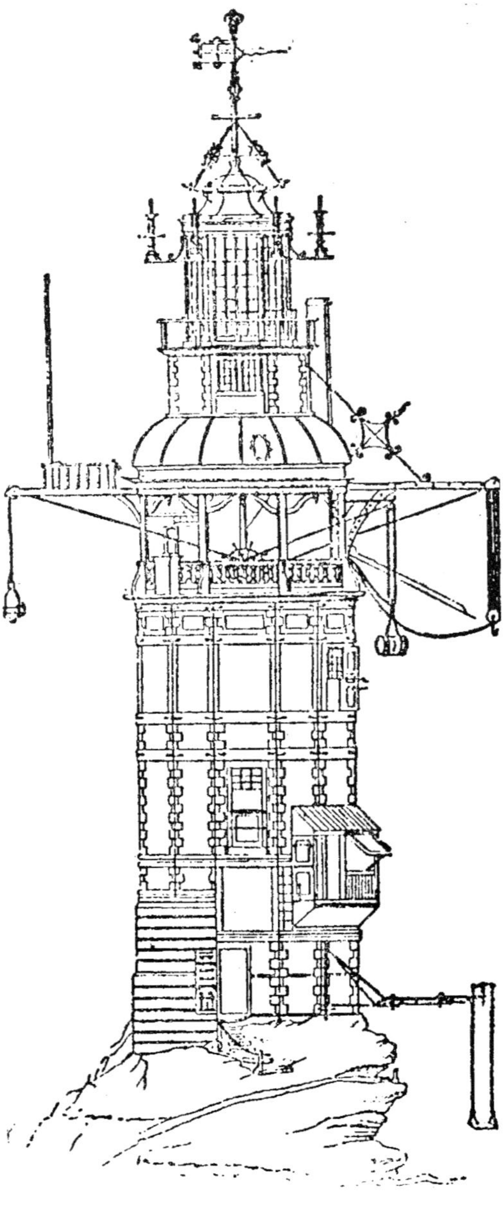

图 265—温斯坦利的爱迪斯顿灯塔
(1696—1703)

应当作为一项营业。经领港公会授权,私人建造的灯塔以王国政府名义征收船只通过税。一个名叫亨利·温斯坦利的纺织品商人冒险建造了第一座爱迪斯顿运河灯塔,它离普利茅斯港入口不远,警戒着这条运河。1696 年,这位想入非非的发明家开始建造一座木塔,它固定在一个圬工底层上,后者用十二个铁螺栓锚定于岩石。这实体部分高 20 英尺,上部建筑高 40 英尺,设置有敞开的走廊、小圆屋顶和灯火室。这塔到处安装了吊车、旗杆和铁制装饰品。这座灯塔于 1698 年 11 月初次发光。这位业主常驻在灯塔,主持维修工作。他最后于1703年

11 月在一场可怖的暴风雨中丧生，那场暴风雨把整座灯塔都卷走了。 574

第二座爱迪斯顿灯塔是在 1706 年由勒德盖特山的一个丝绸商约翰·拉迪埃德聘请造船木工建造的。这个机智的商人是领港公会指定的承租人。第一座灯塔的致命缺点是突出部和敞开的走廊，为了避免重蹈覆辙，第二座的结构采取平滑的圆锥形轮廓。一个沉重的木制格床用螺栓固定入开凿在岩石中的鸠尾孔，并浇入白镴。在这上面装置紧实的木件，接近于垂直，外套铺板，内衬花岗岩块，用铁件密切接合和夹紧。烛安置在离基础 70 英尺高的地方。这建筑物的顶端高出底层低侧 90 英尺。这结构安稳地顶住了风浪。直到 1755 年，由于木屋顶着火，整座灯塔化为灰烬。这个时候比以往时候都更迫切地需要在这个地方有一座可靠的灯塔。第三座爱迪斯顿灯塔的设计和建造托付给了约翰·斯米顿(1724—92)。斯米顿(下面我们还要谈到他)曾游历荷兰和比利时，考察运河工程，以便在英国从事类似工作。在爱迪斯顿运河上建造第三座灯塔这一重

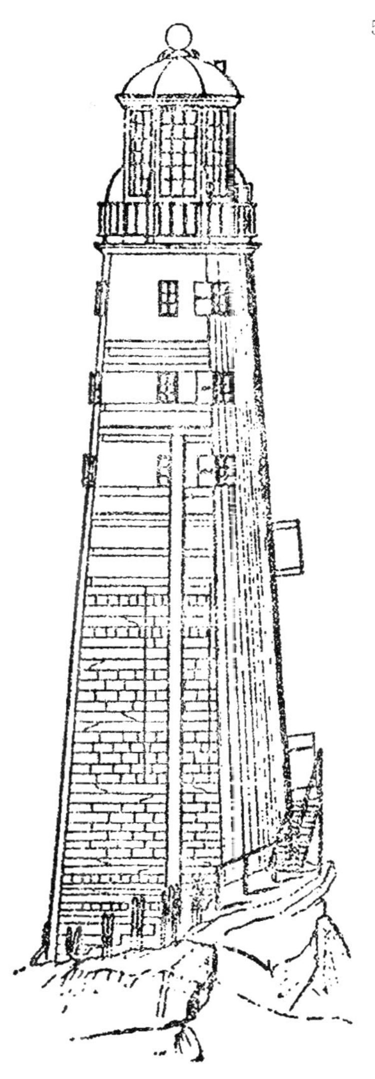

图 266—拉迪埃德的爱迪斯顿灯塔(1709—55)

图 267—斯米顿

图 268—斯米顿的爱迪斯顿灯塔(1759—1882)

要使命给予了他第一次机会。这项工程花去了他三年工夫，即1756—1759年。尽管有失火的危险，领港公会老会员们仍认为，木材是这种情境下唯一能提供可靠结构的材料。斯米顿好不容易说服他们，应允他用石料建造。他最后采取的方法是把构成一层的全部圬工砌块凿出鸠尾而嵌砌入邻层，用橡木楔挤塞密，并灌入蓝石灰和火山灰的混合浆。火山灰是从意大利进口的一种硅质火山物质，能同石灰组成一种在水下
575 凝结和硬化的水泥。他旨在使每一层都成为单一的块体圆盘，各

576

层相互用暗销楔合，暗销是紧密打入的橡木栓。最下面的几层部分地采用天然岩石本身。石块的平均重量为1吨。这个方案完全成功。石块切琢尺寸完全符合斯米顿亲自做的样品，构件的接合也很牢靠。因此，它产生了所要求的一个统一块体的效果。海浪的力量只能把它作为一个整体摧毁，或者，把它整个地同基底岩石分离。它最终于1882年被废置，但只是因为发现下面岩石已受损害，正在碎裂。

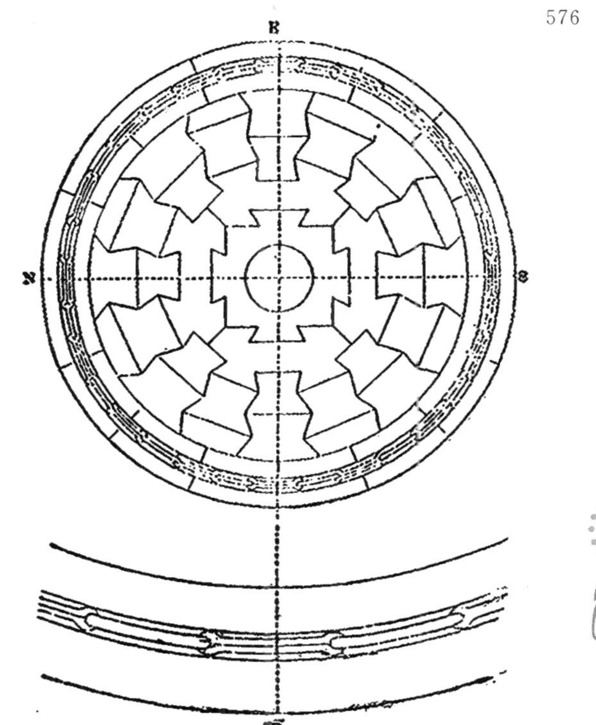

图269—斯米顿的爱迪斯顿灯塔的第二十九层，示出围绕第一个拱顶起拱点的铁链

六、气球和降落伞

一切时代的人都渴望像鸟儿一样在天空飞翔。人类飞行是好些古老传说(例如代达罗斯和伊卡洛斯[①]的传说)的题材。早期的编年史记载了许多给人装上人造翼从高处起飞的事例，其

① 希腊神话中的父子俩，身上能装上蜡翼飞行。——译者

中有的属于传说，此外则都是史实，结果往往是不幸的。在中世纪里，人们对飞行思想抱有相当的偏见。这种思想被认为是异想天开，是巫术的过渡模式。然而，随着近代精神的兴起，一种比较理性的态度流行起来，而且，在十七和十八世纪里已经有了相当数量文献，它们在一定程度上已从科学观点来研讨人类飞行的思想。一般说来，到十七世纪为止，考虑到的唯一型式人类飞行是模仿鸟的飞行。飞人通常自身装备双翼，用手臂的运动操纵它们。后来，由于这一切尝试均告失败，注意力遂开始转向借助机械装置飞行的可能性。列奥那多·达·芬奇约在十六世纪初就已讨论过这种机器的设计。他着眼于深刻探讨有关的力学问题。但是，他的思想埋没在他的手稿里长达三百年之久。威尔金斯主教、罗伯特·胡克（他用模型做实验）和 G. A. 波雷里等人在十七世纪里继续沿着有些相似的路线探究。他们的成就基本上停留于证明，人的手臂的力量不足以在像鸟那样的飞行中支持人体的重量。然而，与此同时，作为古希腊科学复兴之一部分，人们对**流体静力学**重又发生兴趣，而这启发了许多十七世纪物理学著作家，他们想到，根据阿基米德原理，重量小于所排除同体积空气重量的航空器能够航空。沿着这个思想发展的结果是，在十八世纪首次实现了以往用术语“浮空器操纵术”（即乘一个“比空气轻的”航空器漂浮在大地上空）表示的那种有限意义上的飞行。

早在 1670 年，耶稣会教士弗朗切斯科·德·拉纳·泰尔齐在他的《一些新发明的试验导论》（*Prodromo overo di alcune inventioni nuove*）一书中提出，如果给一辆轻车装上四个薄铜球，完全抽空,并大到足以使整个装置轻于与其同体积的空气,那就可以使之升离地面。另外,胡克、波雷里和莱布尼茨等人立即指出,大到并轻到足以浮起的金属球肯定会在外部空气压力的作用下压塌。然而,“比空气轻的”飞船的思想还没有被人遗忘,约瑟夫·加利安在他的论著《空中航行的技术》(*L' Art de Naviguer dans les* 577 *Airs*)(1755 年)中提出,一艘充满取自天空上部空气(他认为,它的密度明显低于我们周围的大气)的巨船能以其浮力把人载上天空。卡文迪什在 1766 年证明,“可燃空气”(氢)的密度比同样压强的普通空气低,从而使这种方案接近实现。约瑟夫·布莱克在 1784 年 11 月 13 日写信给詹姆斯·林德时指出,他早在 1766 年就有一个印象:“卡文迪什先生发现(氢的比重)的一个明显结果是,如果给一个足够轻和薄的囊充以可燃空气,则这囊和包含的空气将必定形成一个比大气空气轻的总体,它将在大气空气中升起。”卡瓦洛至迟在 1781 年进行过关于氢的浮力性质的实验。他给肥皂泡充以气体,看着它们上升到天花板。然而,人的飞行最初是用甚至更为简单的器具实现的,它利用一个充满藉加热稀释的空气的气囊的浮力。最早这样做的是两个法国人,他们是里昂附近昂诺内地方的造纸匠约瑟夫·蒙哥尔菲埃和艾蒂安·蒙哥尔菲埃兄弟。在进行了几次小规模预备实验之后,他们接着便制造了一个亚麻布气球,用纸衬里,直径约 36 英尺。他们于 1783 年 6 月 5 日在昂诺内进行公开试验。当充满加热空气以后,这气球便离开地面,上升到约 6000 英尺高的地方。随着热空气冷却或者通过孔隙从气囊逸出,这机械便缓缓下降。物理学家 J. A. C. 查理接着对氢气球进行试验。他用经橡胶处理的丝制作了一个直径约

12 英尺的气球，充以氢气，于 1783 年 8 月 27 日在巴黎练兵场放飞。这气球迅速上升，旋即消失在云中。它最后在大约 15 英里远的地方降落。以此方式上天的第一个人是 J. F. 皮拉特尔·德罗齐埃，他于同年 10 月 15 日乘一只拴住的蒙哥尔菲埃气球升到 80 英尺高的地方，在空中逗留了四分多钟。11 月 21 日，这位气球驾驶员由一名乘客陪伴，乘一个充空气的气球进行了第一次自由飞行。这气球漂游了 $5\frac{1}{2}$ 英里，越过巴黎在城外安全着陆。飞行过

图 270—空气球和氢气球

程中，气球开口下面吊舱中装载的火盆中的火把气囊烧着了，这火盆是用于加热气囊内空气的。火被扑灭了。但是，这次事故突出
578 说明，“蒙哥尔菲埃尔”即用火加热空气的气球有着特别的危险。这很快导致它被“夏利埃尔”即氢气球所取代(图 270)。这后一种

机器于 1783 年 12 月 1 日首次载人上天，这次试验是由它的设计者夏尔和制造者罗贝尔进行的。这气球直径为 26 英尺。它的设计已体现了一些习见的特点，例如，用于覆盖织物和支持吊舱的网；设在顶端的阀门，气体可由之逸出，使气球下降；在希望上升时可以抛弃的压载；以及用来测量大气压的气压计，气球驾驶员由之可推算他的高度。在从巴黎到内斯尔航行了 27 英里之后，查理进行了一次单飞，上升到 9000 英尺以上高度。

在 1783 年的以后几年里，全欧洲进行了许多次气球飞行，其中不少次新奇而又引人瞩目。蒙哥尔菲埃兄弟成就的消息震动了居住在伦敦的意大利流亡者弗朗切斯科·赞贝卡里伯爵。他遂进行了似乎是英国最早的模型气球实验。他制作了一个直径约 5 英尺的“气体静力学球”，于 1783 年 11 月 4 日给它充热空气，从奇普西德的一所房屋放飞。全伦敦各处的人都来观看，它最后降落在沃索姆教堂。赞贝卡里继续用尺寸越来越大的气球做实验。其中有一个(图 271)接着于 11 月 25 日在伦敦的穆尔菲尔兹公开放飞，在二小时半里飞行了 48 英里，在苏塞克斯重新找到。这时期里，还有埃梅·阿尔冈在温泽堡向乔治三世和他的宫廷演示一个小氢气球。1784 年，整个大不列颠进行了许多次空气静力学实
验，包括英国国土上第一次载人气球上天。这个功绩是一个苏格 579
兰人詹姆斯·泰特勒建树的，他是《英国百科全书》的早期编辑之一，以前曾从约瑟夫·布莱克博士攻读医学。他之作为气球驾驶员，纯属他生涯中偶然的一页。1784 年 8 月在爱丁堡，他成功地乘上了一个容纳预先用火炉加热过的空气的气球，上升到几百英尺高，但因为气球未携带加热装置，所以很快就以很不舒适地沉降

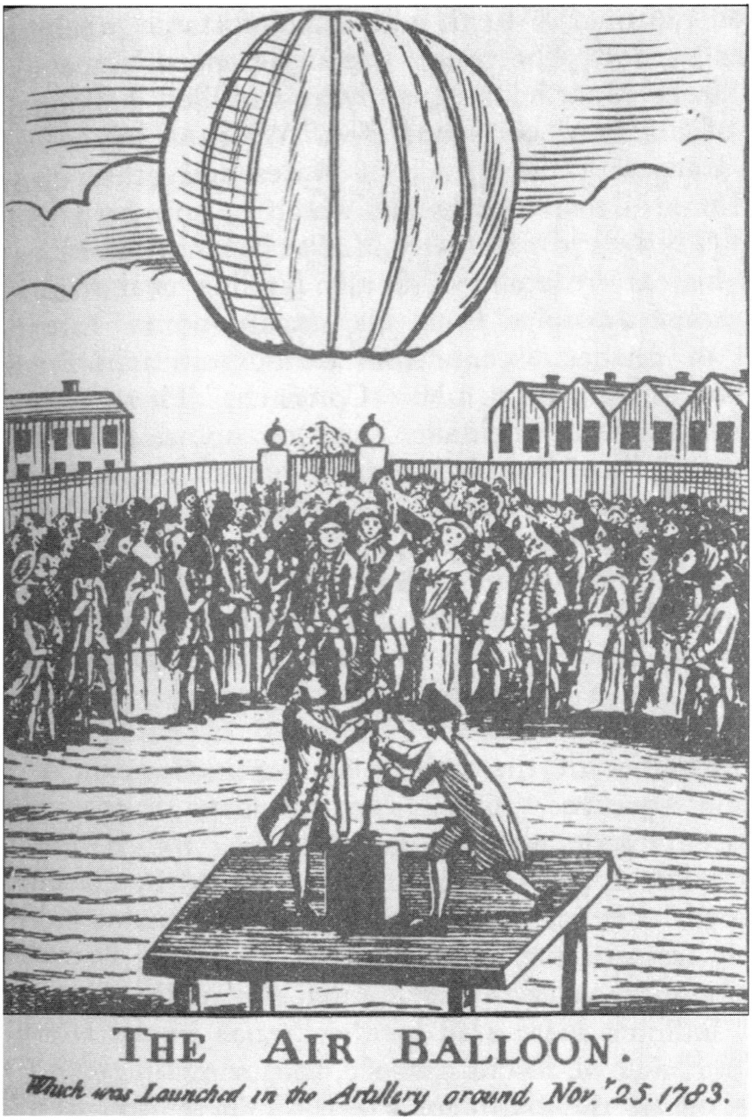

THE AIR BALLOON.

Which was Launched in the Artillery Ground Nov.r 25.1783.

气　　球

约于 1783 年 11 月 25 日在阿布勒里放飞

图 271—赞贝卡里的公开气球实验(1783 年)

返回地面。1784 年 9 月 15 日，年轻的意大利气球驾驭员温琴佐·卢纳尔迪乘一个充氢气的气球从穆尔菲尔兹上天。这气球的容量约为 18000 立方英尺。现场有一大群人观看，其中包括威尔 580
士亲王和其他显贵。卢纳尔迪上升到他预定的高度，约达四英里（图272）。他在北米姆斯降落，在减轻他的吊舱之后，再次上升，

图 272—卢纳尔迪的气球上天

最后在哈福德郡的沃尔地方附近着陆，距离他的出发点约 25 英里之远。卢纳尔迪在返回大陆之前，在英格兰和苏格兰的各个城市进行了多次进一步的上天飞行。后来，这许多次冒险飞行中充满了激动人心的事故（有一次，卢纳尔迪落进了福思湾），但它们在技术上没有表现出明显的进步。十八世纪里其他杰出的航空事迹中，还必须提到下列几件。从 1784 年起，第一个英国气球驾驶员詹姆斯·萨德勒在英格兰各地进行了一系列精彩的气球上天；一

个美国医生约翰·杰弗里斯和一个法国职业气球驾驶员 J. P. 布朗夏尔于 1785 年 1 月 7 日乘一个气球飞越英吉利海峡。

人们从一开始就认识到气球用作为科学调查仪器的种种可能性。1784 年底进行的一次气球上天的过程中，杰弗里斯获得了上层空气的样品。卡文迪什分析这些样品后发现，它们的化学组成和地面空气没有明显差别。气球应用于战争的潜在应用，人们也在其发明之初就已指出。法国人曾在大革命的战争中把气球用于侦察，有时显示出很大的优越性，如在弗勒吕的战斗中。然而，在这以后，气球的军事应用可能性基本上被忽视了，这种情况一直持续到十九世纪末。

气球发明后，立即就有人开始提议，利用某种手段来操纵或推进气球沿任何所希望方向飞行。一些早期的建议以航空和航海之间的错误类比为依据，提出给气球配备帆和舵。像后来所证明的，最有成果的建议是利用空气对一个旋转飞机螺旋桨的反作用。这
581 一建议最早于 1784 年出现在 J. B. M. 默斯尼埃将军为一艘巨型飞船搞的一项设计之中（*Atlas des dessins relatifs à un Proiet de Machine Aérostatique*）。这气球呈椭球状，260 英尺长，由三个手工操纵的飞机螺旋桨推进。默斯尼埃的计划从未付诸实际试验。但是，它可以看做是十九世纪里制造或仅仅设计的一系列不断进步的飞船和飞艇的出发点。人们很快发现，这些利用人力推进的飞行器是不切实际的。后来，蒸汽机和电池被用作为飞行器的动力源，直至十九世纪末，这些权宜之计才又为内燃机的应用所取代。

降落伞的思想可以追溯到列奥那多·达·芬奇；他的一份手稿（*Codex Atlanticus*）中有一张图，并附有说明。图上示出一种角

锥形帐状物,悬吊在它四角的一个人能从很高地方安全地跳下。然而,这个思想要到十八世纪末才开始实际形成。相传约瑟夫·蒙哥尔菲埃在发明气球前进行调查研究的过程中,曾在他家乡从一个屋顶上利用降落伞跳下。1783 年末,S. 勒诺芒成功地从蒙彼利埃天文台的塔上用一个直径 14 英尺的圆锥形降落伞跳下。气球发明以后,法国气球驾驶员布朗夏尔进行了多次降落伞实验。他在 1785 年和后来进行的上天中,好几次把载有小动物(装在篮子中)的降落伞抛下,它们在着地时均未受伤害。第一个从气球上用降落伞降落的人是 A. J. 加内兰,他是在 1797 年 10 月 22 日在巴黎做这个实验的。他于 1802 年在伦敦重演了他的成就。加内兰的降落伞像一顶粗帆布做的半球形阳伞,沿着圆周系了许多绳索,它们支承下面一个小篮子。在降落时,篮子讨厌地从一边到另一边来回摆动。为了消除这一缺陷,威廉·科金(他亲眼看到加内兰在伦敦的降落)设计了一种顶点朝下的钝锥形降落伞。在对这个问题进行了多年研究之后,科金于 1837 年亲自试验他的发明。但是,他的想法证明是错误的,这次降落以发明者死亡告终。

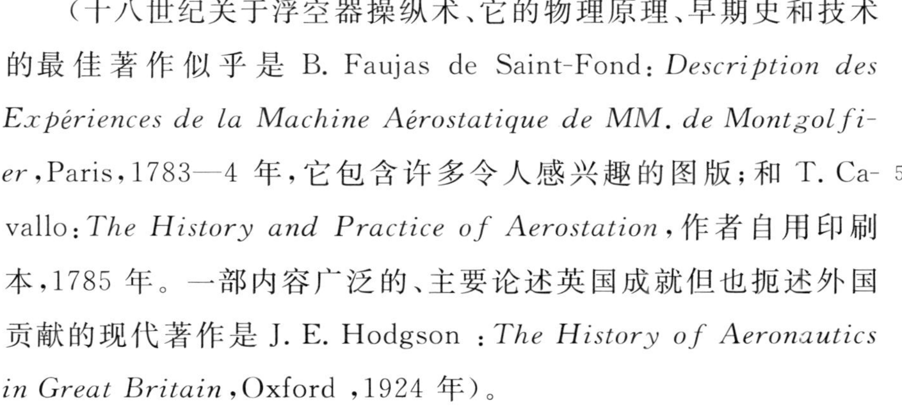

(十八世纪关于浮空器操纵术、它的物理原理、早期史和技术的最佳著作似乎是 B. Faujas de Saint-Fond:*Description des Expériences de la Machine Aérostatique de MM. de Montgolfier*,Paris,1783—4 年,它包含许多令人感兴趣的图版;和 T. Ca- 582
vallo:*The History and Practice of Aerostation*,作者自用印刷本,1785 年。一部内容广泛的、主要论述英国成就但也扼述外国贡献的现代著作是 J. E. Hodgson :*The History of Aeronautics in Great Britain*,Oxford ,1924 年)。

583 # 第二十三章　技术

（六）动力设备和机械

一、泵抽设备和水轮

十八世纪初期，阿格里科拉描述的那种木桶水泵还在普遍使用。铁泵桶只在重要工厂里应用，不过直径还很小，仅有的用来镗制铁泵桶的工具还是那些业已用来制造枪炮的东西。一组部件装配起来，由一个水轮或若干联结在一起的水轮经由曲柄和杠杆驱动。伦敦大桥处的机械就是这样配置的。亨利·贝顿描述了这设备。这说明载于 J. T. 德扎古利埃的《实验哲学教程》(*Course of Experimental Philosophy*)第二卷(pp. 436 f.)，图 275 即自该书录制。木轴干长 19 英尺，直径 3 英尺。水轮直径为 20 英尺，带有 26 个叶片，每个长 14 英尺、深 18 英尺。两个带 44 个嵌齿的正齿轮装在这轴干上，两端各一个，驱动灯笼式小齿轮转过 40 圈，后者销在直径 4 英寸的铸铁曲轴上。它们通过一个由连杆、横杆和活塞杆组成的系统来操作四泵组中的每一台泵。泵桶的直径为 7 英寸，冲程为 2 英尺 6 英寸。虽然驱动水泵的杠杆长 24 英尺，但活塞杆的运动不可能丝毫不差地垂直而同活塞完全适配，哪怕圆筒

图 273—伦敦大桥处的水轮和水泵

镗成真正圆形也罢。实际上，所示出的这种类型水泵依赖于被“淹没”，从而使泄漏效应减至最低限度。

这一时期里有四架水轮在实际应用，分别驱动八台、十二台和十六台（有两架）水泵。这组合水源（每分钟六转）每小时供水123000 加仑，其中有五分之一或四分之一损失于泄漏。

轮轴的轴承安装在横杆上，后者铰接在曲轴中心线位置上，并装备有一个升降水轮来适应潮汐形势的装置。然而，这种调整结果发现是多余的。提升装置很少应用，因此，最后就拆除了。

1759 年，这桥中间的一个桥墩被撤除，拱跨 58 英尺的单拱取代以往多条狭窄水道中的两条，结果，可从这些水轮获得的动力减少了约 35%。随着所需要的供水不断增加，这损失变得相当严
584 重。1763 年，斯米顿应邀就这个问题发表意见。他提议，这条河在这大拱之下被冲刷得很深的河床应当加以提高，方法是倾倒一定数量碎砖石。他还提出，宽水道应从无论哪一边缩狭约 3 英尺，两个小船闸应永久关闭。这计划仅执行了一部分。斯米顿设计的一架新水轮曾建造在这大桥的第五个墩（见图 274 和 275）上。这些水轮的总直径为 32 英尺，宽度为 15 英尺 6 英寸。

从斯米顿 1771 年的一次报道来看，那时用了一台“大力引擎”（即蒸汽机）来辅助这些水轮。

约克营造公司的历史提供了供水系统实践发展的一个饶有兴味的例子。1676 年，在查林十字站现址或附近开始用畜力装置提升水。这家公司于 1691 年组成。1712 年，装设了一台双工作室萨弗里引擎，但结果证明是失败的，因为它的许多焊接接头经常爆

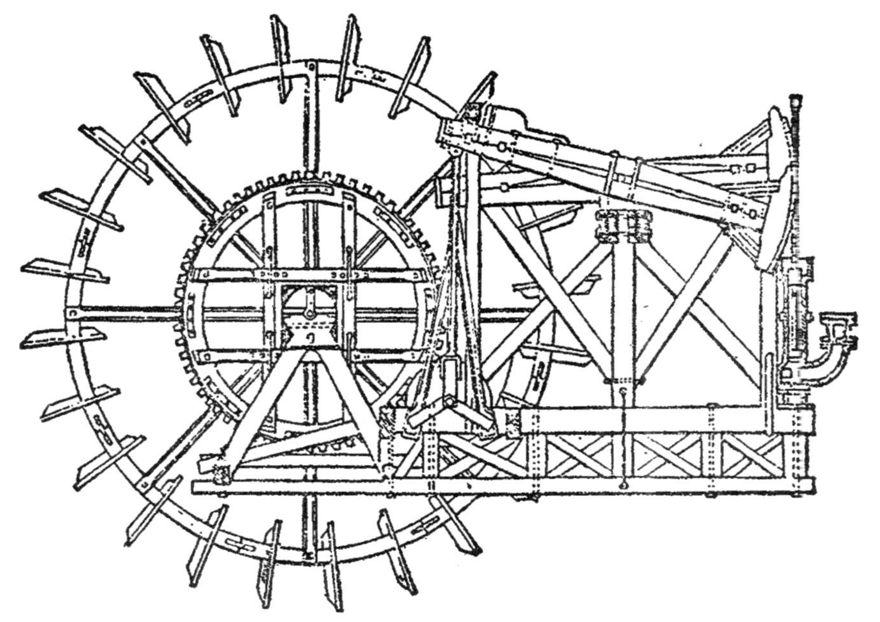

图 274—约翰·斯米顿 1763 年设计的装设在伦敦大桥的水轮和水泵

水轮示于左边。它通过正齿轮和小齿轮驱动三连曲轴(示于中部),后者借助连杆使三根横杆上下跷动。每根横杆右端示出一个齿轮扇形体,它同一柱塞泵的活塞杆上的齿条啮合(示于下面)。

裂和泄漏。1719 年,这家公司活动扩展。它出资购进了苏格兰一些没收的地产,在那里开采煤矿和炼铁。1725 年,它装设了一台纽可门引擎。可是,虽然这家公司是煤矿主,但也感到这引擎太浪费了。煤燃料价值达一年 1000 英镑。这引擎的应用于 1731 年中辍。空气引擎所连用的水泵在伦敦大桥处那种型式上表现出显著进步。它是塞缪尔·莫兰的柱塞式泵,最初由 1674 年的一项专利引入。一根旋转的黄铜柱塞(直径 12 英寸)充满铅,并负载一堆这 585
种金属的“干酪”。它用链条挂在引擎横杆上。柱塞通过一填函作用,用一对“皮帽”防止经过这填函的泄漏。这样,避免了镗制精

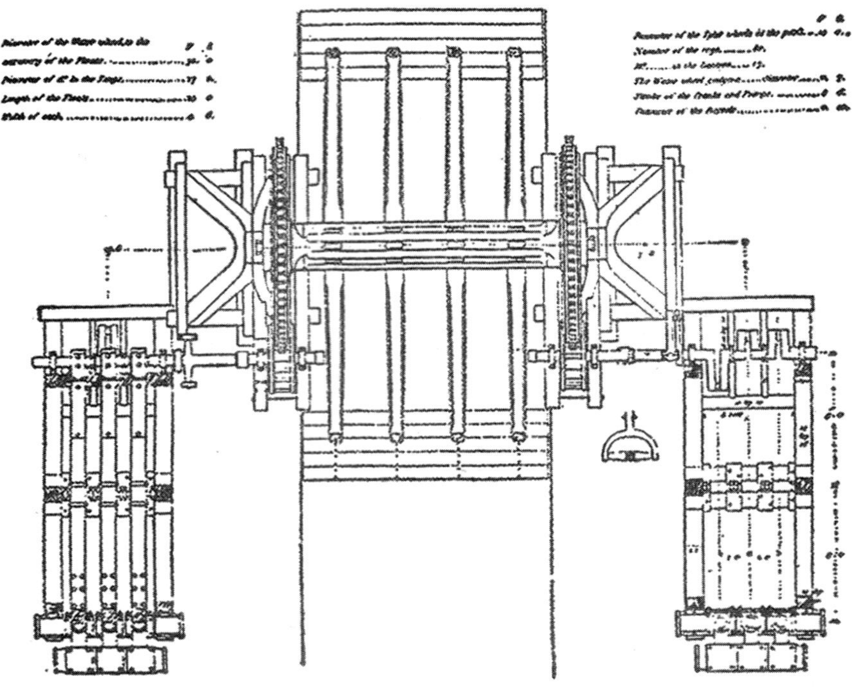

图 275—斯米顿的在伦敦大桥处的水轮和水泵(1763 年)的平面图

中部所示的水轮通过齿轮驱动图右边清楚示出的两根三连曲轴。曲柄操作左边清楚示出的倾斜横杆,后者驱动右下角和左下角所示的水泵。

密圆筒这种困难加工。这种用于柱塞和活塞的填函料方式成为后来大多数往复式引擎和泵的一个常有特点。

1763 年,基恩·菲茨杰拉德(*Phil. Trans.*,Vol. LIII,p. 139)描述了这些工厂中的一台引擎,它有一个直径 45 英寸的汽缸,每分钟完成七次半 8 英尺的冲程,驱动若干内径 12 英寸的提升泵和
586 压力泵,提升水 100 英尺。及至 1775 年,又有一台引擎并存,它的汽缸直径为 49 英寸,一分钟完成八又四分之一次 9 英尺的冲程,驱动若干直径 13 英寸的水泵。

斯米顿于1777年修理和改良了这些引擎。那台45英寸汽缸的引擎于1805年被更换。那台49英寸汽缸的引擎一直作为备用机,但到1813年也让位于一种设计更现代化的引擎(Farey: *The Steam Engine*, 1827, p. 243 ff.)。这些引擎在尺寸和动力上的增加,表明了这一时期里在这方面总的进步速率。图277和278代表了十八世纪二十年代在泵设计方面的最佳实绩。一台在上冲程放水,另一台在下冲程放水;两者由同一台横引擎驱动。

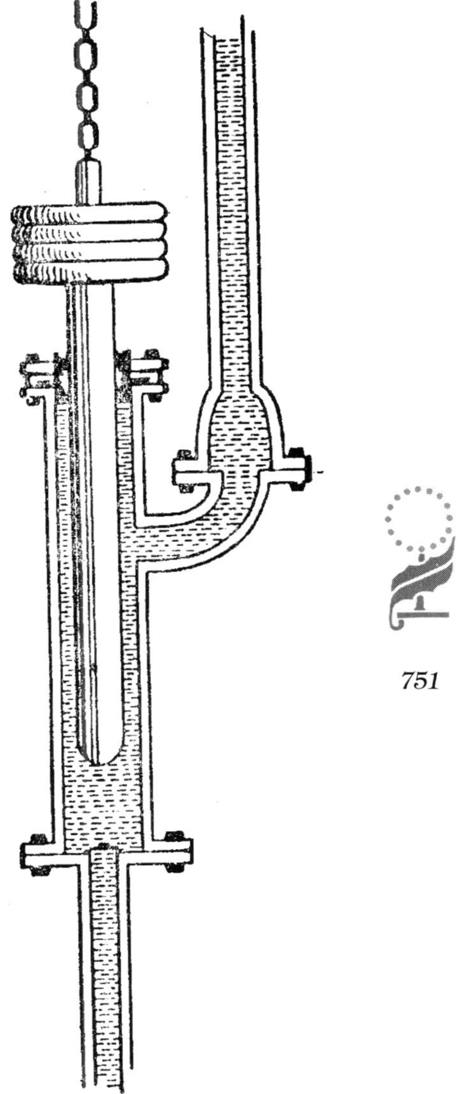

图276—莫兰的柱塞泵

贝利多对巴黎圣母大桥处的供水系统的描述,也体现了基本原理理解上和建造方法上的一般进步。1670年由若利装设的最早水轮和泵跟同时代在伦敦大桥的那些一样粗糙。著名的马利工厂建造者拉内坎曾改进了它们,但在1737年,它们被认为已经过时。贝尔纳·福雷·德·贝利多(1698—1761)在那年奉派去报道它们的状况(*Arch. Hyd.*, Part Ⅰ ,Vol. Ⅱ ,Book Ⅲ)。

圣母大桥供水系统当时的水轮,直径为20英尺,宽18英尺,因此,在尺寸上同贝顿描述的伦敦大桥那里的水轮很相仿。但是, 587

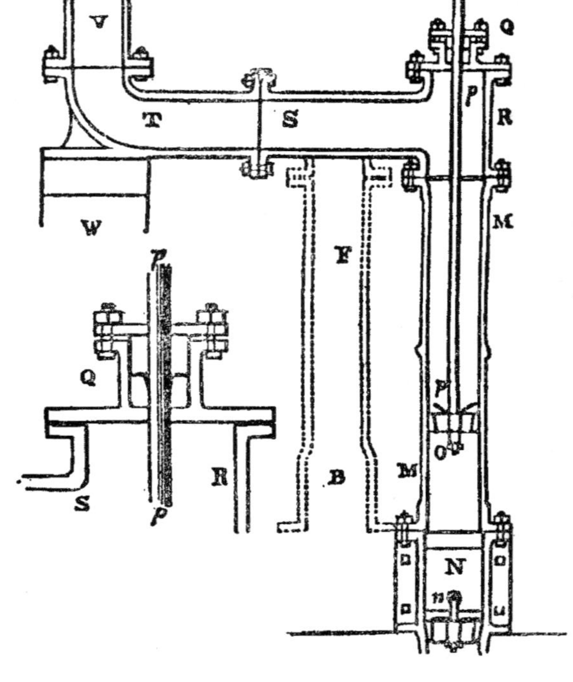

图 277—塞孔头泵

在塞纳河比较缓慢的水流中，它每分钟仅完成两转。贝利多提出，叶片数目应从六增加到八，速度增加到一分钟三转，而这意味着，叶片以三分之一的水流速度运动。他进行的计算表明了，如此可能产生多大动力。因之，他根据下列各点严厉批判了当时现有的泵：

(1) 阀室和通路的形状造成妨碍。

(2) 它们包含太多的直角转弯。

(3) 管道太小。直径 3 英寸的支管不可能令人满意地承担直径七、八英寸的圆筒放水；6 英寸的提升干管应当增加到至少 8 英寸。

把图 279 的旧阀门同图 280 的阀门作比较，就充分地表明，贝利多懂得不受限制的均匀水流的重要性。图 280 还表明了他设计的新活塞。

阿格里科拉在 1556 年描述的水轮的结构，直到十八世纪后半
588 期才发生明显变化，这期间欧勒(1750—54)、德帕西厄(1753)和斯米顿(1752—59)三人根据水力学原理对之作了批判修改。贝利多

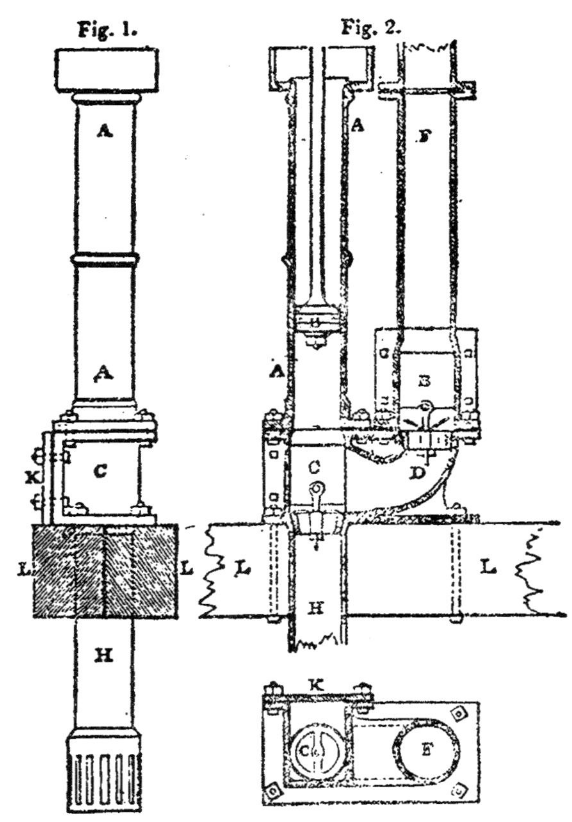

图 278—压力泵

(1737)和德扎古利埃(1744)在描述当时的实践时夹进了理论讨论和计算。但是,他们的理论非常含糊而又不精确,对设计不起作用。

贝利多提供了装设在图卢兹的一台正式叶轮机的图,这叶轮机依靠一垂直轴工作。不过,它的作用谈不上效率。欧勒提出了一个重大改良,即装设弯曲叶片,把水流引入这种水轮的转子,其进入角使水进入转子时没有相对沿周速度。但是,这思想没有产生直接结果。它充其量只能用于对通常结构的水轮作科学批判。但是,欧勒的机械经验尚不足以胜任这一任务。

斯米顿既是工匠、咨询工程师,又是科学家,而且是造诣很深的 589
科学家。因此,在致力于改良他设计和装配的机械的性能的同时,他还能对机械的性能做严格科学的考察。他亲手制作否则不可能得到的模型和设备,并按照实地经验和实验室实验批判流行理论。

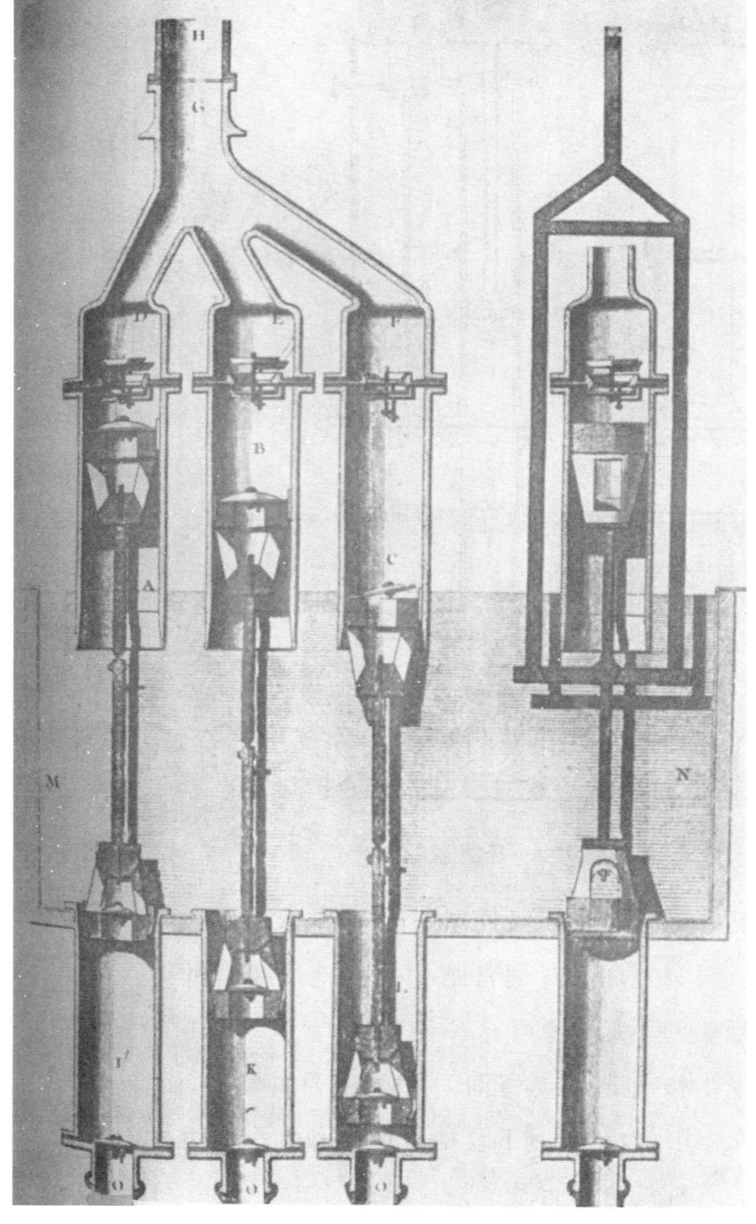

图 279—1739 年前巴黎供水系统的水泵

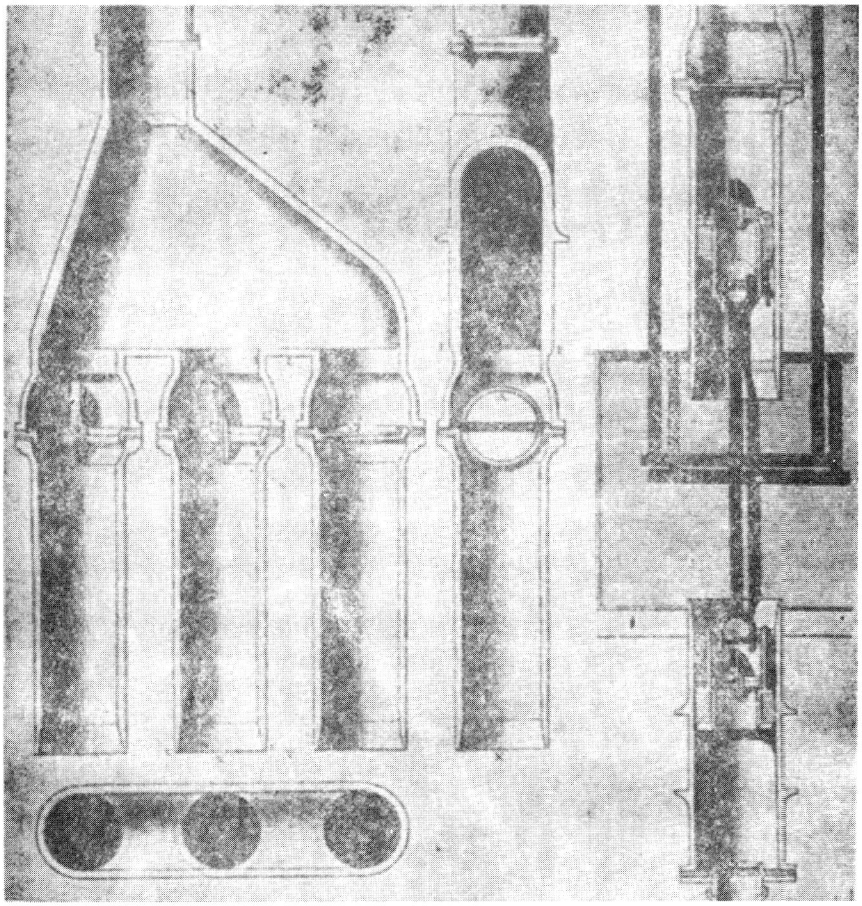

图 280—1739 年巴黎供水系统的水泵

1752 和 1753 年，斯米顿制作了水轮和风车机构，并利用它们获得了宝贵资料。他打算等到“有机会把由此得到的种种结论付诸实践，放到各种各样场合，用于各不相同的目的，以便能够向皇家学会保证，他感到它们已达致成功”的时候[像他于 1759 年 3 月 3 日宣读论文《关于水和风的自然力量的实验探索》(*Experimental Enquiry concerning the Natural Power of Water and Wind*)

时向皇家学会作的解释那样],再发表这些资料。

图 281—斯米顿的实验水轮

《实验探索》中描述的第一系列试验用图 281 和图 282 中所示的装置进行。水在被测水头之下经由一开口可变的闸排放,通过一台模型下射水轮(图 281)的叶片。这水头实际上保持恒定。借助一台容易经校正的泵加以测量的水流中,放有一根杆,其截面积膨胀到活塞面积的一半,使得在泵的上下冲程中水位升降相等。图 282 用特写示出的一个棘轮装置使水轮可同用于测量所产生动力的升降滑车相联接和脱离。

756 机械描述和测量的祸根在于所用术语的混乱。斯米顿的术语也不是理想的。但是,他谨防惯常的含混性。为此,他清晰地定义他的测量所利用的那些量。在斯米顿看来,“动力是强度、万有引力、冲量或压强的发挥,以便产生运动。”在数值上,它是所施加的重量和这重量在给定时间内降落的高度之乘

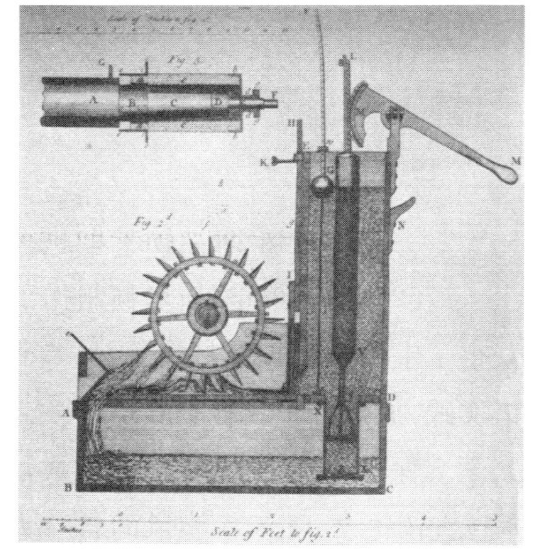

图 282—斯米顿的实验水轮(剖面)

积。在水力学中,这积成为在这给定时间内通过的水的重量乘以这水释放时的水头。每一所产生的动力都有相应的"效应",后者是所提升的重量(包括为克服摩擦所必需的重量)和在给定时间里提升的高度之积。

这些实验旨在弄清楚,在怎样的特定负载和速度之下这效应达致最大。采用了一种机巧的装置来测定冲击水轮的水的速度,避免了因注孔形状带来的复杂因素。水轮由在 R 处(图 281)的重物"驱动",并加以调整,直至转速保持固定不变,不管水流动与否。于是,水的速度和水轮叶片的速度相等,而这速度可以容易地计算出来。所施加的重量等于水轮的摩擦阻力,而这重量在正常试验运行时必须加于水轮所提升的重量,以便给出为计算"效应"所需要的重量。

令 P = 斯米顿的动力即这水在给定时间里消耗的功;

Q = 在这给定时间里通过这水轮的水的重量,根据水泵冲程数目计算得到;

H = 计算得到的水头 $= V^2/2g$;

W = 水的作用所提升的重量;

w = 克服摩擦所需要的重量;

h = W 在这给定时间里所提升到的高度;

E = 这动力在这给定时间里对负载产生的效应或者所做的功;

那么,$P = Q \cdot H$,以及 $E = (W + w)h$。

可以注意到,P 和 E 是在给定时间里所做的功的总数量。斯米顿没有利用"动力"概念作为"做功的速率"。

对于水头、水流和负载的不同值,做了七组实验。一份表格形

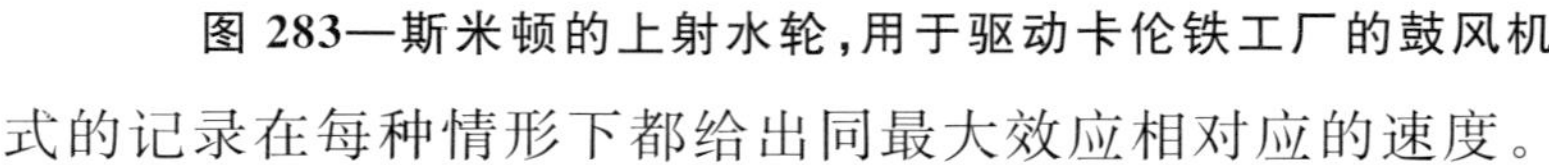

图 283—斯米顿的上射水轮，用于驱动卡伦铁工厂的鼓风机

758 式的记录在每种情形下都给出同最大效应相对应的速度。

在没有运动发生时，水轮受到最大“力”的作用。最大“效应”发生在水轮速度处于水速三分之一到二分之一之间的时候——前一个值相应于高速度，后一个值相应于大量水流。在最大效应上，效应约为“动力”的三分之一。

从这些实验结果，斯米顿引出以下几个结论：

H 近似等于实际水头，尤其对于大的注孔开口；

对于 H 的一个给定值，$E \propto Q \propto U$；

对于 Q 的一个给定值，$E \propto H \propto U^2$；

因此，对于一个给定的开口，$E \propto Q \cdot H \propto U \cdot U^2 \propto U^3$。

591 斯米顿的装置（见图 282）很容易适应于下射水轮应用。下面的注孔关闭，水道 fg 固定在其位置上。水轮的正面加以变换，棘

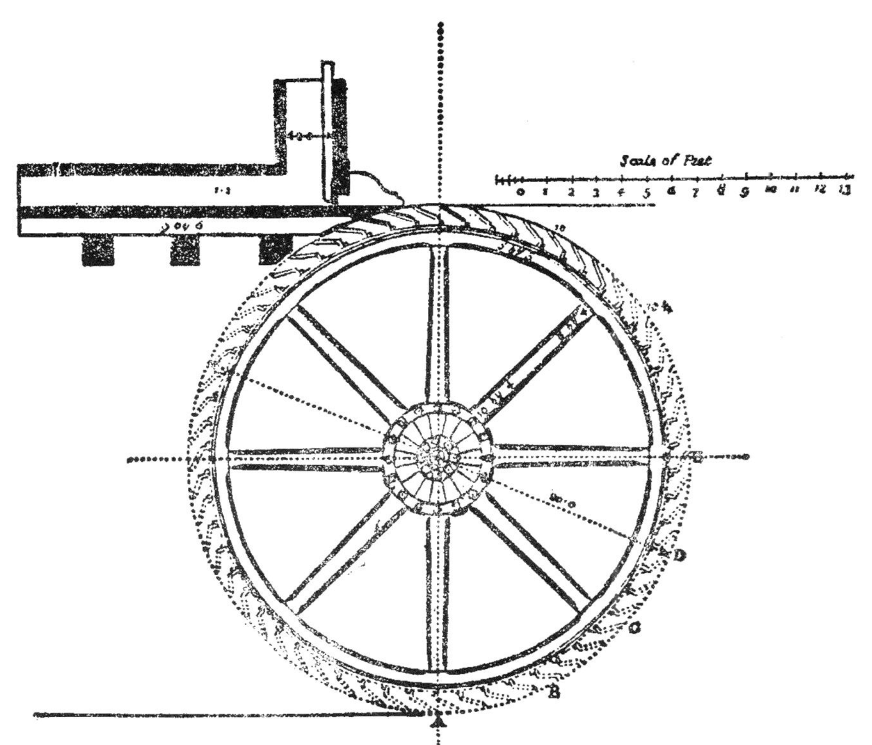

图 284—斯米顿的下射水轮

轮反向,轴升高,使叶片得以清除停滞在泄水道的水。像前面一样,对于每一种水头和开口,都做一组预备实验,以便确定给出最大效应的负载和速度。然后,把十六个这种最大效应场合的结果列成表,加以比较。当从最小水头到最大水头时,效应和动力之比从$\frac{3}{4}$变化到$\frac{1}{2}$,其平均值约为$\frac{2}{3}$,而在下射水轮的情形里为$\frac{1}{3}$。上 592
射水轮是一种依赖重力工作的反作用机械。由于依赖所传递的冲量,这种上射水轮因非弹性物体间碰撞而损失了潜藏在水头中的动力的一半。

如果效应对动力之比系相对于水轮本身的高度来取，则在几乎一切场合均可得到比最大为$\frac{4}{5}$，而相比之下，当考虑到所消耗的总水头时，比为$\frac{2}{3}$。水轮相对整个降落越高，效应也将越大。因水头超过为使水略高于水轮轮辋速度地流向水轮所需要的水头而产生的冲量，基本上由于水斜向进入叶片而耗费掉。轮辋速度越低，效应就越大。然而，实际上还是需要略高于每秒3英尺的速度，否则，水轮尺寸就变得太大。而且，由于这个缘故，对于很大的水轮，通常速度都相当高。

上射水轮的最大负载乃使水轮周沿的速度减小到其恰当值。低于每秒2英尺时，运动变得不平稳，无论模型试验和大水轮都如此。图283和284示出斯米顿后来的两种水轮，它们由罗巴克博士于1769年装设在卡伦铁工厂。

二、风车

由于认识到斯米顿概述的那些原理，水轮得到了改良，变得更为有效。十八世纪下半期，材料和工艺又有了改进。这种水轮阻碍了蒸汽动力的进步。实际上，空气蒸汽机本质上是一种泵抽装置，因此，斯米顿及其同时代人通常都通过利用蒸汽机提升水来驱动上射水轮，从而获得连续旋转运动。即使当旋转式蒸汽机已成为极其普遍采用的动力源的时候，在水充裕而煤稀罕的地方，就是在十九世纪晚期，水轮已最终在水轮机极高效率面前相形见绌，水轮仍然在建造和使用。

另一方面,在十八世纪里,风车在流行性、效率和精巧构造等方面都达于极致。但从此之后,风车便每况愈下。风车的起源是一个思辨和猜想的问题。总之,“柱式风车”似乎最早是在波罗的海沿岸出现的,这种形式风车延续了几个世纪,今天仍散见于各地(图 285)。

柱形风车的结构如下所述。装设了四个圬工墩,上面架设一对十字杆。立柱竖立在十字杆的交叉点上。这立柱是一根直径约 2 英尺的实心杆,由十字杆借助称为“方杆”的倾斜构件支撑。一根称为“冠杆”的坚牢旋转横杆设在立柱顶上,水车的上层结构则建筑在这横杆之上,构架和机械的重量由一个环承载,这环围绕方杆交叉点处的立柱。

图 285—柱式风车

图 286—塔式风车

动力取自一个大的嵌齿“闸轮”,后者围绕一根木“风轴”,此木 593
轴伸出风车建筑之外承载翼板。翼板由称为风车翼的锥形长木件支承，这些翼固定于比较坚牢的“座台”之上，后者榫接于风轴的凸出端。

借助一根长长的木尾杆，这种风车整个地转进风眼，所必需的动力由一个小的可携式绞盘施加，这绞盘捆绑在一根立柱上，这些立柱则适当地装设在一个围绕风车底座的环上。

一种较晚类型的结构示于“塔式风车”(图 286)。这种风车不是整个地转动，而是仅仅一个承载风轴和翼板的头转动，这头安装在一个滚柱环上，后者装设在一座圬工塔或木塔的顶上。这种支承方法使得能够达到很大的高度，使得风车更容易转动，并且开拓了风车动力的可能用途。

拉梅利于 1588 年在他的《各种人造机器》(*Diverse et Artificiose Machine*)中用图说明了柱式和塔式水车。各个荷兰著作家的著作，例如皮特尔·林德佩希的《建筑力学宝书》(*Architectura Mechanica of Moolenboek*)(1724 年)、《万宝全书》(*Groot Algemeen Moolenboek*)(1734 年)和 J. 范·齐尔的《万用机器舞台万宝全书》(*Theatrum Machinarum Universale of Groot Algemeen Moolenboek*)(1734 年)都用大幅工作图说明更加精致得多的机构。

这些示图不仅表明了风车的结构，而且还表明了它们所应用的机械以及用于安装它们的器械。铁用得很少。风轴在轮端处的轴颈部分地是一些铁杆，它们齐平面地沉埋在木轴之中。支承风轴翼板端的轴承是硬木或石头制成的。在远离翼板的那一端，一个活塞销兼起轴承和止推两种作用。这销是铁的，在一个铁轴颈中活动。铸铁耳轴是在十八世纪初引入的。斯米顿应用完全铁制

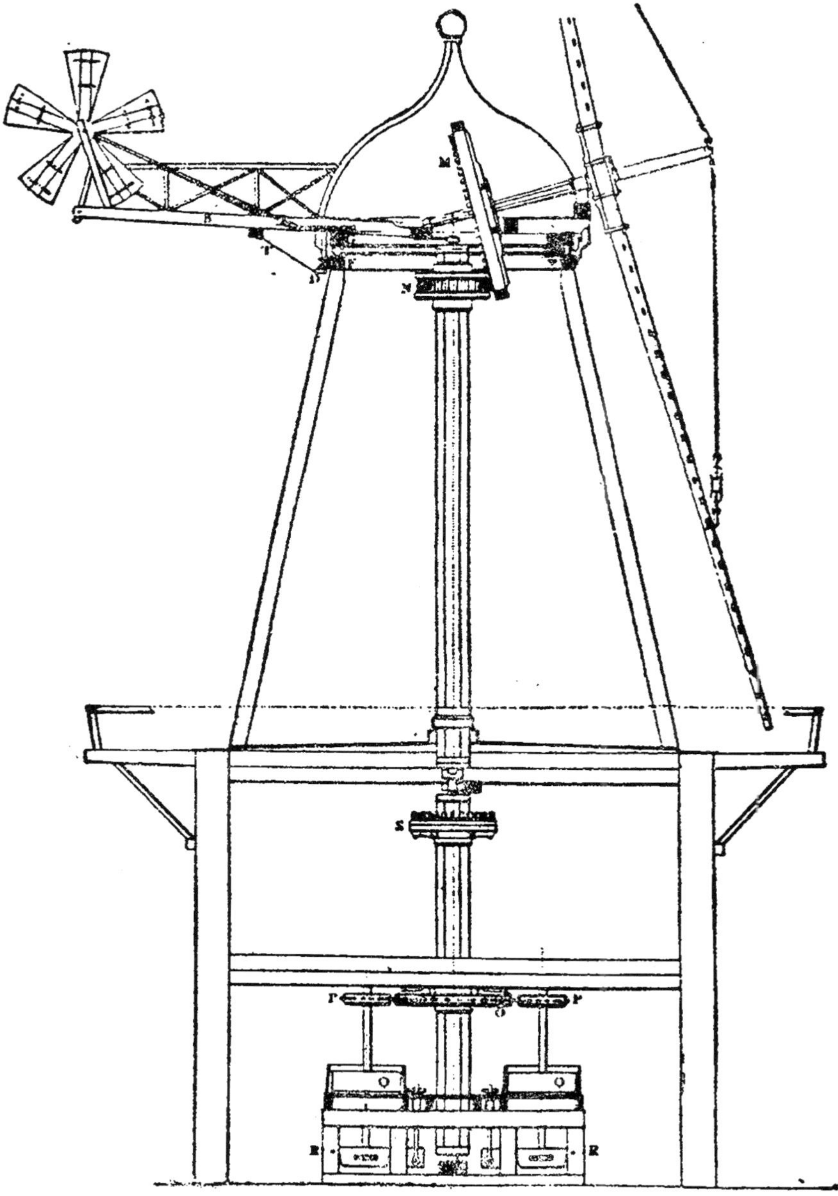

图 287—斯米顿的在纽卡斯尔的风车(1782 年)

594 的风轴，如同图 287 所示装设在泰因河畔纽卡斯尔的“烟囱式风车”那样。

驱动带木或铁绞盘头的“灯笼式”小齿轮的那些大齿轮，其硬木嵌齿的齿根据一种简单的约略估计方法确定。这些齿在节距圆以下的各齿面相互平行。在节距圆上面，它们被制成圆弧，其圆心在节距圆上，半径等于节距。这只能对一种尺寸齿轮和小齿轮给出接近恰当的啮合。

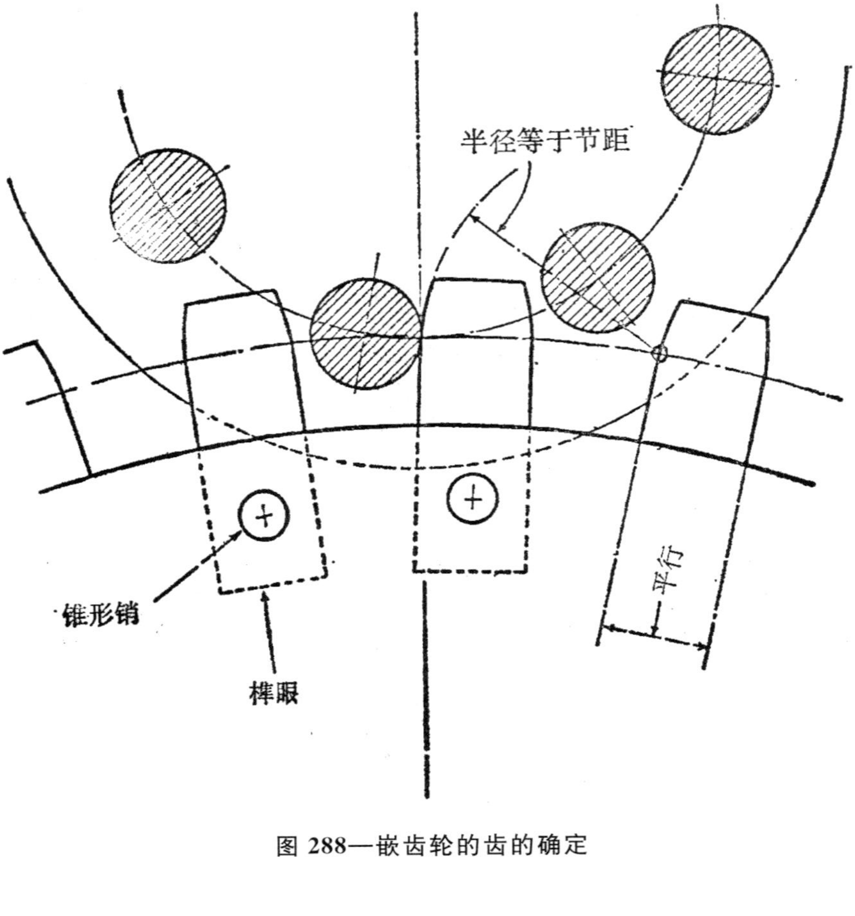

图 288—嵌齿轮的齿的确定

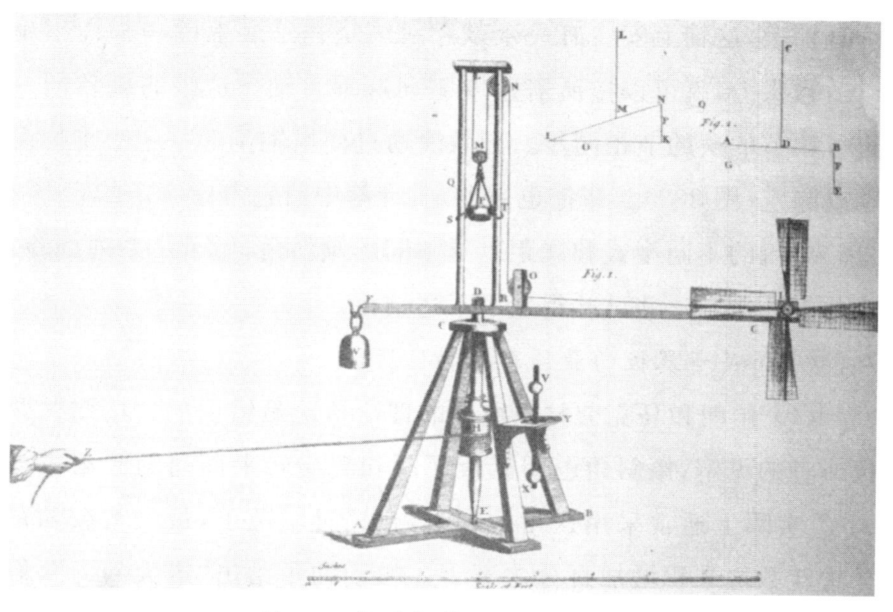

图 289—斯米顿的风车翼板模型

铸铁齿轮之用来取代木嵌齿和绞盘头,归功于斯米顿。他约在 1755 年引入这一改良。他还从荷兰引入把滚柱(这头在滚柱上旋转)安装在固定于一个环的销之上的做法,使滚柱保持正确间距,而又不让销承受重量。

如拉梅利(1588 年)所说明的,早期风车的翼板是长方形的, 595
被翼一分为二,在它们的全部长度上保持固定倾斜角。十八世纪的荷兰风车中,倾斜角同离轴的径向距离成比例地减小,从而使风和翼板表面保持恒定相对速度。

斯米顿似乎是最早以科学方式研究风车翼板设计问题的人。他的实验和结论的说明载于上面已提到过的《实验探索》之中。自然风很不一定,因此,无法用于实验目的。于是,斯米顿制造了人工风。为此,他把风车翼板安装在一根水平臂上,这臂固定在一根垂直轴上，这轴上安装有一个鼓。对缠绕在这鼓上的一根绳索施以适当张力，就可以按所需速度驱动这垂直轴。这轴的旋转同一个可调节的摆的节拍同步。其效应通过使风轴刮起一个小重物而加以测定(图 289)。摩擦也被测定，计算中给它考虑一定的容差。

对帆的不同型式和展距以及不同的倾斜角，做了一系列试验，总共十九次。这些试验得出了下述结论。

（一）关于翼板的最佳形式和位置：

（1）帕朗和马克劳林以往下的理论结论是错误的。按照这两
596 位作者的见解，倾斜角也即翼板平面和翼旋转平面间的倾角应为35°。实际上通常采用这角的一半，在这种情况下，最大负载和每分钟转数之乘积增加百分之五十。帕朗的角给出“最大的力”，但因速度太慢而无法做有用的工作。

（2）在理论上，倾斜角随着离风轴的径向距离增加而减小，将使整个翼板在向风侧呈凸表面。荷兰实际上最好的做法是让翼板以凹面对着风。实验表明，“当风吹到一凹面时，这整个面将获益，尽管每个部分分别来看并未得到最大好处。”

斯米顿对于代表翼板相对风轴的外径之各相继六分之一的那些位置，求得了最佳角度为 18°、19°、18°、16°、$12\frac{1}{2}$°和 7°。

（3）斯米顿最早的翼板是长方形的，这种翼板运动时跟随着翼。他给这些翼板的前沿增添一块三角形布，基底为原始翼板宽度的一半。这样，他扩大了这些翼板，使之面积增加百分之二十五。他发现，这种增加是有益的，但需要更大的倾斜角。

（二）空载风车翼板的速度和加载而产生最大动力时的速度

之比约为3∶2。

(三)最大负载等于恰使翼板停止的负载的六分之五。

(四)翼板的效应受下列诸法则支配:

(1)翼板速度∝风速。

(2)最大负载∝(风速)×(翼板速度),即∝风速^2。

(3)“效应”∝(最大负载)×(风速),即∝风速^3。

然而,如果负载恒定,则风车在风速增大时无法发挥其最大动力。实际上,“风车在顶着一个固定对立物起作用时,大大丧失其效应。”

(五)对于相同的风速,不同大小的类似翼板的性能受一种“比例效应”支配。

(1)由于翼板尖端的速度同风速成一定比率,所以,在给定时间里,转数必定随着极限半径的增加而成比例地减小。

(2)风产生的力∝半径^2。这力的杠杆臂∝半径。

因此,所产生的转矩∝半径^3。然而,由于转速∝半径的倒数,所以,作为转矩和给定时间内转数之乘积的效应仅相当于类似风车中的半径^2。

可以注意到(斯米顿未提出这一点),虽然风车的动力(斯米顿的效应)按半径的平方增加,但活动零件的重量将至少按半径的立方增加,而且,如果要提供同样的强度,则增加更甚。因此,一座个别风车的尺寸必定有一个经济上的界限。

斯米顿求得,在使用他的扩大翼板时,一座翼半径30英尺的风车的动力相当于 18 个人或 $3\frac{2}{3}$ 匹马的力量，当使用普通的荷兰翼板时，则相当于 10 个人或 2 匹马的力量。这么巨大的尺寸，却只得到很小的动力。这使风车不能同蒸汽机相匹敌，尽管风车运行成本很低，维护也简便。

安德鲁·米克尔(1719—1811)对风车的机构作了一些重大改良。米克尔是个有独创性的水车设计师、农场主和磨坊主，还是著名的脱粒机发明者和风车设计师约翰·伦尼(1761—1821)的师傅。

如上所述，1750 年以前，风车头用尾杆拖拉转动，而这在疾风中是十分吃力的工作。那年，米克尔引入了“扇尾”传动装置。安装了一座小的辅助风车，同主翼板相垂直。当主风车正确地调整好之后，辅助翼板便静止不动。然而，如果风向转变，辅助翼板便又活动起来，借助蜗轮一蜗杆和小齿轮一齿条机构，提供 3000 比 1 的减速，驱使风车头转动起来，直到主翼板吃足满风，这时，辅助翼板复又静止。如果风车自动地面向风，那么，阵风和狂风损害翼板的危险便大大增加。因此，米克尔在 1772 年作了调整，把翼板分成若干不均等开合的部分，开裂也受到控制，于是，过量的风便被自动“漏掉”。(参见 Arthur Titley: *Notes on Windmills*，载 *Trans. of the Newcomen*，*Society*，Vol. Ⅲ。)

威廉·丘比特对自动开合的百叶窗式翼板的应用作了改进，于 1807 年取得了专利权。米克尔的装置是一个安全阀。丘比特的装置是一个可调整的调节器。布翼板给出比较强力的驱动，但比“软百叶帘”式样更难控制。

虽然可调翼板调节了传动速度,但面粉机的成功工作要求调 598
整磨石间孔隙。在早期的风车中,这是用手工调节的。后来使用离心调速器。托马斯·米德(1787 年)和斯蒂芬·胡珀(1789 年)获得这种装置的专利权,但它在 1787 年之前已在应用。

三、回转质量的效率的测量

1776 年 4 月 25 日,斯米顿向皇家学会宣读了一篇论文:《为赋予始于静止态的重物体不同速度所必需利用的机械动力的数量和比例的一次实验考察》(*An Experimental Examination of the Quantity and proportion of Mechanic Power necessary to be employed in giving different degrees of velocity to Heavy Bodies from a State of Rest*)。这篇论文通常被同上面已提到过的 1759 年的《实验探索》相提并论。

斯米顿的《实验考察》没有给力学理论增添什么新东西。但是,它让人注意到,实干家和科学家头脑里都对功率、功、力、时间和距离等量之间关系存在混淆认识。伽利略的动力学一直沿着两条路线发展。牛顿第二定律把力定义为质量和单位时间里在其中引起的速度之乘积。这自然导致把所产生的运动的数量即动量,定义为质量和所获得速度之乘积。另一方面,惠更斯从力同它所作用的物体的运动距离的关系来考察力,因而认为,活劲即 $M \cdot V^2$ 是更合理的量度。

如果E=使物体移动距离 S 而做的功,

F=产生这运动的恒力,

M＝物体的质量，

V＝时间 t 中在这物体中引起的速度，

那么，$E=F\cdot S=\frac{1}{2}M\cdot V^2$，而冲量 $I=F\cdot t=M\cdot V$ 。

这两个陈述的无论哪一个都可从另一个推导出来。然而，其中一者尤其引起相当大的混淆。两个物体相碰撞时，其间的运动传递使这体系的总动量保持不变。但是，如果这两个物体不是完
599 全弹性的，则就有活劲的损失。甚至像德扎古利埃和贝利多这样的权威人物也在这个问题误入歧途。

德扎古利埃（*Experimental Philosophy*，Vol. II，p. 92）认为，这分歧是措辞上的争执。但是，他在把理论运用于工程计算时也走入歧途。他引用了安托万·帕朗（1666—1716）的话，大意是，当一个下射水轮的叶片以水速的**三分之一**运动时，这水轮能做最大的功。（斯米顿发现，当损失小时，这个数字接近二分之一。）这时，水的三分之二以同速度平方成正比的力驱动水轮，克服了那将完全阻止水轮转动的阻力的$\frac{4}{9}$。这力乘以水速的三分之一，便给出原始水头可供的功的$\frac{4}{27}$，作为可以预期的最大输出。

科林·马克劳林在他的《流数》（Art. 907，p. 728）中用微积分重复了这个帕朗—德扎古利埃论证，但未加批判。斯米顿在1751年开始做经典实验时，怀疑这些结论不精确，并证明，在最佳条件下，“效应”对“动力”的实际比大于三分之一。德扎古利埃也指出（*Exp. Phil.*，Vol. II，p. 532），“**根据他自己的经验**，一座制造精良的上射水轮［和一座下射水轮］在同样时间里磨同样多谷物，但用

的水少十倍”。同时，大量经验证实，斯米顿的实验证明了，效应-动力比在一座精良上射水轮中至少为三分之二，或者说是一座相当的下射水轮的两倍。

另一方面，贝利多(*Arch. Hyd.*，Vol. I，p. 286)和斯威策(*Hydrostatics and Hydraulics*，1729，Vol. II，p. 293)则认为，如利用相等的水量，则一座下射水轮将比一座上射水轮产生多六倍的效果。因此，德扎古利埃和贝利多两人各自对上射和下射水轮的相对价值的估计，相差竟然达 60 比 1 之巨！

贝利多关于风车翼板速度的见解同样也不可靠。他力主(*Arch. Hyd.*，Vol. II，p. 72)，风车翼板的形心应当以风速的三分之一沿其自己的圆圈行进。翼板形心以 20 英尺的半径划出 126 英尺的圆周。它通常一分钟行 20 圈。因此，它的运行速度为每分钟 2520 英尺。这速度的三倍约为一小时 80 英里，也即接近飓风的速度。

斯米顿认识到，在能够把工程实践同理论联系起来以前，还需要某种比同时代人所提供的更好的计算基础。他发明了一种装置，用它能够测定，为了赋予同一个物体不同速度，必须消耗多少“机械动力”。

两个铅圆筒(每个重 3 磅)安装在一根水平的圆柱形白杉杆
上，后者穿过一根垂直轴，这轴以一坚实的钢杯为支枢，由一外加 600
的重物驱动，中间借助一根绳索，后者缠绕在两个筒 M 和 N 之一个上，这两个筒在垂直轴上转动。M 的直径两倍于 N。主动重物以 1∶4 之比轮番施加于两个筒，回转质量处于整个可以得到的最大半径及其一半处。斯米顿根据观察推论，相等的机械动力在作

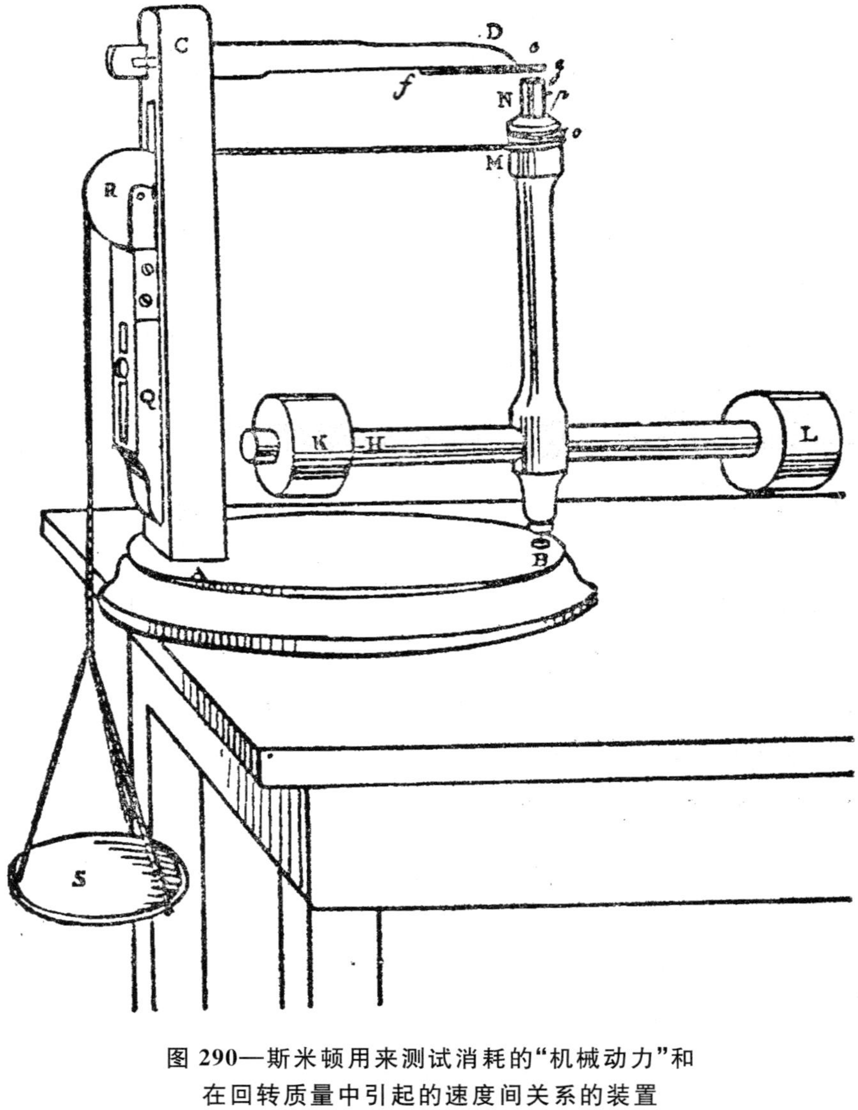

图 290—斯米顿用来测试消耗的“机械动力”和在回转质量中引起的速度间关系的装置

用于小筒时像作用于大筒时一样产生相等的效应，但产生这效应所花时间要长一倍。他还得出结论：

如果 P 是机械动力，

W 是所施加的重量，H 是它的降落，

V 是在时间 t 里赋予回转质量的速度，

那么，　　$P=W\cdot H\propto V^2$， 601

以及，V 既同 W 也同 t 成正比例：

$$V\propto W\cdot t。$$

无论这些质量在小的还是大的半径上回转，相等动力在它们中都引起相等速度。

于是，如果 M 是启动的质量，那么，

$W\cdot H=\frac{1}{2}MV^2=$进入该系统的能量，以及

$W\cdot t=MV=$进入该系统的动量。

然而，由于缺乏确定的单位和命名法，斯米顿未能阐明，他的实验已证明了，考察外加力所引起的运动的两种方式都是正确的。他满足于说，牛顿的追随者忽视了驱动力所必须行过的距离，而他们的对手没有考虑到产生效应所花的时间。他力主，通用量度应当是机械动力($W\cdot H$)，它由所产生的机械效应的总量来度量，而不管达致效应所花时间的长短。不管水流速度快慢如何，一定量的水在给定水头下总是磨那么多谷粒。

四、机床

及至 1700 年，同哈特曼·朔佩尔在 1568 年说明的状况相比，机械车间的配置和设备已经稍见进步。莫兰的柱塞泵也许要求空心黄铜铸件长 10 英尺、直径 10 英寸，并具有精确的圆柱形表面。

车削这种柱塞,需要比以往使用的更为重型的车床。不过,床身仍是一对坚牢的板条。加工粗坯用的手工具也和木工凿不同,差别不是在使用方法上,而在于截面更坚牢以及对于刀刃的刀面角不同。柱塞泵那时很少见,而且十分昂贵。这部分地是因为材料运往现场的运输费高昂。

纽可门引擎在原地建造。主要技工由最初从当木匠学会手艺的工匠担任。铁匠和管子工当助手。不过,指导操作的人是水车设计师,他们逐渐发展为工程师,在传统技艺上再增添使用冷錾和锉的技巧。机械仍主要用木材制造,用手锯,用斧修整。

英国最早的锯床是伦敦附近的一个荷兰人在1663年装配的。
602 但是,由于工匠深恶痛绝,它不久就被弃置。直到1767年,才有人重做了这种实验,那是一位伦敦木材商,他在工艺学会支持下,在莱姆豪斯附近安装了一座风车来驱动一组横割锯。这破坏了锯工的行业习惯和特权,结果引起了一场大骚乱,其间这座风车被捣毁。然而,当局这时说服人们相信,必须扩大应用机械。结果,骚乱者遭到惩罚,风车主得到赔偿,风车又重建起来,蒙准运行,不再受干扰(S. Smiles:*Industrial Biography*,1863,p. 165)。

新的大型制造工业的早期先驱之一是约翰·罗巴克博士(1718—94)。罗巴克最早受的是医学和化学的训练(他于1745年在伯明翰行过医)。在伯明翰期间,他发明了制造矾的铅室工艺。这导致他于1749年在普雷斯顿潘斯建立一座工厂。他还在这一地区开设了一家陶器厂。他同合伙人一起在1760年又在卡伦创设了苏格兰第一座铁工厂。这些工厂的工作包括熔化矿石以及制造枪炮和其他铸件。在附近的金内尔豪斯,为了研制詹姆斯·瓦

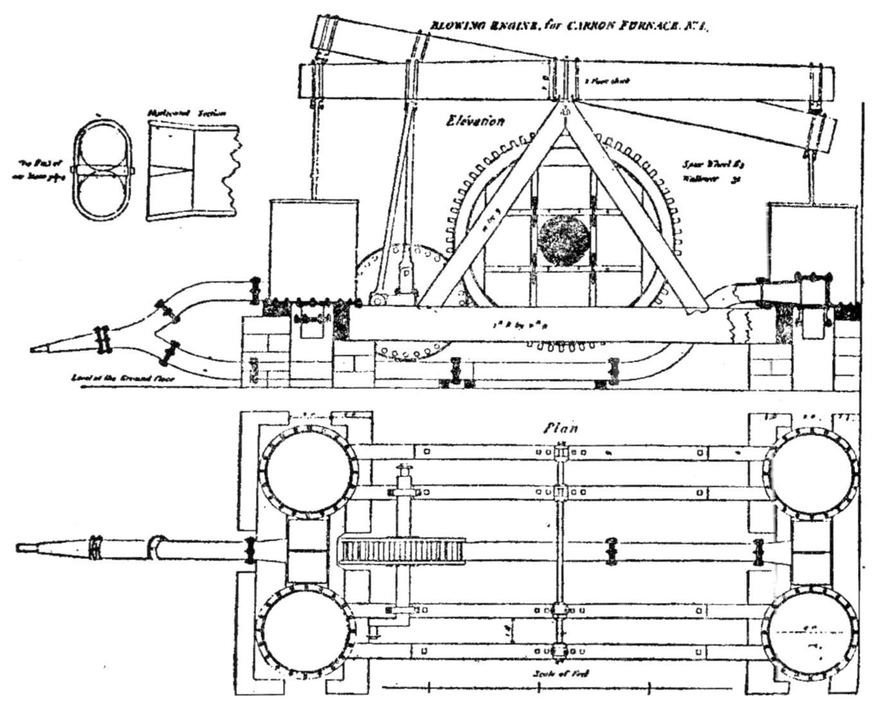

图 291—斯米顿为卡伦铁工厂建造的鼓风引擎(1)

上图中剖面的主动轴通过齿轮联接于一根带有两个外伸曲柄的轴,两曲柄操纵一对倾斜横杆。每根横杆的每一端操纵一个汽缸的活塞。当两个曲柄相互垂直时,四个汽缸轮番工作,从而提供连续鼓风。

特的发明,最早尝试按照罗巴克和瓦特取得的专利建造实际大小蒸汽机。

如此扩大应用铸铁,要求设计和装配用于生产铸铁和加工铸件的强大机械。斯米顿应邀担任顾问。作为给这个时期的鼓风炉供风所需要的那种机械的一个例子,图 291 和图 292(采自斯米顿 603
的 *Reports*, Vol. Ⅰ, p. 364 f.)示出 1769 年安装在卡伦铁工厂的鼓风引擎。机架和横杆仍是木质的。但是,汽缸和曲轴是铸铁的,

776

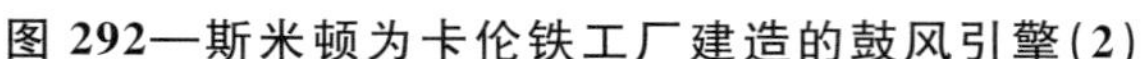

图 292—斯米顿为卡伦铁工厂建造的鼓风引擎(2)

示出四个并排汽缸，每一个都由一根公共四连曲轴通过它自己的横杆和连杆操纵。

因此，管件用得很多。

604 在镗缸过程中，铸件用链条拴在台车上，被链条和卷扬机拖拉

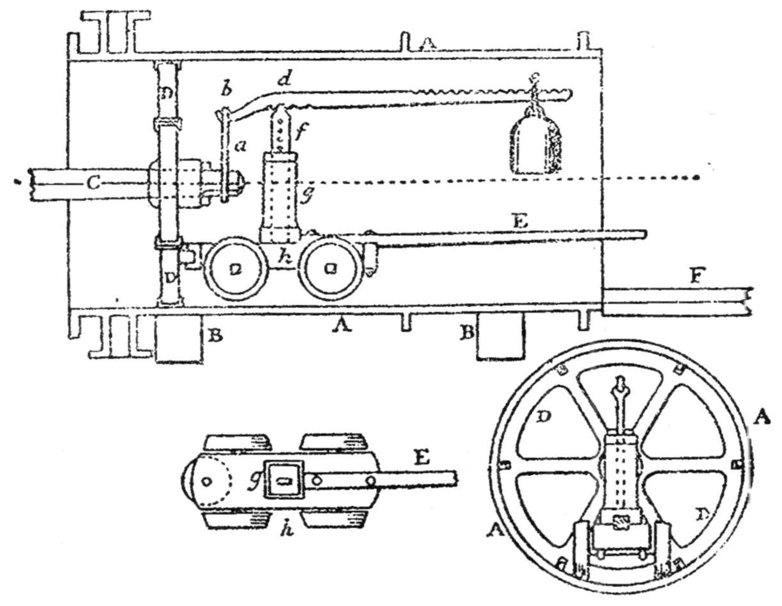

图 293—斯米顿的带支承的镗杆(采自 Farey:*Steam-Engine*)

而顶住一把刀具,其直径等于汽缸直径,安装在一根由水车驱动的轴上。另一方面,枪炮通常是旋转的,而不旋转的钻头尖则用一根手动螺杆进给。

镗床的重型镗刀盘倾向于从汽缸的底部而不是顶部排除金属。因此,随着汽缸转过一个直角,镗削重复三次。结果得到的不是精确圆柱形的表面,而铸件本身起导承的作用。原始铸件的任何不精确性都会带到已加工的工件上。斯米顿用来把镗杆的导端安装于小台车上的装置,仍然使铸件本身导引刀具的纵向运动。这些缺陷在纽可门引擎汽缸中造成的后果很小。但是,它们却导致斯米顿认为,瓦特的改良不切实际,应予拒弃,因为这些改良要求一种他认为不可能获得的工艺精确度。如我们在后面将可看到

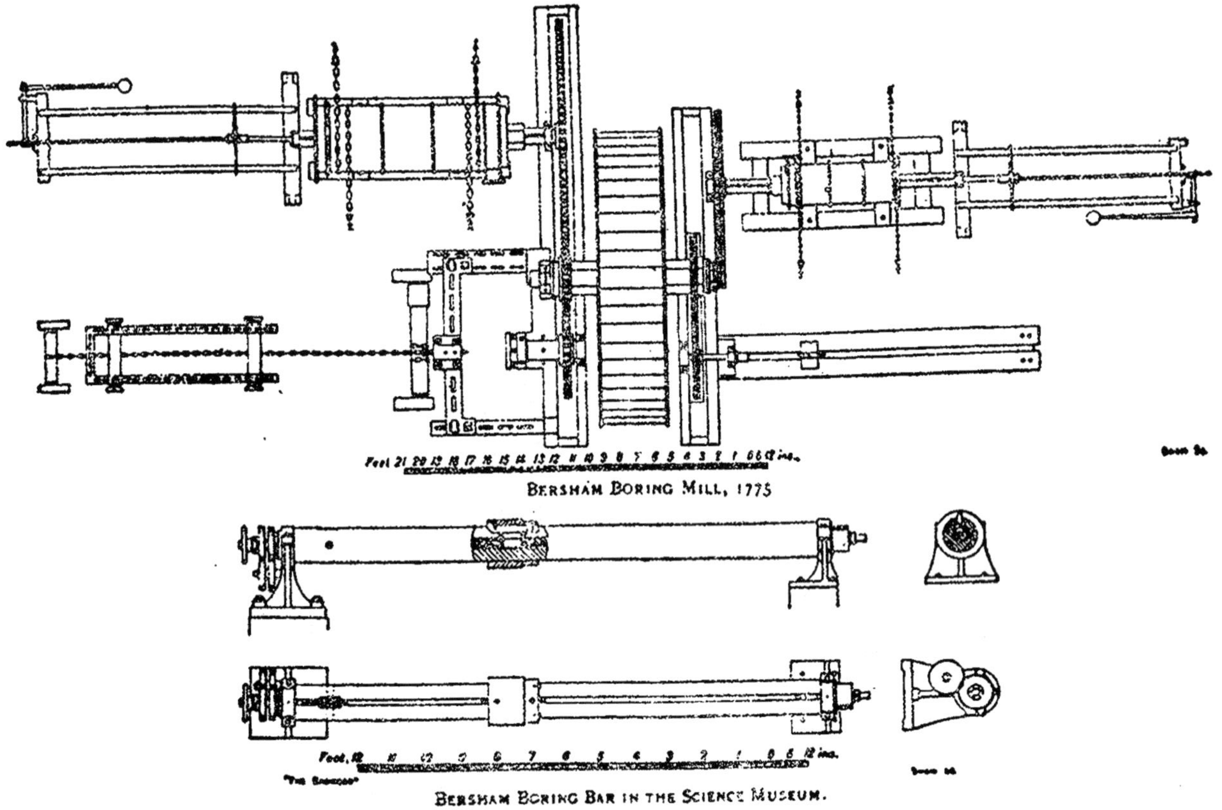

Feet 21 20 19 18 17 16 15 14 13 12 11 10 9 8 7 6 5 4 3 2 1 6 6 12 ins.

BERSHAM BORING MILL, 1775

Feet 12 11 10 9 8 7 6 5 4 3 2 1 6 6 12 ins.

BERSHAM BORING BAR IN THE SCIENCE MUSEUM.

图 **294**—（a）伯沙姆镗床，1775 年。（b）科学博物馆中的伯沙姆镗杆

的那样，瓦特的困难是由伯沙姆的约翰·威尔金森(1728—1808)解决的。威尔金森在1775年发明了一种空心圆筒形镗杆，两端都 606
安装在轴承上。威尔金森的镗床和他的镗杆(后来的式样)示于图294(采自 *Trans. of the Newcomen Soc.*, Vol. V, E. A. 福沃德在那里讨论了镗杆的发展)。

威尔金森的镗杆空心、带槽，直径为10或12英寸。一根实心杆沿管的中部向下行。这实心杆不旋转，但通过那驱动刀具旋转的外杆中的槽控制镗刀盘的纵向运动。一根加重杠杆和一个棘轮操纵一根带小齿轮的轴，它们借助实心杆末端固定于其上的一个滑动齿轮拖拉这实心杆，从而把回转刀具向固定的汽缸铸件进给。下部图中所示的螺杆据认为是后来改进的结果。

威尔金森的空心镗杆发明没有专利权保护。因此，达比于1780年在科尔布鲁克代尔仿造和安装了它。此后的不多几年里，又有三四个引擎制造家这样做过。另外，1795年在博尔顿和瓦特的索霍铁工厂也仿制过。威廉·默多克于1799年引入了一种蜗杆-蜗轮传动机构。螺杆进给据认为是利兹的马修·默里引入的。年轻的詹姆斯·瓦特于1802年在默里的著作里读到了它，于是，索霍厂便进行仿制。这种进给机构在许多年里一直被该厂奉为标准做法。

这些长螺杆的切削提出了一个难题。如果用锤和凿切削，再用锉刀抛光，那么，就要花费大量劳力，而且还要极其细心。然而，福沃德在上引的论文中，从T. 吉尔的《工艺和显微术之库》(*Technological and Microscopical Repository*)(1830年)中引用了一段论述，它说明了一个名叫安东尼·鲁宾逊的锻工约在1790

图 295—莫兹利

年给马修·博尔顿解释的一种方法。一台冲床需要一根直径6英寸、长7英尺的铁螺杆。鲁宾逊在划分螺纹时，在一张纸上画一些直线，纸的宽度恰好等于被车削的杆的圆周长。把这张纸围绕这根杆粘住，用针孔冲冲出这些线，再用一把锉刀把这些冲出的标记连接起来形成螺旋线，这时便可用手切割出最初几圈螺纹。然后，在一个放在这个带螺纹部分之上的

607 铁盒内铸造一个模板金属螺母。配以刀具，它便用作为给这杆其余部分切削螺纹的板牙。六个人用绞盘手柄提供动力。

机械的推广应用，成为十八世纪末年的一个标志。这种推广在很大程度上有赖于培训新型的机工，他们能够以必要的精确度加工金属。在这种培训中，约瑟夫·布拉默(1748—1814)和亨利·莫兹利(1771—1831)建立的工厂起着表率作用。(参见 S. Smies：*Industrial Biography*，p. 183 f.；以及 J. W. Roe：*English and American Tool Builders*，Yale，1916，Chs. Ⅰ—Ⅳ。)

约瑟夫·布拉默(1748—1814)原先一直干农活，直到十六岁那年因一次事故致使右踝伤残，遂不得不改行从事机动性不强的木工业。作为一个富有创造力的发明家，他不久便运用自己的技艺来研制许多有用的器械以及从机械上使它们臻于完善。他的第一项重要专利是1778年他那著名的抽水马桶，并于1783年作了

改进。1784 年,他获得了一种制拴锁的专利。他为此得到了一笔可观报酬,但这专利直到 1851 年才被一个名叫艾尔弗雷德·霍布斯的机工选中。在这过程中,这位极其有才干的机工为了制作一些灵巧的工具,不得不花费了不下 51 个工作小时。然而,这些带可互换零件的锁的制造,要求当时工匠还不具备的高度技能,也要求应用具有当时不可能达到的高精确度的机械器具。布拉默致力于发明和制造这种机械时,亨利·莫兹利是他的得力助手,当时莫兹利还是个 18 岁的小伙子。莫兹利在 19 岁时当上了布拉默的领班,帮助他设计水压机和其他机械。莫兹利只是到了 1797 年才离开布拉默,因为后者粗暴地拒绝他提出把工资增加到每周 30 先令以上的请求。

水压机的困难在于,如果衬垫非常密实,足以抵挡工作冲程中所使用的巨大压力,那么,当这压力释放之后,压头就不会返回。莫兹利建议利用皮杯,它仅当施加压力时紧紧地压住压头,而当压力释放时,便松掉。结果就解决了这个问题。这使这项发明获得了生利的成功。

图 296—塞·边沁爵士

布拉默后来的发明包括现在习见的啤酒机(1797 年)、木刨床(1802 年),在后一种机床中,几把刀具固定在一个水平圆盘上,就像端面铣床那样,而圆盘在一根垂直轴上旋转;以及英格兰银行长

608 期用来印钞票号码的那种机器(1806 年)。然而,他的久远影响与其说来源于他自己的大量卓越发明,还不如说来源于他在自己在皮姆利科的工厂里培养了一整代机工,他们的进一步发明把工程生产确立为这个国家的主要工业之一。

用机械大批生产工程产品方面的第一个重大步骤,是在塞缪尔·边沁爵士(1767—1831)的鼓动下作出的。他是更有名的杰里米·边沁的弟弟。受以海军部名义视察欧洲各港口的豪伯爵的委派,边沁假扮"效率工程师"掌管波将金在南俄罗斯的一家很大的但管理极不善的工厂。劳力十分充裕,但毫无技能。边沁认识到,只有在机械加工过程中养成技能,才能从这支劳力取得效益。他于 1791 年被封为爵士,在一次同土耳其人的海战以后就任准将,在那次战争中发生军舰史上第一次壳板起火。他于 1791 年返回英国,替木工机械申获专利权。他竭力把这种机械引入军舰修造所。

他的专利设计在 1793 年大大扩充。船舶部件的制造(海军部要求每年不少于 100000 个),更不用说易损零件的更换,令人赞赏地按他的目标进行。在自 1794 到 1812 年当海军监察长期间,他制订了一项使船舶部件的生产完全机械化的计划。

1800 年,边沁遇到了马克·伊桑巴尔·布律内尔(1769—1849)。布律内尔是法国流亡者,前海军军官。那时,边沁刚从美国回来,在美国时曾当过枪炮监制人。布律内尔也正在制定一项船舶部件制造计划,同边沁的相似。边沁目光敏锐,而且气度恢弘。因此,他看出并承认,布律内尔的计划比自己好。于是,他立即就采纳了它。亨利·莫兹利这时已经独立,应布律内尔的聘请建造了第一批样机。从 1800 到 1808 年,他一直忙于这项工作。他无疑致力于使具体设计臻于完善。总共包括 44 台机器,种类齐全;这些机床略经修改后,在木块用于给帆船装配帆的时期里一直被奉为标准。

1810 年,莫兹利同乔舒亚·菲尔德合伙,后者是海军部的制图员,曾在塞缪尔·边沁的部下服役。这家商号把机构开设在兰贝思,后来以“莫兹利—菲尔德公司”驰名世界。

亨利·莫兹利(1771—1831)的声誉主要来源于他划时代地发明了刀架车床,它带有精密的导螺杆和可互换的齿轮。

“极杠车床”是一种远古的器具。刀架在先前已有其他人提出 609
过,在《科学辞典》(*Dictionaire des Sciences*)(1772 年)里载有详细图示说明。贝松(1579 年)和其他人说明了,如何用一根螺杆导引其他螺杆的切削。列奥那多·达·芬奇描绘过几种类似装置。霍尔茨阿普费尔在他的《车削和机械操作》(*Turning and Mechanical Manipulation*)(1847 年)中引述了一系列给人深刻印象的机构,它们都是十八世纪里制造或描述的,用于在各种材料上机械制造圆柱面、螺纹以及复杂几何形状。不过,把装饰性车削装置转变成工程车间的工具,能够以前所未有的精确度车削重型机器零件,以致从此成为一切工程车间的主角,这业绩应当归功于亨利·莫兹利。

莫兹利第一台螺纹车床是在 1797 年制成的,其时他尚受雇于布拉默。首要的当务之急是获得一种精密导螺丝杆(图 297)。莫兹利使用一种大致适配于汽缸的新月状刀具。精确的螺距角用大的带刻度齿轮和切线螺杆定位。一个切螺纹工具跟刀具安装在同一个可调刀架上，它切割业已用导缺刻标定的螺纹。

图 297—莫兹利的原始螺纹车床

图 298—莫兹利后来的螺纹车床

莫兹利采取这种方法用木材和软金属制造了大量螺杆。他发现,用这种方法比用别的方法能够达到更高精确度。因此,他就选用了其中最佳者来生产他第一台刀架车床的导螺丝杆。

在 1797 年的车床里,刀架(带有一个同导螺丝杠啮合的螺母)在两根约 3 英尺长的平行三角形导杆上运行。导螺丝杆由固定的(右手)床头的心轴通过齿轮驱动,它使承载切螺纹工具的刀架的纵向移动同工件被心轴驱动时的转动同步。导杆确保,无论随转尾座可能在哪里夹紧,工具的路线总是和工件对准。

三年以后,莫兹利在他自己的车间里制造了图 298 所示那种
远为发达的机型。借助可互换的齿轮,一根导螺丝杆能够做到给 610
出宽广范围螺距。不久就发明了更大型的机床,车床也已能车削蒸汽机和其他机械所需要的重型零件。十九世纪初年,对这些机械的需求正与日俱增。一整系列机床——刨床、铣床和牛头刨床——也都由于复制平面和运用莫兹利的强力精密车床而成为可能。不过,这发展已属于十九世纪的历史。

蒸　汽　机

十八世纪机械工程最瞩目的成就是蒸汽机的发展。这段历史应当专辟一章。

611 # 第二十四章　技术

（七）蒸汽机

一、纽可门的空气蒸汽机

罗伯特·斯图尔特·米克尔姆于1824年在他的《描述蒸汽机史》(*Descriptive History of the Steam-Engine*)的序言中写道："我们现在已经不得而知，是谁散播这样的说法：〔蒸汽机的〕发明是科学历来奉献给人类的最贵重的礼物之一。事实是，科学或科学家在这件事上始终什么也没有做。诚然，在今天，理论家给任何机器或机构所做的那点工作并不比过去更形无益。然而，这发明是实际工作的机工——而且仅仅是他们作出的，也是他们加以改良和完善的。"

米克尔姆是为机工们写这本书的。这一事实也许使他偏执地下判断，提出了这一不无夸张的主张。但是，只要回想一下，在那1700年，水还被认为是一种元素，潜热尚属未知，关于燃烧的**燃素说**正在提出之际，蒸汽压或真空引擎除了实验模型之外，根本还没有进行任何科学研究，而甚至对这些模型的工作也还难下定论，那么，就可认识到，米克尔姆还是言之有理的。伍斯特侯爵二世声称制成了一种“全能的水控引擎”。但是,他的成就(如果有的话)早已被人遗忘了。只是在托马斯·萨弗里(1650—1715)和托马斯·纽可门(1663—1729)两人的工作中,蒸汽才真正有效地以商业规模实际用作为一种动力。萨弗里的蒸汽泵结果证明太危险,也不稳定,因此,无法应用于深矿井的排水。不过,它应用于装饰性的喷水装置,却获得了一定程度成功。它如供公共洪水业运用,则证明过于昂贵。

托马斯·纽可门和约翰·卡利(又名考利)共同发明了最早的**火力引擎**(即蒸汽机),以满足对相当可靠的机动泵的紧迫需要。纽可门是个小五金商和铁匠,卡利是个管子工和玻璃工,两人都是达特默思地方的人。纽可门可能没有受过什么科学训练。按照约翰·罗比森(1739—1805)的说法,约在1702年,他曾就帕潘关于 612
依据抽气机原理获得动力的思想同罗伯特·胡克通信。胡克写道:“如果你能在你的第二汽缸中造成快速真空,那你就大功告成了。”然而,人们曾一再试图核实罗比森持此说的根据,却至今未获成功。帕潘曾尝试或者至少曾提出把火药或者冷凝蒸汽应用于这种目的。但是,据说胡克认为,这整个计划是行不通的。然而,在此过程的这一部分,萨弗里取得了一定程度成功。纽可门和考利(他们的实验工作或许同萨弗里一样早)装配了一个蒸汽缸,安装在一个蜂房状锅炉之上,用一根短管和一个控制阀与之相连。汽缸备有一个活塞,活塞用链条悬挂于一根摇杆,后者的另一端向矿井里悬下泵杆。只有当压力略微超过大气压时,蒸汽才可进入汽缸,于是,承受泵杆重载的摇杆压倒活塞,使之停住。每次冲程结束,蒸汽隔绝。当活塞上表面上的大气迫使活塞返入汽缸时,冷水

注入汽缸冷凝蒸汽，于是，摇杆的运动逆转，工作冲程也就完成。

纽可门发明的功绩不在于发现了有关科学原理。因为，这一、二条原理简单而又平常：平衡的组合；蒸汽冷凝产生真空；以及活塞在汽缸中作用。他应得的声誉维系于他的技能和才智。他凭借这些，根据这几条简单原理，利用原始工具，花费使用生疏材料和器具时所必须付出的体力，制造出了一种设备，它成功地完成了繁重工作，而以往试用的动力都已证明无法胜任这类工作。这样，纽可门便解决了深矿井排水这个紧迫问题。

这些发明者进行的实验工作没有留传下来什么记录。纽可门死后不久，许多传奇性传说流传了开来。他孩子似地摆弄一个煮锅。偶然发现，当处于活塞之上而形成一种密封的水漏入汽缸时，喷射极大地加速。由一个小孩用所配备的一根绳子操纵喷射阀，而这小孩与其说在照看引擎，还不如说在玩耍。关于这个问题的记载，大都重复这些传说。这些传说至今未得到第一手证据支持。不管怎样，它们肯定无损于纽可门的发明和改造能力。此外，最近发现了一些佚失已久的图版，它们表明了纽可门引擎最早商业机型的全自动控制和内喷射机构（见图 299）。

纽可门引擎的阀动装置在蒸汽之成功应用于动力生产上起了极端关键的作用，它的发明是得以认定纽可门应算做真正蒸汽机之父的一个决定性因素。因此，这里必须对这一机构作些说明。
613 图 300（采自 C. O. Becker 和 A. Titley 的论文 *The Valve Gear of Necomen's Éngine*，载 *Trans. of the Newcomen Soc.*，Vol. Ⅹ，p. 6）表明，根据巴尼 1719 年的原始图样重建的蒂普顿（达德利堡）引擎的控制装置。4是汽缸；7是吸气管，其中的水流由标为17的

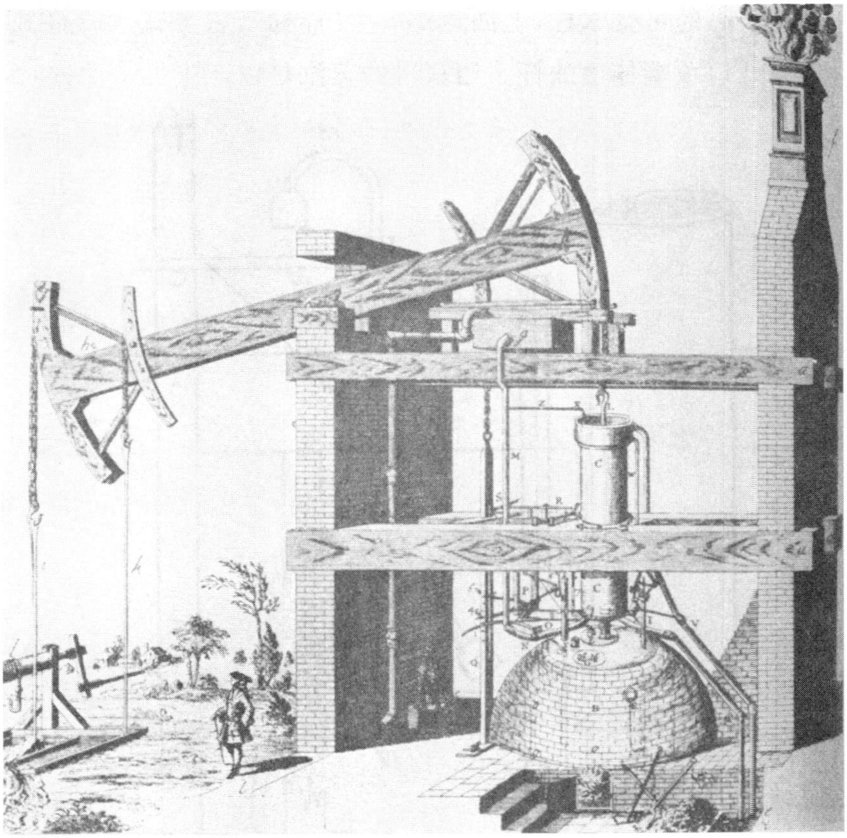

图 **299—贝顿的纽可门引擎图(1717 年)**

阀控制,后者由一把标为 16 的 F 形“扳手”操纵。在图示的位置,汽缸在外冲程结束时充满蒸汽。蒸汽由“柱杆”上一条腿 12(它悬吊于横杆)切断,这腿打击“Y”扳手(未示出)的上肢,后者操纵蒸汽阀即“调节器”。

那些早期的引擎都装备小锅炉,一个全蒸汽缸使这种锅炉暂时排气,并且直到压力恢复之前,一直保持这种状况。5 是一根两端开口的管子,底端沉在锅炉水面之下。因此,这管子包含一个也

许几英尺高的可变水柱，上面飘浮一个“浮标”，它带有一根如图所示从其开口顶端伸出的杆。当获得的蒸汽足以产生另一冲程时，

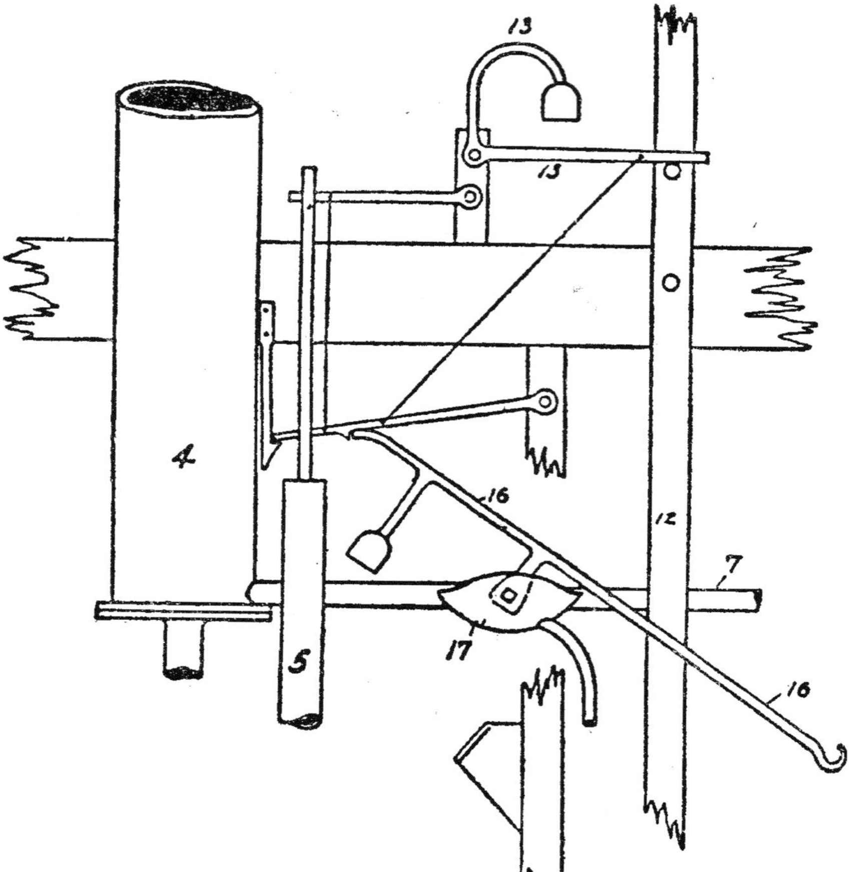

图 300—在蒂普顿的纽可门引擎的阀动装置(1712 年)

浮标杆及其附带绳索使短杆升起，短杆上的一个棘爪使“F”保持
614 图示位置。于是，“F”上的平衡块操纵这构件，使喷射阀打开；汽缸中的蒸汽冷凝，活塞降落到外部大气压之下；塞杆 12 随着横杆摇动而降低；塞杆上的一条腿使“F”翻转，后者被棘爪挡住，保持

在关闭阀门的位置。塞杆上的另一条腿打击“Y”的下肢，让蒸汽进入汽缸。活塞上升，工作冲程完成，阀动装置回复图示的位置。于是，工作速率自动地受蒸汽提升速率控制。

迄此尚未提及杆 13 以及把它同制动“F”的棘爪相连的“陶绳”。这也许是装设大锅炉时增添的，以便能够提供连续的蒸汽供给。这使塞杆能够在向外冲程结束时马上就促使喷射，元需等待浮标起作用。在后来的引擎中，浮标省去，“陶绳”代之以杠杆。

除了各种杠杆、解扣装置和绳索之外，纽可门引擎还需要一个广布的管道系。空气和冷凝水必须引离汽缸的底部——空气通过一个加载的“喷气阀”，冷凝水由一根管子导入一个比吸头大的、在汽缸下面根深处的贮槽。水流入汽缸顶部而形成水封；在活塞冲程开始时，由此而来的热的溢流向锅炉提供进给水。考利对这发明所作贡献，可能就在于管道系所需要的管子工作。考利死于1725 年。

人们一再说，纽可门于 1705 年为他的发明获得了专利权。“在伦敦档案局甚至未能查找到以他名义提出的专利权请求书”(Rhys Jenkins，载 *Trans. of the Newcome Soc.*，Vol. Ⅳ，p. 118)。他最早的引擎制造实验究竟是在哪里进行的，现在肯定还不得而知。

1711 年曾尝试(或建议)从沃里克郡产煤区在格里夫地方的一处煤坑汲水，但没有成功。第一台令人满意的引擎看来于 1712 615
年装设在从达德利堡可以望见的蒂普顿地方或其附近。1876 年，在伯明翰发现了 T. 巴尼在 1719 年绘制的这种引擎的图版。格里夫的亨利·贝顿绘制的一幅图版更早，是在 1717 年。它示出的实际上可能就是格里夫引擎，后者约从1715年起顺利运行。这幅图版是在牛津大学武斯特学院图书馆发现的，纽可门学会把它复制于该会的《学报》(*Transactions*)第四卷(见图299)。这两幅图均示出自动阀动装置和内喷射。不过，这机构在原始装配之后，可能又增加了多少东西，则不得而知。

在1716年之前，消耗可能一直超过利润。那年以后，由于纽可门没有专利权，因此，夸利权税大概趋于使获得萨弗里专利权(它们依法包括纽可门的发明)的城市商人致富。纽可门不得不建立一家公司来开发蒸汽机。1716年，这家公司宣布，蒸汽机已在斯塔福德、沃里克、康沃尔和弗林特等郡运行。不久以后，考利在利兹附近的奥斯索普地方装设了一台引擎，它点燃了斯米顿的青春的想象力。1717和1718年间，亨利·贝顿这位勘测师和雕刻师把注意力转向引擎制造，并在纽卡斯尔安装了一台引擎。

792

德扎古利埃把安全阀和内喷射都运用于他在1717和1718年间安装的七台萨弗里式引擎。

十八世纪二十年代里，国外装设了好几台英国造引擎。洛伊波尔德在他的《水力机械舞台》(*Theatrum Machinarum Hydraulicarum*)(1725年，Vol. Ⅱ，p. 94)中用图说明了1722年装设在柯尼斯堡的引擎。贝利多也用图说明了1726年另一台装设在贡德附近的弗雷纳地方的引擎。马唐·特里厄瓦尔(1691—1747)在他的《空气蒸汽机简述》(*Short Description of the Atmospheric Engine*)(1734年)(1928年纽可门学会译)中，用图说明了一台他装设在丹尼莫拉的引擎。后来的建造者做了许多小改良。但是，锅炉的装配仍一直引起麻烦。如果汽缸直接建造在锅炉之上，那么，整个砖圬工将会逐渐瓦解。如果用一根独立管子把它们连接起来，那么，这些接头便需要经常维修。泄漏的阀和活塞使运行不稳定。直到1769年，才由斯米顿把统计方法和实验方法用于解决这一问题，各零件的正确相对比例才有了判据。1718年，一台纽可门引擎和锅炉每耗费一英担煤所做的"功"，即在泵抽中所完成的 616
英尺磅数目仅为430万。斯米顿在1767年获得740万的"功"，1774年获得1250万的"功"。

斯米顿按照他研究水轮和风车的工作时所采取的路线来研制蒸汽机。

1767年，他应邀改良一台属于新河公司的引擎的工作。他作了一些经验性的调节。但是，他不满意原始设计，并认识到，还没有令人满意的数据，可据以确定零件的比例以及计算一台给定引擎所应能产生的功率。1769年，他在奥斯索普建造了一台实验引擎，带有一个直径10英寸、冲程3英尺2英寸的汽缸，以便进行一系列试验。他在为期四年的时间里完成了这些试验。

他计算的性能包括所发挥的机械功率和消耗每蒲式耳煤所产生的功率。这台引擎被调到良好的工作状况，在这种状态下细心进行试验。然后，逐个考察调整和运行中的每一重要因素，为此，他极其小心地一次只让一个因素起变化。

斯米顿的第一个目标是判定控制炉火的最佳模式。当稀薄的、清晰的火均匀地散布在炉栅上时，他得到了最佳结果。然后，他估量相对锅炉下侧提高和降低炉栅时的效应。这导致斯米顿指责通常的习惯做法，即用一个大壁炉，中央堆满煤，熊熊燃烧，而周围仍是冷的。另外，常见的壁炉在中央还过于隆起。

蒸汽管和调节阀通常都太小。当纽可门的浮标装置代之以机械的阀动装置时,必须在横杆的泵侧装备一个衡重块,以便从锅炉吸出蒸汽。喷射储水器常常位置太低,不能使水有足够的速度。斯米顿发现,把空气连同蒸汽一起接纳是有利的。空气收集在汽缸边缘,在那里冷凝最迅速,并形成对剩余蒸汽的一种部分保护。他求出,由于冷凝而损失的蒸汽是推动活塞的蒸汽的 $2\frac{3}{4}$倍。

在调整好细节之后,斯米顿改变负载,增加或减小水提升的高度,方法是在垂直输送管顶端添加或撤除短的管段(它们直接在泵筒上升起)。

1772 年,130 次实验的结果列成一张表,对于 1 到 78 匹马力给出最佳汽缸直径、冲程、每分钟冲程数目、锅炉尺寸、喷射水、进给水和煤耗(参见 Fare:*Steam-Engine*,p. 183)。

在获得了可靠数据之后,斯米顿感到有信心去制造尺寸和功率空前大的引擎。1772 年,他为朗本顿制造了一台,直径 52 英寸,为克龙镇造了一台,直径 66 英寸;1774 年,为查斯沃特造了一台,直径 72 英寸。查斯沃特汽缸适用于 $9\frac{1}{2}$英尺活塞冲程,重 $6\frac{1}{2}$吨。为了维持这个硕大汽缸的蒸汽供给,需要三个锅炉,每个直径为 15 英尺,因为斯米顿还无法建造单一足够大小的锅炉。所
617 产生的马力根据计算为 $76\frac{1}{2}$匹。

为了把这功率从汽缸传递到泵,采用一根组合的横杆,它由二十根冷杉大木组成,十根一列,并排两行,牢牢地拴在一起,构成 6

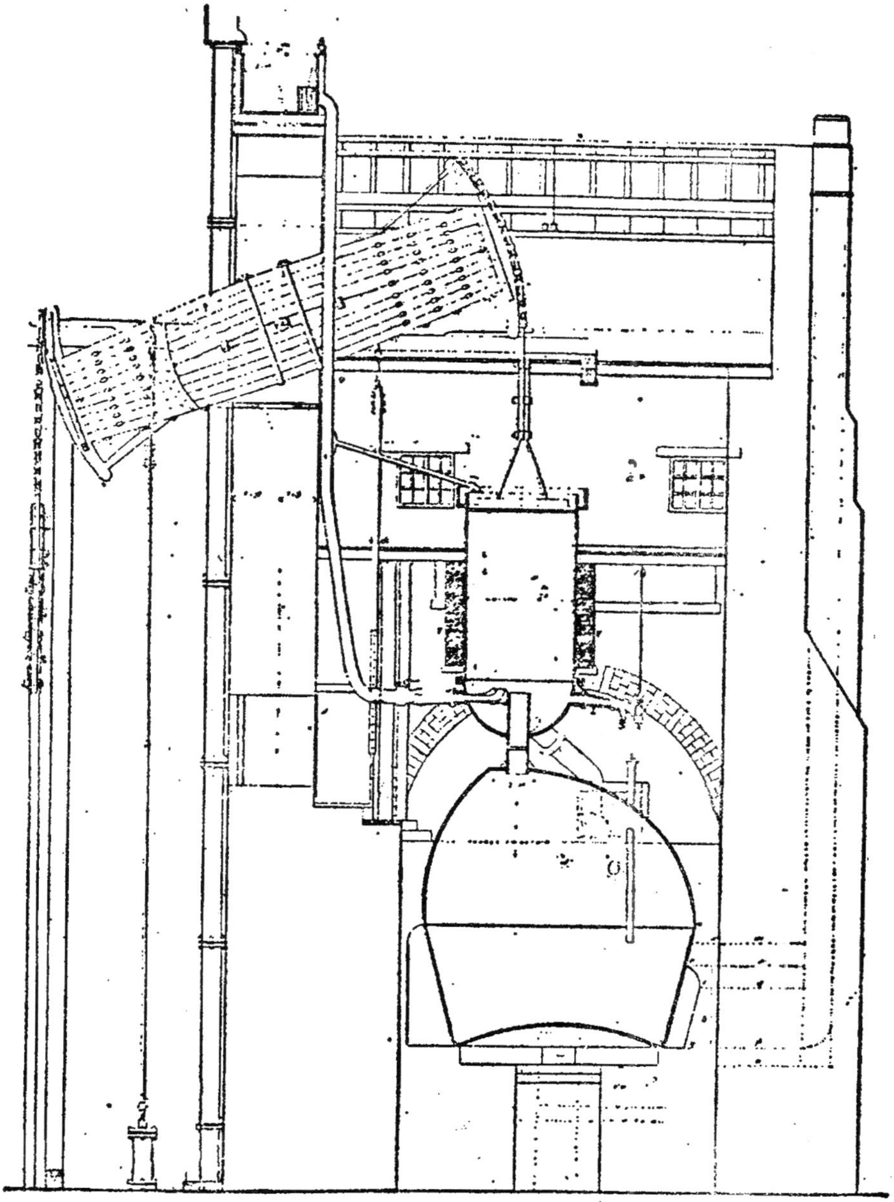

图 301—在查斯沃特的斯米顿引擎(1774 年)

618 英尺深、2 英尺宽的木件。它围绕一根直径 $8\frac{1}{2}$ 英寸的轴摇动。详如图 301 所示。

纽可门式引擎在十八世纪末之前一直在使用，甚至还在制造。然而，詹姆斯·瓦特的单独凝汽器这个革命性发明，使纽可门式引擎的甚至最佳性能也相形见绌，并使“功”增加两倍。

二、瓦特的单独凝汽器

十八世纪中叶，大约有好几百台纽可门式引擎在英格兰北部和中部地区、康沃尔和外国服务，尽管费用高昂。然而，它们在燃料消耗上浪费实在太大。因此，甚至在布林德利和斯米顿引入改良之后，它们的应用仍局限于蕴藏丰富低品位且几乎没有销路的煤的煤矿，以及产量极其丰富，以致花任何代价清除巷道积水都值得的金属矿，作为提水工具。如果能够显著地提高工作效率，那么，就将为动力的推广应用开辟广阔天地。许多发明者纷纷致力于利用这一机会。这些蒸汽机改良者中间，首屈一指的是詹姆斯·瓦特。

图 302—瓦特

瓦特并没有受过工程师的训练。他年轻时学的是仪器制造。

他最初注意蒸汽动力问 619
题，是在 1763 年，那年他应邀修理属于格拉斯哥大学的一具纽可门引擎模型。他成功地使这模型工作起来。但是，他对所产生的蒸汽量之大和工作汽缸尺寸之小，两相悬殊，感到吃惊。他同当时在格拉斯哥大学求学的约翰·罗比森和业已完成了导致发现潜热的研究工作的约瑟夫·布莱克一起，讨论了蒸汽性质的问题。在这以后，他试图找出导致这种严重损失的症结所在，可能的话则消除它们。他很快认识到，所喷射的大量水使蒸汽冷凝，从而产生真空，并使汽缸冷却。

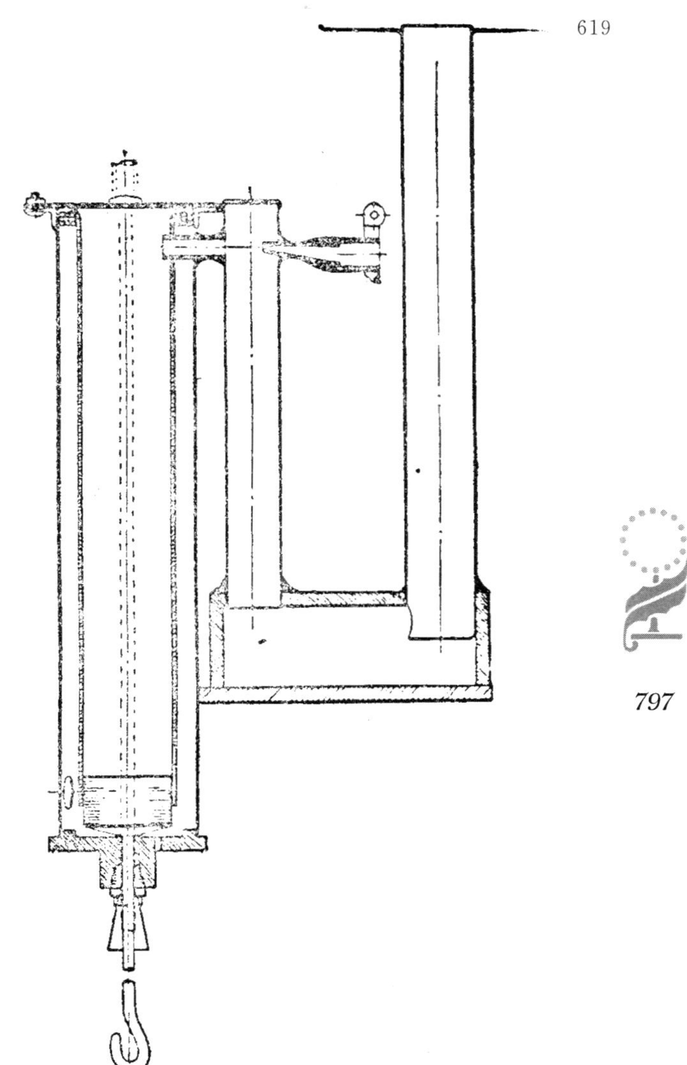

图 303—瓦特的单独凝汽引擎的实验模型的剖面图(经修复)

他还认识到，接着充入的新汽首先对汽缸重新加热，这样，因冷凝 620
造成体积和压强方面大大损失。然而，他对这个问题钻研了两年之后才领悟到，解决办法在于在一个单独容器中冷凝蒸汽，这容器总是冷的，并藉助一台抽气机保持真空，而工作汽缸则利用一个汽套使之保持暖热。一具实验模型工作十分良好，于是，他确信，这种方法值得大规模地试验。（见图 303）

从小模型迈向大引擎这一步立即引起三个严重困难。精密工具尚未发明；技能娴熟的机工助手找不到；无力购置材料、工具，也无力雇佣劳力。此外，瓦特在 1765 年又结婚了。为了养家糊口，他不得不从事勘测工作和运河规划工作。他体格并不强壮，因此，在这吃力的户外工作之余，他再没有时间和精力从事蒸汽机实验。实际上，要不是那年由于布莱克博士的介绍，他受到卡伦铁工厂约翰·罗巴克博士注意，他本来会由于开发能力不足而放弃这个念头。

罗巴克需要一种强力而又经济的泵抽设备，用来从他正在巴勒斯通斯开发的煤矿提水。在同瓦特通信之后，他于 1767 年对瓦特的模型和图样十分满意。因此，他同意合伙为这种新蒸汽机申获专利权，并愿出资三分之二。鉴于合伙关系，他承担了瓦特的债务（总计 1000 英镑，主要欠布莱克博士），并让瓦特支配卡伦铁工厂的设备。这项专利权于 1769 年获得。

然而，由于工艺低劣，瓦特的发明仍未成功。甚至锤打而成的锡块汽缸也严重漏水，以致令人满意的真空终成泡影。及至 1773 年，罗巴克的煤矿仍没有改良的泵和引擎。他的事业陷于严重窘困，因而在资产上放弃了他在瓦特单独凝汽器式蒸汽机专利权上拥有的三分之二股份。这些股权的购买者是伯明翰的马修·博尔顿（1728—1809）。倒运的金尼尔模型在拆卸后，被运到伯明翰的索霍。1775 年,瓦特仿制了他的模型。那年,为期已届六年但除了失望、破费和忧虑之外一无所获的专利权,经议会允准延长 25 年。博尔顿和瓦特达成一项正式协议来承担这个时期。

第一台为销售而制造的蒸汽机是伯沙姆铁器制造商约翰・威尔金森定制的。他的镗杆终于能够制造其准确度足以获得必需真空的汽缸。1777 年,建造了一台引擎,供两位合伙人自己用于在伯明翰索霍地方的新工厂,还另造了一台用于康沃尔。

图 304—博尔顿

图 305—默多克

1777 年,时年 23 岁的威廉・默多克(1754—1839)受雇于博尔顿和瓦特。从 1779 年到 1798 年,默多克一直在康沃尔工作,那里成为这种新式蒸汽机的主要市场。1780 年,供欧洲大陆使用的第一台瓦特蒸汽机制成并装运。当时有 40 台瓦特蒸汽机在英国工作——其中有 20 台在康沃尔。那年,还围绕这项专利权被违反的问题,开始发生了一系列困难和争执。瓦特生性懦弱、悲观,不喜欢生意经，总是更关心他的最新改良和发明的发展，而不是它们的商业利用。要不是在生意合伙人上交好运，瓦特本来也会像科特、特里维西克和其他许多发明天才一样，很可能在为他人的财富奠定基础之后穷困潦倒。博尔顿提供了瓦特所缺乏的活力、达观、机智和坚毅。博尔顿给常常陷于沮丧的瓦特以安慰，替他解脱一切实际财务风险，始终正直乃至慷慨地待他。

621 三、瓦特的旋转式蒸汽机

直到 1780 年，蒸汽机业务仍证明代价太昂贵，使博尔顿不堪负担，瓦特也心力交瘁。收益就是所节约的耗煤费用之三分之一的价值所相当的那点年报偿，所以，几乎连生产成本也无法偿付。然而，这种新蒸汽机的成功已牢固确立，足以引起竞争和试图侵犯专利权。同时，由于矿井排水这个领域也已完全被专利权所包括，因此，不仅瓦特而且其他人也都探寻蒸汽机动力的新用途。这些人借助新的器具和组合就能避开瓦特的专利权。碾磨机的驱动就是一个突出的领域。斯米顿为此目的应用纽可门蒸汽机供水。瓦特致力于直接应用蒸汽动力。迄此为止，活塞一直用链条悬于摇杆上的一个扇形体，而泵杆则以类似方式悬于摇杆外端。不知从什么时候起，人们就已用连杆和曲柄这种机构把旋转运动转变成直线运动。因为，为了能把直线运动转变成旋转运动，最简单的方式是把上述装置反转过来。为此，只要找到曲柄越过死点和适时地把这作用力反转的手段。并且，按照这个方案，装于活塞杆的悬挂链条必须代之以一根兼能承受推和挽的杆。瓦特考虑给接续活塞杆的这根杆切割齿条,以便同摇杆上的一个带齿扇形体啮合。但是,这种传动必定不平稳而带噪音,特别当工艺粗糙的时候。这包括在他 1782 年的专利之中,但在 1784 年的专利中代之以图 306 所示的平行运动。在刨床时代以前,只能采取在两条平行导承之间作用的十字头。实际上,也别无他择。瓦特正是如此依凭其发明天才,得以克服他的摇杆的活塞侧的困难。然而,詹姆斯·皮卡德获 622
得的专利权不允许他利用简单的曲柄和连杆。布里斯托尔一个竞争的蒸汽机制造者马修·沃什巴勒蒙准采纳这项专利。他为克服通过死点这一困难而采取的方法是,在曲轴上安装一个飞轮。

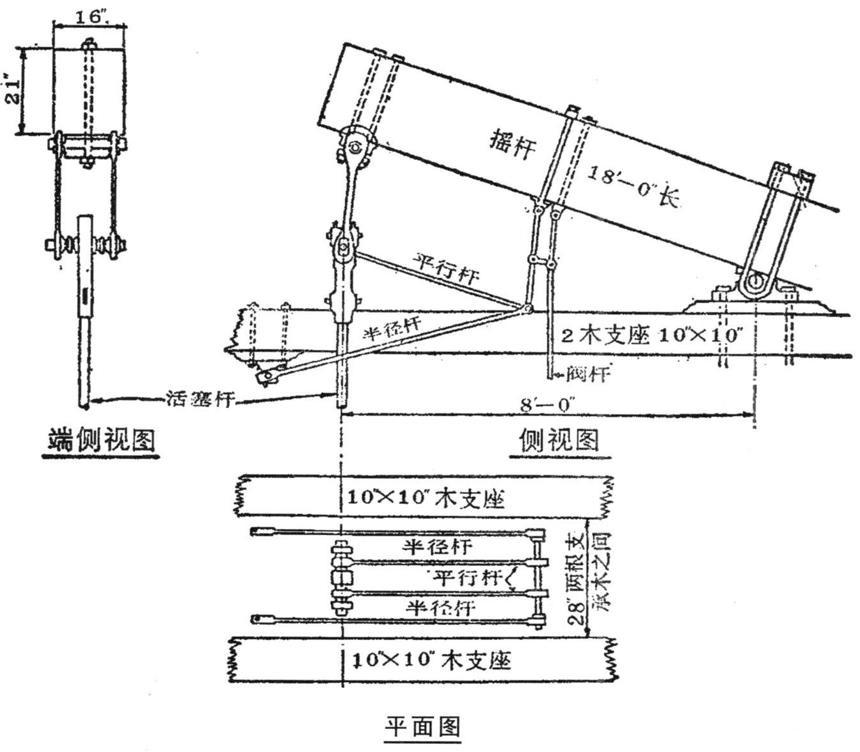

图 306—瓦特的平行运动

曲柄自古以来就用于驱动足踏车床和泵。像瓦特所指出的那样，当把曲柄应用于引擎时，“就像将一把原来造来切面包的刀去切乳酪”。这项专利大概从未授予过，而且可能很容易被推翻。不过，作为一个多产的专利权获得者，瓦特对专利权的推翻十分敏感，尤其是因为，阿克赖特的内容广泛的纺纱机械专利权在旷日持久的诉讼之后，刚刚因说明书晦涩难懂而被推翻。而且，瓦特不欣赏沃什巴勒。瓦特认为，由于这限制不仅阻挠他本人，而且也阻挠其他比沃什巴勒更能干的竞争者利用曲柄，因此，明智的做法是不要画蛇添足，并以某种方式克服这限制。他尝试了若干种他自己的装置，但最后把威廉·默多克独立发明的行星运动(图 307)纳入他 1782 年的专利。这项专利还包括“往返作用”，即轮番在活塞上下供新汽，以及通过在冲程之初截断供汽来利用蒸汽的膨胀性质。然而，瓦特应用的是低锅炉汽压。因此，膨胀作用的优越性不大。此外，在改变停汽装置以获得更大动力时，引擎传动装置总要损害阀门，从而致使锅炉排汽，并引起延迟，而预期制造者将因此而受到责备。

瓦特下一个改良是在 1788 年给他的蒸汽机添加一个“节流”控制器即节流阀，它由一个离心“调节器”操纵，类似于磨坊机工早
623 已用来控制风力面粉机磨石松紧的装置。“节流阀”放在蒸汽管道之中，用手加以调节，以便控制通过蒸汽管道的蒸汽流，或者完全切断蒸汽流，从而制动引擎。这样，引擎的运行速度便可得到控制。“调节器”或“飞球调节器”用于调节蒸汽流，以便确保引擎工作时速度大致均匀。(见图 308，B，C，W)

瓦特另一个有用发明是水银汽压计。它是一根盛有水银的 U

形管。一个肢用一根小管道同蒸汽管或锅炉相连，另一个肢向空气开口。蒸汽对一个肢中的水银的压力使水银同这压力成正比例地在另一个肢中上升。他还应用一个十分相似的装置测量凝汽器中真空的性质——外肢中的水银同完全真空的渐进实现成正比例地下降。瓦特还引入了玻璃水标尺，它是一根玻璃管，固装在锅炉前面，指示锅炉内水位变化。

图 307—瓦特的旋转式蒸汽机（1788 年）

至少还必须提到瓦特的一个发明，即他的示功汽缸和配附的示功图。示功汽缸是一个小汽缸，有一个精密适配的活塞藉助一根螺旋弹簧装在顶部。活塞同作用于它的压力成正比例地上升。活塞杆上固定的一根指针在所附标尺上示出每平方英寸的压力。示功汽缸这样地同汽缸相连，即使得蒸汽能从后者通到前者，并使

两者中有相同压力。瓦特一个名叫萨瑟恩的助手给示功汽缸添加一块滑动板，它支承铅笔和纸。铅笔在纸上描绘的曲线相应于汽缸中汽压的变化。这个示功图后来被称为“工程师的听诊器”。

1795 年创设的新的索霍铸造厂装备了制造蒸汽机的专用机械，而且配备的人员基本上都经过小詹姆斯·瓦特培训。

这样的设备，加上这家厂商的声誉和经验，成为防止营业亏损
624 的良好保障，胜过任何专利法规。这项专利权实际上很长时期里已经不再是一种必不可少的保护，反而成为对当时有充分余地的进一步发明的限制。

延期的蒸汽机专利于 1800 年期满时，瓦特实际上已脱离同这家厂商的积极联系，关在他的私人车间——希思菲尔德的著名顶楼里，专心于雕刻拷贝机构和其他充分发挥其想象力的发明。这间顶楼的复制品，现在陈列在伦敦的科学博物馆。博尔顿继续积极同这家工厂，尤其是索霍造币厂合作。在默多克襄助下，博尔顿和瓦特领导的这家工厂业务继续扩展。

在博尔顿和瓦特的手下，威廉·默多克除了从蒸汽机装配师擢升为工厂经理之外，还作出过许多发明和改良。他制作了第一辆模型机动蒸汽车以及一台摆动汽缸式蒸汽机。他发明了 U 形滑阀，取代瓦特的提升阀。他设想利用煤干馏时散发的气体作为一种照明剂。他还首创用铁屑和硇砂的混合物作为一种黏结剂。很长时期里，机械和结构工程实践上，凡在因过分昂贵而不能用精密机械加工的场合，一直应用这种便宜而又有效的方法来把铁的表面一起砌平。索霍铸造厂装备的许多机床也是默多克设计的。

瓦特的主要发明之重要、他的专利的广包性以及合伙的策略，

这一切保障了詹姆斯·瓦特享有作出1769到1800年蒸汽机方面实际上全部改良的盛誉。留给其他发明者的地盘极其有限。他们的生平和工作远没有瓦特出名。事实上,许多人只是在同瓦特及其合伙人的谩骂性通信中被提到,他们据说剽窃了他的思想。(参见 H. W. Dickinson 和 Rhys Jenkins: *James Watt and the Steam-Engine*,Oxford,1927。)

四、和瓦特同时代的蒸汽机发明

纽可门蒸汽机的原始蜂房锅炉是一个大的铜质酿造容器,放在一个庞大的厨房火炉上。1780年时,它可能需要64蒲式耳煤来填充炉子。由于煤质地低劣,通风差,所以,这些火炉排出的烟必定形成浓密烟云,在矿区上空徘徊。在瓦特时代,蒸汽机配以矩形铸铁锅炉,其火炉对于同样的蒸汽容量只需要十分之一燃料,火 625
焰则实际上包围锅炉。然而,最重要的改良是特里维西克的科尼什锅炉,它逞管状,直径约 $6\frac{1}{2}$ 英尺,带回流烟道。管形锅炉使得汽压显著增加而又安全,但要更小心地维持水位。直到1800年前后,约每平方英寸2或3磅的锅炉汽压限制了可以运用的动力。当更高汽压可资利用时,矿井工作的劳动强度妨碍了对改良的利用。

活动零件、泵杆、平衡重物、横杆等等的重量在较深的矿井中可能重达300吨,因此,所产生的提升能力不到40吨。冲程开始时的惯性力证明过于猛烈,旧式传动装置承受不了。这导致在冲程的绝大部分都采用低压蒸汽，甚至在可以得到比较经济的高初始气压和膨胀作用时也是如此。

典型的十八世纪矿井泵是叶片活塞式的，其中所提升的水的重量加载于这叶片活塞。随着深矿井中泵杆长度和重量增加，越来越需要作出一个显著改良，即回复到柱塞式泵。运用这种泵，泵柱的重量能泵抽水，而在返回冲程，蒸汽机“泵抽泵杆”。威廉·默多克试图实施这一改良。但是，它过了很久主要由于理查德·特里维西克的影响才流行开来。

图 308—特里维西克

科尼什矿业主日益感到，瓦特的垄断是压制性的。因此，他们鼓励一些当时的发明家，其中最重要的是乔纳森·霍恩布洛尔(1753—1815)、爱德华·布尔和理查德·特里维西克(1753—1815)。

霍恩布洛尔据信是在纽可门手下工作过的一个机工的孙儿，这位机工全家都被培养为从事蒸汽机制造和管理的行家。乔纳森早在 1776 年就制作了一台模型蒸汽机，它“带一个汽缸盖，还有一根铁杆，穿过盖上的一个牵拉环”(参见 Rhys Jenkins，载 *The Trans. of the Newcomen Soc.*，Vol. Ⅺ，p. 138f.)。但是，他直到瓦特 1778 年把闭式汽缸蒸汽机引入康沃尔时，才实行这个思想。霍恩布洛尔当时制造一种有两个闭式汽缸的蒸汽机。第一个汽缸接受直接来自锅炉的蒸汽，第二个的容量是第一个两倍，妾受第一个汽缸排出的汽。他还获得了这种蒸汽机的专利权。

图 309—霍恩布洛尔的复式蒸汽机

他的第一种型式中，蒸汽仅仅在活塞上面作用，一个表面式凝汽器装设在第二个汽缸下端。在后来的机型(图 309)中，装设了一个单独凝汽器，一个喷水嘴沿排汽管轴线喷射。然而，由于使用低汽压，这复式汽缸没有真正带来好处，因此被废弃了。直到 1804 年，阿瑟·伍尔夫又使之复活。不过，这时它仅仅用于旋转式蒸汽机。然而，1781 年装设在拉德斯托克的霍恩布洛尔蒸汽机是第一台实际使用的真正复式蒸汽机。

布尔的专长是把他的泵用蒸汽机的汽缸垂直地安装在主泵杆 626
之上，而活塞杆同这主泵杆相连。这使得能够采用直接提升，而无需动用惯常那种令人讨厌的横杆。因此，这是一个显著改良。然而，它包括应用瓦特的单独凝汽器。

1790 和 1794 年间，在康沃尔装设了十台霍恩布洛尔式和布尔式蒸汽机。但是，在1793年6月博尔顿和瓦特对布尔以及

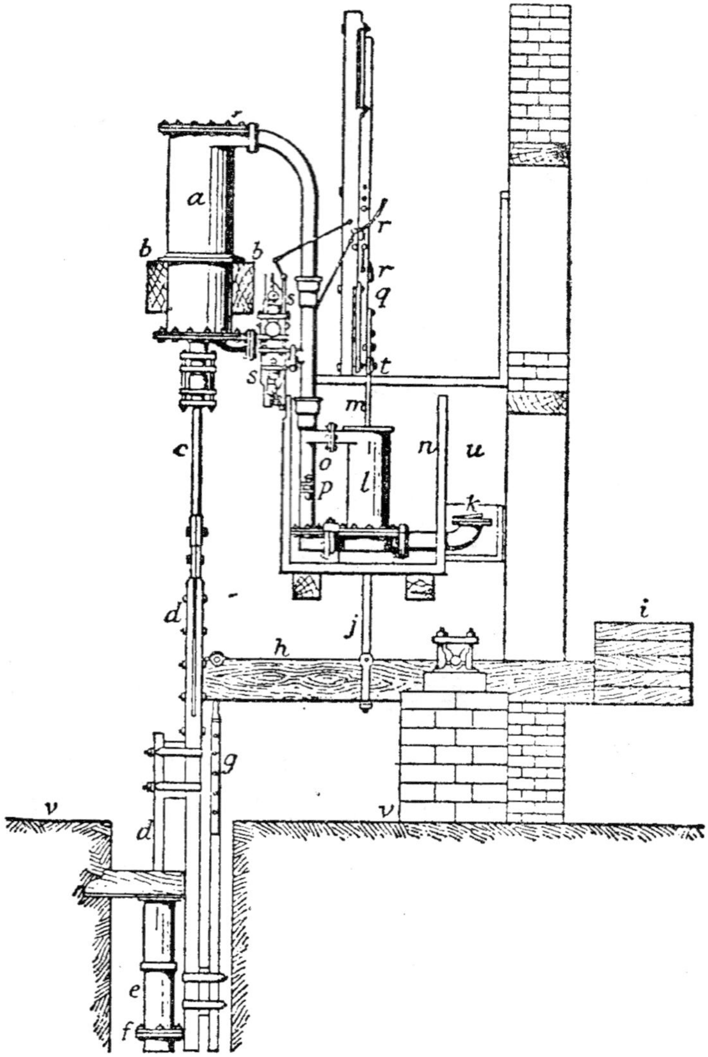

808

图 310—布尔的泵用蒸汽机(1798 年)

1796 年 12 月博尔顿和瓦特对马伯利和霍恩布洛尔进行考核之后，这两种型式蒸汽机的用户都得付给瓦特专利税。

627 理查德·特里维西克是一个科尼什矿场经理的儿子。还在他只有六岁那年，这个郡装设的第一台瓦特蒸汽机在当地矿工和机工中引起了一场轩然大波。他的童年时代是在后来的发展和论争的气氛中度过的。他自己年方19岁就当上了几个矿场的工程师。两年以后，他同爱德华·布尔合作，帮助装设几台布尔式蒸汽机。博尔顿和瓦特竭力证明他同布尔的关系是合伙关系。但是，他们未遂愿。他一直逃避一项指令，它禁止他侵犯他们的专利权。直到1796年，传票送达正在伯明翰的他，当时他作为矿业主代表到索霍执行调停使命。

1796年，特里维西克转向注意发展高压锅炉——把高压蒸汽机用于矿井拖运和其他目的，包括机动车。他还重新引入了柱塞泵，并设计了水压引擎。1802年，他获得了他的高压蒸汽机的专利权。在接着的几年里，允许这个郡各地的铸造厂制造这种蒸汽机。他没有建造过专门生产这种蒸汽机的工厂。在还没有得到相当报酬之前，特里维西克就已把他的专利权转让掉了。这些1805年的早期蒸汽机的一个典型样机现在保存在伦敦的科学博物馆。

十八世纪初蒸汽机的低效率是若干相关因素促成的。工作汽压范围小，因而必须大的汽缸和相应的笨重零件。大的汽缸把广阔的表面暴露于轮番加热和冷却。整个汽缸被喷射水淹没而冷凝，因而使一个又冷又湿的汽缸同入射蒸汽相接触。

像我们所已看到的那样，瓦特通过造成比较完全的冷凝来增 628
加有效汽压。他还通过把热蒸汽空间同冷的凝汽空间隔离而减少热的损失。由于使制冷凝水和被冷凝的蒸汽保持隔离，他达到减小凝汽器尺寸。

完全抛弃冷凝，利用高压蒸汽达致必要的汽压范围，能够实现甚至更大的节省。于是，蒸汽机和锅炉的组合也产生了，它十分轻巧，可以携带。在这之前还只属于幻想和预言的火车，也因之成为实际可能的东西了。

（参见 R. H. Thurston:*A History of the Growth of the Steam Engine*, London, 1878; H. W. Dickinson 和 R. Jenkins: *James Watt and the Steam Engines*, Oxford, 1927; H. W. Dicknson: *A Short History of the Steam Engine*, Cambridge, 1939; H. W. Dickinson 和 A. Titley: *Richard Trevithick*, Cambridge, 1934。）

第二十五章　技术 629

（八）矿业和冶金

一、矿业

十八世纪里，矿业方面最重要的事实是引入和逐步推广应用蒸汽动力，尤其是瓦特的蒸汽机。这使得采矿能够愈趋深入和经济。除此之外，采矿方法基本上同十六世纪阿格里科拉的《论天然金属》(*De Re Metallica*)里所描述的相似。带来的这些变化只影响到采煤，而不影响采矿石。甚至就采煤上的变化而言，虽然它促使联合王国本身的煤产量从 1700 年的约 250 万吨增加到 1800 年的约 1000 万吨，但还是根本比不上后来在十九世纪中叶发生的采煤技术巨大变化。深井作业的最大障碍，大概是排水困难。由于应用人力或畜力排水，从相当深地方泵抽大量水的昂贵代价从经济上限制了煤矿和金属矿的开采。纽可门蒸汽机虽然浪费燃料，但解决了煤井的排水问题，而这些矿井能轻而易举地提供的大量低品位燃料连抵付运费也不够。金属矿的情形不同，比如康沃尔那里的金属矿，它们远离煤田。它们的要求由瓦特的单独凝汽器蒸汽机予以满足。它大为经济。实际上，使用这种蒸汽机应付的专利权税按规定同采煤费用的节省成比例。约从 1740 年起，矿井

泵抽工作中，铁管逐渐取代了木管。

在煤普遍用于工业之前，一般用木柴和炭来把金属矿石还原为金属。古代希腊、古罗马和古罗马的不列颠也已经有点知道煤。不过，只是从十三世纪以来，煤才逐渐成为工业尤其金属工业中的一个重要因素。起初，煤是从海岸露头采集的，那些露头是海水腐
630 蚀煤矿区海滨部分造成的，例如，纽卡斯尔那里就是这样。当年用作燃料的煤所以称为“海煤”，可能就是这个缘故。不过，更一般地说，这名字得之于煤一直自纽卡斯尔从海上运来这一事实。采煤到十三世纪末才开始，并且开始时十分原始。挖一口小矿井，挖掘矿井底部的煤，一直挖到有危险的时候。于是，这矿就被弃置，再在这煤区的另一处挖掘一个新矿井。十八世纪以前挖的最深矿井深 400 英尺。矿内工作区中的水，利用同矿井连通的一个水平巷道加以排除。直到十六世纪末，才用泵来排水。

英国煤炭工业中心当时是纽卡斯尔，那里的自由民在 1234 年就已接受了亨利三世国王的特许状，蒙准从事采煤工作。煤炭贸易相当稳步地增长，纽卡斯尔不仅送煤到伦敦，而且还送到法国。实际上，法国的金属工业在长时间里完全依赖从纽卡斯尔进口的“海煤”。伊丽莎白女王和斯图亚特王朝对纽卡斯尔出口煤炭也有兴趣，因为他们对出口的煤炭征收繁重赋税，这出口给他们带来可观的收入。而且，王国政府从煤炭得到的收入还因征国内税而增加，因为有一项税是对为了排放煤炉的烟而建立的烟囱征收的。

这些早期方法得到的煤质地差，因为主要是表面的煤。这种煤含有大量硫化铁形式的硫，在燃烧时产生极难闻的烟。十四世

纪初（1306 年），伦敦市民抱怨这种烟雾污害，因此在 1307 年，伦敦及其紧邻便禁止使用煤。像爱德华一世国王一样，伊丽莎白女王也禁止在伦敦及其周围使用煤。但是，无论哪一朝代，这种禁止使用煤的法律都没有真正生效。在巴黎，1714 年也用法律限制燃煤，尽管巴黎科学院的报告支持燃煤。

反对使用煤炉的禁令所以没有生效，主要因为缺少别的合适燃料，尤其是工业燃料。习惯上用木材熔化铁矿石，这造成大面积毁坏森林。并且，又没有为重新植林做点什么事。煤是木材最明显的代用品，而且在熔铁、制砖、酿造、染色和玻璃制造等工业中，甚至比木材更为合适。煤势在必然地成为主要的工业燃料，尤其在发现了把煤转变为焦炭的方法之后。西蒙·斯特蒂文特在
1612 年以及达德·达德利在 1619 年获得了用煤熔化铁矿石的方 631
法的专利。亚伯拉罕·达比发现了更重要的熔化矿石工艺：把煤转变成焦炭之后，再放进他的熔铁炉。

及至 1700 年，采矿在全英煤田全面铺开。但是，除了诺森伯兰、达勒姆和希罗普郡等地之外，矿工只是在一点一点地啃露头。个人的矿井大都由一两个人开采，罕有超过十二个人的。挖掘浅井不比在长长地下轨道上拖运那样繁重。通风很差，工作区范围很少超过离开矿井 150 码以远。沿两个垂直方向挖两条宽约 3 码的水平巷道即“横巷”，用截面约 4 码见方的柱子支持盖在上面的地层。十八世纪后期有时采用一个第二工作区来减少柱子，偶尔完全去除之。但在泰恩河和坎伯兰地区，那里顶板的故障导致严重水患，这种工作区制式就基本上没有变化。在其他地区，城镇下面的煤矿和无法容忍地面扰动的其他环境中的煤矿仍旧采取留一

半以上煤不开采的做法。然而，在希罗普郡，从十八世纪初开始，“长城制”已经普及。按这种制式，整个采掘面即“城墙”同时挖掘，废物有时还有岩石则被送下去，以便填塞留下的“采空区”或大空穴，建成两道沿路的坚固墙壁。只是在矿井脚的周围，仍必须留下坚实的大块煤。这种方法虽要引起沉降，但在这个世纪还是逐渐推行到几乎全部煤矿地区。

火药炸煤方法最早在英国煤矿中应用，是在1713年。在德国煤矿中，火药在十七世纪初就已应用于这目的。

小面积浅矿井需要通风，以去除不流通的空气和积聚的碳酸气即“窒息毒气”。一般认为，为此只要矿井设置一个简单的垂直部分就够了，让空气从一侧向下通到矿井底，再从另一侧上行。然而，随着工作区的深度和广度增加，就会遇到更大的从矿穴煤中释出“火毒气”（沼气也即甲烷）的危险。为了清除瓦斯，必须有连续不断的新鲜空气流。应当打消对表面微风和温差的依赖，因为那是偶然性的，而应采取一些新的比较积极的引入循环方法。起先，试用一种“上风”井，它独立于工作区或下风井。1732年在法特菲
632 尔德，在上风井中悬挂一个火篮，以帮助空气自然流通。为了确保采掘面的通风，给除了两条从矿井到采掘面的通道之外的所有通道都配上门。但是，这导致其他地方积聚污浊空气、有时还有爆炸性空气。

詹姆斯·斯佩丁在1760年引入了空气走道——一个精巧的由紧密接合的门和风幛组成的系统，它们的配置使空气通过**全部**通道循环。在北比多克，1760年时通过让空气从上风井流过一个装设有烟囱的火炉而形成气流。然而，事故仍不断发生，死亡人数

越来越多,因为随着通风和抽水的改良,开采的矿井越来越大,越来越深。在矿工们进入工作区之前,“瓦斯检验员”按惯例常常穿潮湿服装,手上拿一根装有蜡烛的长杆,走在前面点燃瓦斯。有时,他隐蔽在采掘面附近矿井底上一个洞里或者墙上凹进处,把装在一块板上的蜡烛移近自身,如有瓦斯,爆炸便在他后上方靠近矿井口处突发。无罩的蜡烛仍然是大多数地方的唯一照明源。虽然怀特黑文的卡莱尔·斯佩丁发明了“燧石和打火镰”,但人们说它不易引爆。一种可靠的安全灯直到1815年才发明。

阿格里科拉在他的《论天然金属》(1556年)中描述的那种提升设备和水轮,十八世纪初还在应用。据说,哈特利煤矿在1763年已用一种“火力引擎”来提升煤。从那时到十八世纪末的通常做法是,让用蒸汽机驱动的泵从矿井提起的水流通过一台水轮,后者安装在和绞盘头共同的一根轴上。1784年,在沃克(纽卡斯尔)用一台瓦特旋转式蒸汽机提升煤。

机器采矿的初次尝试是在十七世纪六十年代。可是,尽管可以获得较大作用,手动机械却从未获得成功。直到1850年前后,动力传动机械才开始同人和镐相匹敌。

铸铁矿车最初在1753年使用。纽卡斯尔在1763年开始在地下使用马。雷诺兹铸铁板1767年开始铺设在当时的木轨道上。

1800年汤利煤矿(纽卡斯尔)装设了第一个自动斜面,从采掘面下降到矿井的加载矿车沿着它把空车拖上来。

从纽卡斯尔的海滨露头获得的“海煤”日益不敷应用,并且效率也相当低。这最终导致发现和日益增多地应用从无烟煤矿床得到的所谓“白煤”。“白煤”渐渐赢得支持,尤其因为它产生的烟远

633 比“海煤”少，因此，远为不仅适合于家庭应用，而且也适合于某些工业应用。随着蒸汽机在十八世纪后期的发展，煤作为一种动力源兴盛了起来，不仅成为一种热源，而且在很大程度上还促成了所谓工业革命，这场革命使英国从一个农业国转变为一个生产国。

（参见 *Historical Review of Coal Minning* by the Mining Association of Great Britain，1924；T. S. Ashton 和 J. Sykes：*The Coal Industry in the Eighteenth Century*，Manchester，1929；T. A. Rickard：*Man and Metals*，1932，Vol. Ⅱ，Ch. ⅩⅣ。）

二、冶金

铁的生产和把铁转变成钢，是古老的行业。但是，它们是在相当小规模上进行的。这些工艺到十八世纪扩展为大规模工业。

十八世纪初，高炉已在水力充沛，可用来推动强大风箱的地方使用，生产粗生铁。其他地方使用土法熟铁吹炼炉，即建在迎着盛行风的山坡上的小火炉，生产小量韧性铁。这两种炉子都使用木炭。生铁的精炼是在一个小炉中重加热，也是使用木炭。这种工艺过程再延长几小时，就出产钢。由于木炭强度弱，高炉的炉膛很浅，所以，产量很小。因此，铁很昂贵。埃利奥特和梅西于1614年获得了制钢“渗碳法”的专利，按这种方法，把铁杆同大概属有机性质的“一些其他物质”放在反射炉中的一些密闭锅里一起加热。1616年，他们又获得了用坑煤实施这种方法的一项专利。由于锅密闭，热量由从弯曲炉顶下窜的火焰施加于它们，因此，铸铁熔液和含硫空气之间没有接触，而这致使煤不适用于熔化或精炼。埃利奥特和梅西的第一项专利禁止进口钢,授权两位专利权获得者搜查进口船舶。因为他们未能生产质量比较优良的钢,所以,如果他们自己实际上真的这样做了,那他们的垄断会成为抗议和纷纷请愿的目标。

然而,渗碳却已在德安的福雷斯特确立起来,并约在 1650 年从那里传播到约克郡。1686 年又传到斯塔福德郡。约在 1702 634
年,德国工匠在安布罗斯·克劳利爵士的领导下,用瑞典铁在纽卡斯尔附近的斯沃尔威尔制造了钢。钢以三种形式销售:“粗钢”,渗碳炉生产;“普通钢”,经跳动锤加工;“剪钢”,通过把粗钢杆“捆成束”,在红热状态锤打到一起而制成,这样,加工过的钢杆的总的成分和结构便达致均匀。剪钢直到 1767 年才在谢菲尔德生产。

另一种制钢方法是把各必需成分一起放在一个坩埚中熔化。印度早就采用这种方法。波斯人和阿拉伯人在十字军东征时期把印度的优质钢输入东欧。

因此,十八世纪时铁和钢所以相当稀罕和昂贵,不是因为不知道生产钢铁的适当方法,而是因为利用木炭这种微弱燃料和当时可资利用的鼓风机械,很难使所能同时处理的少量材料维持必要的高温。所必需的是廉价的和丰富的燃料以及充裕的能源。这些在十八世纪是由煤和蒸汽机提供的。

萨弗里的“火力引擎”装备有铜工作室、铅管道、黄铜阀、带铅盖的锅炉;同炉火接触的零件用铜制。纽可门的早期汽缸是黄铜制的;铸铁当时熔铸的数量还不足以制造所需要的大汽缸;当把铸铁用于此目的时,铸件很厚,而且在交替加热和冷却时浪费大量蒸汽。

当老亚伯拉罕·达比在科尔布鲁克代尔租用一座高炉时，英国另外还有不多几座，每座产量不超过每周 5 到 10 吨。

没过几年，达比建造了第二座高炉。在死之前，他于 1717 年成功地用坑煤生产出了一种令人满意的焦炭，并把它用于熔化生铁。

第一批“火力引擎”铸件于 1718 年在科尔布鲁克代尔熔铸。从 1724 到 1760 年，达比的厂实际上垄断了这类生产。

小亚伯拉罕·达比于 1732 年到达法定年龄。那年，这家厂商吸收了在威利的邻近几座高炉。当萨弗里的专利于 1733 年期满
635 时，他们已能接应预期中从蒸汽机制造者那儿纷至沓来的订单。他们自己在 1732 和 1734 年间制造的第一台蒸汽机能把已流过十台水轮的水抽回去。它能驱动两台汽缸直径 18 英寸、冲程 7 英尺 3 英寸的泵，这两台泵能进行 84 英尺往返冲程的工作。同时，鼓风装置也因应用木桶取代皮风箱而有所改良。

1740 年，唐卡斯特的一个钟表制造师本杰明·亨茨曼(1704—76)由于在市场上觅不到制造高级发条的合适材料，遂自己动手做了一系列实验，并在谢菲尔德开设了一爿钢厂，经过长期努力终于取得成功。他在这钢厂里用一种秘密的未申请专利权的方法制造坩埚钢。他的困难主要在于，事实上，当时得不到能够长期耐受他的方法所需的空前高温的火炉、坩埚或铸模。一切都得有待于被发现或发明。所生产的钢十分坚硬，因此，当地的刀匠一直拒绝使用，直到他们发现，从大陆进口的刃具远比自己的优良，而它们正是用亨茨曼的钢制造的。这种方法的秘密渐渐为其他钢制造者发现，因而流行了开来，奠定了谢菲尔德钢工业的基础。

其间,科尔布鲁克代尔的铁业继续扩展。1745 年,达比的商行在霍斯海租借了一些煤矿,又建造了一些高炉。1756 年,他在霍斯海的最新高炉达到了每座每周 25 吨的空前产量。及至 1762 年,已能铸造直径大到 70 英寸、冲程 10 英尺的汽缸。那年,达比父子、伯沙姆的伊萨克·威尔金森和新威利的约翰·威尔金森(这三家企业实际上垄断了重型铸铁业)形成了一个"集团",对类似汽缸出同样价格。

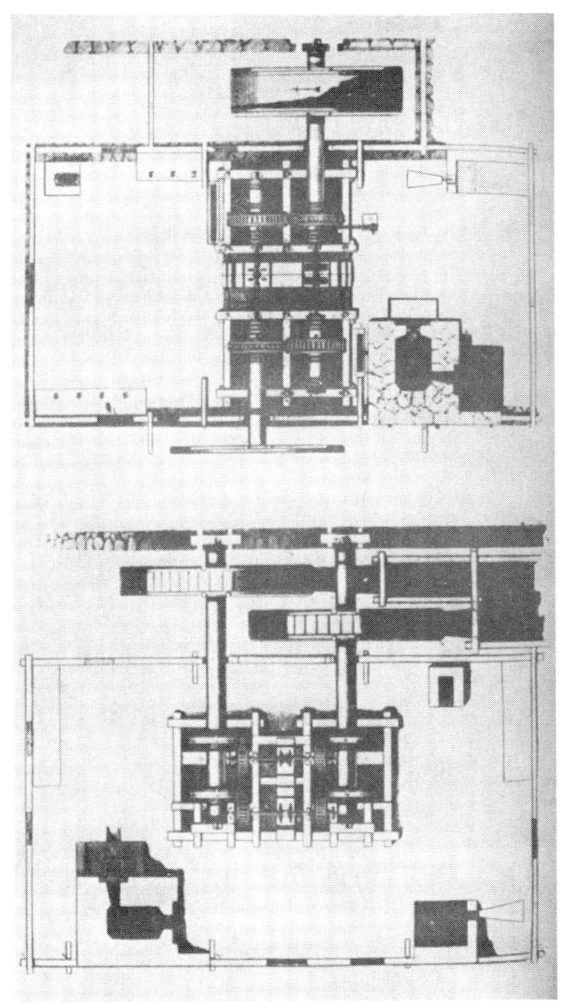

图 311—波拉姆应用的滚轧机

虽然十八世纪中期英国在铸件生产上处于世界领先地位,但在熟铁也即韧性铁方面就不是这样,大都仍从海外进口。最好的熟铁是瑞典出产的,瑞典在十八世纪中期之前就已使用滚轧机。克里斯托弗·波拉姆(1661—1751)在他的《爱国圣约书》

(*Patriotic Testament*)中描述了其中一种(见图 311)。此书写于 1746 年,在他死后于 1761 年出版。这位杰出人物最初是职员。他克勤克俭,设法在乌普萨拉大学接受科学训练,成为矿业工程师,后来是瑞典贸易部的"技术顾问"。他在 1714 年被封为贵族(其时他把名字从波拉默尔改为波拉姆),从事大规模公共工程,尤其是运河,并赢得了唯有英国斯米顿可与之相匹的专业地位。像斯米顿一样,他是最早把科学研究同广泛的工程经验和机械禀赋相结合的工程师之一。

636 至少从十五世纪初以来,德国就已一直在应用小型滚轧机生产铅窗闩。在三十年战争(1618—48)期间,已在滚轧铁板,至少以此来光制即轧平锤击留下的凹凸不平。然而,好些原因导致延迟应用滚轧工艺来生产重型铁条。这种金属只能在高温下滚轧。但是,为了维持高温直至工件加工完毕,就必须高速进行操作。而要高速加工重金属,就需要相当大的动力,而这只有相当大的水车才能提供。在还没有大型坚固铸件可资利用之前,在这种条件下,轧辊的寿命是短的。波拉姆声称,能够轧出刀剑、锉刀和刀的胚件所需要的形状,能够轧制方形、圆形和半圆形截面的杆条,并能在一次"鞭锤"拉出一根带钢条所花时间内,挤压出一、二十根这种钢条。然而,他的方法由于上述种种原因并未得到普遍采用。

波拉姆还设计了切齿轮机、锉刀切削机床、起重机、传送机、纺织机械和许多种机械装置及科学仪器。虽然这些给他带来了名望和富足,但是它们大大超前了同时代技术水平,因此,它们并未导致工业普遍机械化。后来在经济比较繁荣的条件下,其他人又陆续重新发明了其中的许多种。

小亚伯拉罕·达比不仅制造了生铁和各种各样铸件，而且还把他那焦炭熔铸的生铁用于生产熟铁，不过，他是用木炭进行这种“精炼”的。“精炼”就是在鼓风条件下重新熔化，所用的燃料比原始高炉所用的更纯，并添加石灰，这样，原先的杂质部分地就被清除到熔渣里了。于是，就生产了一种比较纯的、具有“韧性铁”或“熟铁”质地的金属。这种工艺过程实际上去除了生铁中绝大部分矽和大部分硫，而且还清除了几乎全部碳。然而，直到十八世纪末，对铁生产的化学甚至连模糊的认识都还没有。从某个工艺过程生产出来的东西，究竟是铸铁、钢还是韧性铁，全凭物理性质来判断。事实上，1750 年前后人们还认为，钢的优异硬度是由于包含硫的盐所致。其实，哪怕微些数量的硫也是一种根本要不得的

杂质，它是煤带来的，不可能完全消除掉。乌普萨拉的 T. O. 柏格 637
曼(1735—84)首先表明，碳在决定铁-碳化合物的物理性质上起重要作用。他表明，除了燃素数量上的很大变化之外，钢包含百分之 0.3 至 0.8 的碳，铸铁包含百分之 1 至 3.3 的碳。法国的居伊东·德·莫尔韦奥和英国的约瑟夫·普利斯特列约在 1786 年通过把铸铁溶解于酸而获得一种不可溶解的残余物(石墨)和一种黑色粉末(碳化铁体，Fe_3C)，但是，他们不知道这些物质的化学性质。

然而，在对所涉及的化学反应毫无精确知识的情况下，铁产品的处理和应用仍在不断进步。铁的一个极其重要应用是制造铁轨。老亚伯拉罕·达比曾铺设了 $3\frac{1}{2}$英寸×$4\frac{1}{2}$英寸的木轨，制

造了货车取代以往给他运送煤和矿石的驮马。小达比据信进行过铸铁轨道的实验。但是，只是在他死后，理查德·雷诺兹才在1763年大量应用铸铁轨。他是小达比的女婿，也是达比商号的继承人。这种轨道宽$3\frac{3}{4}$英寸，深$1\frac{1}{4}$英寸，每一端以及中间两点上都备有型心凸缘，利用它们可借助木栓把铁轨固定在枕木上。及至1785年，达比的商号在亚伯拉罕·达比第三的控制下，拥有20英里铁路，把他们的矿井和工厂连接起来。铁路铺设的代价为每英里800英镑。这工厂拥有十座高炉、九座锻炉和十六台“火力引擎”，拥有资本10万英镑。他们的主要困难之一是成品的运输问题。运河船由人牵拉，这些纤夫按自己的速度工作，在许多年里一直抵制被马取代，也抵制雇主无偿增加工作量的要求。1770年前后，运送一个汽缸去纽卡斯尔，结果花了十二个月才抵达目的地。在这种状况能够改观之前，铸造厂在英国各地雨后春笋般地涌现，重型铁业都开办在塞文河沿岸，后者曾是重型铁业几乎一切改良的诞生地。

十八世纪后期铁的新应用中，必须提到“铸铁拱桥”，铁桥镇因之得名。这镇现在在这个战略交通枢纽旁发展起来。这座拱跨100英尺的独特建筑建于1779年，是亚伯拉罕·达比第三的作品。

威尔金森于1787年在威利码头建造了第一艘铁船。把希罗普郡尤尼恩运河（在奥肯盖茨）同塞文河（在煤港）联结起来的那条运河，将塞文河流域铁工厂的产品运往北方。上面提到的理查德·雷诺兹的儿子威廉·雷诺兹正是在这里建造了第一个斜面，
638 它不用船闸而能把驳船升起73英尺。威廉·雷诺兹还同特尔福

德合作设计使埃尔斯米尔运河从赛西尔陶桥通过的铸铁导水管，以及制造必需的铸件(参见图258)。

1780和1790年间，邓多纳德在苏格兰的喀尔科茨建造了一些炼焦炉，它们还回收副产品。

1788年，英国生产生铁61000吨，其中三分之一产自希罗普郡。1796年，全国产品翻番，到1806年，再次翻番。生铁生产的这种大幅度发展，在相当大程度上是由于利用坑煤或其衍生物焦炭把生铁精炼成韧性铁的一系列尝试取得圆满结果。达德·达德利声称，他在十七世纪已沿这条路线取得成功。不过，迄今为止，除了他的自述，还没有任何旁证(*Metallum Martis*, 1665)。克雷尼奇兄弟在1766年以及默瑟尔提德维尔的彼得·奥尼恩斯在1783年也曾取得部分成功。不过，后来成为常规的那种“搅炼”法只是在1784年由亨利·科特(1740—1800)使其完善。

按科特的方法，铸铁熔液仅在一个燃煤的反射炉中用火焰加热，由此把过量的碳清除掉。纯铁的熔点比其碳化形态高很多，铸铁熔液逐渐地成为一种面糊状物质，而熔渣从中流掉。铸铁熔液用铁杆搅动即“搅炼”，然后成团块地移开。这些团块通过锤击去除掉所包含的残余熔渣，把产品联合成一整块坚实“铁块”。这里所用的锤乃由一个重铁头固定在一根木轴上而成。它由装在一根轴上的挺杆操纵而升高或“跳动”，这轴用水力驱动。图312示出这种“跳动锤”和它的传动机构。科特后来让铸铁块通过一系列槽辊，这样就比旧时方法大大节约。旧法是通过连续锤击把铸铁打成杆。这样生产出来的铁具有独特的“纤维状”结构。这是因为每根压延的纤维封包在熔渣细管之中的缘故，而且这种铁的极佳耐

639

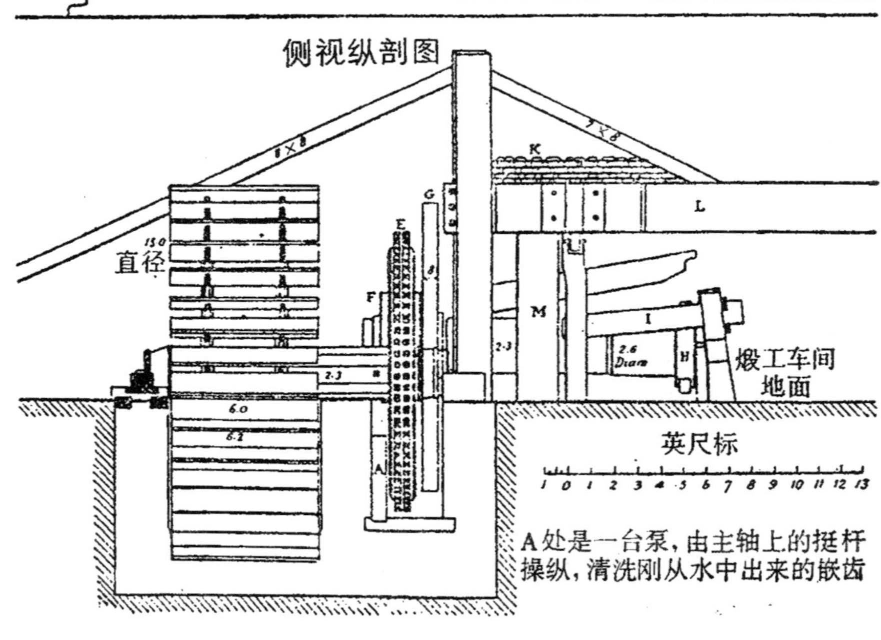

图 312—斯米顿设计的水轮和跳动锤

腐蚀性能部分地也是由于这个缘故。

应用成形的或带槽的轧辊来产生所希望的截面形状,并不是科特的发明。我们已提到过,克里斯托弗·波拉姆在1746年之前制造了一种用于这种目的的机器。但是,科特似乎第一个利用铁块(并不预先锤击成铁杆)进行这整个工艺过程。因此,他可以恰当地被认为是现代滚轧机之父。

然而,科特从他的伟大发明只是得到了灾祸。预备性的工作很费钱,因此必须举债。在债务还清之前,他的合伙人侵吞了所掌管的公共资金,导致他破产。专利权也被没收,不过没有实施。这方法使十九世纪初的“铁大王”们大发其财。发明者本人只是由于 640
在生命最后几年得到政府的微薄津贴,才免于在穷困潦倒中弃世。

把蒸汽机应用于滚轧工艺的先驱是约翰·威尔金森。他是导镗杆的发明者,并用它在伯沙姆镗制了第一个蒸汽机汽缸。1782年,威尔金森因他开设的铁工厂的所在地布雷德利水力不足,遂定购了一台旋转式蒸汽机来操纵一个锻锤。1796年,他又得到了一台,用于驱动一台滚轧和滚剪机,他用它所做的工作九倍于用锻锤。

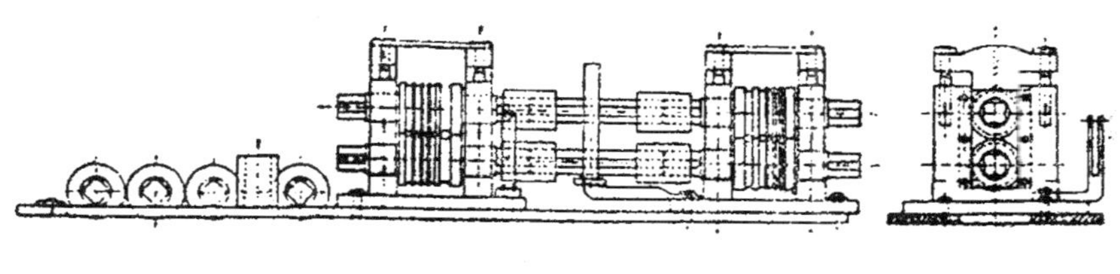

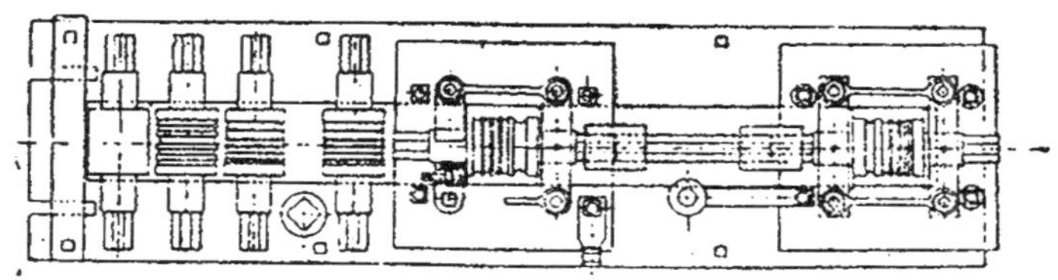

图 **313**—商业铁滚轧机(**1795** 年)(*T. N. S.*, Vol. XI, Pl. **14**)

（参见 *Trans. of the Necomen Soc.*，Vols. Ⅳ 和Ⅴ，其中 R. Jenkins 和 J. H. Hall 关于科尔布鲁克代尔的文章； Vol. Ⅶ，其中 J. G. A. Rhodin 关于波拉姆的文章；Vol. Ⅷ，其中 J. W. Hall 关于铁的文章；以及 T. S. Ashton：*Iron and Steel in the Industrial Revolution*，Manchester，1924；和 S. Smiles：*Industrial Biography*。）

第二十六章　技术 641

（九）工业化学

（十）透镜和反射镜的制造

（九）工业化学

827

十八世纪里，工业化学兴起。工业化学也就是工业用化学制品的较大规模生产。这起先基本上没有带来任何真正的化学科学进步，也没有直接增进实用的化学知识。所采用的方法是那些用试错法经验地发现的传统老方法。引入的改良几乎全都着眼于更加方便、迅速以及生产成本低廉。成长中的工业越来越需要某些化学制品，在这种压力的影响之下，逐渐发展出了较大规模而又生产成本较低地生产这些化学制品的方法。十八世纪需要量最大的工业用化学制品是硫酸和碱。它们主要用于金属工业、漂白工业和染色工业。

一、硫酸的生产

硫酸的制备和应用自古以来就已知道（以各种不同名称）。这个问题的早期史将在另一卷书里研讨。这里只要说明十八世纪大规模硫酸生产之前最近几个阶段里最有关的东西，就已够了。

硫酸的早期应用非常有限。它似乎用于皮革染色、羊毛染色以及医疗。这种酸那时是少量制备的。十八世纪以前很久，就已知道两种制备方法。一种方法是对矾干馏。这是比较古老的方法。另一种制备硫酸的方法是燃烧硫，有时还加入硝石作为掺和剂。起先，人们并不知道，这两种制备方法得到的是同一

642 产品。因此，它们得到不同的名称。当这种酸通过蒸馏矾获得时，它称为“矾精(或矾油)”；当它通过冷凝燃硫的烟获得时，称为“硫精(或硫油)”。这两种酸的同一性最初是在十七世纪确定的。利巴维乌斯指出了它们的相似性(*Arcana Alchymiae*，1615，p. 437)。不过，比较明确的鉴别是安琪罗·萨拉作出的(*Collectanea Chimica Curiosa*，1693，p. 411)。他系根据它们共同的物理性质和疗效。萨拉说，“无疑，它们在味道、气味和颜色等方面是一致的。取同样的数量，它们显出同样的效果和鲜明征象，无论内部还是外部都如此。”

现在回到两种制备硫酸的方法上来。到了十七世纪，这两种方法都已很出名。关于干蒸馏制备硫酸(“矾油”)，已知最早的英文说明载于《卫矛属植物之宝》(*The Treasure of Evonymus*)(1559，p. 307)，那里这样记叙：“取四磅罗马矾，放在一个陶器中干燥，直到渐渐变红。在搅拌之后，把它放入一个用黏土严实围起来的玻璃钟之中……先用文火蒸馏，再一点一点提高火力，直到从这钟口开始冒出白烟。然后，放置一个用黏土围住的大容器，用木柴点火，烧十二个小时，最后流出来红色的沉重的液滴。当这容器开

始变得清楚时,硫酸也就制成了。于是,就停止操作。陶器可以让它冷却。”附图(图 314)示出一般的干蒸馏方法,此图采自《卫矛属植物之宝》(p. 309),但图示系用于其他目的。

第二种也是比较晚的制备硫酸方法是燃烧硫或硫加硝石,再冷凝所散发出来的烟。关于这种制备硫酸方法的最早英文说明,也载于《卫矛属植物之宝》(p. 304)。“取一个玻璃器皿……同一个小钟有点相像,涂抹上陶土,用一根铜丝或铁丝把它悬挂在离地面 1 腕尺高的空中,在它下面放一个大盆,另外还把一个罐倒放。另外,在罐的底部放一块四指宽铁板,使它变得炽热,硫黄可以

图 314—蒸馏硫酸(“矾油”)

放在它上面燃烧。在这硫黄燃烧时,切莫再添加。于是,烟向上升起。悬挂的器皿在狭小空间中蒸馏液滴,使之跌落进下面的盆中, 643
而你要勤快地把油状物收集在一个小玻璃瓶之中。”由于种种显而易见的理由,这种方法后来称为“钟法”(拉丁文为 per campanam)。它标志着一个开端,后来变为最重要的生产工艺。约翰·弗伦奇在他的《蒸馏艺术》(*Art of Distillation*)(1651 年,第 68 页)之中,提供了说明这种方法的一幅令人感兴趣的早期的图,现在复制在这里(图 315)。

图 315—制备硫酸的钟法

644

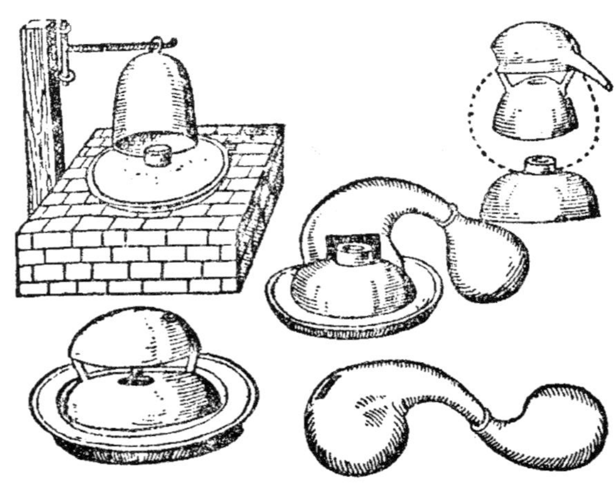

图 316—利巴维乌斯的钟法工艺装置

上部(右边)示出悬挂的玻璃钟中的一个小通风孔。玻璃钟下面是点燃硫的碟。右上角示出一个带嘴的器皿。下部三个图示出别的钟法。其中两种附带收集硫酸的容器。

一种有所改进的制备硫酸的钟法示于利巴维乌斯著作中描述的装置里(*Arcana Alchymiae*,1615,p. 438)。“一个玻璃钟抹上泥,或者一个蒸馏器带广口,用一根铁丝悬吊。在这下面放置一个宽阔的盘,或者用一种钟。不过,如果不用蒸馏器,那就要用一个带广口的器皿。把一个牡蛎壳放在一块平铁板上。硫放进里面,用一块炽热的铁点燃。这样,硫就燃烧起来,并使烟笔直地上升。如果在顶上有一个狭窄的通风孔,那你就更容易做到这一点。”采自利巴维乌斯的附图表明了它的所有主要特点(图 316)。

还有一种令人感兴趣的钟法工艺图见诸 N. 勒费比雷的《化学简论》(*Traité de la Chymistry*)(巴黎,1664 年)(P. D. C. 英译:*A Compendious Body of Chymistry*,1664),这里录自 1669 莱顿版。645
(图 317)

N. 莱默里(1645—1715)在安排燃烧产物在一个约束空间中混合时,对生产硫酸的钟法作了一个重要改良。他的《化学教程》(*Cours de Chymie*)第九版(巴黎,1697 年,第 420 页)描述了,用"一个大陶罐提取硫精"的情形。莱默里写道:"取一个大的圆陶罐,它能盛约 2 桶水,带一个陶制的盖。往它里面灌入二三磅泉水,再在水中间放一个长陶罐,头朝下,它的一半或三分之一高度露出水面。"把四磅硫和四盎司硝石的混合物渐渐地放在一个陶器中,后者置于那倒置的陶罐之上,再点燃之。莱默里继续写道:"立即盖上你的陶罐,务使蒸汽找不到出口而下行,结果在水中冷凝。"所得之液体加以过

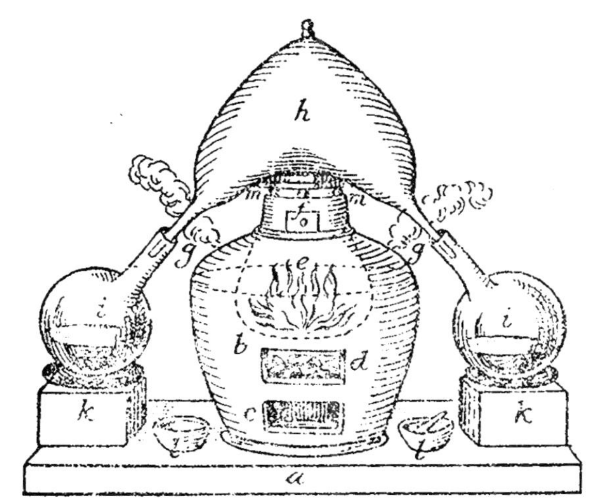

图 317—勒费比雷的钟法工艺装置

一个陶炉 b 由 a 支承,具有炉膛 d 和盛灰的地方 c。硫放在 e 中,e 是一个葫芦状陶器(葫芦形蒸馏瓶),烟凝结在由 m 支承的器皿 h("头")之中,h 有两根"导出肢" gg,通往置于支承 kk 之上的容器 ii。盛有粉末硫的容器示于 ll。

滤，再蒸发而产生硫酸。大陶罐的应用是一个重要改良，因为它使蒸汽得以循环和混合。（图 318）

莱默里的硫酸制造装置很适用于相当大规模的商品生产。十八世纪里，硫酸的需求日益增长，乔舒亚·沃德便利用了莱默里的方法。沃德是伦敦的滴剂、丸剂和万应药征发官，是伦敦医生最头痛的人。沃德制造硫酸的方法是把硫和硝石的混合物放在带有陶塞的大玻璃球中燃烧。每个球中先放入约一加仑水，然后，把五份硫和一份硝石组成的混合物放在里面燃烧，这混合物的数量足以在每个球中产生三四加仑硫酸。在这些大玻璃球中，蒸汽接触足够长时间，因为它们据说每个都有 40 到 66 加仑的容积。沃德从 1736 年开始生产硫酸，花费了许多年，才成功地把这种商品的价格从每**盎司**两先令半降低到每**磅** 1 先令 6 便士。

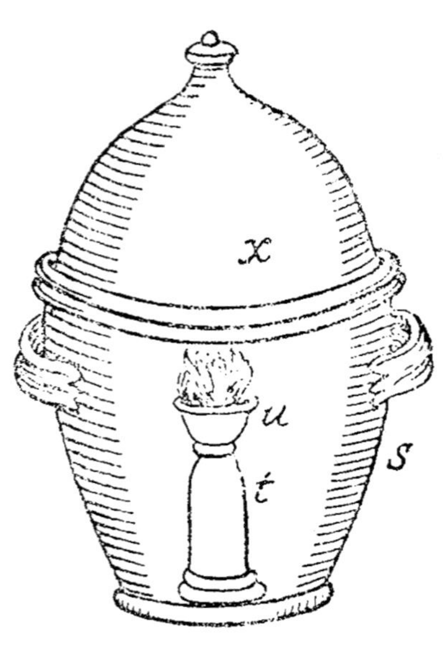

图 318—莱默里的钟法工艺装置

s 表示大陶罐；x 是盖，顶端有几个孔；t 是倒置的陶罐；u 是小陶器，盛放燃烧着的硫和硝石混合物。

十八世纪里对生产硫酸的钟法工艺的下一个最重要改进是约翰·罗巴克（1718—94）作出的。他是卡伦铁工厂的顾问化学家和
646 创办人，一度还是詹姆斯·瓦特的合伙人。如上所述，沃德大幅度降低了硫酸价格。然而，由于他所用的玻璃球易碎，因此，生产成本仍相当高。罗巴克同伯明翰工业的兴起密切相关。他想出一个

主意，就是用铅室取代玻璃球。实质上，这没有包含特别的新东西，因为莱默里陶罐和沃德的玻璃球实际上都是“室”。不过，尽管它没有引入有科学意义的新原理，但铅室(即现在所称的“室法”)的引入在经济上大有好处，因此，具有相当重要的工业意义。罗巴克于 1746 年在伯明翰建立了第一座铅室工厂。每个铅室占地 6 英尺见方，地面上散布一点水。硫和硝石的混合物用在轨道上行进的小铁车运送到室(那时也叫“房”)中。直接的经济效果是硫酸价格降低到一磅六便士。

其他生产硫酸的工厂也逐渐在各地建立。我们现在掌握一部分这些铅室即“房”的详细资料。其中有几个室长 6 英尺、宽 4 英尺、高 $8\frac{1}{2}$英尺。在一个房间里放置多达 30 个这种铅室，它们的一侧由墙支持，另外几侧由木架支承。每个室的地面上灌些水。精细研磨的硫和硝石混合物被点燃后，通过墙上的一个孔送入(装载量为 1 磅)置于灌水地面之上的一个铅碟之中。然后，用一个铅塞封闭这孔，让燃烧持续 2 小时。再把铅塞拿掉，等一小时。然后，用一个铅虹吸管把硫酸液吸出，放在铅盘中浓缩。

后来，更大型的铅室也建造了起来。荷兰、法国、德国和美国 647
也都开始采用“室法”。但是，英国制造厂长期以来供应各国应用的硫酸的绝大部分。因此，“室法”生产的硫酸常被称为“英国硫油”。

上述的室法有一个严重障碍。每个室都必须单独操作，还必须不时重新送入硫和硝石。因此，这整个工艺过程是间断的、不连续的。1774 年，德·拉福利(*Observations sur la Physique*, Vol.

IV,p. 333)提出,硫和硝石应当放在一个外面的炉中燃烧,烟则应当通入铅室;他还提出,水应当喷入铅室内。1777 年(上引著作,Vol. X,p. 139),他提议用蒸汽取代冷水,力主更新室内空气。一种连续的生产硫酸方法似乎已经在望。但是,技术和财政的困难阻止了它在十八世纪实现。不过,在十九世纪头十年里,它终于被引入了。

二、碱的生产

像硫酸一样,碱的生产也是在经济压力下形成的。不过,在这种情况下,经济压力本身是政治动乱的结果。在拿破仑战争期间,法国断绝了正常的天然碱来源。于是,为了刺激法国化学家的发明创造力,巴黎科学院颁发一项奖金,征求最优制碱方法。尼古拉·勒布朗(1742—1806)于 1790 年获得这项奖金,遂成为碱工业奠基人。勒布朗的方法(称为"勒布朗法")利用普通盐、硫酸、石灰石和煤作为原料。首先,通过同硫酸一起加热,把盐转变成硫酸钠。这种转变的本质当时未得到正确理解,但可以用后来的化学记法表达如下:

$$2NaCl + H_2SO_4 \rightarrow Na_2SO_4 + 2HCl$$

硫酸钠然后用石灰石和煤加热,产物是碱和硫化钙的混合物,称为"黑灰"。这种转变也可以用后来的化学记法表达为:Na_2SO_4
648 $+ CaCO_3 + 2C \rightarrow Na_2CO_3 + CaS + 2CO_2$。"黑灰"用水提取,从而给出碱溶液和残留的不可溶硫化钙。碱从这溶液通过结晶获得。

工业规模的碱生产开始于 1791 年,并且迅速发展。在英国,碱的生产直到1823年才开始,那年马斯普拉特在利物浦开设了一片工厂。

勒布朗享用他的发明成果为时并不长久。像通常目光短浅的革命政府一样,法国革命政府也没收了他的工厂,剥夺了他对自己发明的方法的专利权。勒布朗在穷困潦倒中死去。1856年,他的后裔得到了一些补偿。

(亦见第二十章关于“漂白和染色”的章节。)

(十)透镜和反射镜的制造

从十七世纪初起,望远镜和显微镜的发展造成了对透镜的需要,刺激了研磨和抛光透镜方法的发明。起先,这些工艺用手进行,玻璃圆片放在具有适当形状的金属模子上研磨,使之成适当形状。这种模子当时称为“工具”。例如,凸透镜放在一个具所要求曲率的凹铜盘(称为兰克斯[①]或**金属盘**)中研磨,而凹透镜的制作方法是把镜片放在一个球截形金属“工具”上研磨。格但斯克天文学家约翰·海维尔(亦名海维留斯)发明了一种机械研磨透镜的车床。它的说明见诸他1647年的《月面学》(*Selenographia*)(Cap. I:*De diversis vitris*),现示于图319,此图录自这部著作。这个机械装置主要是一个台A,约5英尺长,带一条椭圆形槽B。一个斜角支承e楔入这条槽内,为一根立轴提供轴承。这主轴由一圆板f覆盖,任何一个金属工具(图示在台下面)均可用四根铁销牢固地

① 兰克斯(lanx)是一种古罗马的金属盘。——译注

649 **图 319—海维留斯的透镜制造机器**

固定在这圆板上，这些销从圆板伸出，插入工具木底座上的四个孔。用一根绳索使这主轴同所附装的工具一起旋转。这绳一端缚在一根固定于天花板的弹性木杆上，再从那里通过皮带轮 g 到达主轴（绕着它缠绕几圈），然后再经过轮 h 到达踏板 L。当踏板被踩下时，它把绳索逆着木杆的弹力拉下来，并使主轴和工具（用手把镜片施加于它）旋转。当放松踏板时，绳索沿相反方向运动，但主轴装配有一个类似棘轮的东西(字母 *o* 和 *p* 标示的部分中放大示出)。因此,它的运动绝不会逆转,而仅沿一个方向不间断地进行下去。

罗伯特·史密斯在他的《光学》(*Opticks*)(1738, Vol. Ⅱ, pp. 281ff.)中,提供了关于十八世纪应用的研磨和抛光望远镜透镜方法的一个好主意。他给出的说明从塞缪尔·莫利纽克斯开始。它乃根据惠更斯在他的《论玻璃的成形》(*De vitris figurandis*)(死后发表的遗著)之中和其他著作家给出的细节。但是,它包含了莫利纽克斯本人作出的许多改良,他对这种工作具有丰富经验。

透镜制造的第一步是制造一个**工具**,它按所需要形状研磨和抛光镜片。这工具是一片厚的铜或铸黄铜板,它有一个球状凹陷,其曲率即为抛光的透镜所具之曲率。这厚铜板在铸造时大致制成所要求的凹度,然后再在车床上车削。为此,两个黄铜边沿车削成圆形,一个凸,另一个凹。如果工具具有非常大的曲率半径(比如 36 英尺),那么,这两条圆弧用作图法求得,每条弧上的点 *FFF* 被定义为从所求圆的一条切线的切点 *A* 量度的、同横坐标(*AE*)相对应的纵坐标的终端(见图 320 中的图 557)。对于较小的曲率半径,应用一种罗盘。这样得到的黄铜样板中,凹的那块 *gh*(图 558)固定于一块板 *ghik* 之上,后者钉在车床床头,样板的曲率中心处于车床轴线上。另一块样板用螺丝固定于板 *lmno*,后者带有雕刻工具 *pq*。未抛光过的工具在其中心处焊接于车床车轴末端的圆片 *ab*。开动车床,两个黄铜样板便相互滑动,导引雕刻工具,以便在工具 *ef* 中造成精密球形凹陷。只要互换两块样板,便可得到相应的凸工具。惠更斯有时在这两个工具的中间放上金刚砂,把它们相互研磨,达到精密的形状。他有时还把胶合剂灌入工具,使之硬化,给铸件撒上

金刚砂，然后用它抛光工具。为了获得必要的压力，他把铸件固定于一根杆的端末，而它的另一端由一根铁弹簧压下。工具的精加工乃用蓝油石抛光，就像当时用于抛光铜的那种油石。

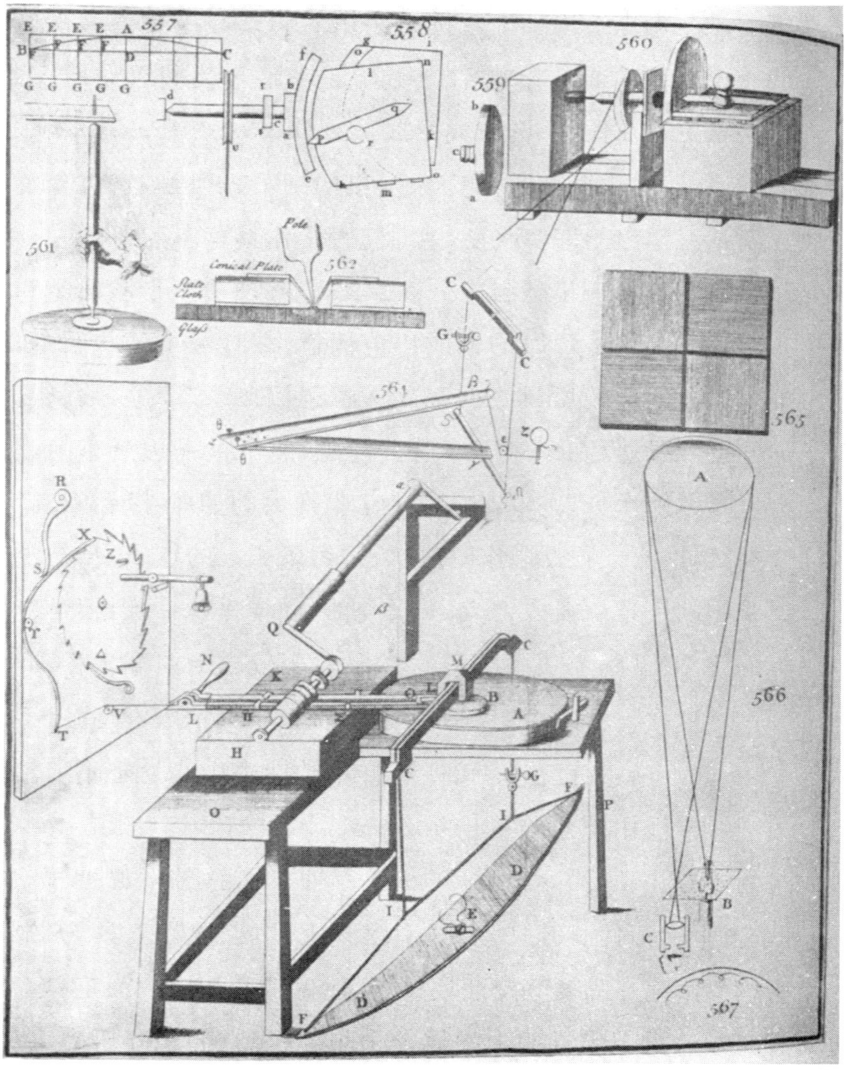

图 320—透镜和反射镜制造的要素

制造透镜时，把一块合适的玻璃板大致磨成适当厚度，从它疵 650
点最少的部分切下一块圆片，比所希望的透镜尺寸大一些。它被研磨成精确的圆，它的两个表面制成严格平行，为此，用金刚砂和水把它放在一块铁板上研磨，其间不时用卡尺或手钳测试其厚度。然后，把一块小的扁平金属圆片胶合于镜片。这圆片上开一个浅三角形孔，底部再开一个更小的孔。这两个孔中插入一钢尖，后者固定于一根杆的一端，杆的另一端固定有另一个钢尖，后者垂直地在工具中心上方通过一块靠近天花板的板上的一个孔。现在，把金刚砂和水喷洒在工具上，镜片便放在工具上研磨。用手握持的那根杆方便了操作。研磨工作用越来越精细的金刚砂不断进行，直到镜片具有所要求的形状和如此所能得到的最高光洁度。当透镜准备接受最后一道最精细的抛光时，它被胶合于一块板岩或磨石的圆片，后者略小于透镜，并在中心钻透有一个圆孔，大小同一先令的硬币相仿。石片和镜片间放一层布。圆孔中装有一个空心金属锥，后者具有一扁平刀刃，以石片的上表面为刀架。然后，给工具涂上精细硅藻土(四份)和矾(一份)的混合物，用醋弄湿，当其干燥后，再在其表面上撒上硅藻土。(硅藻土即磨石是一种松脆的含硅石灰石。)然后，把镜片施加于工具作最后抛光。像前面一样，这工作也从使用那根杆得到便利，它的下端现在插入透镜上表面上的石环中装配的那个金属锥之中。这样，透镜的一侧便完全成形，然后对其另一侧作同样处理。

为了避免用手施加必要压力所花费的劳力，惠更斯设计了一种抛光透镜的机器。在图 320 (图 563)中，A 是置于一台上的工具，B 是带石环和附带金属锥的镜片。工具上有一根横杆横过，后者中间装有一根大钉，将金属锥的顶尖压下。一个弓形木件 DD 紧固在地面上 E 处，它用于借助一根通过横杆 CC 的绳索维持对镜片的压力。这绳索被弓的挠曲保持紧张，紧张程度用螺钉 G 调节，绳索的一端缠绕在这螺钉上。另一种用于压下横杆 CC 的弹
651 簧示于同一个图中。一根垂直于 CC 的横杆 LL 用木钉固定于木块 H，以便能仅仅沿其自己长度的方向运动。木块 M 在 L 处固定于这横杆，而横杆 CC 松动地榫入木块 M。一根木辊垂直地装在 LL 上面，木辊的铁轴的端末在一根手柄 Q 之中。两根绳索的端末都固定于 LL。两根绳索沿相反方向缠绕在一根固定于木块 H 的木辊上，它们的另一端固定于这木辊。当手柄 Q 转动时，横杆 LL 先沿一个方向继则沿另一个方向摆动，而镜片在工具上往复运动。在研磨过程中，镜片不时绕其中心略微转过一点，工具位置也定时加以调整。台左所示的擒纵机构仅用来便于计算机器摆动次数。每次摆动时，齿轮向前转过一个齿，而齿轮每转过完整一周，便发出铃声。

史密斯还描述了（上引著作，Vol. Ⅱ，pp. 301ff.）用于研磨反射望远镜反射镜的有些相似的方法，它是约翰·哈德利加以完善的。像在制造透镜时一样，这里也制作圆形的黄铜样板。一个木模用来浇铸白镴模，后者借助样板车成准确形状，然后再用于浇铸反射镜。关于反射镜的成分，试验了各种各样金属混合物，结果表明，铜、银、锑、锡和砷成一定比例的混合物最好。实际的铸造总是这样进行的：把熔融的金属灌注入用这些模成形的砂型之中。在制造反射镜时，这样得到的一个铸件先用天然磨石粗磨，然后用大理石磨石研磨，后者上面黏合一些方块油石而形成铺面（图 320 的

图 565)。在研磨之前,这铸件已用一个黄铜工具加工成所要求形状,这工具的凹度和反射镜所要达到的相等。最后的抛光用一块形状相似的、覆盖有经沥青处理的薄绸的玻璃板完成。

哈德利求反射镜成品曲率半径的方法示于图 320 的图 566。在一间暗室里,一块钻有一些孔的金属板 B 放在一面反射镜前面来回移动(一支蜡烛通过金属板上的孔照明,这反射镜事先装置在暗室的壁上),直至观察到这反射镜反射形成的有一个孔的像落在金属板平面上。这像用一张贴在金属板上的卡片接收,或者通过一面目镜 C 观察。当金属板位置调定,以致其边沿和其中一个孔的像从这目镜看来同时处于焦点时,从反射镜中心到金属板的距离便给出所求曲率半径。

威廉·赫舍尔爵士主要根据史密斯《光学》(*Opticks*)中的说明,发展了他的研磨反射镜方法。不过,赫舍尔还把史密斯这位业余爱好者一套独特的旧工具买来使用,并得到了他的一些指点。赫舍尔的反射镜的毛坯用垆姆模铸成,这些模里放进木炭燃烧,进行烘焙。有时,模用舂烂的马粪制作。反射镜的金属使用按各种比例的铜和锡;约以 12 磅铜和 5 磅锡相混合,其结果最佳。铸件用黄铜"工具"研磨,各种铸型的槽都被锉平,它们再用在金属基底 652
上放上湿沥青构成的抛光工具抛光。一切可能的抛光方式都尝试过。不过,赫舍尔并未由此得出一般法则,因为,每面反射镜似乎需要作不同的处理,在很大程度上依赖观察者的经验和技能。赫舍尔为私人买主制造了大量望远镜(他至少研磨了 400 面反射镜),因此,他值得花时间做一定程度使用机械的实验,以减轻研磨和抛光金属表面的劳动强度。他的四十英尺望远镜的反射镜在铸

成后，用吊车悬吊，面朝下地对住抛光工具。这工具是一块凸状金属，覆盖有沥青，并撒上湿铁丹。十个人花了几个月工夫用这工具磨成这面反射镜。

第二十七章　技术 653

（十一）机械计算器　（十二）通讯
（十三）其他

（十一）机械计算器

我们今天所理解的机械计算器，最早是在十七世纪发明的。它们有两大类，一类是对数计算尺，另一类是借助连锁齿轮进行某些算术运算的计算机器。计算尺乃根据对数的一个基本性质，它 843
在耐普尔发现对数之后很快就出现。它是威廉·奥特雷德约在1630年发明的，发明时它已大致完备。不久，它就成为一种比较简单而又方便的形式。与计算尺不同的计算**机器**也始于十七世纪，最早可以提到巴斯卡（1642年）、莫兰（1666年）和莱布尼茨（1694年）三人的机器。然而，同计算尺相反，计算机器在整个十八世纪里仍不断在设计上花样翻新。因此，直到十九世纪这种机器开始以商业规模生产时，才有可能尝试标准化。

计算尺

十七世纪里甚至在英国，计算尺也很少实际利用，在大陆，这项发明几乎已完全被人们遗忘。然而，十八世纪里尤其在我国，这种仪器得到了比较广泛的应用，它的形式作了多方修改，旨在提高指示精度。两根非紧邻平行标尺间的相交读数的准确度用一个指标即“奔子”来确保，它是一根同标尺垂直相交的可移动准线，能平行于其长度地自由移动，以便同任何一根标尺上的任何给定分度
654 重合。这个装置最后由约翰·罗伯逊引入，他是基督医院院长，后来成为皇家学会图书馆管理员。它成为罗伯逊设计并指导生产的一种精致计算尺的构成部分。按照他的朋友威廉·蒙顿的说法，这计算尺长 30 英寸，宽 2 英寸；一面刻上十二个自然数和三角函数的标尺；并且“沿这一面有一个能滑动的指标即细铜条（约 1 英寸宽），它垂直地横过标尺边沿，将在几条标度线上示出彼此相对的分度。但是，这些标度线并不邻接”（W. 蒙顿：*Description of the Lines Drawn on Gunter's Scale* ，1778，p. 3）。一些计算尺设计者都试图既获取增加标尺长度的好处（以便能够作出比较精细的标度），同时又不让仪器本身长得不方便。本杰明·斯科特（1733 年）和乔治·亚当斯（1748 年）在十八世纪恢复采用沿圆线或螺旋线给标尺分度这种权宜之计。后来，威廉·尼科尔森研究了这个问题（*Phil. Trans.*，1787，Part Ⅱ，pp. 246 ff 和 *Nicholson's Journal*，1797，p. 372 ff.）。他还倡言，回到应用同心圆形或螺旋形标尺，或者把若干短段联结在一起构成一根直标尺，相当于一根长约 20 英尺的连续标尺。尼科尔森的建议当时未引起注意，但在十九世纪得到实现。在十八世纪末之前，法国和德国很少有人拥有计算尺，计算尺也没有什么改进。但是，自从法国采纳了公制，开始要求公职候补者熟习计算尺以后，法国在这种仪器

的设计方面起带头作用。今天,最流行的通用计算尺实质上仍是一个以其命名的法国军官在 1850 年前后设计的曼海姆计算尺。另一方面,德国则以这种仪器的制作工艺精巧著称。

(参见 F. Cajori:*A History of the Logarithmic Slide Rule*,1990。)

计算机器

我们现在应当加以考查的十八世纪计算机器全都是实验性质
的。它们大都操作方式极端复杂,并且它们中无论哪一种,是否始
终保持一种令人满意的性能水准,也属疑问,尽管它们各自的发明
者声称没有问题。直到十九世纪下半期为止,这类装置基本上是
加法机。不过,它们可以分成两大类,每一类都有一种十七世纪原 655
型。第一类机器像巴斯卡的一样,**仅仅**用于加法(例如合计金额),
第二类机器则能方便地进行乘法,即像莱布尼茨制作的机器那样,
重复地用机械方法(例如转动一个手柄或移动一块滑板)累加同一
个数。这种加法或乘法的结果通常用一行度盘显示,它们是些数
字齿轮,每个齿轮都刻上十个分度,标示 0 到 9 十个数字,每个齿
轮分别相应于个位、十位、百位等等,计算结果的各相继数字由适
当度盘指示。使机器的动作逆转,或者利用另一套刻度,便可进行
减法和除法。

现在,我们先来论述十八世纪的这样一些计算机器,它们可以认为是试图简化或改良巴斯卡的设计。莱平在 1725 年发明的一种算术机器最接近这原型,它载于《皇家科学院批准的机械和发明》(*Machines et Inventions approuvées par l'Académie Royale*

des Sciences)(Tome Ⅳ,pp. 131 ff.)。它是对 *sautoir*〔长珠串〕略作修改的变型。这装置用来从一个名数向下一更高位名数**进位**,进十位、百位等等,它的设计是这类仪器发明上最困难的问题。继莱平之后,伊莱兰·德·布瓦斯蒂桑多设计了三种十分相似的机器(同上,Tome Ⅴ,pp. 101ff.,1730 年以内)。它们试图消除这类机器使用上的一个严重障碍即摩擦,但并未成功。吉森大学教授、皇家学会会员 C. L. 格斯滕在 1720 年前后发明的一种算术机器中,每一名数上的运算,通过使一把刻度尺在一条槽内滑移过一个固定指标进行。这尺移动一根同一个固定小齿轮相啮合的齿条,使之转过相应多分度。需计算的数有多少位,就应用多少组小齿轮和刻度尺。它们放置在一起,每当其中一个齿轮完成一整圈,从它伸出的一个捕捉器就推进紧挨在它上面的小齿轮转过一个齿,以便进完全的十位、百位等等而达到下一更高位名数。这种算术
846 机器在 1735 年见诸记载(*Phil. Trans.*,Vol. ⅩⅩⅩⅨ,pp. 79ff.)。聋哑人教育的先驱雅各布·佩雷尔发明了一种简单加法机,它也有一种巧妙的数进位装置(*Journal des Sçavans*,1751,pp. 507ff.)。它的机器是一根单轴,上面装上一些短的黄杨木圆筒即
656 木轮,它们接连放置,一般都能独立地围绕这轴转动。这些木轮的曲表面上刻有 0 到 9 十个数字,它们整个地放在一个长约 3 英寸的小匣子中,此匣带有一些缝隙,通过它们可以看到数字。这些木轮用一根针转动,每当有一个木轮转过十个分度而完成一圈,左邻的那个木轮便向前移动一个分度。为此,每一个木轮都沿其一个平表面的整个圆周刻成锯齿形,其另一平表面则附装上一根**平衡杆**,即一根能像跷跷板那样绕其中心摇动的径向杠杆,它在一端有

一个钩,在另一端有一个斜面。每当这木轮的圆周向前转过十个分度,平衡杆的斜面便遇到一个捕捉器,后者固定于把每对相邻木轮分隔开来的镀锡铁板上。这捕捉器把平衡杆的该端往下压入木轮厚度上的一个榫眼之中。于是,另一端上的钩便突出。它通过镀锡铁板上的一个开口,同相邻木轮的一个嵌齿啮合,使这木轮向前转动一位。但在能继续推动这木轮之前,斜面脱离捕捉器,钩则在一根弹簧作用下退回正常位置。于是,这相邻木轮便处于不受扰动的状况,直到又移过十个分度。

藉重复相加完成乘法的机器,在设计上的关键问题是要设法做到,在手柄每转动一回或该机器每完成一个别的周期时,度盘所显示的数将增加一个等于被乘数的量。既然一个给定度盘的读数的增加取决于某嵌齿轮向前移过的齿数,因此,这问题便归结为在机器每完成一个周期时啮合各别嵌齿轮适当齿数的问题。任意确定啮合一个嵌齿轮的齿数的装置有好多种可供选择。其中有几种是莱布尼茨为他的计算机器发明的,它们一再为后来的设计师所利用。这些装置中有一种称为"针轮",装在意大利贵族 G. 波莱尼设计和用硬木制造的一台计算机中(参见他的 *Miscellanea*, Venice, 1709, p. 27ff.)。针轮是一个齿轮,其齿数可随意变更。一次简单的运动引起 1,2,3……乃至 9 个齿突出。每当针轮转过一整
圈时,这些齿便同控制度盘的嵌齿轮上同样数目的齿相互作用,而 657
指针向前移动同样多位数。波莱尼给数进位的机构同巴斯卡的 *sautoir* 有点类似,但它用悬挂的重物而非弹簧操纵。这台机器已证明不如巴斯卡的机构。按照一种说法,这位发明者因沮丧而把它拆掉了。

另一种任意改变每当机器完成一个周期时度盘读数的增量的方法是，每当两组连锁的齿已有一定齿数相互作用，便立即用机械方法使它们相互分离。雅各布·洛伊波尔德发明的计算机中，可以看到这种方法的一个实例，有关记载见诸他的《算术-几何舞台》(*Theatrum arithmetico-geometricum*)(莱比锡，1727 年，p. 38 ff.；参见图 321 和 322)。这种机器可以看做是早期设计的一个杰出范例，尽管它的设计人还没有来得及使之实现便离别了人世。在洛伊波尔德的机器中，相应于个位、十位、百位等等的九个度盘围绕该机的外环 *CDEF* 排列。这些度盘的指标都绕立轴转动，每根立轴的基座上都有一个带十个齿的嵌齿轮。这些嵌齿轮可由一

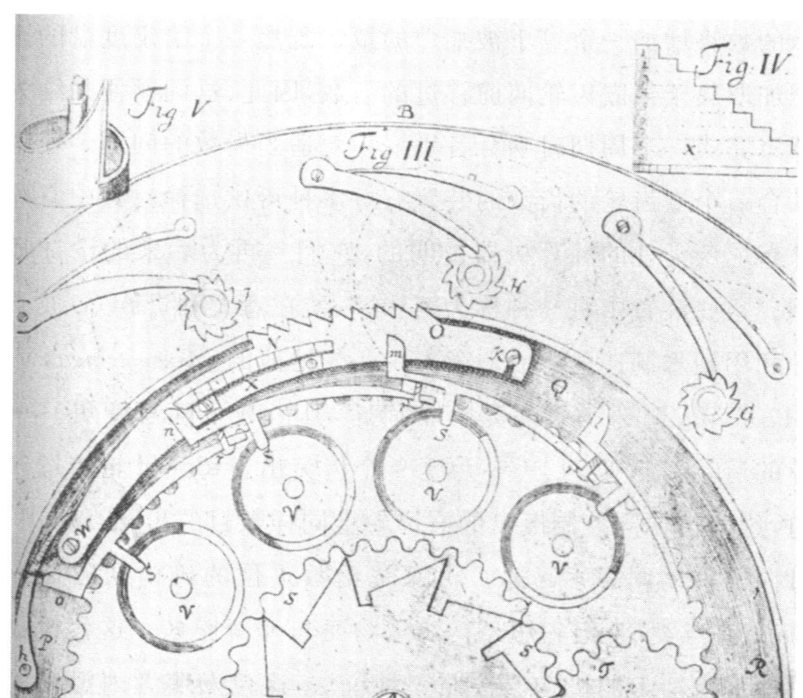

图 321—洛伊波尔德的计算机器(1)

条锯状金属带即齿条NO(图321,图3)的九个齿啮合,这齿条通过转动机器罩盖上方可见的手柄操纵。然而,只有当齿条(以W为支枢)藉抵抗一弹簧的作用(常态时约束住齿条)而被推离其中心时,这些齿才啮合。每当凸出物l、m、n等等之一捕捉住金属带X(垂直地固定于NO),这些齿便啮合。现在,X(图4中正观图所示)切割成九级,这样,在齿条被凸出物例如l推离期间,这齿条通过时所啮合的邻轴上的齿的数目便可从1改变到9,只要使l在不同高度(相当于X的不同宽度)上捕捉X即可。为了改变l的高度,必须升高或降低它由之突出的臂,这通过转动支撑这臂的螺旋斜面(图5)做到。构成机器罩盖内环的六个度盘表明各斜面的定位,它们决定了相应突出物l、m、n等等的高度。每个度盘的位置都同外环度盘之一相对立,内度盘的读数给出齿条通过外度盘轴时将啮合的齿数,因而也给出外度盘指针前移的位数。每根轴的上一半里还有G、H、I等等嵌齿轮(图322,图1),它们通过中间齿轮K、L等等而相互作用。这些嵌轮用于十位、百位等等的**进位**,以达到下一更高位名数的度盘。例如,每当G完成一整转,K上被提高的齿de便推动H(它处于比G和K都高的高度)前移一个嵌齿。同样,当H完成一整转,L便借助突出齿g而推动I前移 658
一个嵌齿。齿de、g等等都反抗弹簧的制动作用而处于自己的位置。所以,它们能够只给一个方向让路,以致赋予轮系G、H、I等等中任一嵌齿轮的正运动便传递给支配更高位名数度盘的嵌齿轮,而不传递给支配较低位名数度盘的嵌齿轮。在应用这种机器做乘法,例如1727乘以365时,内度盘的定位按上升顺序示出7、2、7、1,而外盘度全都处于零。这时,把手柄转动五次。于是,外度

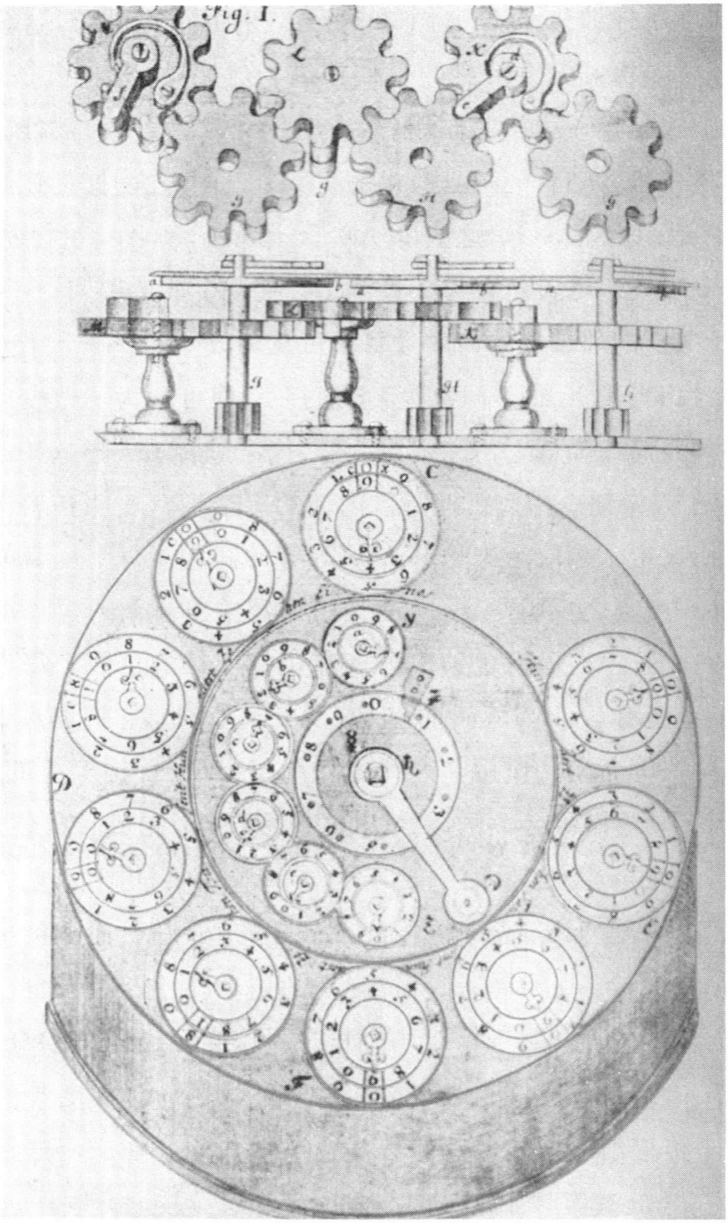

图 322—洛伊波尔德的计算机器(2)

盘便示出 1727 ×5 即 8635。然后,转动罩盖的中心部分,使内度盘全都在外度盘上前移一位,并把手柄转动六次,结果,1727×60 就被加于前面的总数。内度盘环再次移位,手柄再转动三次,这样,就又加上 1727×300,从而给出 630355 作为所求之总数。度盘上另一套可供选用的刻度用于减法和除法。

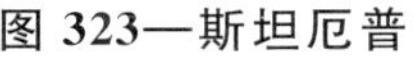
图 323—斯坦厄普

马洪子爵(后来的斯坦厄普伯爵)分别于 1775 和 1777 年发明的两种用于乘法和除法的机器示于图 324 和 325。前一设计应用了又一种机械地确定每一机器周期中啮合一给定嵌齿轮的方法。这种装置今称"阶梯式计数器",它看来像针轮一样也是莱布尼茨发明的。它主要是一个嵌齿轮,后者的九个齿在长度上等量递增。在这嵌齿轮转一整转的过程中,这九个齿中有几个同另一个嵌齿轮啮合,后者的轴带有一个指针,在一个度盘上转动。如此相互作用的齿的数目以及因之而产生的度盘读数的增加,都取决于这两个轮的相对位置,而这位置可任意改变。在斯坦厄普的前一种机器里,有两行盘度,每行有 12 个度盘,一行在前,一行在后,两行都固定于底座。上面是一个可移的座架即滑板,在进行乘法时,操作者借助图示的两个牙质手柄使之始而朝向继则离开操作者地滑移。这座架也带有一行度盘,包括十二个度盘,它们可置于从右到左十

图 324—斯坦厄普的计算机器(1775 年)

659 二个不同位置。这些度盘控制阶梯式计数器,每个计数器都有九行齿,其齿数从 1 到 9 不等。按照这些度盘的定位(它们在乘法时必须置于表示被乘数的位置),每个计数器有一、二或更多个齿啮合底座上后行嵌齿轮的齿,并使指针在滑板前移时也前移相应多位数。数字在相邻位间的进位是自动的。一个突出臂记录滑板对前行度盘的每次扫描,这样,在整个运算完成时,前行便表示乘数,而后行表示所求之积。在做除法时,这扫描沿相反方向进行,即始而离开继则朝向操作者。于是,后行轮表示被除数,滑板上的轮表示除数,前行则表示商。斯坦厄普 1777 年的机器设计更复杂,它用曲柄的旋转运动取代滑板的振动。它包括一个同洛伊波尔德相似的装置,用于当已有所希望的齿数相互作用时,自动中止两个嵌齿轮的啮合。

这类主要用于乘法的机器,还有德国人在十八世纪末发明的两台。其中第一台是马特·哈恩耗巨资发明和制造的。他是路德维希堡一个有机械素养的牧师。它的外部特征的描述以及使用说

图 325—斯坦厄普的计算机器(1777 年)

明发表于《德意志报道者》(*Der teutsche Merkur*)(1779 年 5 月)。这种机器在附近一带引起很大兴趣。不过,它的内部结构没有透露。哈恩的儿子在 1809 年复制了一台,保存在斯图加特。直至上世纪末,它还在运转。关于哈恩机器有严重缺陷的传闻,激励德国工程师 J. H. 米勒制造了一台据他称是优越的仪器(图 328)。他想出了好几种可供选择的主意,结果选择并制定了其中一种,它使他制成一台酷似哈恩的机器。米勒的发明在《德意志报道者》(1784 年 5 月)上宣布。他的朋友 P. 克利普施泰因于 1786 年编著了一本小册子《他新

图 326—哈恩

制成的计算机器的说明》(*Beschreibung seiner neu erfundenen Rechenmaschine*),说明了他的机器的外貌和使用规则(但关于它的内部结构则语焉不详)。米勒的机器封装在一个镀金黄铜圆筒形机壳之中,后者直径 10.5 英寸,深 3.5 英寸。上表面带有十四对度盘,构成一个外环和一个内环,又有十四个带刻度的螺丝头围绕这圆筒的曲面分布,同相应的度盘对相对立。整个装置顶上是一根大曲柄,它只沿一个方向自由转动。在把两个数**相加**时,外度盘的定位表示其中一个数,螺丝头则表示另一个数(后一个数的个位、十位等等分别置于前一个数的个位、十位等等之下),多余的度盘一律置于零。只要转动手柄一次,外度盘环上的读数便变为所需之和。乘法像在洛伊波尔德的机器中一样进行。米勒的机器里设置了一个铃,每当试图进行不可能的运算时,便发出报警声。

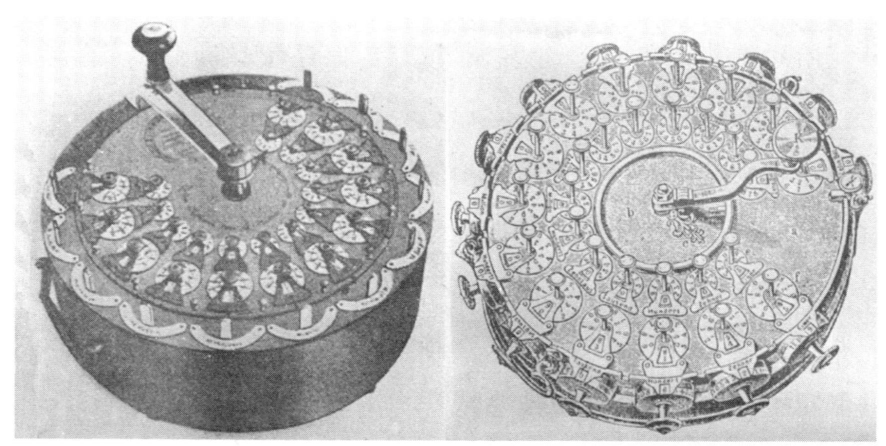

图 327—哈恩的计算机器　　**图 328—米勒的计算机器**

660 (参见 *Encyclopädie der mathematischen Wissenschaften*, Leipzig,1898,etc. ,Vol. I,pp. 952—78;*Société d'Encouragement pour l'Industrie Nationale*,Bulletin for *Année* 119,Paris 1920;

D. E. Smith: *History of Mathematics*, Vol. Ⅱ, 1925; Catalogue of Science Museum, London: *Mathematics I. Calculating Machines and Instruments*。)

(十二)通讯

用某种预先安排的信号(可见的或可听的)来迅速地向远方传送信息的做法,古已有之。比较简单的典型形式,是借助广泛应用的熄灯鼓、号声、信号枪、烽火、火箭等等,按照有关各方事先商定的约定发出通告。然而,严格说来,可以看做为传递发报者随意发出的**任意**言语消息之一种手段的通报通信,则是相当晚近的发明,最初在十八世纪实现。这个时期的通报装置按照利用光信号或者涉及应用电而分为两大类。前一类在实用上明显地较为重要,因此,这里将首先加以考查。

十七世纪里已经提出了一些向远方通情报的方案,它们极其巧妙,但并不切实可行。其中最值得一提的是罗伯特·胡克在1684年提出的一种(W. Derham: *Philosophical Experiments and Observations of Hooke*, 1726, pp. 142 ff.)。胡克的计划是,竖立一个高耸的木杆,上面悬挂一些约定的符号,它们用木头凿成,轮廓鲜明。这些字母平时掩盖在一个屏后面。不过,它们任何一个均可使之进入视野,只要拉动系于它的绳索即可。这些符号按照一种约定的密码表示字母表中的字母,为了保密,密码可不时改换。十八世纪里提出的几种类似建议,包括阿蒙顿提出的那种,都表现出胡克思想的影响。但是,高效通讯装置的实际制造的先驱是法国人克洛德·夏普(1763—1805)。大约在法国大革命时期,夏普和他的兄弟们开始做通报实验。暴民敌视这种实验,毁坏他们的装置,威胁他们的生命。但是,他们仍努力不懈。1792 年,克洛德·夏普向国民议会递交了一份切实可行的计划。翌年,国民公会命令进行这种通报试验。当 1794 年这些试验圆满完成时,建
661 立了一条连接巴黎和里尔的通报链。用这种新颖通信手段传送到首都的第一个消息是,从奥地利人那里捕获了魁诺(而不像通常所说的那样是孔代)。夏普的通报装置是一根约 15 英尺高的竖直杆。这杆的顶端装有一根横梁,约 14 英寸长,以其中心为支枢。因此,借助绳索可使这横梁同这支承杆构成任意所希望的角度。这横梁每一端各有一根约 6 英尺长的臂,它们也能同横梁长度成任意角度。这些任意角度限制于 45°和 90°。但即便如此,这装置所能采取的构形的数目仍足以用一种特殊指号来代表字母表的每个字母,绰绰有余。这些通报装置设立在山顶上,以便形成一条链。每一装置都处于其邻近装置的视野之中。一个站上示出的信号在下一个站上用望远镜观察并加以重复。消息一个字母一个字母地表达,这些指号必须唯有发射站和接收站能理解。通报线路很快在全法国建立起来,它们在大革命的战争中发挥了作用。夏普的胜利招致了极大嫉妒。他惨遭敌手的残酷迫害,遂不得不自杀,时年 42 岁。他的兄弟伊亚尼斯·和皮埃尔·夏普继承他的事业,继续经营通报服务。其间,法国通报的成功刺激其他国家也兴办这种事业。在英国,机械师和教育改革家理查德·洛弗尔·埃奇沃思(1744—1817)发明了一种通报系统,它不同于夏普的。他在年轻时读到胡克的方案时,就已注意起通报技术。后来,他参加

了一种打赌,看谁第一个在伦敦说出纽马克特一次赛马的优胜者的名字。他押下了一笔赌注,遂寻思在赛马场和伦敦之间设立一条临时通报线路。当他向对手们警告说,他"不依靠马的速度和力量取得所需情报"时,他们便取消了打赌,因而这计划也就告吹(参见 *Memoirs of Richard Lovell Edgeworth*, 3rd ed., 1844, pp. 90 ff.)。然而,埃奇沃思实际上早在 1767 年就已进行过短距离通报实验。他那以此方式传送国家重要情报的成熟方案于 1795 年发表于《爱尔兰皇家学院学报》(*Transactions of the Royal Irish Academy*)(Vol. Ⅵ)。1803 年,埃奇沃思定居爱尔兰。那时,在他 662 鼓动下,建立了一条连接都柏林和高尔韦的通报线路。埃奇沃思的通报装置包括一根三角形指针,它装在一根立柱上,能像钟的指针那样绕其转动。这指针绕完整圆周有八个相继定位,间隔 45°,它们相应于数 0、1、2、3,等等,直到 7。只要一个接一个地装设四根这种指针,使它们相应于逐次小数位,就可表达直至数千之大的数(除了那些包含 8 或 9 的数而外)。每个数均可用来代表某个字母、语词或者完整句子,这样,就可秘密而又迅速地传送信息。另一种英国通报系统中,变换由一些闸板作出,每块闸板以宽面或外缘对准观察者。英国海军部于 1796 年建立的伦敦到多佛的通报系统就是根据这一原理工作的。它能仅花 7 分钟就把信息送过这整个距离。它一直工作到 1816 年。然而,那时光通报已开始成为**臂板信号装置**的标准形式。它乃由几块(通常是一副)活动臂板组成,每块臂板以其一端固定于一支枢,后者位于一根立柱的顶端,每块臂板均能藉取不同相对方向来表示不同字母,一如钟的指针表示一天的不同时间。

十八世纪中叶，大量进行放电通过长长导电线路的实验（例如沃森和 L. G. 勒莫尼埃的实验）。这提示了利用电来快速远距离传输信息的设想。最早的电报方案似乎包含在 1753 年 2 月 1 日的一封信中，它发表在那年的《苏格兰人杂志》（*Scots Magazine*）（Vol. XV，pp. 73 ff.）上。这封信署名为伦弗鲁的“C. M.”。据认为他是查尔斯·莫里森，一位外科医生，出生于格里诺克，最后迁居弗吉尼亚。他的建议的实质，最好用下面从这信中摘录的话来说明：“让……一组电线（根数等于字母表中的字母）水平地伸展在给定两个地方之间，它们彼此并行，每一根与下一根的距离约 1 英寸。每隔 20 码处，用玻璃或宝石黏结剂将它们固定于某个坚实物体，既防止它们触及地面或任何别的非带电物体，也防止它们因自身重力而断裂。让电枪筒”（摩擦起电机的原导体）“同电线端末相垂直地放置，并位于它们下面 1 英寸的地方。再将电线固定在一块坚实的玻璃上，位置离开端末 6 英寸。使它们那从这玻璃到起电机的部分具有足够的弹性和韧性，能在同枪筒接触以后仍恢复到原来位置。靠近支撑玻璃的地方，让每根电线悬挂一个球。在球下面约六分之一或八分之一英寸的地方，放上字母，字母写在纸
663 片或任何别的轻物质上，它们能上升到带电球上。同时，经巧妙的设计，每个字母在跌落时都能重又正确回到原来位置上。”显然，这些电线在两端均装备有一台摩擦起电机、球和字母，因为“C. M.”继续写道：“这一切都如上所述制作齐备之后，并在预定的时刻，我开始以此方式同我的远方朋友交谈。在像通常实验里那样启动起电机之后，假定我准备发出语词 Sir［先生］。我用一块玻璃或任何别的 electric perse［绝缘子］敲打电线 S，使它同枪筒接触，而 i，而

r,方法完全相同。我的通信者几乎在同一时刻观察到这几个字依次上升到处于电线他那里一端的带电球,”当消息发完时,这朋友能够进行回答。“C. M.”还描述了这种设备的另一种形式:火花从这些电线跳到带有字母的铃,使它们发生响声。这是后来在电报技术中应用火花和铃的先声,十分令人感兴趣。然而,并没有迹象表明,这位著作家实际**制成过**一台电报装置。这最早似乎是瑞士物理学家 G. L. 勒萨热(1724—1803)做到的。在他那于 1774 年装设在日内瓦的设备中,各通信站使用 24 根加绝缘的金属线,每一根相应于一个字母。在发送端,这些电线固定于一台摩擦起电机的原导体,而每根电线的另一端(在接收站)悬吊一对木髓球。为了发出一个给定字母的信号,沿相应电线发送一个电荷,使远端的木髓球可见地偏向。在一封 1782 年 6 月写给普雷沃的信中,勒萨热声称,他在 30 到 35 年以前就已发明了电报装置。在这种设备的原型中,电荷沿电线的通过似乎由金箔片的吸引指示(参见 Moigno:*Traité de Télégraphie Electrique*,1852,p. 59 f.,那里引用了普雷沃的信)。洛蒙在 1787 年发明了一种比较简单的电报装置,只应用一根通信电线。木髓球验电器逐次偏向的数目指示不同的字母或句子(Arthur Young:*Travels in France*,Vol. I,p. 979,4th ed.,1787)。十八世纪末年发明的几种电报装置中,字母在接收端的指示乃利用火花的通过而不是木髓球的偏转。作 664
为这种电报的一个典型例子,我们可以举出罗伊泽或赖泽发明的那种,他于 1794 年在福格特的《物理学最新成就杂志》(*Magazin für das Neueste aus der Physik*)(Bd. Ⅸ,p. 183 f.)上说明了它。保持通信的各个站用一些加绝缘的地下电线连接,每个字母用一

对。在每个站,每对电线的端末连接到一根单独的锡箔带,后者黏合到一块玻璃板上,并标有相应的字母。然而,锡箔在电线接触点之间中央对直通过,以便提供火花隙。于是,相应于每个字母,都有一条导电线路延伸在这两个站之间,并且每个站都有一个火花隙。为了发出一个给定字母,只要让一个莱顿瓶从发送站通过适当线路放电,注意火花在接收站通过哪个火花隙。这位发明者写道:"我在家里坐在我的起电机前面,向马路对面的某人口授一封他为自己写的完整的信稿。"作为一种呼唤通信者的手段,罗伊泽建议在线路的每一端设置一个带有爆炸性气体混合物的容器,这气体可用从另一端发送来的火花随意引爆。西班牙用类似线路进行工作的电报是贝当古和萨尔瓦引入的。可以说,随着罗纳德的设备于1816年发明,用摩擦电通报的时代也就结束。但是,直到1837年,在发现了伏打电流的电磁性质之后,电报的巨大潜力才开始得到实现。

(参见 I. U. J. Chappe: *Histoire de la Télégraphie*, Paris, 1824; F. Gautier: *L'Œuvre de Claude Chappe*, Paris, 1893; F. Moigno: *Traité de Télégraphie Electrique*, Paris, 1852; R. Sabine: *The History and Progress of the Electric Telegraph*, 2nd ed., 1869。)

(十三)其他

为了结束我们对十八世纪技术成就的介绍,我们只要再记述几项比较孤立的发明或改良,就可以了。因此,我们在本节打算论述包括下列诸项的一个杂类:(1)一种改良的油灯;(2)煤气照明;(3)改良的造币技术;(4)拷贝机;(5)桥秤和(6)风车通风装置。

665

一种改良的油灯

十八世纪油灯用的灯芯是扁平的、暴露的,也不浸渍。因此,油灯的烟十分浓,气味很难闻。约在1780年的某个时候,一个名叫F. P. A. 阿尔冈的瑞士人发明了一种新颖的油灯。这种灯有一根管状灯芯,因此,空气能进入它里面;还有一个玻璃烟囱,它提供了一条竖直的通风道。结果,灯更明亮,而烟少了。这位发明者试图在英国开发他的发明,曾为此同博尔顿联系。但是,由于他无意之中违犯了某些法律上的专门条文,因此,未能获得专利权。他于1787年死于贫困,但他的发明还是逐渐得到普遍应用。(参见H. W. Dickinson:*Matthew Boulton*,pp. 127 ff.)

煤气照明

十八世纪末年,威廉·默多克(他的其他工作已在前面提到过)做了把煤气用于照明的实验。

初次实验是在1792年做的,当时他在康沃尔的雷德鲁思。他的设备由铁曲颈甑和镀锡的铜管和铁管组成,煤气经过这些管子通到相当远的距离,在那里点亮,煤气并在中途的几个点上通过各种形状和尺寸的孔。煤气通过水。还采取了一些别的措施,以便净化煤气。他用各种不同的煤做实验,发现"烛煤"最适用于照明。1798年,他在博尔顿和瓦特的索霍铸造厂制造一台较大型的设备,在许多夜晚都用煤气照明主楼。1802年,在公众庆祝同法国媾和时，索霍制造厂用煤气照明。这次显示对这新发明起了一定的宣传作用。此后，索霍铸造厂再也不用别种人工照明。不过，它的第一次盛大机会是在1807年，那年菲利普斯和李的曼彻斯特碾磨厂"极大规模地"装设煤气照明装置。配备的灯头数目达904。每年的费用估计为650英镑，而"如果应用蜡烛"，则费用为3000英镑。（参见 *Phil. Trans.*，1808，pp. 124—132，默多克的一篇论文。）1808年，默多克因他的发明被授予皇家学会的朗福德勋章。

改良的造币技术

十八世纪的大部分时间里，钱币仍用手工硬模压制铸造。这
666 种钱币都不精确，供应也不充足，令人失望。因此，造假币的人跃
跃欲试，尽管罪犯常被处以极刑。将近十八世纪末的时候，博尔顿
对这个问题发生兴趣，产生一个想法，即利用蒸汽力来制造大量十
分精确而一致的钱币，使仿制变得很困难。在技艺高超的模具制

图 329—索霍造币厂

造者的协助下，博尔顿很快实现了他的想法，索霍造币厂（图 329）向英国和几个外国政府供应大量钱币。这项成就给他的朋友伊拉兹马斯·达尔文留下了深刻印象。我们得感谢达尔文提供如下记述。“博尔顿先生最近在伯明翰附近的索霍地方建造了一台极其壮观的造币设备，这使他花费掉了几千镑。整台机器由一台改良的蒸汽机驱动。它滚轧半便士的铜币，比以往造币时滚轧铜更为精细。它操纵切断器或螺旋压机压出圆形铜件。钱币的两面和边沿同时铸造，工艺极其精良而又廉价，标记用十分强力的机械加工，结果完全根绝了私下假冒，因此，从刽子手那里拯救了许多人的性命。这一事实值得一位部长大人予以重视。如果说在罗马给保护公民生命的人授予市民花冠，那么，博尔顿先生理应被戴上栎树叶花环。运用这机械，四个十或十二岁的孩子能在 1 小时里冲出三万畿尼，这机器自己始终准确无误地计算所压出的钱币的数目。”（参见 H. W. Dickinson：*Matthew Boulton*，Ch. Ⅶ。）

拷贝机

整整一个世纪里，复印手写信稿用的拷贝机一直是每个办公室的一项习见的和必不可少的设备。要是列为一项相传动产，那今天在许多老商行里或许还保留着它。它是詹姆斯·瓦特发明的——只不过是这个发明天才的“工厂里一件小玩意儿”。作为博尔顿的合伙人，瓦特自然必定有大量业务信函往来，而他也必须把它们复制下来，以备日后参考。他经常离开索霍制造厂，到科尼什 667
或别处去规划或监督蒸汽机的安装，其间，他没有办事员协助。这样，由于亟望避免浪费时间和令人厌烦的抄写工作，他遂于 1779

年发明了混合阿拉伯树胶或糖和他的墨的方法。把未上浆的薄纸压在一份手写信稿上，用这种墨湿润这纸，于是，就得到了印象，只要把薄纸翻过来，就可容易地阅读。当瓦特把这主意告诉合伙人博尔顿时，后者照例认识到它的实用可能性。他设计了便于应用这项新发明的一种滚压机。后来，他又代之以一种螺旋压机，而这成为拷贝机的标准形式。（上引著作，pp. 104 ff.）

桥秤

像前面四项发明一样，桥秤也同博尔顿有一定联系，因为它的发明者约翰·怀亚特这位伯明翰机械师似乎在作出这发明之后，曾一度受雇于博尔顿。不过，这次同博尔顿的关系十分小。桥秤约在1741或1744年发明，在这之前，重的负荷只能应用十分笨重而又麻烦的提秤。在这种情况下，加载货车的秤量是一件十分讨

图 330—怀亚特的桥秤

厌的事情。怀亚特根据复式杠杆原理建造他的桥秤。他的这种平台秤量机今天仍普遍用于迅速秤量重载荷,不过在细节方面已有了许多变化(图 330)。

风车通风装置

虽然“启蒙运动”在十七世纪起源于英国,但在十八世纪那里仍要对光和空气征收窗户税。任何种类住宅或建筑物包括医院和监狱,每一扇窗户均得付税。结果,窗户因而空气和光都厉行节约。监狱(它们大都成为狱吏的摇钱树)的境况是骇人听闻的。富有发明才能的斯蒂图芬·黑尔斯遂致力于发现某种给建筑物尤其医院和监狱通风,同时又不增加窗户税费用的方法。(黑尔斯关于呼吸和蒸腾作用的那些机巧实验,前面已在关于植物学和动物学的两章里介绍过。)他终于发明了风车通风装置,它安装在好些监狱里造福囚犯,他们的死亡率据说因此而锐减。图 331 是从伦敦博物馆里的一张图片复制的,它示出的风车通风装置乃于 1752 年由伦敦商界市政官下令装设在新门监狱的所谓迪克·惠廷顿门的屋顶上面。

图 331—黑尔斯的风车通风装置

668

第二十八章　心理学

十八世纪的心理学表现出成为一门独立经验科学的明显趋向。出现了一些论述各种心理学问题的著作，它们丝毫不包含哲学的或神学的讨论。甚至那些把自己的哲学建立在心理学的基础上的著作家也本着严格的经验精神从事心理学工作。在贝克莱和休谟那里，情形尤为如此。因此，完全可以把心理学同十八世纪的哲学分离开来，尽管并不总是可以把哲学同心理学分开。

十八世纪心理学最显著的特点是，它兴趣广泛。几乎心理学的一切分支——分析心理学、生理心理学、比较心理学、社会心理学和变态心理学中都开展了工作。还尝试了把心理学理论应用于艺术、教育和政治问题中。此外，这一时期心理学家的著作中，还出现了很多相竞争的方法和观点——内省描述对思辨假说、无灵魂的原子论联想心理学对有能动灵魂的整体说心理学，如此等等。

十八世纪的主要心理学著作家是贝克莱、休谟、哈特莱、沃尔夫和特滕斯。不过，许多其他人也对这门学科作出了一些有意义的贡献，本章将提到其中几个。

一、英国心理学家

贝克莱

乔治·贝克莱(1685—1753)出生于爱尔兰基尔肯尼郡的戴塞特堡。他的父亲是海关官员,母亲是魁北克望族沃尔夫将军的表妹。乔治在基尔肯尼中学和都柏林三一学院受教育,最后当上了三一学院的研究员和指导教师。1709年,他发表了他的最重要心理学著作《视觉新论》(*A New Theory of Vision*)。1710年,他出版了他的主要哲学论著《人类知识原理》(*A Treatise Concerning the Principles of Human Knowledge*)。1713年,他辞去了在都柏林的教职,去到伦敦,在那里发表了他的《原理》的姐妹篇也即《海拉斯和菲洛诺斯的三篇对话》(*Three Dialogues Between Hylas and Philonous*)。他在伦敦见到了许多人,包括爱迪生、蒲伯、斯蒂尔和斯威夫特。斯蒂尔曾引他进宫朝觐安妮女王。同年,他就任西西里国王维克托·阿马德欧斯的特命全权大使的彼得巴勒勋爵的牧师和秘书。于是,贝克莱有了一个国外旅行的时期。他于1720年返回英国,1724年就任伦敦德里教长。但是,他没有休止,设想在百慕大群岛建立一所

图 332—贝克莱

学院。凭着沃波尔等人的资助允诺，贝克莱于1725年动身去执行使命。他空等了三年，未见诺言兑现，遂返回祖国。他从那里的美洲土著学到的东西之一是焦油水的药用，而如第十九章里已介绍过的，他在1744年发表的一部著作中宣扬了它。1734年，他当选克罗因的主教。他在于1752年退休到牛津之前一直担任此职。1753年，他死于牛津。（参见 A. C. Fraser：*The Life and Letters of George Berkeley*，Oxford，1871 。）

贝克莱对心理学的贡献全包括在他的《视觉新论》之中，虽然他的其他著作也包含心理学的讨论。《新论》的首要目标是“表明，我们用视觉感知客体的距离、大小和情境的方式”（§1）。贝克莱认为，关于客体的距离、大小、相对位置和运动的知识，首先是从触觉的经验得到的，但是，如此从触觉得来的教训同伴发的视觉极其密切地相“混合”，以致我们似乎直接**看到了**以往相关的触觉经验仅仅间接暗示了的东西。这种“混合”在今天更经常地称为“复合”或“融合”，在心理学中相当重要。严格说来，贝克莱不是这个思想的创始者。它是由威廉·莫利纽克斯（都柏林三一学院的指导教师）提出的，他写信告诉了洛克。洛克接受了它，并在他的《人类理智论》中简单地用一段话（Book Ⅱ，Ch. Ⅸ，§8）加以解释，而《视觉新论》引用了这段话（§132）。然而，贝克莱最早详尽地阐发了这个思想，并使之流行起来。贝克莱对心理学作出的另一个贡献，是他强调对心理过程作内省研究。他始终“诉诸人的经验”，他拒斥任何所谓的知觉，“只要我自己意识到没有这种东西”（§12）。

贝克莱在论述视觉心理学时，首先说明某些当时流行的观点。

首先是这样的观点：沿视线的距离实际上不可能看到。“因为，距 670
离是一条端末朝向眼睛的线，它仅仅把一个点投射到眼睛的基底——无论距离是长是短，这点总是保持相同”(§2)。贝克莱不加讨论地接受这一观点。其次，他引述了这样的观点：“我们对相当远的客体的距离所作的估计，不是出于感官的活动，而是根据经验作判断的活动。例如，当我感知许多中间客体……而我已经验到过它们处于相当大空间中时，我于是作出一个判断或结论：我看到的在它们以远那个客体处于距离很远的地方。再如，当一个客体显得又模糊又小，而它在我近距离地经验到时曾表现出又大又清晰的形象的时候，我立即得出结论：它十分遥远”(§3)。贝克莱又未表示异议。接着，他转到讨论距离知觉的几何学解释。按照这些解释，一个被感知客体的远近，视在客体处同时形成的诸光轴所构成的角的大小而定，或者视从这可见客体到达眼睛的那些光线的发散程度而定。贝克莱拒斥这些解释，因为“这些线和角……本身根本不会被感知到，任何人要告诉我，我知觉到某些线和角，它们把各种距离观念引入我的心灵，都将是徒然的，只要我自己意识到不存在这种东西”(§12)。其实，贝克莱并不认为，这些线和角全然无关。他承认，它们决定了眼睛的必要调节，而这些调节引起藉以判断被看见客体距离的感觉。但是，我们正是藉助这些对紧张、混乱等等的**感觉**来判断距离。“如果我们不是始终**感到**，眼睛的各种**倾向**所引起的某些感觉、伴随着一定的距离，我们就绝不会根据这些感觉作出关于客体距离的即时判断”(§20)。然而，甚至那时感觉也不会独自产生对距离的感知，而不借助以前的相关触觉经验。按照贝克莱的意见，这个问题的真实情况如下：“由于

长时间地经验到可由触觉感知的、某些观念(像距离、触知形象和坚实性)同某些视觉观念相联系,我在感知这些视觉观念时,便当即推断出,哪些触知观念……会产生。”但是,“视觉真正感知的不是距离或处于一定距离的事物的本身或它们的观念”(§45)。贝克莱援引比较明显的声音事例来说明他的理论。距离不可能听到。不过,“根据噪音的变化,我感知马车的不同距离”,因为,我以
671 往观察过声音变化和距离变化的相互关系。

我们实际看见的,无非就是光和颜色。客体的大小、形状、距离和运动是借助同视觉截然不同的触觉领会的。然而,经验把触觉变化同视觉变化交织或混合起来,以便使视觉包含相关触觉的意义。“从视见观念到触知观念的转移十分迅速、即时,感知不到,因此,我们禁不住把这些观念视同直接的视觉客体”(§145)。恰当的视觉实际上被吸收在它们与之相混合的触觉之中,这是怎么发生的呢?贝克莱对这个问题给出一个实用的回答。“物体对我们的感官直接施加作用,由此而带来的坏处和好处完全取决于客体的触知性质,而同其视见性质毫无关系。正因为这个简单的道理,所以,我们远为看重前一类性质。而且主要也是为了这个目的,视觉器官似乎才赋予动物,也就是说,动物借助视见观念的知觉(视见观念本身不能影响或改变动物躯体的结构)或许能够预见(根据它们已有关于哪些触知观念同这种或那种视见观念相联系的经验),它们自己躯体作用于远处某个躯体时可能会产生损害还是益处。因此,当我们看一个客体时,主要注意它的触知形象和广延;其间很少在乎视见形象和大小,而后两者虽然比较直接被感知,但不会明显影响我们,不能在我们躯体中产生任何改变”(§59)。

贝克莱认识到，如果他的视觉理论是正确的，那么，一个生来盲目、后来才获得视力的人起先将不可能用视觉判断客体的距离、形状、大小、位置和运动，因为他还没有为把他的触觉经验同新的视觉经验相混合所必需的经验。莫利纽克斯也已表达了同样的意见，尤其强调了事物的形状。贝克莱引用了像洛克的《人类理智论》中所记叙的他的这个见解。所以，这里有一个证实他的假说的机会，即研究最后获得视力的盲人实例。不过，贝克莱看来没费多少事或者根本没有费事就获得了必需的信息。他后来援引的仅有的两个实例〔也即在《视觉新论》第 2 版的附录和《视觉理论的证实》(*The Theory of Vision Vindicated*)(1733 年)的 § 71 之中〕 672
是，一个见诸 1709 年 8 月 16 日《闲谈者》，一个见诸 1728 年《哲学学报》(第 402 期)。两者都是给天生盲目者成功施行白内障摘除外科手术的病例。按照《哲学学报》的说法，当病人初见光明时，“他远不能作出任何关于距离的判断，以致他认为，一切客体都触及他的眼睛。……他不知道任何东西的形状，也不知道两个在形状或大小上不同的东西。”贝克莱自然认为，这两个病例证实他的理论。

这里还可以简短论述一下贝克莱另一个有心理学意义的地方，也即他的“意念”(“notions”)理论。这个理论是在他驳斥一般的和抽象的“观念”(“ideas”)的过程中形成的。他说的观念是指知觉、记忆和表象。然而，他认为，必须承认，事实上必须坚认：甚至没有这些，知识也是可能的，也即藉助所谓无表象思维或概念，知识也是可能的。“我们可以说具有关于我们自己心灵、精神和能动事物的某种知识，而关于它们，我们在严格意义上没有观念。同样，我们具有关于事物或观念间关系的知识和意念——这些关系不同于有关的观念或事物，因为我们能够在未感知关系的情况下感知观念或事物”(《人类知识原理》，§89)。前人已经强调过表象和意念间的区别。例如，斯宾诺莎强调具有上帝的**观念**和具有上帝的**表象**之间的区别(A. 沃尔夫编：*The Correspondence of Spinoza*，Letter LⅥ，pp. 289，453)。“观念”这个术语那时和现在仍然常常在“概念”或“意念”的意义上使用。不过，为了认识这类观念或意念而提出的那些心理学问题不得不等到很久之后才得到充分研讨。(参见 A. C. Fraser 编：*The Works of George Berkeley*，Vol. I，Oxford，1871。)

休谟

图 333—休谟

戴维·休谟(1711—76)出生于爱丁堡。他在爱丁堡大学就学，但未获取学位。十七岁那年，他一度学习法律，但又中辍。后来他尝试经商，可是也半途而废。他的母亲说他“气质高尚而又温厚，但出
673 奇地意志薄弱”。实际上，他潜心著作生涯，对家庭给他安排的生涯不感兴趣。在从父亲那里继承了一笔钱之后，休谟决定去法国一个隐蔽地方埋头做学问，甘愿为此“厉行节约，以弥补钱财的不足”。他在拉弗莱什完成了他的《人性论》(*Trea-*

tise of Human Nature)，并于1739—40年出版。他不满足于它受到读者大众的欢迎。为了使他的哲学传播更广，他在1751年又发表了《人性论》的简写本，这就是《人类理智研究》。然而，《人性论》使他同亚当·斯密结下了终生友谊。其间，休谟于1741—2年匿名发表了他的《道德和政治论文》(*Essays Moral and Political*)，该书立即获得成功。1746和1748年，他陪同圣克莱尔将军执行几次外交使命。1751年，他发表了《道德原则研究》(*Inquiry Concerning the Principles of Morals*)，翌年发表了他的《政治谈话录》(*Political Discourses*)，就任爱丁堡大学法学院图书馆员。他的《英国史》(*History of Great Britain*)第一卷于1754年问世，《自然宗教史》(*Natural History of Religion*)于1757年问世。1763年，他就任驻法大使，赫特福德勋爵的秘书，其间同卢梭结为朋友。1767年，休谟任国务副大臣。两年以后，他返回爱丁顿，在那里，他和他的妹妹成为名流社交界的核心。在生平最后一年里，他撰著了一篇简单的自传《我的一生》(*My Own Life*)。他的《自然宗教对话录》(*Dialogues on Natural Religion*)于死后出版。

休谟写作《人性论》的宗旨在于也给人性做如同他已对物性所做过的那样的工作。为此，休谟想比贝克莱本人更严格地遵循他的观察方法，并且更加尊重牛顿的hypotheses non fingo〔我不作假说〕。人类经验的各主要类型和人类经验相关联的各条规律均应严格按照观察加以列举和描述，凡是不能观察到的东西均应排除在外。于是，休谟抛弃了**灵魂**和**自我**，因为当他最深入地进入他自己之中时，他所能观察到的，“无非是一束或一堆彼此相继的不同知觉,仅此而已”(Boo Ⅰ,Part Ⅳ,Section Ⅵ)。因此,关于灵魂及其能力,没有什么可以说的。经验心理学的本份是描述不同种类的知觉以及使它们“成束”的相互关联规律。当然,休谟不可能完全避免使用“心灵”、“自我”或者“灵魂”之类术语,不过,他用它们仅仅是指一束知觉。他的心理学本质上是一种没有灵魂(就这个术语的通常意义而言)的心理学。

休谟这样开始给心理经验开列目录:“人类心灵的全部知觉分为两个不同种类,我称之为**印象**和**观念**。两者的区别在于它们作
674 用于心灵和进入我们思维或意识的力度和活泼程度。以最大力量和暴力进入的那些知觉,我们可以称之为**印象**;我用这个名称理解我们一切的感觉、情感和情绪,因为它们在心灵中造成最初表现。我说的**观念**意指这些东西在思维和推理中的模糊表象”(Ⅰ,Ⅰ,§Ⅰ)。休谟继续说,知觉还可按另一种方式分类,即分为**简单的**和**复合的**两类;前者不能再分析,而后者可以分成部分。

他然后考察了各种知觉的性质和关系。“我瞥见的第一件事实是,我们的印象和观念除了力度和活泼性之外,在一切细节上都极其相似。一者似乎是另一者的按某种方式的反映。因此,心灵的一切知觉都是双重的,兼而表现为印象和观念两者。当我闭上眼睛思索我的房间时,我形成的观念精确表示了我感觉到的印象。”无疑,简单知觉的确如此。“每个简单观念都有一个与之相像的简单印象;每个简单印象都有一个相应的观念。我们在黑暗中形成的红色观念和日照下给我们眼睛的印象两者只在程度上不同,而没有性质的差别”(同上)。在复合知觉的情形里,这条规则不是普遍有效的。不过,“我们的复合印象和观念两者通常非常相

像”,因为,复合知觉由简单知觉组成。可是,印象和观念,哪一个先产生呢?休谟回答说,“我们的一切简单观念的最初表现来源于同它们相对应的、由它们精确表示的简单印象。”这为下述事实所确证:天生的盲人或聋子不仅丧失了光和声的印象,而且还丧失了相应的观念(同上)。休谟补充说:“像我们的观念是我们印象的表象那样,我们也能形成二次观念,而后者是一次观念的表象”;但是,因为这些观念“来源于印象,所以现在仍旧确然的是:我们的一切简单观念都或者间接或者直接地来自它们的相应印象”(同上)。

休谟区分两种印象,也即**感觉**的印象和**反省**的印象。“第一种由于不明的原因而原发地产生于灵魂。第二种在很大程度上导源于我们的观念,因此是次级的。一个印象首先作用于感官,使我们感知热或冷、渴或饿、乐或苦。……心灵摄取这印象的一个摹本,而后者在印象终止以后仍保持着;我们称这为观念。这观念……产生欲望和厌恶、希望和恐惧等新的印象,而这些可恰当地称为反省印象,因为它们产生于反省。它们又为记忆和想象摹写,从而成 675
为观念;而这些观念可能又引起其他印象和观念”(I,I,§II)。在记忆时,观念在相当程度上保留了原始印象的活泼性,并遵循同样的次序,而在想象时,观念失去了这活泼性,并不限制于和原始印象相同的次序和形式,而可以变化和调换。复合观念正是通过这种变化和调换而由简单观念形成(I,I,§Ⅲ)。

休谟没有详细讨论简单印象或简单观念,而是直接就说明那些决定着复合观念之从简单观念形成的相互关联规律。在这样做时,他像是“联想主义心理学”的先驱。亚里士多德就已提出了观念联想律,包括洛克和贝克莱在内的许多人利用了这一学说。贝克莱新的“混合”理论仅仅是“联结”联想的一个特殊情形。然而，休谟对联想的运用不仅在细节而且在根本上都不同。因为，他不认为，联想是对心灵综合活动的补充。在抛弃了灵魂及其自发活动之后，休谟回过头来又把联想律当作这些活动的替代物，以便用它们而且仅仅用它们解释观念的次序和联系。在休谟看来，联想在观念世界中的功能犹如物理世界中的万有引力。“如果观念完全分散而互不联系，那么，只有机遇连接它们。因此，这些简单观念就不能规律性地形成复合观念(像它们通常的情形那样)，如果没有某种连结它们的结合力，没有一个观念藉以自然地引起另一个观念的某种联想性质的话”(Ⅰ，Ⅰ，§Ⅳ)。

休谟提出三条联想律，即相似律、接近律和因果律，前两条同亚里士多德的相同。“这种联想所由产生的、心灵藉之按此方式从一个观念传到另一个观念的性质有三种，即**相似**、时间或空间上的**接近**以及**原因**和**结果**”(同上)。在休谟看来，它们在从一个观念引向另一个观念上所起的作用是那么明显，以致他认为不必加以证明；他只想注意它们的广泛应用。“为了能够了解这些关系的全部
676 范围，我们必须注意，不仅当一个客体和另一个客体极其相似、接近或者是它的原因时，而且当两者之间又介入第三个客体，而这个客体对那两者都具有这些关系中任何一种时，这两个客体都在想象中联系在一起。这联系可以延续到很远，虽然我们同时还看到，每一步推移都将大大削弱这关系”(同上)。休谟没有打算解释联想律，而认为，它们仅仅是对所观察到的规律性的描述。他说：“这是一种**吸引作用**，它在精神世界中正像在自然界中一样，产生同样奇特的效应，并且表现于同样多、同样变化多端的形式之中。它的

效应处处都表现得很明显。但是，它的原因现在基本上还不知道，必须归结为人性的各个**原初**性质，而我不妄想解释它们。一个真正的哲学家必须具备的条件，无非是要约束探究原因的奢望，而在依据次数足够多的实验〔即经验〕建立起了一个学说之后，就应当对之感到满足，这时他看到，更进一步的考察将使他陷于模糊和不确实的思辨之中"（同上）。休谟的心理学最强烈不过地表现出经验性质。

在转到考察复合观念时，休谟区分开三类，也即**关系**、**样态**和**实体**。

关系有两类，即**自然的**和**哲学的**。观念的自然关系有相似、接近和因果等，如上所述，借助它们，"两个观念在想象中联系在一起，一个自然地引起另一个。"哲学关系产生于对观念作任意的比较，不同于观念的自然联想。休谟列举了七种哲学关系，即相似、同一、时间和空间关系、数量或数目的比例、任何性质的程度、对立和因果（I，I，§Ⅴ）。将可看到，这些关系有的既是自然的又是哲学的。

休谟关于样态和实体的观念如下所述："正如样态观念一样，实体观念也无非是**由想象结合起来的**简单观念的集合体，我们给予这些观念一个特殊名称，从而可以向自己或他人提起该集合体。可是，这两个观念间的差别在于，构成一个实体的那些特殊性质……据认为通过接近和因果关系而密切地和不可分离地相联系。因此，无论哪一个新的简单性质，只要我们发现它同其余性质具有这种联系，就立刻可以把它列入这些性质之中。……这条认为结合是复合观念之主要部分的原则接纳任何一个后来出现的性

质，而且这条原则像对待其他最初出现的性质一样地对待这性质。”(I,L,§Ⅵ)

“样态所由构成的简单观念并不表示由接近和因果结合的性
677 质，而表示分散在不同主体之中的性质；或者，即使这些性质全都结合在一起，那这条结合原则也并不被认为是这复合观念的基础。舞蹈的观念是第一种样态的例子；美丽的观念是第二种样态的例子。如果没有像需要一个新名称这类根本性的变更，那这类复合观念便不可能接受任何新的观念”(同上)。

在研讨抽象的或者说一般的观念的问题时，休谟提到贝克莱的观点。他说，它是“最伟大和最宝贵的发现之一”。休谟的观点实质上和贝克莱相同。抽象的或一般的观念“本身是个别的”，不过“一个特殊观念由于被赋予一个一般名词而成为一般观念，这个一般名词由于一种习惯的联系而同许多其他特殊观念结成一种关系，这名词很容易在想象中唤起这些观念”(Ⅰ,Ⅰ,§Ⅶ)。

《人性论》第一卷其余部分主要讨论认识论问题，这些我们放在下面关于哲学的篇章里考察。

《人性论》第二卷研讨情感。正像他区分**原始**和**二次**印象一样，休谟现在也区分原始和二次(派生)情感。痛苦和快乐是原始情感。二次情感有两种，即沉静的和激烈的。对优美或堕落的沉思所产生的情绪是沉静的。钟爱和憎恨、悲哀和欢乐、傲慢和谦卑等情感都是激烈的。情感分成**直接的**和**间接的**两种。直接的情感直接产生于痛苦或快乐。例如，欲望、厌恶、悲哀、欢乐、希望、恐惧、绝望和安心。间接情感产生于痛苦和快乐同其他品质的结合。傲慢、谦卑、雄心、浮夸、钟爱、憎恨、妒忌、怜悯、恶毒、慷慨以及它们的依从者都是间接情感（Ⅱ，Ⅰ，§Ⅰ）。直接情感有原因，但没有对象。间接情感既有原因又有对象。原因就是激发这些情感的东西，对象则是它们所针对的东西。例如，美貌、富有或成就都可激发傲慢，而傲慢以自我作为其对象（§Ⅱ）。休谟对情感的分析细致入微。但是，他的方法基本上始终如一：他把复杂情感分解为比较简单的情感和联想的观念。

休谟不把**愿望**（will）归于情感。他说它“无非是当我们故意使 678
我们的躯体做任何新的运动或使我们的心灵产生新的知觉时，我们所感到和意识到的内部印象”。这印象是某种终极的东西，不能作进一步的定义（Ⅱ，Ⅲ，§Ⅰ）。然而，休谟似乎并不始终一贯，因为他也把“**意志**”（Volition）同欲望和厌恶等等一起归入直接情感（§Ⅸ）。

《人性论》第三卷研究道德，同心理学没有特别关系。（参见D.休谟：*Treatise of Human Nature*，T. H. Green 和 T. H. Grose 编，2Vols，1874，等等。）

哈特莱

戴维·哈特莱（1705—57）出生于约克郡阿姆利地方。他的当牧师的父亲送他到剑桥大学耶稣学院攻读神学。但是，青年哈特莱改变了主意，改学医学。他由于爱好数学（他曾从桑德森学习数学）而对牛顿

图 334—哈特莱

的著作发生兴趣。他对牛顿推崇备至，深受其影响。他也研读过洛克的《人类理智论》，约从25岁起就始终不渝地致力于把洛克的观念联想理论同牛顿的（《原理》和《光学》中解释的）振动理论相结合。其成果体现为哈特莱的《对人、他的构造、责任和希望的观察》（*Observations on Man*，*his Frame*，*his Duty*，*and his Expectations*），这部两卷著作发表于1749年，不过显然完成于1739年。第一卷收入哈特莱著作中全部有心理学意义的著述。

贝克莱和休谟都没有注意心理过程中伴随的生理因素。前者的唯心主义和后者的怀疑论使他们没有负起这一任务。然而，哈特莱是一个医学实践家，绝不会忘记“人由肉体和心灵这两部分组成”。除了简单地提及笛卡尔、莱布尼茨和马勒伯朗士等人的哲学而外，哈特莱没有费心探索身—心关系的各种哲学问题，而只是假定神经过程和心理过程相伴生。因此，他的心理学是生理学的，虽然他的生理学基本上是思辨性的。他的联想学说既处理神经过程的联想（“振动”）也处理观念的相关联想。哈特莱主要采取这态度，因而甚至比休谟更透彻地阐发了联想学说，同时又成功地把若干条联想律归结为一条，也即时间上接近（包括同时发生的和相继发生的经验）的联想律。

哈特莱用一系列命题表述他的振动理论，而每个命题都继之
679 以解释和示例。“**脑**、**脊髓**和它们发出的**神经**的白色髓质是**感觉**和**运动**的直接工具”。它也是这样的工具：“**观念**藉之呈现给**心灵**……**这髓质**中无论发生什么**变化**，我们的**观念**中也发生相应的**变化**；反之亦然。”这一切的证据见诸“医生和解剖学家的著作”。“给**感官**留下印象的**外部对象**首先在对它们留下印象的**神经**中并且然

后在**脑**中，引起微小的……髓质**粒子**发生**振动**。这些振动是相同种类的……前后运动……伴随着发声体微粒的颤动”。“当外部对象给感觉神经留下印象时，它们藉助对象、神经和以太之间的相互作用，在残留在这些神经的孔隙之中的以太里激发振动。”这些以太振动“搅动同步振动的感觉神经的髓质的微小粒子，其方式一如声音中空气振动搅动许多作相应振动或颤动的规则物体。”“如此在以太和感觉神经粒子中激发的振动，将沿着这些神经的路线向上传播到脑”；“一旦这些振动进入脑，它们便开始在整个髓质中自由地向四面八方传播。”“脑的各个相同的内部部分可以按照振动进入神经的方向不同，沿不同方向振动”(*Observations*，Ch. Ⅰ，§Ⅰ，pp. 7—24，1791 年版)。于是，“感觉乃是外部对象在我们躯体各部分产生的印象所引起的那些心灵内部情感”(同上书，Introd.，p. i)。“每一感觉的量主要根据发生在脑的髓质中的振动加以估计，而在脊髓和神经中激发的那些振动都很小……因此，可以忽略不计。”所以，脑可以称为感觉中枢或者灵魂处所。除非神经中激发的运动渗入脑，否则不会产生感觉。不过，哈特莱没有妄自断言：“物质能够被赋予感觉力。”他所力陈的无非是，振动和感觉是伴生的和成比例的，其中一者可以说成是另一者的一个“指数”(或函数)(同上书，pp. 31—4)。

在开始研讨观念及其联想这个问题时，哈特莱写道：“感觉通过屡次被重复而留下自己的某种**痕迹**、**样板**或**表象**，而它们可以称为**简单感觉观念**。”这些观念并非十分简单，“因为它们必定兼具同时存在的部分和相继的部分，就像发生感觉本身的情形一样”(同上书，p. 56)。这种痕迹的某种证据可见诸后象或后觉的存在，后

680 觉也就是“在可感知对象去除后心灵上短暂保持”的感觉。例如，“当一支烛、一扇窗或者任何别的清楚而又轮廓清晰的对象放在一个人眼前相当长时间时，……在他闭上眼睛以后的一段时间里，他仍能感知它们一个十分清晰而又精确的像”(同上书，pp. 9f.)。“看来有理由期望，如果单一感觉能遗留一个可感知的效应、踪迹或痕迹，它持续短的时间，那么，一个感觉重复足够多次，就能遗留一个可感知效应，它和原先的属相同种类，但具有更持久的性质，也即它是一个观念，在隔开很长时间之后，还会由于相应感觉产生的印象而偶然重新出现”(p. 57)。这些痕迹的生理基础说明如下：“**感觉振动**通过屡次被重复而在**脑**的髓质中引起微小**振动**的**倾向**……这些振动在种类、位置和方向线上和感觉振动本身相对应”，但是比较微弱(p. 58)。于是，“任意感觉 A、B、C 等等通过彼此联想足够多**次数**，便获得这样的驾驭相应观念 a、b、c 等等的能力：这些感觉中的任何一者 A 在单独产生印象时，将能在心灵中激发其余观念 b、c 等等。”哈特莱说的感觉联想是指，印象或者是同时的，或者是接近地相继的。联想对观念的影响是那么明显，以致从来没有一个心理学问题著作家忽视这种影响，尽管他可能使用“联想”以外的术语，例如“习俗”、“习惯”等等。观念联想的生理基础这样说明：“任意振动 A、B、C 等等通过足够多次数地被联合在一起，便获得了这样的驾驭相应微小振动 a、b、c 等等的能力：这些振动中的任何一个 A 在单独产生印象时，将能激发其余的微小振动 b、c 等等。”(pp. 65—7)复合观念正是通过联想而由简单观念形成的。哈特莱讨论了复合观念的各种不同形成方式以及它们的各种不同复杂程度。他还指出了情感对联想的影响。“当参与

任意感觉和观念的快乐或痛苦很大时，一切属于它们的联想都被大大加速和加强。因为，这种场合激发的振动很快就压倒自然振动，只要有很少几次印象，就会在脑中留下一种对它们自身的强烈趋向。因此，联想将比通常场合更迅速更强固地结合起来。”若干简单观念之联合成一个复合观念，乃受相应的若干简单微小振动之组合成一个复合微小振动控制(pp. 73—9)。

哈特莱十分详细地讨论了各种特殊感觉，并试图表明振动和联想在每种场合里的作用。他然后以同样方式着手研讨更高级的理智过程。判断也即赞同和不同意，“隶属于观念的概念，仅仅是十分复杂的内部情感，而后者通过联想依附于语词束，例如所谓命题。”赞同始自“这命题所暗示的那些观念同……属于真理这语词的那个观念的密切联想”；“不同意与此正相反对。”至于不同意的原因，“一个人所以肯定**二二得四**这个命题的真理性，其原因在于二二这个可见的或可触知的观念同四的观念完全符合，就像各种对象给心灵留下印象一样。我们到处看到，二二和四只是两个用于同一个印象的不同名称。而仅仅是联想把真理这语词赋予……这种符合。”在比较复杂的场合，“我们把用以标示同等事物的名词相互代换，还用名词的符合代替可见观念的符合”(Ch. Ⅲ，§ Ⅱ，p. 324 ff.)。如此等等。 681

哈特莱认为，快乐和痛苦是基本的情感。他力陈，一切心理过程都“有一定程度的快乐或者痛苦参与”。比较可观的快乐和痛苦分为七类，即(1)伴随对外部感觉产生的印象的苦乐；(2)因美丽或畸形所引起的想象的苦乐；(3)因他人关于我们的意见所引起的雄心的苦乐；(4)因我们拥有或欲求幸福手段所引起的自私自利的苦乐；(5)因观察我们同类的快乐和痛苦所引起的同情的苦乐；(6)因我们默祷上帝所引起的虔诚的苦乐；和(7)因沉思道德的优美和畸形所引起的道德感的苦乐。其中第一类称为“可感知的快乐和痛苦”；其余六类称为“理智的快乐和痛苦”。哈特莱精心尝试表明，理智的快乐和痛苦如何通过联想律的作用而从可感知的快乐和痛苦产生。这时，他暂且只字不提振动(Ch. Ⅳ，pp. 416 f.)。这里无需深究哈特莱的观点，只要引用他的意志概念就已够了。他说意志是“当前最强烈的欲望或厌恶”。他还说，既然“一切欲望和厌恶都是……由联想产生的，也即机械地产生的，所以可知，意志也是机械的”(p. 371)。哈特莱认为，这种观点是同自由意志的信念相容的。(参见 D. 哈特莱：*Observations on Man*，etc.，附生平和注释，H. A. Pistorius 编，3Vols.，1791。)

682 ## 二、大陆心理学家

部分地通过十七世纪里法国流亡者在英国定居和英国流亡者在法国定居，部分地通过十八世纪初伏尔泰的影响，英国科学和哲学在法国以及在瑞士、德国和别的地方读法文的知识分子中间引起了相当大的兴趣。其中一个结果是，英国经验心理学在大陆延续，在某些方面还得到发展。这个领域里最重要的大陆著作家是狄德罗、孔狄亚克、博内和卡巴尼斯。

狄德罗

德尼·狄德罗(1713—84)这位著名《百科全书》(见第一章)的

主编在他的《关于盲人的书信》(*Lettre sur les aveugles*)(1749年)、《关于聋哑人的书信》(*Lettre sur les sourds et les muets*)(1751年)和《生理学基础》(*Éléments de Physiologie*)(? 1774—80)中,对心理学作出了一些不大但却很有意义的贡献。如本章前面所已指出的,莫利纽克斯、洛克和贝克莱等人都醉心于关于盲人心理经验的思辨,尤其是关于盲人一旦突然获得视力后视知觉对他们的意义的思辨。然而,这些英国心理学家在分析心理学中并不像在变态心理学中那样,去用心探究显然是重要的问题。狄德罗不顾百务缠身,还是研究了盲人以及聋哑人引起的一些心理学问题,尽管他对这些问题的兴趣不止是科学的。狄德罗遵循培根的经验方法论,认为盲人和聋人可作为否定事例也即对照物,用于对视觉和听觉各自在正常意识中的功能进行富于成果的研究。狄德罗于1751年写道:"打个比方说,我设想,分解一个人,考察他从自己具有的诸感官的每一种所推出的东西。我有时以这种形而上学的解剖自娱。我发现,所有感官中,眼睛最浅薄;耳朵最骄傲;嗅觉最骄奢淫逸;味觉最迷信又最反复无常;触觉最深刻,几乎等于一个哲学家。结成一个社会,如果每个成员都只有一种感官,那将是很可笑的。无疑,他们人人都把别人当作疯子。"这是一种多么奇妙却又多么典型的科学洞见和文学夸张的混合!

狄德罗描述了盲人所特有的一些特性。由于失去视觉,他们的其他感官发展得更为敏锐,而且他们对自己已有的经验有更可靠的记忆。他们能很容易地判断噪音发出的方向,根据声音强度的变化比正常人更好地说出距离的差异。他们根据热的强度的变 683
化,精确地判断火的距离。他们能根据口音很容易地识别不同的

人。触觉在他们生活中起着特别重要作用。他们注意根据触觉经验设想不知道的对象。他们的手指之于他们,甚于眼睛之于正常人。当狄德罗试图向一个盲人解释一只眼睛的性质和功能时,这盲人说,这眼睛一定是“这样一个器官,空气对它产生的作用如同这根手杖对我的手的作用”。一个盲人关于事物形状的知识当然是借助触觉和躯体运动获得的;他对这种形状或图形的记忆乃由“他记得的那些触觉”构成。当狄德罗向这个盲人说明一面镜子的性质和功能时,他说,它一定是“一个使事物在离开它们自身一定距离的地方突现出来的工具”,但他感到惊讶,这些突现不像原物那样可以触知。狄德罗对触觉之于盲人的极端重要性,印象极深,因此,他通过一个盲人学者之口说出下述夸张的话:“如果你们想要我相信上帝,你们就必须使我触及他。”不管怎样,他对触觉之于盲人的意义的认识,还促使他提出了一项对盲人教育十分有价值的建议。他指出,虽然我们有了一种适合耳朵的有音节声音的语言,还有了一种适合眼睛的书写符号语言,但是,“我们还没有适合触觉的语言,虽然有一种向这种感觉表达和借助这感觉得到回答的方法。”他继续说:“因为缺乏这种语言,所以,我们和那些天生聋哑盲人的交流就断绝了。他们长大后仍处于愚昧状态。如果我们让他们从孩提时代起就以一种固定的、确定的、不变的和一致的方式了解我们自己,一句话,如果我们在他们手上画下跟我们画在纸上一样的字符,并且始终如一地赋予它们相同意义,那么,或许他们就会获得思想。”这个建议已经结出果实。

在谈到莫利纽克斯、洛克和贝克莱等人讨论的问题,即一个盲人突然获得视觉,但还没有关于视觉印象和触觉印象间相关的长期经验之前，能否**看到**物体形状的问题时，狄德罗说："我认为，一个天生盲人的眼睛初次重见光明时，他什么也看不见。他的眼睛 684 需要一定时间来练习视看。不过，他的眼睛将靠它自己、按它自己的方式而不借助于触觉地这样做。"他补充说："即使这盲人在初次尝试时就能判断坚实物体的突出部，不仅能区分圆和方，而且还能区分球同立方，我还是不认为，对于比较复杂的物体亦复如此。"

在狄德罗对盲人的研究所得出的其他结论中，还可以提到下面一个。就一个盲人能触及一个物体的诸部分，从而判定它们的相互配置而言，他是一个优秀的对称性鉴赏家。但是，这种对称性在他身上并不唤起一种美感，而只是一种效用感。由于这个原因，衣服绝不被认为是美的东西，而只是天气寒冷时保暖的工具。此外它们就没有什么意义。因此，不穿衣服，他也很乐意，毫无身体耻辱或难堪的感觉。（参见 *Diderot's Early Philosophical Works*，M. Jourdain 译，芝加哥，1916，pp. 70—137。）

《关于聋哑人的书信》从讨论手势语开始，进而讨论聋哑人在仿效普通语言的时态、语气差异和其他复杂现象时所体验到的困难，然后，便没完没了地讨论语言的起源和发展以及有关的文学问题。它的心理学意义比不上《关于盲人的书信》。然而，《生理学基础》和他载于他的《百科全书》中的一些辞条里，论述了一些附加的心理学问题。像哈特莱一样，狄德罗也强调了心理过程的物理和生理条件。感觉是一切理智过程的原始材料。感觉不是任意的，因为，它们是外部刺激产生的印象，而感觉必定以某种方式同这些刺激相似。恰当的判断和正确的推理以良好的健康为前提。我们循环中的一点点胆汁就可能使我们的观念变得"朦胧和忧郁"，影响我们的整个心灵。记忆起着把某些感觉永久地同意志相联合因而形成我们习惯的重要作用。习惯是生活中的一种节省措施，因为“习惯动作在无反省时比有反省时进行得更好”。习惯解释了有关语言和思维的许多东西。意志的作用也受物理和生理条件控制，而不是灵魂的自发活动。即使人有灵魂，它也只能起一种从属的作用，因为，“当我们发烧或喝醉的时候，灵魂能起什么作用呢?”（参见 *Œuvres Complètes de Diderot*，J. Assézat 编，Paris，1875—77，Vol. Ⅸ，pp. 346—80 和《百科全书》中的辞条 *Sensations* 和 *Liberté*。）

685 **孔狄亚克**

艾蒂安·博诺·德·孔狄亚克（1714—80）出生于格勒诺布尔，是一个政府官员的儿子。他最初智力相当差，到 12 岁还不能读书，因此被认为愚笨而又顽固。然而，卢梭说他是个“默默成熟的英才”。孔狄亚克在巴黎的一所耶稣会神学院受教育，被委任为牧师，但他看来并不称职。1758 年，他就任帕尔马的斐迪南公爵的私人教师，为他的学生写了十三本书。他是法兰西学院院士，同百科全书派有接触，深受狄德罗影响。不过，他喜欢退隐，回避一切论

图 335—孔狄亚克

争。他晚年同侄女一起在弗鲁克斯度过。他以《感觉论》(*Treatise on Sensations*)(1754 年)而赢得了心理学史上的地位。他的早期著作《论人类意识的起源》(*Essai sur l'origine des Connaissances Humaines*)(1746 年)一书紧紧追随着洛克的《人类理智论》。《感觉论》使他和洛克共有的那个观点达于极致:一切知识来源于感觉。

哈特莱在他《对人的观察》第一部分的末尾提出,"物质如果能被赋予最简单的几种感觉,那么,也能达到人类心灵现在所具有的那种智能"(1791 年版,p. 511)。孔狄亚克的《感觉论》可以说是对这命题的发挥。孔狄亚克做过一些纯粹想象性的实验,当时的心理学家都知道。其中有一个实验,孔狄亚克用一尊塑像来解释他的观点。这塑像最初仅被赋予嗅觉,后来增添别种感觉,一次一种。如孔狄亚克所说,这塑像实际上不是塑像,而是一个具有中枢神经系统的生物,只是一开始仅被赋予嗅觉,其余感觉在这个阶段都蛰伏着,后来按下列顺序次第苏醒:味觉、听觉、视觉、触觉。

因此,起先"我们的塑像局限于嗅觉,它的认识不可能逾越嗅觉的范围"。事实上,如果我们给它嗅一朵玫瑰花,则这塑像将仅仅是"玫瑰花的嗅觉"。这初次嗅觉构成这塑像的唯一印象。"我称这为注意。"另外,这嗅觉一定是快乐的或者不快乐的,因此,这塑像便"开始享乐或者受苦"。然而,"当这发散气味的实体停止作 686
用于感官时,这嗅觉并未完全被遗忘,因为注意把它保持着,并且还在一定程度上保持着对这气味的或强或弱的印象,其程度视这种注意的鲜明度的多寡而定。这就是记忆。"在体验了形形色色快乐的和不快乐的嗅觉,后来又回忆它们之后,这塑像在蒙受一次不

快乐的嗅觉时便能回忆起一次过去的快乐嗅觉，反之亦然。这样，产生了欲望或希望以及厌恶或恐惧的经验。并且，这种注意（对过去和现在的嗅觉）实际上是比较，它在于“同时注意两个观念”。“有比较，也就有判断”，因为“判断仅仅是对被比较的两个观念间的一种关系的知觉”。随着其经验的增长，这塑像获得更强的形成新判断和养成新习惯的能力。已受到过注意的各种气味按它们被体验的次序加以保留。记忆是一种观念链，使这塑像能从一个观念过渡到另一个观念，而不管可能相隔多么遥远。然而，记忆有强弱两种强度。我们称它为**记忆**，当它仅仅“按过去回忆事物时；我们叫它**想象**，当它非常有力地回忆它们，仿佛它们历历在目时”。这塑像兼具想象和记忆。想象并不遵循原始经验的顺序，而能按崭新的顺序重新排列观念。像哈特莱一样，孔狄亚克也诉诸复活的大脑活动（同相应于原始感觉的运动相似）来解释观念的回忆。在转到考察情绪和意志时，孔狄亚克从感觉推衍出它们，一如他推衍更高级的理智过程那样轻而易举。上面已经表明他推衍出欲望和恐惧的方式。钟爱仅仅是欲望，憎恨是在一个对象面前受苦，所以，这塑像自然就能够钟爱和憎恨，但它的钟爱是自爱，因为在它获得触觉之前，它没有自身以外对象的观念。希望和恐惧受到同样对待。“我们的塑像养成了体验舒适的和不舒适的感觉的习惯，这使它断定，它能再次体验它们。如果这判断连结到对一个快乐感觉的钟爱，那么，它便产生希望；如果它连结到对一个不快乐感觉的憎恨，则它便产生恐惧。”意志仅仅是一种强烈的或“绝对的”欲望，伴随以这样的假定：“所欲求的事物是我们能支配的。”最后，这塑像也有人格，或者说，勉强可算具有自我，由“它所体验的感觉的集合和记忆使它回想起来的感觉"组成。孔狄亚克不仅下结论说:"感觉在自身中包含灵魂的一切官能",而且还断言:即便只有单一感觉,"理解也具有同五种感觉结合在一起时一样多的官能。"(参见 *Treatise on the Sensations*,G. Carr 英译,1930,pp. 3—46。)

孔狄亚克接着说明了四种感觉的每一种。他对视觉的说明表现出贝克莱新视觉理论的影响,也即视觉同从相关触觉经验学得的教训相混合。但是,每种感觉都被认为是理解的一个完全剖面的原因,并被认为是引起理解的全部更复杂过程的原因。这五种 687
感觉共同地只是扩大应用领域,并不引入理解程序的任何新方法。洛克感到,必须从一开始就要像对待感觉那样安置反省。然而,孔狄亚克力主,仅仅感觉就能解释一切其他心理经验,包括反省在内。"判断、反省、欲望、情感等等仅仅是作了不同变换的感觉"(同上书,"Dedication",p. xxxi)。

孔狄亚克的心理学极为简单,这促成它在法国广为流传。法国心理学家花了很长时间才认识到,它太简单了,因此,不会是正确的。

博内

夏尔·博内(1720—90)这位瑞士博物学家的生物学工作已在关于动物学的那一章里介绍过。他是在研究蚂蚁生活的过程中对心理学发生兴趣的。他发表了三部心理学著作:《心理学论文》(*Essai de Psychologie*)(1755 年)、《灵魂官能的分析简论》(*Essai Analytique sur les Faultés de l'Âme*)(1760 年)和《分析简论节本》(*Analyse Abrégée de l'Essai Analytique*)(1779 年)。博内把孔狄亚克的“感觉”心理学同哈特莱的“振动”心理学相结合。像孔狄亚克一样，博内也从一尊塑像开始，它最初仅仅被赋予嗅觉，然后依次被赋予其他感觉的每一种。但是，这塑像从一开始就被明确地设想为具有中枢神经系统。博内描述这塑像的感觉和其他经验时，强调“纤维”中的相关分子运动，正如哈特莱强调髓质中的振动一样。与孔狄亚克不同，博内发现，必须假定存在一种能动的灵魂，必须认为，注意是它的活动之一种。但是，他专心研究心理操作的中性伴生物，而这导致他提出，各感官具有带特定差别的纤维（*Anal. Abr.*，Ⅵ，Ⅹ），从而误入歧途，即走向他所不企望的一种唯物主义。博内有点像拉普拉斯那样自负地提出，如果有一种智能能恰当地解释荷马脑中的纤维，那么，他就能按这位诗人的设想破译《伊利亚特》（*Iliad*）！

卡巴尼斯

十八世纪里，已有心理学家在纠正这个时期里心理学家普遍采用的过于简单的方法，尤其是孔狄亚克的方法。卡巴尼斯的著
688 作在这方面作出了最重要贡献。皮埃尔·让·乔治·卡巴尼斯（1757—1808）接受了一种不拘程式的教育，但他博览群书。1778年，他开始攻读医学。医学一直是他的主要兴趣所在，不过它也给了他大量研究许多与之有不同程度关系的问题。他发表的生理心理学领域里的第一篇论著是《厄斯纳和佐默兰先生……关于死刑的见解的评注》（*Note sur l 'opinion de MM. Oelsner et Sommering... touchant la supplice de la guillotine*）（*Magasin Encyclopaedique*，1795）。他在文中讨论了斩首之后是否感到痛苦的问

题。这是大革命和恐怖时期中的一个论题。卡巴尼斯争辩说，斩首后的运动不是证明意识的证据，因为意识仅当中枢神经系统未受损时才有可能，尽管某些躯体运动（所谓的"反射"）能够由脊柱中的低级中心执行。这种关于中枢神经系统有不同水平、心理经验也有相应水平的思想，始终是他的生理心理学的根本思想。他后来对这门学科和一些相关学科所作的贡献都包括在他的《躯体和精神的关系》（*Rapports de physique et de morale*）（1796—1802，尤其 Vols. Ⅲ和Ⅳ）之中。

孔狄亚克从被赋予单一感觉的一尊塑像的观念出发。卡巴尼斯拒斥这种方法，说它是一种虚妄的抽象。他力主，活有机体必须作为一个整体加以研究，任何感觉在同其他感觉和有机体其余部分相隔离地加以考察时，都是无意义的。任何种类心理过程甚至感觉都是整个有机体的一种功能，任何感觉都不能被认为是经验的开端。在一种感觉被体验到之前很久，在胎儿中已发生了许多变化，它们的结果影响胎儿对外界的最初感受性的性质。感觉不是被被动感受的东西。它是机体对客观刺激的反应，这反应的性质受这机体的既往史影响。幻觉表明，感知者的状况如何能改变外界刺激的正常效应（*Rapports*，Ⅲ，pp. 103ff.）。并且，离开了单纯兴奋性引起的效应，对机体产生的许多效应便不会上升为意识，而是影响我们心灵的状态。例如，组织、肌肉和肠的状态可能影响我们总的意识，但我们并没有意识到它们，因为没有感觉，就不可能体验含糊的情感（感受性）。那些构成所谓本领的机体心理倾向并不仅仅是快速推理的习惯，而孔狄亚克却认为是这样（*Rapports*，Ⅳ，pp. 232 ff.）。许多各种各样变化都通过中枢神经系统

689 中的低级中心的作用而发生，而我们并未直接意识到它们，虽然它们可能影响我们整个心性。机体在从童年期到青春期、进而到成熟期和老年期发生变化的时候，情形尤其如此。“一个处于青春期的人为一种朦胧的坐立不安缠住……他在想象中发现图画，在心境中发现倾向，而这些都超出他的知识范围。当情感之火在他的脑中点燃，他的灵魂……便冲向未知的目标”(*Rapports*，Ⅲ，p. 293 ff.)。如此等等。仅当脑起作用时，相关的心理过程才上升到有意识思维的水平。从这个意义上说，脑是“一个专用器官，其特定功能是产生思想，正如胃和肠具有进行消化工作的专门功能，肝具有过滤胆汁的功能，等等”。在这种比较中，真正强调的是**功能**这个术语。卡巴尼斯不打算把思维同消化或胆汁相比，而只是比较它们每一者对于某别一者的依从性。他不打算作一种唯物主义意义上的类比。他实际上是一种斯宾诺莎主义的泛神论者(*Lettres surles Causes Premières*，1824)。

如同休谟鼓励的感觉心理学在孔狄亚克那里达于极致，哈特莱和博内两人的工作对之作出很大贡献的十八世纪生理心理学在卡巴尼斯的工作中登峰造极。

特滕斯

尼古拉·特滕斯(1736—1807)是接受(作了一些改变)十八世纪英法流行的经验心理学的唯一重要的德国心理学家。他出生于西里西亚，在罗斯托克和哥本哈根两所大学学习。他先后在罗斯托克、基尔和哥本哈根三所大学执教。1789 年起，他在丹麦财政部任职。他关于心理学的书《论人性》(*Essays on Human Na-*

ture)于 1777 年问世。

像英国经验主义者一样，特滕斯也从论述感觉和观念开始。观念被说成是感觉引起的痕迹的作用所造成的。他把记忆对感觉的关系同视觉后像对初始感觉的关系作比较，认为正像后像是眼睛中的持续活动引起的那样，记忆是脑中的持续活动引起的。他讨论了哈特莱和博内的振动理论，提出了一些修改。不过，他认为，任何这类理论都是纯假说性的或者纯思辨的。他的心理学方 690
法主要是内省(“内部感觉”)的方法。他注意到内省的困难，尤其是双重注意的困难，即既注意对象同时又注意观察它这个动作。但是，他指出了注意对主要观察的原始记忆而不注意实际观察的可能性。他接受两条联想律即相似和时间与空间上接近的联想律，但他拒斥休谟的第三种类型联想即因果联想。他明确区分观念(在表象的意义上)和它的意义，由此廓清了贝克莱和休谟在一般观念上的困难。这两者判然不同。清晰的观念可能同含混的思维相匹配，而清晰的思维可能同含糊的观念相匹配。他还强调了，必须为注意性知觉作预备的心理活动，而这种知觉实际上不是对外部印象的纯被动感知。他还强调了，业已抱有的信念会影响我们赞同新暗示的决定。

沃尔夫

就没有用灵魂来解释任何心理过程的意义而言，整个十八世纪的经验心理学可以说是没有灵魂的心理学。可能除了休谟以外，甚至经验主义者也不否定灵魂的存在。事实上，贝克莱认为，灵魂或精神是唯一种类存在。不过，甚至贝克莱也没有把他的哲学强加于他的《视觉新论》。同经验主义者相反，少数理性主义者追随莱布尼茨而坚持认为，不诉诸灵魂及其自发活动和能力（或官能），就不可能解释心理过程。这些心理学家中，最重要的是沃尔夫和康德。

克里斯蒂安·沃尔夫（1679—1754）出生于布雷斯劳，在那里和耶拿读书。1706 年，他就任哈雷大学数学教授。他从 1711 年起还在那里讲授哲学。但是，由于遭到正统神学家的敌视，他被迫于 1723 年离开哈雷。他一度在马尔堡教书。然而，1741 年他又重返哈雷，终老在那里。他的心理学著作包括《经验心理学》（*Psychologia Empirica*）（1732 年）和《理性心理学》（*Psychologia Rationalis*）（1734 年）。

在沃尔夫看来，心灵不仅仅是一种被动反映外界对象的镜子，而是一个能动的动因；甚至观念也是能动实体。作为能动的动因，心灵有某些能力或官能。最广博的官能是认识和情感（或欲求）。
691 前者包括知觉和想象的能力。还有记忆、概念、判断和推理等官能。注意是澄清观念的官能，它的效率同注意域的广度成反比。记忆的过程可能通过注意同我们想回忆的东西相联合的观念而加以控制，或者可能受相似性或时间上的接近的控制。不过，他把这些联想律变换成一条重整作用律。在沃尔夫看来，当着一现在经验回忆一过去经验时，实际发生的事情乃是，这现在经验一度曾是其一部分的那整个过去经验倾向于复活。他对情感和欲望的说明一定程度上是亚里士多德的或传统的。不过，虽然他强调心灵的自发活动，但他还是抱有和倡导一种心身平行论，承认“物质观念”也即心理过程的生理伴生物。

康德

伊曼努尔·康德(1724—1804)出生于东普鲁士柯尼斯堡。据说他祖籍苏格兰。他在故乡的大学攻读,在柯尼斯堡附近各种家庭当过私人教师。后来从1755年起,他一直在母校讲授哲学,直到去世。他平静地度过一生,从未远离过故乡。他的主要工作是在认识论或者说知识理论的领域,这将放在关于哲学的篇章里来介绍。他对心理学的贡献是微薄的,但还是有一定影响。

康德在心理学方面只撰著过一本书,即他的《实用人类学》(*Anthropology in its Practical Aspects*)(1798年)。这是一本通俗论著,对心理经验作了相当肤浅的说明。它由三部分组成。第一部分论述感觉、记忆、想象、洞察力、机智、独创性;第二部分论述快乐和痛苦;第三部分讨论欲望、气质、性格以及两性和不同人种的心理差异。在一定程度上,这本书中的学科划分以及多少相似地把问题分成他的三个**批判**(分别为**纯粹理性**、**判断力**和**实践理性**的批判)的划分无意中促成确立心理经验的三重分类:认识、情感和意志,以取代传统的二重分类即认知和欲望。

如后面一章将要较充分地解释的,康德认识论的总倾向是强调心灵在获得知识中所起的能动作用。跟莱布尼茨和贝克莱不同,康德并不承认,所谓的知识没有任何外部对应物。但是,又跟洛克和更极端的经验主义者不同,他也拒斥这样的观点:心灵仅仅是一面镜子、白板或者剧场,被动地感受外部印象,而这些印象按它们自己的规律发生各种变化和联想,且不受来自任何心灵自发 692

活动的干涉。但另一方面，他又认为，我们不可能知道这终极实在本身是什么，因为在理解它的过程中，心灵把某些理解形式（空间、时间、因果性等等）强加于它，因此，我们认识的不复是自在之物，而是经过我们理解形式模造的它的变形。就此而言，康德显然站在那些相信心灵自发活动的心理学家一边。同时，也可以说，他给心理学的经验研究方式带来了新的刺激。因为，在他看来，灵魂本身作为自在之物绝不可能被认识。因此，心理学家被取消了试图确定灵魂或心灵之本质的任务，而在囿于注意对心理经验及其规律作经验研究上则获得了新的激励。从某些方面说，康德对心理学的态度相当有破坏性，这一事实可能是他之在心理学上建树甚微的原因或结果。他不认为，心理学是一门科学，也不认为，它有朝一日可能成为一门科学。因为，他认为，科学是对现象的精密的定量的处理，因此在他看来，每门科学都必定是数学的。他认为，心理过程不可能加以量度，因此，心理学绝不可能成为数学的。他在这两点上都错了。他的观点一方面使心理学家灰心丧气，另方面又引诱他们对自己的学科作数学处理，甚至不惜为了纯粹形式而牺牲本质。有些科学家今天仍赞同他的观点。

门德尔松

莫泽斯·门德尔松（1729—86）是有权要求因确立心理过程之分为认识、情感和意志的三重分类而享盛誉的著作家。他的《关于感觉的书信》（*Letters on the Sensations*）明确表明了情感与认知和意志相比有其独特性，而人们常常把情感同它们相混淆。我们在最后一章里还要谈到门德尔松。

佩雷尔

在结束本章之前，还必须谈一下佩雷尔在教育聋哑人的艺术上所做的很有意义的先驱性工作。雅各布·罗德里格·佩雷尔于
1715 年出生于埃斯特雷马杜拉的贝朗加地方的一个犹太人家庭。693
他从青年时代起就几乎全身心地致力于教授聋哑人的工作，他是这方面最著名的先驱者之一。

在这个领域的最早尝试始自 1734 年前后。不过，他直到 1745 年在波尔多定居时，才第一次在拉罗歇尔公开演示他的方法的价值，对象是一个生来聋哑的 13 岁孩子。他旋即又受委托训练一个地方官员达齐·德泰维尼的儿子，这孩子也患类似疾病。1749 年，佩雷尔陪这孩子去到巴黎，把他介绍给科学院，他的报告使梅朗、布丰和费雷获得了极其好的印象。路易十五亲切接见了佩雷尔，并赏赐他一笔补助金。他蜚声整个欧洲，他在巴黎开设了一个训练聋哑人的机构，其中的女孩由他的妹妹照料。他的学生中有几个后来也享有一定声誉，尤其是萨布勒·德丰泰内，德丰泰内沿着自己的路线继续发展他老师的治疗工作。1753 年，佩雷尔递交了一篇论文，争取获得科学院颁发的一项奖金。这篇论文论述如何在无风天气推进大船的问题。这项奖金由丹尼尔·伯努利和欧勒分享。不过，佩雷尔也得到了第三名。他的计算机器前面已经讨论过(参见第 786 和 787 页)。1759 年，由于法兰西科学院的推荐，佩雷尔成为皇家学会会员。1765 年，他就任国王的西班牙语和葡萄牙语译员。然而，佩雷尔由于厌恶自我标榜而声誉受到损害。他享有的信誉被竞争者侵占。他死于 1780 年。他在漫

长一生中，始终是他在法国的同一教派教徒中的斗士。他是最早受到按犹太仪式安葬的待遇的人之一。这种仪式所以在巴黎得到确认，在很大程度上是由于他的请求。他死后，他的名字几乎被人遗忘。对他的教授方法的充分说明从未见诸记载。按照生理学家莱卡的意见，佩雷尔一开始先给他的学生示出字母表中的一个字母，清晰地发出它的音，以便使嘴唇、舌头等等的动作明显地表现出来，其时，把这学生的手放在他的喉头。他示意这学生模仿这动作，当这学生正确地发出这声音时，他就表示祝贺。全部字母都学会以后，就再教整个语词，把它们同相应的对象或动作联结起来。除了利用唇读法以外，佩雷尔还有一张“聋哑字母表”，其中字母用手指做的手势表示。佩雷尔似乎有意把他教授聋哑人的方法传授
694 给他的儿子伊萨克。但是，在这孩子长到能接受这方法之前，他就死了。这儿子长大后竭力想凭借佩雷尔的忠实学生玛丽·马尔瓦提供的宣誓书恢复这门艺术，确立他父亲实行这教授法的优先权。但是，家庭和贸易关系、法国大革命的动荡使他不能采取任何有效步骤。后来他的儿子们重新作出尝试，并再次求助于年迈的马尔瓦。但是，她的记忆力已非复当年，无法提供他们企望的资料（E. Seguin：*J. R. Pereire*，Paris，1847）。

（参见 G. S. Brett：*History of Psychology*，Vol. Ⅱ，1921。）

第二十九章　社会科学 695

（一）民族性　（二）人口统计学

在社会现象研究方面，十八世纪继续了前一时期所做的工作，但取得了相当大的进步。早先关于地理和气候因素影响居住在地球不同部分的民族的性格和气质的猜测，得到了一定程度的验证，并补充了一种考虑，即那些影响生活在共同社会环境、操同样语言和遵守同样法律的人的心理因素。“政治算术”奠基人的统计方法被推进了一步。制订了改良的人口统计和寿命表，开始注意了同生存有关的人口问题。最后，经济问题不再零星地、主要就既得利益集团进行讨论，而是系统地加以考虑，以便尽可能阐明相互联系的经济现象的完整周期。这样，“政治经济学”在这个世纪成为一门科学，尽管由于同政治哲学关系密切，以及哲学一词仍在极其广泛的意义上使用，因此，这门新科学仍处于哲学研究的怀抱之中。

（一）民族性

在十六世纪，让·博丹（1520—96）在《论共和国》（*De la République*）（1577 年）中宣扬了一些关于气候差异对塑造民族性格和气质的影响的高度思辨性理论。他还争辩说，政府的法律和形式应当适应于自然环境差异所引起的性格和气质差别。这些思索在十八世纪一定程度上并且主要也是出于同样动机地继续着。这种有关气候影响观点的主要倡导者是孟德斯鸠。主要的反对者是戴维·休谟，不过，他的观点也并非完全是否定性的。

孟德斯鸠

696 拉布雷德和孟德斯鸠男爵夏尔·路易·德·塞孔达（1689—1755）出生于波尔多附近的拉布雷德。他的母亲是英国人后裔。他在波尔多念书。1716年，他从伯父继承了财产、族姓孟德斯鸠和波尔多高等法院院长职位。1721年，他匿名发表了他的《波斯人信札》（*Lettres Persanes*），书中讽刺了教会和政府的专擅。1728年，他当选为巴黎科学院院士，不久去欧洲旅游，其间在英国逗留了大约一年半。1734年，他发表了《罗马盛衰原因论》（*Considérations sur les causes de la grandeur et de la décadence des Romains*）。这是历史哲学方面最早的尝试之一。他最著名的著作是《论法的精神》（*L'Esprit des Lois*）[①]（日内瓦，1748年；英

图 336—孟德斯鸠

① 中文旧译《法意》。——译者

译本:T. Nugent 译,修订版,1823 年)。正是在这部著作(Books XIV 和 XXIV)中,孟德斯鸠讨论了气候影响问题。

孟德斯鸠试图表明,气候差异如何引起性格差异,因而也造成社会风俗和法律差异。同博丹相比,他的论述十分单薄,尽管他炫耀自己那点可怜的生理学知识(后者这里可以忽略)。

"如果心灵的性情和内心的激情确然在不同气候下迥然不同,那么,法律就应当既同形形色色激情,也同形形色色气质相关联"(英译本,1823 年版,Vol. I,p. 223)。孟德斯鸠认为,性情和激情在不同气候下是不同的。寒冷气候中的人比较刚健,因此显得"比较大胆,即比较勇敢;具有较强的优越感,即报复欲望较弱;较强的安全感,即比较坦率,不大猜疑,不讲究谋略,也不大狡猾。"另一方面,"炎热国家居民像老人一样比较胆怯"。作为炎热气候甚至对北方人也产生效应的一个例子,孟德斯鸠举出当时最近一次为延续西班牙君主政体而进行的战争,在这次战争期间,"迁移到南方地区(西班牙)的这些北方人的战绩不如他们在自己气候中作战,充分发挥魄力和胆略的同胞"(同上书,p. 224)。

此外,"在寒冷国家,人们对快乐的感受性很弱;在温和国家,他们的感受性较强;在炎热国家,他们的感受性很敏锐。气候由纬度来区分,同样,我们也可以在一定程度上用感受性来区分气候。我在英国和意大利的歌剧院里,看到同一些戏剧和同一些演员。然而,同样的音乐对这两个民族产生不同的效应:一个是那么冷漠和迟钝,简直难以置信"(同上书,p. 225)。

气候差异引起的情感差异也导致道德和理智差异。"如果我 697
们向北方行,我们便遇到这样的人,他们很少恶行,颇多德行,十分坦率和真诚。如果我们向南方趋近，我们便自以为完全脱离了道德性，这里无以复加的激情成为万恶的渊薮，人人都沉溺于纵欲。在温和气候下，人们的举止以及恶行和德行都反复无常：气候没有一种足以固定他们的决定因素。”人的智力同样也受气候影响。在炎热气候中，不仅肉体丧失了活力和力量，而且心灵也这样，因此，“没有好奇心，没有进取心，也缺乏情操；种种倾向全都是消极的”（同上书，p. 226）。“正因为如此，法律、生活方式和风俗，甚至还有像穿着这种似乎毫无关系的品质，在东方国家今天仍同一千年之前一样”（同上书，p. 228）。

孟德斯鸠用“英国气候”解释英国人政治气质的方式，更多的是令人发噱而不是提供启示。“在被气候弄得如此混乱不堪，以致对一切甚至对生命都感到厌烦的一个国家里，因此，很显然，最适合这些居民的政府是，在它之下，他们不可能因自己心神不安而指责任何个人，他们受法律而不是受君主管理，他们只有推翻法律本身，才能改变政府。

“如果这个国家还从这种气候得来一定的性情急躁，而这使他们不能持久地承受同一系列事物，那么很显然，上述政府是最适合于他们的政府。……在一个自由国家里，为了挫败专制的阴谋，这种性情是再恰当不过的了。专制在开始时总是缓慢的、软弱的，但最后是有力的和活跃的；它起初只是伸出一只手来援助，可后来却用许多手来镇压。奴役总是以昏睡为前导。但是，一个人如果在任何境遇中都得不到休息，不断地到处钻营，除了痛苦之外，别无任何乐趣，那么，他就不可能安宁入睡。

“政治是一把光滑的锉刀，它总是在锉削，通过缓慢的进展达到其目的。我们正在谈论的这个民族经不起延搁、详细讨论和冷静的商议:在这些情况下,他们比任何别的国家都难于取得成功;因此,他们往往把用双手得来的东西断送在协议之中”(同上书,pp. 234 f.)。

休谟

698

戴维·休谟(1711—76)作为哲学家的主要工作将在下一章的后面一章予以介绍。他在其《道德和政治论文集》(*Essays Moral and Political*)(1748 年)里的《关于民族性》(*of National Character*)一文中,讨论了气候对性格的据说的影响问题(T. H. Green 和 T. H. Grose 编:*Essays*,1889,Vol. I,pp. 244—58)。休谟写道:“我倾向于根本不相信,它们会在这方面起作用;我也不认为,人在性情或禀性方面会从空气、食物或气候得到什么。”(p. 246)他后来又反复说:“自然因素对人的心灵没有明显影响。”(p. 249)“普罗塔克在论述空气对人的心灵的影响时指出,比雷埃夫斯的居民同相距四英里的雅典那里地势较高城镇的居民相比,性情截然不同。但是,我认为,在韦平和圣詹姆斯〔伦敦〕两地人们态度所以不同,并不是因为什么空气或气候差异所致”(同上)。此外,加斯科尼人在气质上也同邻近的西班牙人迥然不同。休谟问道:“难道可以设想,空气的那些同战争、谈判和婚姻等事件关系这么密切的性质在一个帝国范围内会有变化?”(同上)“如果人的性格取决于空气和气候,那么,寒暑程度理应会产生强烈影响。……实际上有某种理由可以认为,在极圈以外或在两个热带之间生活的一切民族全都劣于其余种族。”休谟说,“但是,地球北方居民的贫穷和悲惨以及

南方居民的懒惰就能说明这种显著差异，而不必诉诸**自然**原因。然而，确凿无疑的是，温和气候中诸民族的性格各个相异，以及对这些气候条件下偏南或偏北民族的一般观察报告都不可靠而又荒谬”（p.252）。那种认为北方人比较勇敢的信念，是建立在一种误解之上的。“大多数征服都是从北方到南方；由此可以推知，北方民族非常勇猛。但是，更恰当地，应当说，征服大都因为贫穷和企求富足而进行的。撒拉逊人离开阿拉伯半岛沙漠向北征服罗马帝国的全部富庶省份；他们在半途遇上从鞑靼沙漠南下的土耳其人”（p.255）。

699 休谟丝毫不否认存在不同民族性格这个现实，尽管他认为“粗俗的人易把一切民族性格都推向极端”（p.244）。他说，“通情达理的人承认，每个民族都有一套特定的风俗，某些特殊品质在一个民族中比在相邻的一些民族中更经常地遇到”（同上）。然而，休谟认为，这些差异的真正原因并不是“空气和气候”这种**自然**原因，而是**道德**原因。他解释说，“我说的**道德**原因，是指一切能作为动机或原因而影响心灵的、能使一套特定风俗成为我们习惯的环境条件。这类东西包括政府的性质、公共事务的变革、人民生活资料充裕或匮乏、国家同其邻国关系的形势以及诸如此类的环境条件。”（同上）“可以向大多数肤浅的观察者证明：一个民族的性格在很大程度上依赖于**道德**原因；既然一个民族无非是个人的集合体，所以，个人的生活方式往往也是由以下原因所决定的。贫困和艰苦劳动使普通人心灵变得低下，使他们不能胜任任何科学和创造性的职业，因此，凡是政府变得压制其臣民的地方，这政府必定也对他们的性情和才智产生相应影响，并且必定把一切人文学科都从他们中间排除出去。这条道德原因的原理确定了不同职业的性格……一个**战士**和一个**牧师**在一切国家和一切时代都性格不同”（pp. 244 f.）。并且，“人类心灵生来十分爱模仿，任何一群人不可能轻易改变信仰，除非他们养成相似的生活方式，相互交流他们的恶行和德行。……在许多人结成一个政治实体的地方，为了国防、商业和政治等目的，他们交往的机会十分频繁。因此，除了同样的言语或语言之外，他们还一定养成相似的生活方式，具有共同的或民族的性格，就像也具有因人而异的个性一样”（p. 248）。正因为如此，民族性取决于国界而不是气候；民族性的差异在同样气候中也可以观察到。“一个民族将采取同一套生活方式，并在整个地球上都遵从它们；它还将采取同样的法律和语言。西班牙、英国、法国和荷兰等国的殖民地甚至在热带之间也全都可以分辨开来”（p. 250）。

然而，休谟并不掩盖存在这样的情形：似乎不可能找出任何一种明确的民族性。他写道：“我们可能常常看到，在操同样语言、受同一个政府治理的同一个国家里，存在一种由若干种生活方式和 700
性格组成的奇特混合物。就此而言，英国人是世界上所有民族中最突出的。……在一个国家的政府完全是共和政体的地方，易于造成一套独特的生活方式。当政府完全是君主政体时，更易于产生这种效果：上层人士的模仿促使民族生活方式更迅速地在人民中间传播。如果像在荷兰那样，一个国家的统治部分纯系商人，那么，他们一致的生活方式将决定他们的性格。如果它主要由贵族和有地产的绅士组成，像德国、法国和西班牙那样，那么，也会产生

同样结果。一个特殊的宗派或宗教的精神也倾向于塑造一个民族的风俗。但是,英国政府是君主政体、贵族政体和民主政体三者的混合物。当权者由绅士和商人组成。他们中间可以看到一切教派。人人都享有极大的自由和独立,因此得以发扬其独有的生活方式。所以,全世界一切民族之中,英国人民族性最少,除非这奇特性也可以被认为是民族性”(pp. 251 f.)。如果休谟未为不可救药的怀疑论所误,那他可能会在自己对英国人的叙述中看到一种对他们“博爱”的国民性的美妙讴歌;如果他生活在二十世纪,那他会赞赏那些把所有国家变成许多敌对阵营的民族性的不存在。

特别值得指出的是,博丹和孟德斯鸠强调,必须使法律和政府形式适应民族性,而休谟则坚认,正是通过法律和政府形式,民族性方形成起来。鉴于休谟的许多工作具有破坏性或怀疑性,而他在对民族性的简短论述上却显出惊人的建设性。

(二)人口统计学

一、人口统计

在十七世纪,国民人口数值估计的制备和人口统计学分析,在很大程度上仍属于格劳恩特、配第和金这些私人研究者的爱好。然而,在十八世纪,一些欧洲国家已尝试确定国民人口或者至少某些重要阶层的人口,如适龄服兵役的男子或纳税人的人数。除了单纯计数之外,有时还要求进一步的资料,涉及性别、年龄、国籍(在混居人口中)或职业。必须把这种统计表同土地、住宅、牲口和

驮畜等的清单区别开来。后者在有些国家从中世纪开始就有了，701
有些地方可能还是从古罗马行省政府承袭下来的。应当记住，我们今天所理解的官方定期人口普查的做法，在十九世纪之前任何欧洲国家里还几乎无人知晓。以往的计数是零星的和不完全的，常常托付给私人进行。这种计数通常都是强加某些不受欢迎的义务，例如兵役或征税的前奏，所以，人们都尽可能地逃避之。《圣经》上的先例也被用来极力反对“数人”。因此，产生了一种至今尚未绝迹的反对人口普查的厌恶情绪。此外，最早的人口普查主要作为行政当局的工具。直至十九世纪，人们才充分认识到人口统计的社会意义和价值。

法国

所有近代欧洲国家中，法国率先把统计作为政府几乎整个行政管理领域的工具。絮利和柯尔培尔在十七世纪制定他们的金融改革措施时，就已把仔细编制的有关国家岁入和岁出、人口、贸易、税收等等的统计表作为依据。这政策为对付法国十七世纪迭次金融危机以及同贪污成风作斗争带来了福音。它也正是博丹和孟克列钦这类著作家倡导的政策。他们力陈，人口普查作为对付征税、国防、殖民地开拓、贫困等等问题的第一步是有益的。柯尔培尔确立了收集和仔细保存统计资料的做法，它一直由继任的contrôleurs généraux〔总检查官〕沿用，直到大革命时代。

十八世纪初，法国政界为最近由路易十四下令进行的对法国的统计调查所激奋。这次调查的细节尽管官方保密，但仍泄露出来，以手稿抄件流传开来，它们成为许多禁书的题材。1711 年，布

拉安维利埃伯爵草拟了关于这次探究之结果的总结，于1727年在
702 伦敦发表。这次调查是根据王子的指示进行的，国王也与闻。它采取的方式是，由行政长官拟制关于王国三十二个 généralités〔收税区〕即省份的每一个的报告，一个行政长官代行执掌统辖若干省份的法定权力。行政长官及其代理人由牧师协助，而牧师通常充任负责登记和选举的官员。这次调查旨在得出城镇等等的数目、男子人数和总人数，特别注意调查人口最近有无减少，并尽可能地表明这种减少的可能原因（例如当时的宗教冲突）。埃米尔·勒瓦萨说，这种《行政长官报告书》（*Mémoires des Intendants*）是“我们所拥有的关于古代法国经济和行政管理状况的最重要而又最完整的文献，也是1780年之前唯一具有官方性质的法国人口概观”（*La Population Fransaise*，I，p. 202）。然而，这些《报告书》所提供的统计资料不可能相当准确，也不可能十分一致。担负这项工作的小官吏大都敷衍塞责；老百姓也故意不合作；往往只计算户数；有时只计算应纳税的户数；或者，数字是从地方登记簿摘录下来的，因此，最后结果仅仅是估计值。

由于没有可用以直接计算人口的有效机械，所以十八世纪里进行了种种用间接方法取得一定可靠程度估计值的尝试。其中最简单的一种方法是，估计所选择的一些典型教区范围里的出生率，或者更确切地说，出生人数，然后，将这个数目乘以在该区域里或全国的平均年出生人数。十七世纪的政治算术家已经应用过这种方法。荷兰政府官员克塞博姆就这样做过，他估计荷兰的人口为980000，出生率为1比35。应用类似方法，还得出了关于结婚人数、死亡人数、户数、教区数或者某些大宗商品消费量以及诸如此

类的量的估计值。例如,修道院院长德格泽皮利〔他曾把有关人口的详情载入他未完成的地理辞典(1762—8)〕自己出资收集关于出生、结婚和死亡的数据,用以补充那些可资应用的地方计数资料。他估计,法国的人口为22000000。德·拉米肖迪埃尔(笔名为梅桑斯)求得(*Recherches sur la population des Généralités d'Auvergne*,etc.,Paris,1766),在某一地区,年平均出生人数 703
1020与25025的人口相对应(即出生人数同人数之比大致为1∶25),于是他给出,出生人数为24604的奥弗涅的人口为615100。接着,他考察一个出生人数为59894的地区,估计出总人口(约1500000),再将此数除以教区数(2152),于是求得一个教区的平均人口(600以上),将这数乘以法国教区的总数(39849),便近似得出法国人口为24000000。德蒙蒂翁(又名莫奥)估计1769—73年间的平均年出生人数为928918,另外平均25.5人中出生1人,从而给出人口在23000000和24000000之间(*Recherches et considérations sur la population de la France*,1778,pp. 64—70)。从一年中结婚人数和比率(分别为192180和1∶122)以及死亡人数和比率(793931和1∶30),也可以得出人口估计数,它们同根据出生人数得出的估计数相仿。跟大多数同时代人不同,内克尔根据在奥弗涅作的局部调查得出结论,全国人口可能在增长。内克尔得出出生人数和出生率为963207和1∶25.75,从而给出同样数量级的人口(*De l'administration des finances de la France*,1784,Vol. I,pp. 207和222—320)。由这些估计值所推算出来的人口统计方法尚大有改进的余地,所以修道院院长泰雷这位总检查官在1772年大大改进了出生、结婚和死亡人数的法定登

记，而可能正是从他的时代起，这些事件有了定期的和可以理解的统计数字。内克尔规划“设立一个局，专门负责收集有意义的资料并把这些资料整理得清楚易懂”(*De l'administration des finances de la France*, Vol. Ⅲ, p. 355)。在他的主政下，法国的经济和财政统计达到了特别高的精细程度。当时几乎普遍认为，统计资料应当作为国家机密对待。内克尔反对这种见解，他提倡收集和发表统计资料，并在文明世界的所有政府之间自由交换它们。

法国大革命时期各政权十分强调统计对于行政管理的辅助作用。1791 年，立宪会议颁布命令，绝对定期地统计人口，要求列明姓名、出生地点、居住地点和职业。但是，那些老的困难仍妨碍这项计划在那时正常进行。1786 年，拉普拉斯概要论述了一种根据一些精心选择的典型地区的出生率来估计法国人口的方法，他还提议，利用概率演算来评估其结果的准确度。他的计划在 1802 年付诸实施。不过，虽然它是抽样实验方面一个很有意义的先例，但因他作了一些相当武断的假定，所以，它的价值有所降低。关于十八世纪末的法国经济统计状况，有一个综述载于《拉瓦锡、德拉格朗热和其他人的政治算术著作集》(*Collection de divers ouvrages d'arithmétique politique par Lavoisier, Delagrange et autres*)(巴黎，1796 年)。四篇文稿的第一篇也是最有分量的一篇，是拉瓦锡撰著的未完成报告。它报告了拉瓦锡在 1784 年开始的调查。它包括了法国人口的通行估计值(25000000)，假定了各阶层的分布。把这些数据同关于每人(在若干阶层中)对某些商品的消费量
704 的估计值相结合，就能计算出这些东西的总年消费量，从而也计算出总年产量(未考虑出口和进口)。例如，拉瓦锡求得，粮食年产量

应为 14000000000 磅。接着,他试图计算出,为生产这许多粮食所需要的土地面积以及犁、挽畜(马、牛)等等的数目。为此,他以下述假定为根据:对于每个马拉犁,可以耕种生产 27500 磅,对于每个牛拉犁,可得到 10000 磅,如此等等。拉瓦锡根据自己关于土地的计算得出结论:国土已耕作了不到三分之二。像内克尔一样,拉瓦锡也提议,设立一个中央局来收集法国的统计资料。他认为,由这样一个机构发表统计数据,将可非常清楚地表达经济事实,这样,就不可能再在经济问题上发生分歧。

英国

英国在统计事业上落后于好些欧洲国家。甚至英国的人口也属疑问。托马斯·波特在 1753 年引入了一种统计英国年人口数字的表,但为上议院所拒弃。在苏格兰,亚历山大·韦伯斯特在 1755 年提出了人口数字(给出苏格兰人口为 1265380)。因此,它比英国其余部分领先。韦伯斯特于 1743 年创设了基于保险费的“寡妇基金”。十二年以后,应邓达斯之邀,他搜求并得到了“全国各地许许多多牧师提供的报告,它们不仅包括他们教区的人数,而且还载明年龄。根据这些报告的数据(取中间值)以及爱丁堡、格拉斯哥等等地方的死亡率表,他计算了全部居民的各种年龄”。韦伯斯特发现,“苏格兰有 488652 人年龄在 18 岁以下,125899 人年龄超过 56 岁,他们共计 614551 人。从总人数即全部居民人数中减去这个数,所余之数即 650829 便是年
龄在 18 和 56 岁之间的人数。它们中至少有一半可以算为男 705
性。因此,根据这计算,苏格兰可以招募其人数的四分之一强当

兵。不过,这一部分包括了盲人、瘸子或其他疾病患者。因此,作者认为,每个教区和郡的战士仅占居民人数的五分之一。他认为,这些人可以算做有战斗力的人。"(参见 *Journal of the R. Statistical Society*,1922。)

十八世纪末,在英国(主要在法国大革命的冲击下)人们开始普遍对人口统计发生兴趣,因为它同社会哲学问题密切有关。马尔萨斯一类人物的活动就是这种倾向的证例。大不列颠十年一次的人口调查于 1801 年第一次实施(表明人口为 9000000)。1837 年,强制的法定人口统计登记取代了以前不能令人满意的教区登记制度。商业方面,英国在整个十八世纪里主要关心海外贸易统计数字。十七世纪末进出口总监属下建立海关档案以来,海外贸易详细账目的登录一直没有间断过。

914

德国

德国在十八世纪里,连续发表了关于世界各国的描述性和比较性的说明,而这些说明被说成是"统计的"(在"同政府有关的"意义上)。尽管在这些书中,详细数值仅占次要地位。其中可以提到 G. 阿亨瓦尔的《现代欧洲主要王国的政体》(*Staotsverqassung der heutigen vornehmsten Europäischen Reiche*)(第五版,哥廷根,1768 年;第一版,书名不同,1749 年)、A. F. 比申的《新全球综述》(*Neue Erdbeschreibung*)(1754 年,等等)和 A. F. W. 克罗默的《论欧洲各国的幅员和人口》(*Über die Grösse und Bevölkerung der sämtlichen Europäischen Staaten*)(1785 年)。这些书虽然继承传统,但也试图运用十七世纪政治算术家的方法求得欧洲各主要国家的人口。在德国，关于收集人口普查统计数字的国家规定，要到十九世纪才出现。不过，一些州和一些城市从中世纪起就已有了私人对人、牲畜和土地的登录，以便于管理。丹尼尔·戈尔曾尝试在德国由私人进行人口统计资料的收集和比较。他从1720年开始在他的《柏林医学学报》(*Acta Medicorum Berolinensium*)中发表死亡年表，这些表按死因分类，最后按月份分类，但总的来 706
说，缺乏关于年龄的详细资料。克里斯蒂安·孔德曼约在同时在另一种期刊上发表这种表，其中载有例如关于布累斯劳和柏林的比较数据。

其他国家

十八世纪官方收集人口统计资料的先驱国家还有瑞典。瑞典感到，居民人数不足以保卫国家和开发资源。1748年通过的法规乃以现行教区登记制度为基础，但要求更为详细的死亡资料(性别、年龄和死因)。这对牧师是一个沉重负担，他们要负责收集和整理大部分数据，虽然后来这制度日趋集中化。比较含糊的总人口估计数早已作出过一些，而一种比较精细的计算则于1746年由佩尔·埃尔维乌斯作出。像哈雷1693年对布累斯劳人口的估计一样，埃尔维乌斯的估计也是根据总死亡率和业已查明的死亡率分布情况作出的，同时人口则假定固定不变。他的结果(略微超过2000000)后来很快就用比较直接的方法加以证实。1748年确立的制度的早期结果均呈报瑞典天文学家和人口统计学家P.瓦根廷领导的一个“制表委员会”进行讨论。委员会的报告在1762年以后发表，那年放弃了惯常的保密政策。

挪威和丹麦在十八世纪后半叶进行了人口统计。不过，报告的拟制工作由私人掌握，结果只是部分地加以发表。奥地利在玛利亚·特莉莎和约瑟夫二世的治理下，为了掌握人口动态，进行了部分的人口调查。瑞士牧师 J. L. 米雷在他的《沃州境内人口状况报告》(*Mémoire sur l'état de la population dans le pays de Vaud*)(1766 年)中，发表了对瑞士一个相当独立的社会(沃州)的人口的研究结果。根据死亡率和洗礼人数与死亡人数之比，米雷估计当地人口在 120 年里将翻一番。美利坚合众国十年一次的人口普查始于 1790 年，不过在有些州，人口登记可以追溯到独立战争之前。在加拿大，白人移民的人口登记(姓名)可以追溯到 1666 年。

二、人口过剩的幽灵

威廉·配第爵士在十七世纪就已试图列表表明大洪水时代以
来世界人口的增长情况。他指出，人口增长率将来必须下降，否则
707 地球将变得人口过剩。约在 1750 年，罗伯特·华莱士向爱丁堡哲
学学会表明，根据对出生率和死亡率的或然估计值推算，人口在三
分之一世纪里可能翻一番。这样，在 1233 年这么长时间里，人数
将从 2 增加到 412316860416。他指出，地球人口的稳步增长最终
必然导致人口过剩，因而最终必定使人类政府的任何理想计划归
于失败。事实上，“要不是人类的谬误和恶习以及政府和教育的缺
陷，地球本来一定在好多时代之前就居住了多得多的人，而且还可
能早已供不应求”(*Dissertation on the Numbers of Mankind in*

Antient and Modern Times,1753)。华莱士在他的《人类、自然和天道的各种前景》(*Various Prospects of Mankind*, *Nature and Providence*)(1761 年)一书中,又重新攻击基于好政府理想的乌托邦式未来观。“因为,即便这种政府幸运地牢牢确立起来,即便它们同人性的主导情感相一致,即便它们影响又远又广,而且,即便它们普遍流行,它们必定最终还是使人类陷于最深刻的困惑和普遍的混乱之中。因为,无论它们本性多么美好,它们也还是同自然的目前构架和地球的有限范围格格不入。在一个完美政府的治理下,家室之累将被解除,儿童受到无微不至的关怀,一切都变得极其有利于人口众多,结果,即便某些恶劣季节或特殊气候条件下的可怖瘟疫可能使很多人丧生,但总的来说,人类将惊人地增加,以致地球终将供不应求,无法维持它的过多居民”(p. 114)。地球供应与日俱增食物的能力终将证明是不可能的,“除非它的肥力能不断提高,或者像有些狂热者寄望于哲人石那样,玄妙科学中的某个聪明能人凭借自然的某种奥秘,发明一种与已知迥异的方法来维持人类”(p. 115)。也许,“地球的肥力是有限度的”,并且不管怎样,它的容纳量总是有限的。因此,“地球终将供不应求。这些空想计划的狂热赞美者也不得不预言它们终将消亡的期限,因为它们同自己必定存在于其中的地

图 337—马尔萨斯

球的限度格格不入”(p. 116)。他认为,因这限度到达而引起的那
708 些灾难,是可以防止的。为此,需要限制结婚、绝育、杀害婴儿以及致老人于死命。但是,“人类绝不会一致赞同这些法规。最终必定诉诸暴力和军队来解决他们的争吵,战败等造成的死亡将留给幸存者充足的口粮,也给其他新生者留下余地”(p. 119)。

托马斯·罗伯特·马尔萨斯(1766—1834)在他的《人口论》(*Essay on the Principle of Population*)(1798 年)中接受了华莱士的主要论点。但他认为,过剩人口的麻烦将远比华莱士所认为的为早地开始被人们感受到。“迄今看来那么遥远的困难,其实迫在眉睫。从今天到整个地球变成像一座大花园的将来,在耕作进步的每一时期,如果人人平等的话,食物匮乏的困苦将一刻不停地折磨着全人类。尽管地球的出产可能年年增长,但人口将以快得多的速度增长。积余必定为苦难和恶习的定期或不断的发作所抑制”(p. 144)。马尔萨斯认为,人口趋于约每隔 25 年翻一番,但食物生产不可能以同样速度增长。因此,人口的自然增长必定总是受到制止。即便食物生产能够每 25 年增加等于或者超过马尔萨斯写作那年即 1798 年全部产品的数量,“这增长率显然还是算术的”。“不受制止的人口是按几何比率增长的”(pp. 14,22)。因此,人口最终必定超过供给。在马尔萨斯看来,虽然人口在 25 年里稳步增长百分之一百(或约**每年**百分之三),在 1798 年后的这 25 年里食物生产也可能增长百分之一百,但是,在后来相继的 25 年期中,生产的最大可能增长或许仅为百分之 50、$33\frac{1}{3}$、25、20,等等。反对马尔萨斯论证的人可能认为,他的初始日期 1798 年是任

意的。事实上,他的书的后来版本都把这日期改为这些版本的出版日期。因此,(坎南论证说)这初始日期也可取为距马尔萨斯写作 2475 年之前。在这种情况下,按他的论证,1798 年后的 25 年里,生产的最大可能增长应为百分之一,而他已认为这可能为百分之一百。他的假定,即不受制止的人口在 25 年里翻番,乃是根据获自北美的数据作出的,那里有些国家的一定人口是按这速率增长的。这显然提供了一个例子,表明食物生产按与不受制止的人口相同的速率增长。“但是,如果我们因而假定,人口和食物总是 709
按相同速率增长,那么,我们将误入歧途。一者是几何比率,而另一者是算术比率,就是说,一者按乘法增加,另一者按加法增加”(p. 106 注)。

在他的《人口论》第二版(1803 年)中,马尔萨斯就人口和口粮相对增长率问题指出:“因此,可以有把握地断言,人口在未受制止时,每 25 年翻一番,也即按几何比率增长。土地出产增长速率的可能假定值,就不大容易确定。然而,我们对之无可置疑的是,它们的增长比率同人口增长比率性质上判然不同。十亿人口同一千人口一样容易地每 25 年翻一番。但是,食物要以较大数量维持其增长,就绝没有那么简单了。人必须占有空间。当田地一英亩一英亩地增加,最后良田全被占满时,食物的年增长必定取决于业已拥有的土壤的改良。由于一切土壤的性质所使然,这份蕴藏必定不是增长,而是逐渐减少。但是,人口就不同。如果能得到食物供应,人口就会以用之不竭的活力增长。一个时期的增长将给予下一时期以更大增长的力量,而这是无限的。”(Ch. I)

马尔萨斯根据自己的结论而倡言,为了人类的福利,应当对人口超口粮水平增长的倾向施加道义的限制。但是，他的“生存竞争”（这个用语肯定对达尔文很有启发）概念过于悲观。他忽视了这样的事实：人多要增加口粮，但同时也增添了劳动力，而且罕有的发明智士还会创造新的方法和手段。另外，也许不太公正，我们还指望他应预见到工业企业、运输手段的巨大进步以及边远地区丰富蕴藏的开发。实际上，命运似乎在揶揄他：当代主要经济问题之一是生产过剩而不是生产不足的问题。

三、寿命表或死亡率表

十八世纪里，死亡率表的编制有了一些改进（这些表旨在表明在给定出生人数中，有多少人活到一定寿命，从而也表明，一地区死亡者在各年龄组的分布情况）。德帕西厄在他的《人类寿命概
710 率略论》（*Essai sur les probabilités de la durée de la vie humaine*）（巴黎，1746 年）中发表的死亡率表，乃基于对养老院、修道院和女修道院中的死亡者的研究（这些地方人口可视为固定不变）。德帕西厄建议这样确定人的平均寿命：把一个所选地区活着的人数除以出生和死亡人数的平均值。迪普雷·德·圣莫尔把从城乡教区得到的数据相结合而制成的死亡率表由布丰发表（*Étude sur l'homme*，1767）。荷兰人 W. 克塞博姆虽是个杂乱而无条理的作家，但他在 1740 年前后编制了一份精确度还过得去的死亡率表——至少就终身年金领取者而言是如此，而这表主要就是根据对这些人的人口统计。英国的死亡率统计表在 1728 年作出了迫切需要的改进，因为现在记录了死亡年龄。不过，死亡率表的编制

长期受崇尚一些简单算术法则的影响，例如德莫瓦夫尔法则，据信它适用于确定死亡者的年龄分布情况。亚伯拉罕·德莫瓦夫尔在1724 年提出了这样的尚称正确的经验法则：在 12 和 86 岁年龄之间，活着的人数按算术级数随年龄增长而逐渐减小(*Annuities upon Lives*,1725)。

十八世纪上半期年金估价的计算很不成系统，而且倾向于对每一例均按其价值来判断，而保险公司的经验尚不足以给出为此所需要的科学资料。十七世纪末就已开办的那些最早的英国人寿保险公司，到十八世纪中期才开始按照合理保险统计方法经营业务。1762 年创办的公平公司采用按保险人年龄定保险费的政策。两位医生 J. 海加思和 J. 海沙姆分别在切斯特和卡莱尔详细研究了人口统计。海沙姆的数据特别详细，包括了卡莱尔的一份专门人口统计表。它们后来成为乔舒亚·米尔恩(太阳人寿保险公司的保险统计员)编制的“卡莱尔死亡率表”的基础，这表在许多年里一直是好些第一流公司计算保险费的基础。随着逐步抛弃通常关于人口固定不变的假定，以及试图考虑人口的增减和迁移，那些最早的死亡率表开始得到重大改良。数学家托马斯·辛普森在他的《年金和寿险赔款学说》(*Doctrine of Annuities and Reversions*)(伦敦，1742 年)中，试图估计伦敦之迁入人口对各种年龄死亡的 711
自然分布的影响。他假设，移民增加了年龄在 25 岁或以下的人口。他计算了他们的死亡人数和本地同年龄人死亡人数之比(140 比 286)，他并按 426 比 286 的比例扩大 25 岁以下的死亡人数，以便把表的这两个部分(25 岁以下和以上)归约到同一基础。这一时期常常提到的北安普敦表和诺里奇表都是根据这条原理校正

的。理查德·普赖斯编制的伦敦表(同北安普敦表相似)也是这样。另一方面,欧勒研究了出生按一定比例超过死亡对这种表所产生的影响。瓦根廷利用他协助编制的瑞典官方统计数字以及哈雷、克塞博姆和德帕西厄等人的死亡率表,于 1766 年编制了他自己的死亡率表。瓦根廷注意到这样的一般规律:女性死亡率低于男性。荷兰著作家 N. 施特鲁伊克在 1740 年就已讨论过这一点,后来他又从统计观点研究了产妇死亡率和旅途死亡率。托马斯·肖特讨论了一国的土壤、天文和季节性现象同它的死亡率和出生率之间的联系(*New Observations*, *Natural*, *Moral*, *Civil*, *Political and Medical*, *on City*, *Town*, *and County Bills of Mortality* …*with an Appendix on the Weather and Meteors*, 1750)。他认识到,为使男性出生率略微超过女性,应当防止男人承受的那些较大危险,采取促使男女平等的措施和一夫一妻制。

肖特的《新观察》中的统计数据被赋予的目的论倾向,约翰·彼得·聚斯米尔希(1707—67)的一部较早著作《人种由其出生、死亡和繁衍显示的变化上的神赐秩序》(*The Divine Order in the Changes of the Human Race shown by its Birth*, *Death*, *and Propagation*)(1741 年;第 2 版,书名同,1761 年)也是如此聚斯米尔希一度是腓特烈大帝的牧师。聚斯米尔希此外还想编制一份普遍适用的死亡率表。为此,他利用了瓦根廷已讨论过的瑞典死亡率数据,把它们同勃兰登堡教区的数据(尽管事实上它们的人口不是固定的,而肯定在增长之中)以及德帕西厄关于修士、修女和养老院老人的数据相结合。聚斯米尔希还根据适当但很少的材料
712 编制了地方城镇和大都市的死亡率表。最后,他把这三张表结合

成一张表。不过，这时他没有按这些表分别代表其死亡率分布的那些人的数目来对它们加权。因此，他忽视了农村人口比城市人口有优势的效应。聚斯米尔希从他的表引出各年龄组活着的估计人数以及各种年龄上的**可能**寿命(他把这寿命同期望或**平均**寿命相混淆)，就像哈雷以他1693年的表引出结论一样。他的书有一章论述各种死因发生率所呈现的次序。在这后面，他试图根据某些城镇人口的年死亡率计算它们的人口，其时假定这死亡率是已知的。这书的第四版由他的女婿C. J. 鲍曼修订和扩充。鲍曼对聚斯米尔希的许多见解是赞同的，但他区别开了可能寿命和平均寿命。他还批判了该书的原始表所根据的一部分材料(尤其是那些从非固定人口推出的材料)。他认识到，死亡率存在民族差别，还认识到，在归并不同的表时，必须按它们分别关涉的那些人口的多寡对它们加权。

十八世纪下半期，统计方法应用于检查天花预防接种的功效。丹尼尔·伯努利关于这问题的一篇论文(*Hist. de l'Acad. Roy. des Sciences, année* 1760, Paris, 1766)引入了一些处理这种问题的重要的新理论方法，尽管他所根据的数据(例如哈雷的死亡率表)有很多缺陷和很大任意性，而且他关于天花发病率和死亡率的假设也很有问题(例如，假定一切年龄中每年有八分之一人得这种病，其中又有八分之一人死亡)。伯努利认为，死亡率是连续不断地而不是以年的间隔期影响人口数目。因此，他能够考虑把天花引起的死亡同其他原因引起的死亡区别开来，把研究结果表达为一个微分方程的解，从而得出数值表。最早真正理解伯努利方法的是十九世纪的迪维亚尔。

四、统计和概率

概率演算今天同统计理论密切关联，但它的产生是独立于后者的，并且曾经长期与之分离。伽利略、巴斯卡、费尔玛和惠更斯等人在十七世纪做了先驱工作（主要关于机会对策问题）。其后，十八世纪初由于雅各布·伯努利的未完成著作《猜测术》（*Ars*
713 *Conjectandi*）（1713 年）的发表，这门学问取得很大进展。这部著作共分四个部分。第一部分是惠更斯的《论概率的计算》（*De Ratiociniis in Ludo Aleae*）的一个版本；第二部分研讨组合分析；第三系关于机会对策；第四部分打算论述对经济和道德问题的应用，但未完成，其中包含“伯努利定理”，系关于如何计算随机性限度借助反复试验方法对于概率之验后概率确定的影响。这个课题后来有亚伯拉罕·德莫瓦夫尔继续研究，他在《机会学说》（*Doctrine of Chance*）（1718 年，第 2 版，1738 年）中就概率问题表明了如何计算二项展开式（1+1）n 的一般项，以及如何计算一般项与诸项的和之比。他还阐明了，如何计算验前概率已知的事件在有限次试验中，将在某些频率范围内出现的概率（例如，他表明，一个概率为 0.5 的事件，在 3600 次试验中，将在 1770 和 1830 次之间出现的概率为 0.682688）。德莫瓦夫尔写道：“假定了任何事件之发生都依照某条确定**规律**，我们便表明，随着**实验**或**观察**增加，**发生比**将不断逼近该**规律**。**反过来**也一样，如果我们从大量**观察**发现这**事件比**收敛于一确定量……那么，我们便得出结论：这**比**表达了这**事件**将依之发生的确定**规律**。”然而，像当时其他关于概率的著作家

一样，德莫瓦夫尔也没有去注意实际统计材料呈现的频率。

（参见 H. Westergaard：*Contributions to the History of Statistics*，1932；*The History of Statistics：memoirs collected and edited by John Koren*，New York，1918；和 J. Bonar：*Theories of Population from Raleigh to Arthur Young*，1931。）

714 # 第三十章　社会科学

（三）经济学

十八世纪里，人们认为，经济现象形成相互联系事件的周期。在解释这些现象中，零散的经济讨论转变成了联成一体的各种经济理论。这个研究领域中，有些著作家目的是完成完整的政治哲学，而“政治经济学被认为是它的一个重要部分”。然而，他们的经济观点都以相当独立和自治的方式表达，因此，很容易同他们的政治哲学的其余部分分离开来，单独加以介绍。政治经济学之提高到一门系统学问即科学的地位，主要是由于坎迪龙、魁奈、杜尔哥和亚当·斯密等著作家的工作，虽然还有其他人也对此有所贡献。

一、坎迪龙的《商业概论》

理查德·坎迪龙（1680？—1734）出生于爱尔兰，但定居于巴黎，经营银行业务。最后他离开巴黎去伦敦，在那里被一个解雇的仆人杀害，他的住宅也被这仆人付之一炬。坎迪龙的《商业概论》（*Essai sur le commerce en général*）似乎是在 1730 和 1734 年间用英文写作的，并被译成法文。它直到 1755 年才发表，不过在那些年里有大量手抄本流传。W. S. 杰文斯称坎迪龙的《概论》为“**政治经济学**的摇篮”,因为它是第一部关于经济问题的系统和连贯的专著。坎迪龙的主要理论可以扼述如下。

财富由“给养、便利设施和生活舒适设施”组成。它是土地和劳动的共同产物。“土地是财富的资源或质料;人工是产生财富的形式”(*Essai*,Part Ⅰ,Ch. Ⅰ)。坎迪龙这里在亚里士多德的意义上使用“质料”和“形式”这两个词。他的意思是说,劳动把土地“潜在的”财富转变成“实际的”财富。“如果君主和地主把他们的土地围 715 起来,不让人去开发它们,那么很显然,这国家的居民人人得不到衣食供应。”土地如果不加耕耘,便毫无用处。因此,“正像居民需要地主一样,地主也需要他们。”然而,地主支配和管理土地,在一切国家,“一切都取决于地主的趣味、习惯和生活方式”(*Essai*,Ⅰ,xii)。

坎迪龙把**经济职能或收入来源上的差异**作为一国居民分类的根据。可以分成三类,即(1)依靠地租生活的地主;(2)依靠利润生活的企业家;(3)雇佣劳动者。

(1)地主有相当可靠的收入。(2)企业家可以说依靠“不确定的工资”为生。这类人包括农场主、工厂主、医生、律师、教师、商人、店主、客栈主、包工、扫烟囱工人,等等。“甚至乞丐和小偷也属于企业家”。(3)雇佣劳动者“因付出时间而享有一定工资”,但他们的职能和地位十分悬殊。领工资的将军、领津贴的廷臣和领工资的仆佣都属于这一类。然而,这三类不是固定的,其成员也不是相互排斥的。一个雇佣劳动者可以成为企业家或地主,如果他能节省或借来足够的钱;一个地主可能成为企业家或雇佣劳动者;同一个人可能以所有这三种方式获得收入(*Essai*,I,xiii)。

坎迪龙这样估计**土地产物的分配**:“地主通常得到他土地产物的三分之一,从这三分之一里供应他在镇上雇佣的工匠和其他人,常常还要供应把乡村原料运到镇上的搬运工。”

“农场主通常得到土地产物的三分之二,一份用于供给他们雇农的报酬和生活费,另一份用于做生意牟取利润。从这三分之二里,农场主一般直接或间接地供应一切生活在这乡村的人的口粮,此外还要供应镇上一些工匠或企业家的口粮,因为镇上商品都消费在乡村。”

“人们一般认为,一乡村的居民一半在镇上生活和居住,另一半在乡村。若果真如此,得到土地产物之三分之二或六分之四的农场主,直接或间接地把六分之一给城镇居民,以交换他从他们得到的商品。这六分之一加上地主在镇上消耗的三分之一或六分之二一起,构成土地产物的六分之三即一半”(*Essai*,I,xii)。

在坎迪龙看来,**劳动的工资**由若干不同因素决定。一个劳动
716 者的最低工资“在价值上两倍于他赖以生存的土地的出产”,这样,他就能“扶养两个孩子,使一个能达到工作年龄”。这就是“生活费工资理论”。坎迪龙继续说,如果劳动者“是单身汉,那么,他们将把双份的一小部分储存起来,以达到能结婚的境况,并积聚一笔养家糊口的基金。但是,更多的人将消费这双份来供养自己”。坎迪龙几乎把一个劳动者妻子的生活费忽略不计。他写道:“我认为,她的工作恰巧足够供养她自己,而当目睹这些贫穷家庭有许多小孩时,我认为,有些慈善的人会解囊供养他们”(*Essai*,I,xi)。

技艺较高的工人的工资的决定,不光考虑他的生活费,还要考虑别的因素,即必须恰当补偿他们当学徒时所花的时间和代价。“一个农田劳动者的儿子在十一二岁时就开始帮助父亲。他看管牛羊,耕地或者干其他不需要技艺的农活。如果他父亲让他去学一门手艺,那么,由于他在整个学徒期间不在家,父亲便要蒙受损失,还必须付他几年学徒生活的生活费用和其他开销。因此,现在一个儿子在一定年月里,由他的父亲负担,而他的劳动则一无所获。一个十岁刚出头的人的期望寿命是无法计算的,这些人中有的必定会在学艺期间丧生,而且英国大多数手艺都要求 7 年的学徒期。因此,如果手艺人的报酬不大大超过劳动者,一个劳动者就绝不会愿意让他的儿子去学艺。所以,工匠或手艺人的雇主必须对他的劳动付给高于一个劳力即无技艺工人的报酬。考虑到任何人在能学成一门手艺之前,都必须付出很大代价并冒很大危险,并为了与之相等价,这手艺的工作将必然索价高昂”(*Essai*, I, vii)。

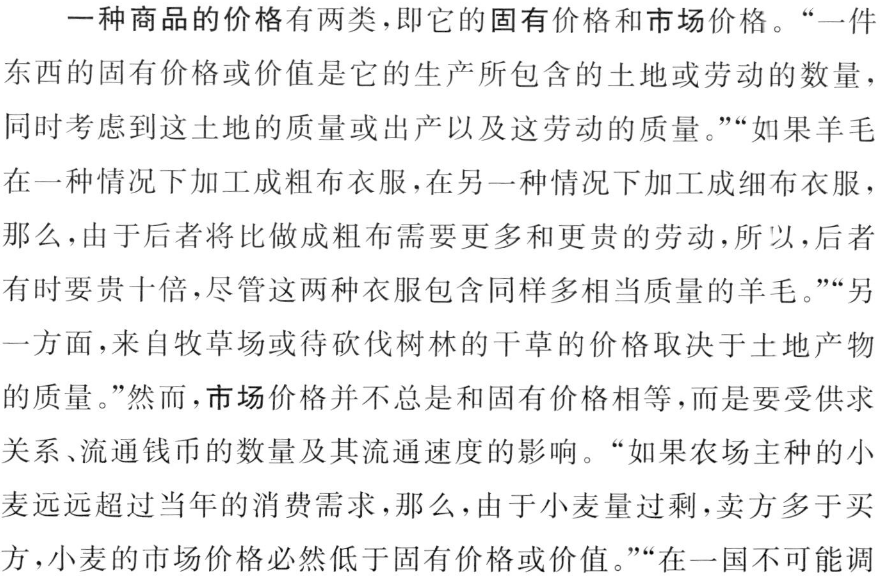

一种商品的价格有两类,即它的**固有**价格和**市场**价格。“一件东西的固有价格或价值是它的生产所包含的土地或劳动的数量,同时考虑到这土地的质量或出产以及这劳动的质量。”“如果羊毛在一种情况下加工成粗布衣服,在另一种情况下加工成细布衣服, 717
那么,由于后者将比做成粗布需要更多和更贵的劳动,所以,后者有时要贵十倍,尽管这两种衣服包含同样多相当质量的羊毛。”“另一方面,来自牧草场或待砍伐树林的干草的价格取决于土地产物的质量。”然而,**市场**价格并不总是和固有价格相等,而是要受供求关系、流通钱币的数量及其流通速度的影响。“如果农场主种的小麦远远超过当年的消费需求,那么,由于小麦量过剩,卖方多于买方,小麦的市场价格必然低于固有价格或价值。”“在一国不可能调

节货物和商品生产以适应消费，因此，市场价格天天变化，永不停息地涨落不驻。"然而，在调节良好的社会里，商品和货物的消费相当恒定和均匀，因此，"它们的市场价格不会与它们的固有价值有很大差异"(*Essai*，I，x)。

议价或讨价还价作为稳定一种商品的市场价格的方法，坎迪龙作了充分讨论。"假定卖肉者为一方，买客为另一方。肉价将在经过一定讨价还价之后稳定下来。市场上全部供销售的牛肉同全部带到那里买牛肉的钱相关联，同样，一磅牛肉也将近似地同一枚钱相关联。这个比率由讨价还价固定下来。卖肉者按他所看到的买客人数来定他的价格。当买客认为，卖肉者销路较差时，他们出价也低。某人定的价格通常为别人所仿效。有些人精于使他们的货物畅销，另一些人擅长把货物价格哄低。这种固定市场上价格的方法没有精密的即数学的基础。但是，因为这方法往往取决于少数买方或卖方急迫还是懈怠，所以，看来还是不可能用任何更为方便的方法达到这种结局。事实始终是，按需求或买客人数供销售的产物或货物的数量乃是实际市场价格赖以固定的基础，而一般地这些价格与固有价值没有很大差别。"

"还有一个假想。几个伙食管理员在菜季之初接到购买青豈的命令。一个老板下令按 60 利弗尔[①] 10 夸脱的价买进，另一个下令按 50 利弗尔 10 夸脱的价，第三个下令按 40 利弗尔的价，第四个下令按 30 利弗尔的价。为要执行这些命令，就必须有 40 夸脱青豈上市。现假定只有 20 夸脱。看到买客众多，卖主将维持其

① 利弗尔(livre)是法国当时的货币单位。——译者

价格,而买客的出价将增加到给他们规定的金额。结果,出价 60 718
利弗尔 10 夸脱的人将首先被接待。卖主然后看到不会有人出价 50 利弗尔以上,于是便让另外 10 夸脱按此价出售,而那些已奉命购买,但出价只有 40 和 30 利弗尔的买客,将空手而归。如果有 400 而不是 40 夸脱,那么,不仅这些伙食管理员以远比为他们限定的要低的价格买到青豆,而且卖主……将把青豆价降到约等于它们的固有价值,这时,没有受命的伙食管理员也将买一些"(*Essai*, Ⅱ, ii)。

一国货币之数量或其流通速度的变化也影响商品的市场价格。"我认为,一般说来,一国金融储备的增长引起消费相应增长,而这将逐渐造成物价上涨"(*Essai*, Ⅱ, vi)。"价格升高的比率……将取决于这货币对消费和流通产生的影响。投入的货币无论通过谁的手,都将自然而然地增加消费。不过,这增长或大或小,视获得钱的人的兴趣而定。市场价格将是有些种类商品比别的种类上涨得多,不管货币可能多么充裕。在英国,肉价可能增加两倍,而小麦价格的上涨不超过四分之一……〔因为允许〕从外国进口粮食,而牛是不准进口的"(*Essai*, Ⅱ, vii)。

"贸易中货币流通加速度即流通更快,等于使本位币增加了一定程度"(*Essai*, Ⅱ, vi)。

贷款利率的决定因素部分和商品市场价格相同,部分同贷方所冒风险大小有关。"东西的价格是在市场议价中,由供销售的东西的数量按给它们出价的金额固定下来,或者同等地,由买卖双方人数之比固定下来。"与此一样,"一国中贷款的利息也由贷方和借方人数之比决定。""人的需要似乎带来了利息的做法。""如果一个有经验的农田劳动者凭劳力挣得的工资仅够糊口，又没有土地，而他能找到某人愿意租借土地给他，或借钱给他买东西，那么他将付给贷方第三地租，也即他将成为其农场主即企业家的那块土地产物的三分之一。他将认为，他的地位比以往好了，因为他将可以靠
719 第二地租〔产物的三分之一〕生活，将成为一个主人，而以前他是个仆佣。这样，如果克勤克俭……他就能逐渐积攒起一小笔资本，他必须借的债也将逐年减小，且有朝一日将能占有全部三等地租”(*Essai*，Ⅱ，ix)。“一个凭恰当抵押品或土地抵押契据贷款的人，要冒借贷人反目的危险，或冒诉讼失败而负担诉讼费的风险，但是，当他不要抵押地贷款时，他更冒失去一切的危险。”“一个贷款者宁可把一千盎司银子接百分之二十的利息贷给一个帽商，而不愿意按百分之五百的利息贷给一千个水运工。水运工为维持生计，将很快不仅花掉他们日常工作挣得的钱，而且连借款也花个精光”(同上)。

赊购相当于借一笔货物市场价格并加上利息的贷款。“如果一个新企业家发现，有机会赊购小麦或牛，允许过相当长时间以后，在他能够通过销售自己农田产品而筹到款子时再偿付，那么，他很乐意付出比用现金的市场价格要高的价钱来买它们。这种方法如同他借款买供现金付款的小麦，同时付给现金价和赊购价差额作为利息”(同上)。

二、重农主义者

一定程度上由于坎迪龙的《概论》的推动，约在十八世纪中期，

一批法国思想家开始系统研究经济问题。他们起先以“经济学家”知名,后来则被称为“重农主义者”。这批人的领袖是魁奈。其他人中间,最重要的有古尔内、米拉波、杜邦·德·内穆尔和杜尔哥。重农主义者通常被认为是经济学家的第一个“学派”。不过,他们在一些具体问题上观点也有相当大差异。这个名称最初是杜邦·德·内穆尔提出来的。他在1767年出版了魁奈的著作集,书名取为《重农主义或最有益于人类的政府的自然构成》(*Physiocratie ou Constitution naturelle du Gouvernement le plus avantageux an genre humain*)。它扉页上的题词阐释了**重农主义**的含义:

> Ex natura jus ordo et leges,
>
> Ex homine arbitrium regimen et coercitio。
>
> 〔自然产生秩序和法制,
>
> 人为带来专横的统治和强迫。〕

它抗议政府过分干涉经济领域,呼吁更加信赖经济活动的自然秩序和公正,如果使这些活动处于合理限度以内的话。重农主义者 720
认为,国家的主要功能是保障安全、财产和自由。就此而言,重农主义者可以认为是关于个人拥有人身自由和支配劳动与财产自由之权利的自由主义学说的先驱。

古尔内

重农主义学说反对的部分在十八世纪法国工业和贸易环境中最为人们理解。古尔内研究和批判这种环境。让·克洛德·玛丽·樊尚·德·古尔内(1712—59)是一个富商的儿子,自己于1729—1744年间也在加的斯经商。1744—1746年间,他周游英国、德国和荷兰。他于1748年返回法国，1751年就任商务行政长官。在他历次视察旅行期间(有几次由杜尔哥陪伴)，他得到充分机会研究经济状况。

古尔内没有留下什么著作，但杜尔哥在古尔内死去那一年即1759年撰写了一篇《赞颂》(*Éloge*)，文中扼述了他的观点。杜尔哥告诉我们，古尔内“惊讶地发现，一个公民如未经授权便不能靠自己努力进入一家公司制造或销售任何东西……他认为，一个工人制造了一块布，就给国家的富人集团增添了实物。他还认为，如果他的布不如另外的布，那么大概会在众多消费者中间发现某个人，这个人觉得这低劣品比起较昂贵的完美品更为合适。他一点不相信，这块布因不合某些规定而应当每4码剪一段，也不相信，这个倒霉的制造者会因此而遭可观的罚款，以致全家沦为乞丐。……他认为，不必要为了生产一块布的事打官司，也不必为这是否合乎一项由来已久且又常常含糊不清的规定而争论不休，一个不会阅读的制造者和一个不会生产的检查员之间也不会发生这种争论。……

“他不能想象，在继承次序仅由习惯确定、各种犯罪的死刑的实施由法院酌情处理的王国里，政府竟会屈尊做以下几件事：明文
721 规定每块布的长度和宽度以及必要的纱线数目；颁发详备记叙这些重要细节的四卷四开本法规；以及通过由垄断精神支配的法令，目标完全是为了留难工业，把商业集中在少数人手里，为此，采取下列种种手段：大量增加手续和费用；对十天就可学会的手艺要求为期十年的学徒期和试用期；排斥老板儿子以外的人以及出身于特定圈子以外的人；禁止纺织业雇用女工，等等，等等。

“他不能想象，在一个服从同一个君主的王国里，各个城镇会相互敌视，会冒充有权阻止被称为外国人的法国人在他们国界内工作，有权阻止一个邻近地方的商品的推销和自由通过，从而有权为了一己的小利而反对国家的公共利益，等等，等等。

“他同样惊讶地发现，政府致力于调整每种商品的价格，禁止一种工业以使另一种工业繁荣；在生活基本必需品的销售途径上设置种种专门障碍；禁止积累收成年年在变而消费始终一样多的东西的储备；禁止价格已被压到最低限度的东西出口，自以为使耕种者的境况比所有其他公民更加捉摸不定和更加不幸，便能保证谷物丰裕，等等。”(*Éloge de Gournay*，载 Daire 编，杜尔哥的 *Œuvres*，Vol. I，pp. 266—9)。

几乎毫不令人惊讶的是古尔内竟被促使采纳重农主义者今天为人所熟知的口号：Laissez，laissez passer〔任他做去，任他用去〕。然而，这种要求，即呼吁国家不要干涉个人的经济活动和运动，并不是本着纯粹消极的或无政府主义的精神提出的。实际上，重农主义者尊重权威，尤其是地主的权威，并指望国家元首在经济事务、社会财富的公正分配上起类似社会上法官的作用依法评判。就此而言，他们倒是充满了封建主义精神。

杜尔哥还告诉我们，古尔内“用一个哲学家和政治家的眼光”看待经济问题，认为“以自然本身为基础、商业上一切价值赖以相互平衡并固定于一定值的那些首要的和独特的规律是……贸易和农业的相互依赖……它们同法律和道德以及政府一切职能的密切
关系，等等”(同上)。然而，同时还可指出，重农主义者的“自然规 722
律”概念相当含糊。他们不是在“不变的一致性”或规则性的意义

上使用这词语，因为这术语是在自然科学中应用的。他们或多或少带有斯多葛派的自然观，以为自然充满神的理性，因此，他们似乎认为，“自然规律”是合理的倾向，而人的行动能促进或阻碍这些倾向。

魁奈

弗朗索瓦·魁奈（1694—1774）出生于梅雷，是一个律师的儿子。他在乡村长大，因此，始终对农村经济感兴趣。1718 年，他成为外科医生；1737 年，他就任外科学院秘书。1744 年，他获得医学博士学位。1749 年，他任德·蓬帕杜夫人的医生，后来成为路易十五的御医。他逝世于凡尔赛。他的著作包括《动物机体物理分析》（*Essai physique sur L'Économie animale*）（1736 年）、狄德罗《百科全书》的词条《谷物论》（*Grains*）（1756 年）和《租地农场主论》（*Fermiers*）（1757 年）、《经济表》（*Tableau Économique*）（1758 年）和《经济政府一般格言》（*Maximes générales du Gouvernement économique*）（1760 年）。魁奈是经济学界的苏格拉底，他通过和人谈话比通过他的著作产

图 338—魁奈

生更大影响。

他熟谙“动物机体”，尤其是血液循环。这可能启发魁奈通过类比设想财富在一国经济中周期循环。他的独到见解是，在他看来，一国的财富不是财宝的无生气积聚，而是土地和劳动的周年出产。这种周年出产(包括出口部分的交换价值)决定了一切其他商品的供应。

像他之前的坎迪龙一样，魁奈也认为一国的财富归根到底是土地和劳动的共同产物。不过，魁奈以其自己的方式阐发这个思想。在“土地”(包括海洋和河流，坎迪龙把它们计入相邻土地)中，魁奈看到，自然和上帝合作产生一份特殊的赏赐，作为对人类劳动的报酬。财富的每一点实际增加都来源于土地耕耘、打鱼和矿井与石场的开采。一切其余经济活动仅仅在于变换、运输或交换借助自然富饶和上苍恩赐业已生产的初级商品。它们没有生产附加的物质，给产品价值增添的只不过是工人生计的费用。魁奈用“纯产品”这词语表示收成中超出耕种费用和“预付”即资本支出的利息的部分。他坚持认为，这农业的“纯产品”是一国全部人口生计的主要源泉。他的《经济表》(图 339)旨在图示土地生产的财富如何在社会各阶级中流通。

由于上述种种理由，魁奈认为，农业、矿业等等是仅有的“生产性”行业，也即生产超出生产成本的物质财富增量。他认为，一切其他行业和产业都是有用的，但“不结果”。这种观点同重商主义的观点截然相反，后者认为，一国的财富主要靠对外贸易增加，即靠谋求贸易出超，从而带给国家更多的货币。然而，这两种相对立的观点几乎同样片面。

TABLEAU ÉCONOMIQUE.

Objets à considérer, 1°. Trois sortes de dépenses ; 2°. leur source ; 3°. leurs avances ; 4°. leur distribution ; 5°. leurs effets ; 6°. leur reproduction ; 7°. leurs rapports entr'elles ; 8°. leurs rapports avec la population ; 9°. avec l'Agriculture ; 10°. avec l'industrie ; 11°. avec le commerce ; 12°. avec la masse des richesses d'une Nation.

DÉPENSES PRODUCTIVES relatives à l'Agriculture, &c.	DÉPENSES DU REVENU l'Impôt prélevé, se partagent aux Dépenses productives et aux Dépenses stériles.	DÉPENSES STÉRILES relatives à l'industrie, &c.
Avances annuelles pour produire un revenu de 600[tt] sont 600[tt]	Revenu annuel de	Avances annuelles pour les Ouvrages des Dépenses stériles, sont
600[tt] produisent net	600[tt]	300[tt]
Productions	moitié passe ici	Ouvrages &c.
300[tt] reproduisent net	300[tt]	300[tt]
150 reproduisent net	150	150
75 reproduisent net	75	75
37..10 reproduisent net	37..10	37..10
18..15 reproduisent net	18..15	18..15
9..7..6 reproduisent net	9..7..6	9..7..6
4..13..9 reproduisent net	4..13..9	4..13..9
2..6..10 reproduisent net	2..6..10	2..6..10
1..3..5 reproduisent net	1..3..5	1..3..5
0..11..8 reproduisent net	0..11..8	0..11..8
0..5..10 reproduisent net	0..5..10	0..5..10
0..2..11 reproduisent net	0..2..11	0..2..11
0..1..5 reproduisent net	0..1..5	0..1..5

&c.

REPRODUIT TOTAL .... 600[tt] de revenu ; de plus, les frais annuels de 600[tt] et les interets des avances primitives du Laboureur, de 300[tt] que la terre restitue. Ainsi la reproduction est de 1500[tt] compris le revenu de 600[tt] qui est la base du calcul, abstraction faite de l'impôt prélevé, et des avances qu'exige sa reproduction annuelle, &c. Voyez l'Explication à la page suivante.

图 339—魁奈的《经济表》

像坎迪龙一样，魁奈也在国家经济中把人划分为三个阶级。(1)**地主**在他们两人的图式都构成一个阶级，但其余两个阶级则不同。按魁奈的图式，它们是：(2)**生产阶级**，主要包括农民和部分渔民与矿工；以及(3)**不结果阶级**，包括工厂主、商人、专门家、仆佣，等等。魁奈特别看重地主。下面在考察魁奈对岁入在这三个社会阶级中分配的说明时，将可看到，自然富饶和上苍恩赐使“纯产品”成为可能，似乎首先意在为地主谋利。因为在魁奈看来，这就是以地租形式偿付给地主的东西。

实际上，正是生产阶级生产提供整个社会流通的每年财源。魁奈的《经济表》从下述假设出发：借助600利弗尔支出(即“年预付”)，一个农场主能生产总金额值1500利弗尔的商品。在这1500利弗尔中，600利弗尔(或相当于该价值的商品)用于农场主、他的雇农和牲畜的生计。这部分并不流通。产品其余价值900利弗尔的部分被销售。所实现的900利弗尔中，600利弗尔作为地租付给地主(然而，地主还得付税)，300利弗尔由农场主留着购买鞋、衣服和其他生产商品。

现在，地主必须买食物和衣服，等等。因此，作为地租付给他们的600利弗尔有一半又回到“生产”阶级，以支付食物货款，其余付给“不结果”阶级抵偿生产货品。于是，“不生产”阶级从“生产”
阶级收到300利弗尔，从地主收到300利弗尔。但是，“不结果”阶 724
级必须买食物和原材料。因此，它的600利弗尔全部付回给“生产”阶级，后者独家生产食物和原材料。地主也要付300利弗尔向“生产”阶级买食物，所以，那900利弗尔全都回到农业家即生产阶级，后者也保留前面的600利弗尔(价值相当于未销出的产品)。

这样，1500 利弗尔就全部回笼到“生产”阶级。于是，一个新的周期又开始。

魁奈指出，一些社会阶级的奢侈品费用在收入中所占比例上的任何变化，都必将对总岁入产生或好或坏的影响。“假定地主……工匠和……农业家的奢侈品花费增加六分之一，那么，岁入的再生产将从 600 利弗尔降至 500 利弗尔。相反，如果原材料消耗或出口上费用增长同样程度，那么，收入再生产将从 600 利弗尔增加到 700 利弗尔，如此等等。由此可见，奢侈过度……可能迅速毁掉一个富裕国家”(*Explication du Tableau Économique*)。魁奈得出警告性的结论：“生产预付的挥霍”，可能使一个国家的年财富毁灭性地减少甚或化为乌有。这种挥霍很可能由下述八种理由引起：(1)“税制不善，吞没了农业家的预付”；(2)“借口征税花费大而提高税率”；(3)“奢侈品费用过分大”；(4)“诉讼开支过大”；(5)“土地产品方面没有进行对外贸易”；(6)“国内贸易缺乏自由”；(7)“农村居民的个人烦恼”和(8)“年纯产品没有回到生产阶级”(同上)。

魁奈赞成对地主开征单一的直接税。这大大有利于节省征税费利，也同他关于不结果阶级无生产力的观点以及不侵犯农业家“年预付”的要求相一致。他赞同坎迪龙的生活费工资理论，因此，自然就反对对雇佣劳动者征税。“工资水平和工资所能购买的舒适和奢侈品的数量通过竞争而固定在一个不可降低的最低限度上”(*Second Problème Économique*, p. 134)。

魁奈看来对下述情况并不感到奇怪：“自然秩序”仅分配给雇佣劳动者生活费，而把土地和劳动的“纯产品”全部留给地主。从
725 他的一些后继者（例如，修道院院长 Bandeau：*PhilosophieÉcono-*

mique,p.757)表达的观点来看,魁奈似乎认为,地主的份额为下述事实证实是合理的:他们或其先辈必定承担了开垦土地,筑路造房,通常还要做工作使土地适合于农业。但是,这样一来,如果地租部分或全部地作为对这些原初支出(avances foncières)的报偿,那么,考虑到据说的"纯产品",就可以想到,所假定的"生产"和"不结果"事业间这个基本区别可能被削弱。

总的来说,魁奈的经济著作没有十分综合或一贯地说明经济现象。说魁奈的《经济表》和契据、货币发明一起成为人类三大发明之一(例如老米拉波就这样说过),纯属夸大其词。实际上,米拉波本人倒对经济作了一个更为令人满意的说明,重农主义学派另一名成员杜尔哥也这样。当然,他们两人都大量汲取了魁奈的思想。

杜尔哥

图 340—杜尔哥

安娜·罗贝尔·雅克·杜尔哥(1727—81)出生在巴黎,父亲是显宦。他一度在索邦攻读神学,1749年当上修道院副院长。1752年,他进入政府;1755和1756年陪同古尔内进行视察旅行。1761年,他就任利摩日的行政长官,在那里进行了各种经济和行政管理改革。1774年,他奉召到凡尔赛任路易十六海军部的国务秘书。五个星期以后,他调任财政总稽核。他取消了

corvée(各种强迫劳役)、行会和对商业与工业课的苛捐杂税,还考
726 虑过其他改革。但是,他的改革热忱激起了既得利益者的反抗,他遂于1776年被解职。他为《百科全书》撰著各种词条,但他最重要的经济学著作是《关于财富的形成和分配的考察》(*Réflexion sur la Formation et la Distribution des Richesses*)(1766年;英译本,纽约,1898年)。他的《赞颂古尔内》(*Éloge de Gournay*)(1759年)上面已经提到过。

鉴于这部著作篇幅短小(包括很短的101节,英译本不到小开本100页),《考察》可以认为对经济现象作了十分广泛的阐释。它一开始论述商业即商品交换的起源。它表明,土地的不均匀分配、土壤的多样性(使土壤适合不同的作物)、劳动分工以及人类需求的倍增,这一切使商业成为必不可少的了(§§i—iv)。接着,杜尔哥以典型的重农主义口吻详述了农民在经济上的特殊重要意义。农民供给“人人最重要而又最可观的消费品”,因此,他“没有其他工人的劳动也能生活,而如果农民不让工人得以生活,那么工人就根本无法劳动”。此外,农民劳动“致使土地产生超过他个人需要的东西,而这是社会一切其余成员靠其劳动而获得的工资的唯一资源”(§v)。这是最早提到“工资资源”,它很快为生活费工资理论所袭用。“在每种工作中……工人的工资局限于为确保他生计所必需的数额。”这是雇主讨价还价和工人“相互竞争”的结果(§vi)。(关于雇主间对劳动力的可能竞争及其对工资的影响,只字未提。)唯有农民是幸运的例外。“自然不和他讨价还价”,而赐给他“超过他辛苦所得工资的丰厚赠与”。“因此,他是财富的唯一源泉,这财富通过流通激活社会的一切劳力”(§vii)。这两个一

开始就分化的阶级是“生产”阶级(即农民)和“领薪金的”或“不结果的”阶级(即雇佣劳动者)。后来,当土地的占有同土地的耕种相分离时,地主阶级兴起了。真正地主的社会功能是,他们“能够满足社会的普遍需要,例如战争和行政管理,为此,他们或者亲自服务,或者付出他们岁入的一部分,而国家或社会拿这笔款子就可让人去履行这些功能”(§§viii—xviii)。书中说明,地主可以采取五种不同方式让他人来耕种他们的土地,即使用雇用劳动者、使用奴隶、农奴、分益佃农或自耕农。最后两种是最常见的方式。在分益佃农制中,地主提供一切必需的预付,分益佃农(农民)和他的一家做全部农活,收成则由地主和分益佃农平分。在自耕制中,自耕农付给地主年租,承担一切必需的资本支出,占有全部收成。最后一种制式最好,但只能在富裕的乡村实行(§§xix—xxviii)。

在回到商业的理由(“互相需要导致人们互通有无”这一事实)问题上时,杜尔哥说明了,银和金怎样会被用做交换的媒介,货币的引入如何造成“买方”和“卖方”的区别,如何方便了商业和积储(§§xxix—l)。这一切倒类似坎迪龙《概论》中的论述。接下去是对资本及其各种经济功能的说明。这大概是杜尔哥《考察》中最有价值的部分。

“土地始终是一切财富的首要的和唯一的源泉;正是土地在耕种以后,带来了一切收入;也是土地提供了一切耕种之前最早的预
付基金。最早的耕种者从土地自发产物植物获取播种用的种子。727
在等待收成期间,他靠渔猎或野果为生。他的工具是林间折断的树枝,用经过别的石头砥砺的锐石加工。他用双手或者陷阱捕获出没于林间的动物。他驯化它们,用它们作为食物,后来又要它们

帮助他工作。这最早的基金一点一点地增加。家畜是最早为大多数人所追求的那种储备物,也最易积聚。它们死去,但它们繁殖,这种形式的财富在某种意义上是不灭的。这基金甚至作为自然增殖的结果而增加,产生奶、毛、皮革等形式半产品。另外,森林中集积的树木也构成工业工作的最早基金”(§liii)。“正是土地提供了用以建造最早房屋的石块、泥土和木材,在劳动分工之前,当耕种土壤的人用自己的辛劳来满足他的其他需求时,还不需要别的预付”(§lix)。

“在任何工业中,工人或供养他们的企业家都必需拥有一笔预先积攒的可动财富”,即资本或者说积聚的储备。“农业、工业或商业上的任何一种工作都需要预付。即使用手耕种土壤,在收获之前也还必需播种;在收成之前也需要生活。耕种越精细、越费力,预付就越多。……无论什么行业,工匠都必需预先置备工具,占有充足的原材料来源。在产品销出之前,他还必须在等待期间生活”(§§li,lii)。

在强调了资本在一切企业中的重要性后,杜尔哥采取了坎迪龙的社会阶级分类法,而不是他在上面用过的魁奈分类法。“因此,从事提供为满足社会各种需求而必需的种类繁多工业产
728 品的整个阶级,又分为两类。第一类是制造业家、手工业主和一切大量资本所有者,他们利用预付来雇用工人,由此把资本转变成利润。第二类由单纯工匠组成,他们没有财产,只有双手,他们预付的仅仅是日常工作而已,而所获得的也只有工资,无丝毫利润可言”(§lxi)。“自耕农的地位和制造业家相同”(§lxii)。资本除了上述种种用途(购买土地、制造业或农业)之外,还有其

商业上的用途。商人的功能是服务于“生产者和消费者的利益,对于前者是求售,对于后者是寻找消费者所想购买的东西,避免因等待买客或寻找卖主而损失宝贵时间”(§lxvi)。一切商人“都有这样的共同点:**他们买了再卖**,他们在先的购买是一种预付,后者只是在过一段时间后又回到他们。像农业和制造业的企业家一样,这预付必定回到他们,不仅在一定期间内完全地返回,以便回转来重新购买,而且(1)带有一定利润,其值等于他们凭资本不做任何工作所可能得到的收入,以及(2)连带他们的劳动、冒险和技能的工资和价格”(§lxvii)。“正是资本的这种连续预付和归还构成了……**货币的流通**……它在政治机体里维持运动和生命,完全可以同动物体内的血液循环相比拟”(§lxviii)。“因为资本像劳动和技能一样地是一切企业所必需的,所以工业家愿意同提供他们所需基金的资本家分享利润”(§lxx)。于是,资本就有了第五个用途,即有息借贷,这“只不过是一种贸易,贷方出售他货币的**使用**,借方购买它,正像地主和他的自耕农分别出售和购买出租地产的**使用**。古罗马人给借款利息取的名称 usnra pecuniae〔高利贷〕充分地表明了这一点。这个用语的法文译名因作为不正当观念的结果而臭名昭著”(§lxxviii)。利率大致取决于借方需求和贷方供款间的比例。而这主要取决于积聚起来……形成资本(货币或者可转变为货币的资产的形式)的动产的数量。“一个已知拥有值十万法郎的资产、保证在某一时期终了时偿付十万法郎的人,他签署的一张借据在这个时期内被当做十万法郎”(§lxxix)。“一般说来,投资土地的货币营利不如贷款,贷款营利不如用于工业企业的货币。但是,以任何

729 方式应用货币获得报酬，其增加或减少都必定同时引起一切其他应用发生相应的增加者减少”（§ lxxxvii）。“贷款资本家应当看做是对于财产生产必不可少的一种商品的商人，而这商品的价格不应太低。对他的交易课税，就像对用于肥田的肥料征税一样愚蠢”（§ xcv）。

1768 年，在《考察》发表两年以后，杜尔哥率先提出了今天所称的**报酬递减规律**。这个名称到十九世纪才引入，这条规律的意义也在马尔萨斯强调了依靠精耕细作增加谷物的可能性是有限的以后，才得到充分认识。不过，杜尔哥在他的《德·圣佩拉维先生的论文的考察》（*Observations sur le Mémoire de M. de Saint-Péravy*）中，十分明确地专就农业表明了这条规律的实质。他写道：“假定普通精耕细作盛行的地方，年预付赚进 250%，那么，完全可能的是，当预付从此逐渐增加，直至它们无利可获的时候，每一增加便效果越来越差。在这种情况下，土地的肥力犹如一根因逐次加载等重物而被迫弯曲的弹簧。如果重物轻而且弹簧不怎么柔顺，那么，第一个负载的效应可能近乎于零。当重物变得重起来，足以克服最初的阻力时，弹簧便将明显屈服和弯曲。但当它弯曲到某一程度时，它将对施加于它的力产生更大的阻力，以前使之弯曲一英寸的重物现在使之弯曲不超过半线。……其效应将如此越来越快地减小。这种比较并不完全确切。但已足以说明，当土壤接近偿还它所能出产的一切时，巨量的耗费如何只能使生产增加微乎其微。如果年付不是超出其最大报酬点地等量递增，而是相反即递减，那么，将可看到同样的比例变化。……”

“把种子撒播在一片天然肥沃但完全不予加工的土地上时，这

些种子将成为一种几乎完全浪费掉的年付。如果把土地耕作一次,则产品便增多;耕作二次、三次,产品可能不止二倍和三倍地增长,而是四倍或十倍地增长。因此,产品增加的比率大大超过预付 730
增加的比率。到了一定程度,产品将多到可同年付相比拟。过了这一点,如果年付还增加,则产品仍将增加,但增加得少了,并且一直少下去,直至土壤的肥力耗尽,技艺再不能增添什么东西,年付的增加再不会给产品带来任何增加"(杜尔哥:*Œuvres*,Dire 编,Vol. I,p. 420f.)。

米拉波

米拉波侯爵维克托·里凯蒂(1715—89)出生于普罗旺斯,在他于 1737 年继承父亲之前,一直在军队中服役。他在坎迪龙《概论》尚未印行之前,就受到这部著作影响。他在 1756 年就立即对这本书发表了一篇评论,题为《人民之友,或人口论》(*L'Ami des Hommes,ou Traité de la population*)。这本书激起了反响,并且一版再版。他在书中力陈,人口是财富的源泉,人口取决于给养,而给养又取决于农业。因此,农业应当千方百计加以扶助和鼓励。他主张自由贸易,比较公正地分配财富和税收,改进运输方法。他首先激烈抨击庸碌的廷使和贵族滥用权力和特权,恣意挥霍劳苦大众的血汗。《人民之友》发表后不久,米拉波就加入了魁奈的学派。魁奈 1774 年死后,米拉波便成为这个学派的公认领袖。1760 年,他发表了《租税理论》(*Théorie de É'Impôt*),激烈批评法国的财政和税务制度。这导致他一度被囚禁和逐出巴黎流放。他的大量其他著作中,最重要的是《农村哲学》(*Philosophie Rurale*)

(1763 年),它是亚当·斯密的《国富论》(*Wealth of Nations*)[①]之前最广包的经济学论著。《农村哲学》第一页上,有一张略经修改的魁奈"经济表";后来(第 36、118 页的前页)又出现了两次。

米拉波对重农主义运动作出很大贡献。他精力充沛,热情奔放。他以生动的宣传赢得大量信奉者,使重农主义经济学名扬全球。他还积极参与最早的经济和社会问题期刊,即《农业杂志》和《公民大事记》的工作。但是,他不是一个深刻的或有体系的思想家,他对以上关于其他重农主义者的论述所形成的各个经济观点即使增添了什么,那也都是些无足轻重的东西。他的《农村哲学》的主要价值在于,它是重农主义各主流汇入的蓄水池。因此,详述他的观点大概是多余的。或许最为恰当的是,不应把他当做经济理论家,而应看做伏尔泰、卢梭和其他人的合作者,他们猛烈抨击当时的政治弊端,喊出了人民要求社会
731 和政治公正的呼声,因而也许无意之中促进了大革命。这场大革命在米拉波死去的翌日爆发,1789 年 7 月 14 日攻占巴士底狱。

图 341—亚当·斯密

亚当·斯密

如由以上所述可见,坎迪龙、米拉波和杜尔哥,更不必说别的一些

① 旧译《原富》。——译者

人,他们写出了一些有相当价值的经济学系统论著。但是,十八世纪里,而且实际上也是以后很长时间里最全面的经济学著作,是亚当·斯密的《国富论》。

亚当·斯密(1723—90)出生于苏格兰的柯卡尔迪,他的父亲在那里任海关监督。他曾在格拉斯哥大学(1737—40)和牛津大学巴利澳尔学院(1740—46)攻读。1748 年,他去到爱丁堡,讲授文学和修辞学,和戴维·休谟结为朋友。1751 年,他就任格拉斯哥大学逻辑学教授,翌年任道德哲学教授。1759 年,他发表《道德情操论》(*Theory of Moral Sentiments*)。1763 年,他应聘任年轻的巴克勒公爵的私人教师,离开了格拉斯哥(他在那里的职位由托马斯·李德接任),并于 1764 年初与他的学生一起去海外。他们在图卢兹停留了十八个月,游历了法国南部和瑞士,然后在巴黎待了将近一年,亚当·斯密在那里接触了达朗贝、爱尔维修等等人,尤其是魁奈、杜尔哥和其他重农主义者。将近 1766 年底,他回到柯卡尔迪,在那里居留了大约十年,忙于撰著他的伟大著作。1776 年,他发表了他的《国民财富的性质和原因的研究》(*Inquiry into the Nature and Causes of the Wealth of Nations*),他似乎在逗留图卢兹期间于 1764 年就已开始写作这本书。《研究》出版以后,斯密在伦敦度过两年,在那里接触了巴克、吉本、雷诺兹和其他人。1778 年,他就任苏格兰海关专员,定居于爱丁堡,在那里又结交了一些朋友,包括约瑟夫·布莱克和詹姆斯·赫顿。1787 年,他当选格拉斯哥大学校长。他的《哲学论文集》(*Essys on Philosophical Subjects*)在他死后于 1795 年出版,其中包括《天文学史》(*The History of Astronomy*)的相当长的片段,这证明了他兴趣之广

泛。1896 年，根据格拉斯哥大学一位学生 1763 年作的听讲笔记，埃德温·坎南编成了亚当·斯密的《关于法律、治安、岁入和军备的演讲》(*Lectures on Justice*, *Police*, *Revenue and Arms*)。从
732 这些演讲，很可以看出亚当·斯密思想的发展过程。

《国富论》分成如下五篇：

第一篇：论劳动生产力增进的原因并论劳动产品在各阶级人民中间自然分配的顺序。

第二篇：论资财的性质、积累和用途。

第三篇：论不同国家中财富的不同发展。

第四篇：论政治经济学体系。

第五篇：论君主或国家的收入。

斯密生前，《国富论》总共出过五版(1776，1778，1784，1786，1789 年)。其中第三版包含增补最多。埃德温·坎南的标准版《国富论》(1904 年，等等)对几种文本作了校勘。

自身利益。——亚当·斯密原计划撰写一部完整的道德和政治哲学。这项计划证明是一种奢望，结果只完成了两部即《道德情操论》和《国富论》。从经济科学的观点看来，甚至《国富论》似乎也包罗过广。然而，为要正确理解它，就必须记得，在作者的心目中，这部论著只是一项更大计划的一部分。

亚当·斯密政治经济学的心理学前提是：自身利益乃是人类经济活动的主要动机。这个观点在当时并不是新的。伯纳德·曼德维尔的《蜜蜂的寓言》(*Fable of the Bees*)(1714 年)的扉页上宣称："个人的不道德"就是"公众的利益"，而所谓"个人的不道德"只是指自身利益。魁奈比较严肃地表述了这个思想，他断言：当人人

都企求“谋取最大快乐而又付出最小可能支出”之时,“自然秩序不
是发生危险,反而得到保证”(*Dialogues sur les Artisans*)。这个
观念很可能被歪曲成一种绝对概念即自私,有时还同一种关于“经
济人”的错误概念相联结。然而,亚当·斯密拒绝这种非议。《道
德情操论》是他全部哲学的一个基本部分。他在这本书中阐明:他
认为,怜悯或同情他人是人性的一个本质部分,甚至“最穷凶极恶
的歹徒、违犯人类社会法律的最冷酷的不法之徒也还没有完全泯
灭怜悯之心”。当一个社会的成员“出于钟爱,出于感恩,出于友谊
和尊敬”而相互帮助时,那么,“这个社会就繁荣和幸福”。而自私 733
是人性的另一特性,它在一定界限内还不完全是恶行。事实上,社
会生活如果以自身利益为基础,即以“一种毫无相互钟爱或情感的
社会实利感”为基础,那么,社会生活就能够相当令人满意(*Theo-
ry of M. S.*,p. 2)。这里毫无诋毁高等道德动机的意思,而是严
肃评价一种较低等的动机或德行。在通常境况下,经济交易是为
自身利益所促使的,而且作为一种常识,记住这一点是大有裨益
的。“人几乎时时处处需要他的同胞们的帮助,而要想仅仅依赖他
们的恩惠,那是妄想。他如果能够为自己的利益激发他们的自爱
心,并向他们表明,做有求于他们的事,是对他们自己有利的,那
么,他要取得成功,就容易多了。不论是谁,如果他要与别人做什
么买卖,那他就得提议这样做。把我需要的东西给我吧,你也就会
得到你所需要的东西,——这就是任何出卖的通义。我们所需要
的那些如意帮助,绝大部分是这样获得的。我们期待的一日三餐,
不是来自屠夫、酿酒师和面包师的恩惠,而是出于他们对自己利益
的关心。我们自己不说他们仁慈,而说他们自爱;我们也绝不同他

们谈论我们自己的需要，而谈论他们的利益”(*Wealth of Nations*, Bk. Ⅰ, Ch. Ⅱ; ed. Cannan, Vol. Ⅰ, p. 16)。

在把自身利益作为主导因素时，亚当·斯密只是在沿用通常的抽象即隔离的科学方法。按照这种方法，若某个因素据认为是可能的主导因素，那么便想象地把它隔离开来，然后探究它的诸多影响，作为对具体事实的一级近似，再逐次补充其他有关因素，直到达致比较接近的近似。在力学中，为了逼近运动物体的实际，一质点开始运动后将无限地沿直线匀速运动下去的观念，必须逐次加以补充，即考虑万有引力、摩擦等等附加因素。完全一样，在经济学中，为了逼近经济实际，暂时隔离开来并被假定不受妨碍的自身利益动机，也必须补充以其他动机和因素。不过，自身利益终究是一个主导因素，并构成一个良好的出发点。亚当·斯密并没有忽视其他因素。事实上，他对政治经济学的处理绝非纯“实证的”。

它不完全局限于考虑“是”什么，而且也颇重视“应当是”什么。例如，他所以强调劳动在财富生产中的作用，可能在一定程度上因受他对劳苦群众同情的影响。并且，要不是他相信人性自发活动的恩惠倾向，那他对政治经济学的整个处理很可能更不是“实证的”，而更多地是伦理的，或“规范的”。这种信仰在当时也不是新的。重农主义就是基于这种对于自然包括人性的恩惠力量的信仰。亚当·斯密所采取的这种特殊形式即相信人类自发的即无预谋的行动的最终结果，也可以在一个重农主义著作家梅西埃·德·拉·利未尔那里遇见。利未尔写道：“社会的运动是自发的，不是人为
734 的，它全部活动中体现出来的那种享乐欲望不知不觉地驱使社会走向实现理想类型的国家。”(*L'Ordre naturel et essentiel des*

Sociétés politiques,1767,Vol. Ⅱ,p. 617)

国民财富。——《国富论》的《序论》开头这样写道:"每个国家国民每年的劳动,本来就是供给他们每年消费的全部生活必需品和便利品的资源。构成这种必需品和便利品的,总归或是这劳动的直接产品,或是用这产品从他国购买的物品。因此,国家提供其国民所需要的全部必需品和便利品的情况的好坏,取决于这产品或用它购得的物品同消费者人数之比的大小。"(Ⅰ,p. 1)这段话中,有三点具有历史意义。在好几处(例如,Ⅱ,iii;Ⅰ,p. 315),斯密把"土地"也像劳动一样说成是每年产品的源泉。这正是坎迪龙和重农主义者对这个问题的看法。然而,在上述的话里,没有提到土地,劳动独占全部功劳。第二点是强调了"每年"产品和消费。这是重农主义的表征。第三,国民财富不是用单纯财富总和来量度,而是用它对消费者人数的比例来量度。

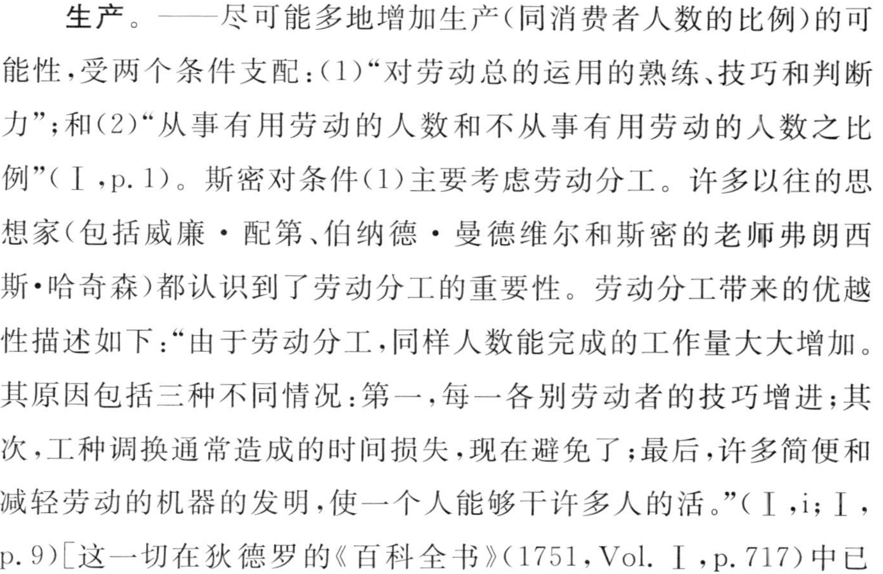

生产。——尽可能多地增加生产(同消费者人数的比例)的可能性,受两个条件支配:(1)"对劳动总的运用的熟练、技巧和判断力";和(2)"从事有用劳动的人数和不从事有用劳动的人数之比例"(Ⅰ,p. 1)。斯密对条件(1)主要考虑劳动分工。许多以往的思想家(包括威廉·配第、伯纳德·曼德维尔和斯密的老师弗朗西
斯·哈奇森)都认识到了劳动分工的重要性。劳动分工带来的优越 735
性描述如下:"由于劳动分工,同样人数能完成的工作量大大增加。其原因包括三种不同情况:第一,每一各别劳动者的技巧增进;其次,工种调换通常造成的时间损失,现在避免了;最后,许多简便和减轻劳动的机器的发明,使一个人能够干许多人的活。"(Ⅰ,i;Ⅰ,p. 9)[这一切在狄德罗的《百科全书》(1751,Vol. Ⅰ,p. 717)中已

经被指出。]这部论著将近结束时提到了劳动分工的一个严重弊端。“毕生在执行不多几种简单操作中度过的人……没有机会发挥他的理智，即发挥他的发明才能去寻找排除从未出现过的困难的对策。因此，他自然也就丧失了这种发挥的习惯，通常就会变得像一人的工具所可能的那样迟钝和愚昧”（V，i；Ⅱ，p. 267）。亚当·斯密提倡实行全民义务教育，在很大程度上正是以之作为防止这种智力退化的可能手段（同上，p. 269 ff.）。米拉波以前已经力陈过这一主张。

增加生产的第二个条件即(2)在《序论》中已简略谈到过，而上面提到的论述也未加发挥。《序论》中指出，野蛮民族虽然每个健康个人都从事有用工作，但仍“极度贫穷”，而“相反，在文明繁荣的民族中间，很多人根本不劳动……但社会全部劳动的产品却十分多，因此往往人人都丰衣足食”（Ⅰ，p. 2）。

就另一个问题而言，重农主义对“生产性的”和“不结果的”工作的区分，现在被加以修改。“有一种劳动，增加劳动所及对象的价值；另一种劳动则没有这种效果。前者因生产价值，可称为生产
736 性劳动；后者则称为非生产性劳动。例如，一个制造业工人的劳动通常把他自己生计的价值和雇主利润的价值，加在他所加工材料的价值之上。相反，奴仆的劳动不增加什么价值。雇主预付给制造业工人工资，但雇主实际上没有在他身上破费什么。这工人把其劳动施于对象，使后者价值增加。这价值增加通常偿还工资的价值，并同时带来利润。可是，奴仆的生活费却决计不会复归。一个人雇用许多工人就会致富，而维持众多奴仆便要变穷”（Ⅱ，iii；Ⅰ，p. 313）。这虽然改进了重农主义的观点，但仍不能令人满意：

旅馆和饭店可以从雇用许多仆佣获取利润;生产性工人的雇主可能由于产品销售不佳而变穷。接踵而来的是这两种劳动间的另一个区别:“制造业工人的劳动固定并实现在某种特定物品或可卖商品上,它可以持续一定时间。……相反,奴仆的劳动则不这样。……他的服务通常随生随灭。”(同上)非生产阶级中包括“君主……一切文武官员……牧师、律师、医师、文人……演员……乐师、歌手、舞蹈家”,等等(p. 314)。这两种不同的区分生产性和非生产性工作的方式导致不同的分类。但是,这一点被忽视了;并且关于生产的全部研讨也相当草率。

价值和价格。——“价值这词……有两种不同的含义。它有时表示某特定物品的实利,有时表示因占有该物品而取得的购买别种货物的力量。前者可以称为‘使用价值’;后者可以称为‘交换价值’。使用价值极大的东西,往往交换价值很小甚或没有;相反,交换价值极大的东西,往往使用价值很小甚或没有。水再有用也不过了;但用水几乎买不到什么东西;它也几乎换不到什么东西。相反,一块金刚钻几乎毫无使用价值;但常常可能要用大量其他货物才能与之交换”(Ⅰ,iv;I,p. 30)。任何东西的价格就是它的“使用价值”。于是,“任何东西的真实价格,即它对想获得它的人的实际付出的代价,是获得它而付出的艰辛和麻烦。对于已获得它并想支配它或用它交换别的东西的人来说,它的真正价值等于它能使他免除并转嫁于别人的艰辛和麻烦。”不过,如此等当起来的这两种艰辛和麻烦的量可能是不同的。“用货币或货物购买东西,就是用劳动购买,正如我们用自己身体的艰辛去获得一样。这货币或货物实际上使我们省去这艰辛。它们包含一定量劳动的价值,

而我们以这一定劳动去交换据认为当时包含等量价值的东西。劳
737 动是第一性价格，是用于购买一切东西的原始买价。世界上一切财富，原来都是用劳动而不是用金银购买的；对于占有财富的并愿以之交换某些新产品的人来说，它的价值恰恰等于它使他们能够购买或支配的劳动量"(I，v；I，p. 32 f.)。

价值用金银币比用劳动更容易**表达**。不过，这两种金属的价值是易变的，相比之下，"等量劳动在任何时候和任何地方，对于劳动者可以说具有同等价值。……任何时候和任何地方，凡是难于得到或得花很多劳动才能获得的东西，价必昂贵；凡是易于得到或只需花很少劳动即可得到的东西，价必低廉。所以，只有本身价值绝不变动的劳动，才是任何时候和地方都可用于估量和比较一切商品价值的最后和真实的标准。劳动是商品的真实价格；货币只是它们的名义价格"(同上，p. 35)。

然而，即便劳动也在强度或剧烈程度和机巧性或灵敏性方面变化很大。即使时间量不变时，这些差别也不容易加以比较，尽管它们必定而且通常都已考虑在所付的工资之中。

最初即在原始条件下，"整个劳动产品都属于劳动者"。但是，随着资本主义企业家和地主崛起，事情就改观了。"一旦资财在个别人手中积累起来，自然就有其中一些人把资财用在劳苦人民身上，提供他们材料和生活费用，叫他们工作，以便从他们工作成品的出售或他们劳动对材料增加的价值上取得利润。在把这完成制造品交换货币、劳动或其他货物时，在丢掉了足以支付材料价格和工人工资的份额之外，必定还剩余一部分，给予这企业家，作为他把资财用于此项冒险而得的利润。因此，工人对材料增加的价值

现在就分为两部分,一部分支付工人的工资,另一部分支付雇主的利润,报酬他预付材料和工资的全部资财。”同样,“任何国家的土地,一旦完全成为私有财产,地主就像一切其他人一样,也想不劳而获,甚至对土地的自然产品也要收地租。森林的树木、田野的草和大地的一切自然果实,在土地共有时代,只要劳动者花力去采集。而今,甚至对于这劳动者,它们也有固定的额外价格。他必须付出代价,取得准许采集的权利;还必须把他花劳动采集或生产的东西,交一部分给地主。这一部分或者说付出的代价,便构成地租,也成为大多数商品价格中的第三个组成部分。”

为了保留这种利润和地租,商品的市场价格必须超过为它们
的生产所付出的工资。斯密设想了工资、利润和地租三者的“自 738
然”率。当这三种自然率流行开来时,“这时出卖的商品,恰恰相当于其价值,或者说,恰恰相当于把它送到市场的人所花费的代价。因为……如果他按不能得到当地通常利润率的价格卖掉这商品,那他显然会因这交易而蒙受损失。因为,他若不这样处理这笔资财,就可以赢得那笔利润。而且,他的利润就是他的收入,也就是他的生计的正当来源……其间他在准备货物,把它们送到市场上”(I,vii;Ⅰ,p. 57)。从这个意义上说,在自由竞争之下,商品价格趋于“它们的价值”。如果价格下跌,生产就将缩减,商品将因稀缺而增值。如果价格上涨,超过自然价格,竞争将使它们下跌。然而,垄断或天然稀缺可能使价格保持奇昂。

经济阶级。——像坎迪龙一样,亚当·斯密也根据收入来源于地租、利润或工资,把经济或社会阶级划分为三类:地主、企业家和雇佣劳动者。

“分开来说，每一特定商品的价格或交换价值，都分解为那三个部分的某一个、某两个或全部三个。同样，合起来说，构成每个国家全部劳动年产品的全部商品，必定也分解为这三个部分，作为劳动工资、资财利润或者地租，在国内不同居民间分配。每个社会年年由劳动采集或生产的全部东西，或者等当地，其全部价格，本来就是这样分配给社会不同成员中的某些人的。工资、利润和地租，是一切收入和一切可交换价值的三个根本源泉。一切其他收入归根结底来源于这三个源泉的某一个。不论是谁，如果他的收入来自他自己的资源，那他的收入就必定获自他的劳动、资财或者土地。来自劳动的收入称为工资。来自他支配或运用的资财的收入称为利润。他自己不运用资财，把它借给他人而获得收入，这种收入称为货币的利息或利益。利息是借方付给贷方的报偿，因为借方得到了利用这笔钱获取利润的机会。这利润的一部分自然地属于借方……，一部分属于贷方。……完全来自土地的收入称为地租，属于地主”（Ⅰ，vi；Ⅰ，p. 54）。

739 虽然大多数人主要或唯一地以这三种方式之一获取收入，但有人可能以所有这三种方式获得收入，于是可能产生一定的混淆。“一个亲手栽种自己园子的园艺家，一身兼地主、农场主和劳动者三种不同资格。所以，他的产品应向他自己支付地主的地租、农场主的利润和劳动者的工资。然而，通常把这全部收入看做他的劳动所得。在这种情况下，地租和利润两者同工资混为一谈”（同上，Ⅰ，p. 55）。

地租。——“社会状况的一切改良，都有一种倾向，即直接或间接地使土地的真实地租上涨，使地主的真实财富增加，使地主购买他人劳动或劳动产品的能力提高。

“改良和耕种的扩大，倾向于直接提高真实地租。地主所得这产品的份额必然随着这产品的增加而增加。……地主份额的真实价值，也即他支配他人劳动的真实能力，随着产品真实价值的提高而增长，而且，他的份额在全部产品中占的比例也随之增加。这产品，在其真实价值增高之后，并不需要比以往更多的劳动来获取它。因此，这产品的较小一部分就足以补偿雇用这劳动的资财，而仍保持通常的利润。结果，就有它的较大部分归地主所有。

“劳动生产力的增进，倾向直接使制造品真实价格下跌，同时倾向间接使土地真实地租提高。地主把他自己消费剩余的那部分粗产品去交换制造品。凡是使制造品真实价格降低的，无不使粗产品真实价格提高。所以，同量的粗产品便可等当于较大量的制造品；地主便能购买更多他所需要的便利品、装饰品或奢侈品”(Ⅰ，xi；Ⅰ，p. 247)。

地租通常可看做为对地主改良土地的一种报酬。但是，“地主甚至对未改良的土地也要求地租，而所谓改良费用的利息或利润通常只是这原始地租的附加额。同时，这些改良并不总是由地主出资财，有时由租地人出资财。然而，在续订租约时，地主却通常要求增加地租，似乎改良完全是他自己搞的。

“有时，对于人力根本不能改良的东西，地主也要求地租。海藻是一种海草。它燃烧时产生一种碱盐，可用于制造玻璃、肥皂和一些其他用途。大不列颠好些地方，尤其苏格兰，都出产这种海
草。它只生长在处于高水位线以下的岩石上，这些岩石每天被海 740
水淹没两次。所以，它们的产物绝不可能由人力使之增多。然而，

对于以长这种海藻的海岸为界的领地，地主也要求地租，像对谷田一样。

“设得兰群岛附近海域，产鱼异常丰富。岛上居民的食品大部分靠鱼。但是，居民为要从这水产获利，就必须居住在近海地带。地主要求的地租，就不是同农夫从土地所能获得的利益成比例，而是同他由土地和海水两者所能获得的成比例。这地租部分用海鱼缴纳。鱼这种商品的价格中包含地租的成分，是罕见的，而我们在这里可看到其一例。

“所以，当作使用土地的代价的地租，自然地是一种垄断价格。它根本不是和地主改良土地所支出的费用或地主所能获取的收益成比例，而是和农夫所能缴纳的成比例”（同上，Ⅰ，p. 145f.）。

960

资财和资本。——亚当·斯密广义地使用“资财”这个术语，用它表示任何种类积累的储备，诸如食粮、材料、工具、货币，等等。他说的“资本”是指“资财”的一部分，这部分预定不是供直接使用或消费，因而可以由之得到货币收入；不是指全部资财的货币价值。“当一个人拥有的资财仅够维持他数日或数周的生活时，他很少会想到从它获取收入。……但是，当他拥有足以维持数月或数年生计的资财时，他自然就很想它有一大部分可以提供收入。他仅保留一部分用于直接消费，维持他在开始取得收入之前的生活。因此，他的整个资财分为两部分。他期望提供他这收入的那部分，称为他的资本。另一部分供目前消费，它包括三项：（一）他全部资财中原为这一目的而保留的那部分；（二）逐渐地从任何来源得来的收入；（三）前些年用以上两项购买来但尚未用完的东西，诸如被
741 服、家具等等。这部分资财包含这三项中的一项、二项或全部”

(Ⅱ,i;Ⅰ,p.261)。当社会看做一个整体时,资本(预定用于出售或生产可出售货物的资财)和非资本(用于所有人自己直接消费的资财)的区别是任意的,也很难作出。而且在有些场合,亚当·斯密不得不采用一些可供选用而不相一致的资本定义。例如,资本是在重农主义意义上"生产性的"东西;资本是投资于这等东西或每年花费于它们的货币。此外,他有时还把"资本"和"资财"作为同义词使用。

狭义的资本按它们用于获得收入或利润这两种方式,分为"流动"资本和"固定"资本两类。流动资本"用来出产、制造或购买货物,再卖出去获取利润。这样使用的资本在保留在所有者手中或保持原状时,对于其使用者不提供任何收入或利润。……他的资本不断地以一种形态出手,以另一种形态收回,只有通过这种流动,即逐次变换,它才能给他提供利润"。固定资本"用来改良土地,购买有用的机器和商业工具,或用来置备无需易主或进一步流通就能提供收入或利润的东西"(Ⅱ,i;Ⅰ,p. 261 f.)。

关于借贷资本的利息,亚当·斯密指出,它部分地取决于借方用这借款所能获取的利润率,部分地取决于贷方把这款子用于其他投资所能获取的利润率。"凡是使用货币能获大利的地方,使用它通常要付出很高的利息……凡是它只能提供小利的地方,使用它通常就只要付很低的利息"(Ⅰ,ix;Ⅰ,p. 90)。

货币。——像他之前的其他人一样,亚当·斯密也批判重商主义夸大货币的特殊意义。"一个流行的观念认为,财富在于货币,或在于金银。这种观念是货币的双重功能,即作为商业工具和作为价值量度而自然引起的"(Ⅳ,i;Ⅰ,p.396)。实际上,"土地、房屋和一切不同种类可消费货物”都是更为重要的财富形态(同上书,p.416)。归根结底,“真实财富……必定总是同可消费货物的数量成或大或小的比例”,而后者可用货币购买(Ⅱ,ii;Ⅰ,p.274)。货币仅仅是财富“流通的车轮”,仅仅是财富价值的量度。
742 在估价年国民财富或收入时,并不考虑货币。亚当·斯密把货币归类于“流动”资本,但他仍把它就某些方面同“固定”资本做比较。尽可能少地保留固定资本,是明智的,只要生产不因此而受影响。所以,纸币或钞票作为减少金银数量的手段,其优点是只需保持“流通车轮”转动。这正是斯密那著名譬喻的要义。“任何一国之中流通的金币和银币,可以非常恰当地比做公路。公路使该国全部粮草流转起来,把它们运送到市场,但它本身丝毫不产生粮草。如果允许我极其大胆地比喻,那么,精明得计的银行活动提供了一种空中轨道,它可以说使该国能把其大部分公路转变成良好的牧场和稻田,从而大大增加其土地和劳动的年产品”(Ⅱ,ii;Ⅰ,p.304)。

纸币或钞票不仅能更为经济地用于和金币银币同样的目的,而且,在一些特殊情况下,纸币实际上可能拥有超过金币银币的溢价。“君主如果规定赋税中应有一定份额用某种纸币缴纳,那么,他就可能因此而赋予这种纸币一定的增值,即便纸币清偿和兑现的期限全视君主的意志而定也罢。如果发行这种纸币的银行根据纳税对纸币的需求,谨慎地使纸币额始终低于这种需求,那么,这种需求便可能使纸币高出面值,或者说,使它在市场上买得的金银币,超过发行时票面所标志的数量”(Ⅱ,ii;Ⅰ,p.311)。

工资。——如前所述,坎迪龙和杜尔哥持生活费工资理论,即后来所称的“铁的工资规律”。然而,亚当·斯密像他的朋友戴维·休谟一样,对这种观点应用于发达社会时感到不满。

“劳动的产品构成劳动的自然报偿或工资。在土地尚未私有和资财尚未积累的原始状态下,劳动的全部产品都属于劳动者。没有地主也没有老板来同他分享。……但是,一当开始有了土地私有和资财积累,劳动者独享自己全部劳动产品这种原始状态便宣告终结。然而,在劳动生产力尚无极其明显改善之前,这种原始状态早就不复存在了。要就这种状态对劳动的报偿或工资可能产生的影响作进一步探讨,那将是徒劳的。

“一旦土地成为私有财产,地主就要求在劳动者从土地所能出 743
产或采集的几乎所有产品中都占一份额。地主的地租成为从用于土地的劳动的产品中扣除的第一项。

“土地耕作者很少有人在收成之前能自己维持生活。他的生活费一般由一个雇主即雇用他的农场主用他的资财预付。除非能分享劳动的产品,或者说,除非他的资财在归还时附带利润,否则他就无意雇用耕作者。这利润构成从用于土地的劳动的产品中扣除的第二项。

“几乎所有其他劳动的产品都要被如此扣除利润。在一切工艺或制造业中,大部分工人在作业完成之前,都需要老板预付他们材料、工资和生活费。老板分享他们劳动的产品,或者说,分享劳动给材料所增加的价值;而他的利润就是这一份额”(Ⅰ,viii;Ⅰ,p. 66f.)。如坎迪龙和杜尔哥所已指出的,在这种改变了的事态之下,工资乃是雇主和雇佣劳动者讨价还价的结果。雇主们联合起来,他们能坚持的时间比劳动者长。因此,他们就利用这些优势来压低工资率，低到正好够维持劳动者的效率和人数——“在相当长时间里，即便最低等劳动的普通工资似乎也不可能降低到这一定工资率之下。一个人必定总是靠劳动生活，他的工资至少必须足以维持他的生活。在大多数场合，工资还得稍高一点；否则，他就不能赡养家室而传宗接代了”（同上书，Ⅰ，p. 69）。然而，亚当·斯密认为，在英国和法国这样的国家里，可用劳动的供给似乎取决于需求。因此，所付工资由供需关系决定，通常在生活费水平上下波动，直到达致稳定状态。工资据说来源于杜尔哥所称的“工资资
744 源”，后者包括两部分。一部分是富人的多余财富，他们把它花费于额外的仆佣；另一部分来源于雇主的多余资本，他们把它投资于雇用更多的劳动者。斯密超过前辈，他坚持认为，“劳动的报酬丰厚……是国民财富增加的自然征候。另一方面，贫穷劳动者生活费不足，是形势停滞不前的自然征候，而他们处于饥饿状态，则是形势急骤退化的自然征候”（同上书，Ⅰ，p. 75）。

所需要的高工资增加了生产成本，因而增加了在国外市场竞争的困难。所以，亚当·斯密考虑了这样的问题：“下层阶级人民状况的这种改善，可以认为对社会有利呢，还是带来麻烦呢？其答案[他说]一眼看来便是显而易见的。仆佣、劳动者和各种工人在任何大政治社会中都构成其绝大部分。社会大部分成员境遇的改善，绝不能看做对全体的不利。任何社会，如果其绝大部分成员陷于贫困和悲惨的境地，那它绝不会繁荣和幸福。此外，提供全体人民衣食住的人，分享自己劳动产品的一定份额，使自己在衣食住上过得去，那才算是公平的”（同上书，Ⅰ，p. 80）。高工资还刺激人口增长和工艺水准提高，而这足以补偿由此引起的国外市场价格

上涨,并且绰绰有余。

亚当·斯密还发展了坎迪龙关于工资不均等的见解。他把不均等归因于工人供给在满足对有技术性和无技术性职业的需求上存在差别所产生的影响。“在一个事态听任其自然发展的社会中,有着完全的自由,人人都完全自由地选择自己认为合适的职业,随时随心所欲地调换职业……如果在同一地区中,有什么职业明显地比其余职业优越或者差劲,那么,总是有许许多多人涌向优越的职业,避开差劲的职业,结果,这职业的优越性便很快回复到其他职业的水平。”他认为,不同职业货币工资及其货币利润的差别决定于“这些职业本身的某些条件,这些条件实际上或者至少在人们的想象中,对某些职业的微薄货币增益有所补偿,而对另一些职业的丰厚货币增益有所抵消”(I,x;I,p. 101)。斯密认为,任何给定职业是否令人想望,取决于它是否惬意,能否容易地而又省钱地学会,是否有稳定就业的保证,是否要求可信赖性,以及是否提供升迁的机会。

生产性和非生产性雇佣劳动者间的区别,前面已在**生产**标题下考察过。

结语。——《国富论》论题庞杂,讨论的方式自由随便,篇幅宏大。因此,要恰当地扼述它,是很困难的。以上所述局限于亚当· 745
斯密经济学理论的各个最重要论点,忽视了历史部分以及关于实际政策问题的讨论,这些已超出本《历史》的范围。《国富论》的魅力很大程度上在于这里没有考察的那些部分,这些部分促成它迅速谋得广泛的好评。它奉献给时代的是对政治经济学的总括万殊的概论。它囊括了以往经济学家的全部经济理论,有的加以批判,有的加以修正,有的加以发展或修改。在它那里,它们似乎构成了一个有机整体。并且,这本关于人类的书同十八世纪为争取本性自由和人类开明的斗争完全合拍。因此,这本杰作不仅是迄当时为止经济思想的宝库,而且还成为十九世纪经济思想的出发点和动力,提供了启示和促进因素。

(参见 E. Cannan:*A Review of Economic Theory*,1930,等等;C. Gide 和 C. Rist:*History of Economic Doctrines*,1915,等等。)

第三十一章　哲学(一) 746

十八世纪的哲学家大致分为两大类。一类是些大哲学家，就他们研究一些相同的认识论问题而言，他们形成一定程度上连续的系列。同时，虽然他们所持的观点相冲突，但它们走向一个巅峰，在那里各个相互冲突的理论达到一定程度的似然的调和。这类哲学家包括贝克莱、休谟、瑞德和康德。从十七世纪洛克和莱布尼茨相竞争的经验主义和唯心主义哲学出发，他们沿着不同的思路前进，在康德对经验主义和唯理主义的折中中达于极致，并达到一定程度调和。第二类主要是一小部分分散的哲学家。他们中有些人当年的影响实际上超过那些大哲学家，但他们大都基本上是折中主义者，主要兴趣在于启蒙他们的同胞，或者至少启蒙其中比较开明的人。他们的做法是通俗阐述对世界的合理解释，使他们的同胞摆脱迷信，帮助他们充分利用人生。因此，哲学变成了文学性的，而文学变成了哲学性的。

十八世纪是人文主义时代，因此倾向于人类中心的观点。十七世纪，有些哲学家尤其是斯宾诺莎曾试图探讨哥白尼革命的教训，追求一种区别于人类中心观点的对事物的宇宙观。但是，十八世纪明确采取人类中心说。从这里考虑的意义上说，甚至康德也只是标志着托勒密的反革命哲学的巅峰，虽然某种意义上他有权声称自己在哲学上发起了一场哥白尼革命。这里毫无贬抑可言，因为在有些时代，人类必然想起："人类正经的研究对象是人。"十八世纪曾是这样一个时代。现在，二十世纪又是一个这样的时代。在本章，我们打算论述第一类哲学家。另一类将在下一章里考察。这里不考察他们关于道德和艺术的观点，而只考察他们的认识论和宇宙论理论，这些正是这个时期科学史所感兴趣的。

747 一、贝克莱的唯心主义

乔治·贝克莱(1685—1753)的哲学里具有历史意义的东西全都包含在他的《人类知识原理》(1710 年)之中。《海拉斯和菲洛诺斯的三篇对话》(1734 年)毫无增添新东西；他的《赛里斯[①]》(*Siris*)(1744 年)中的一些修改也都无关宏旨。贝克莱自称，他的哲学旨在驳斥唯物主义、怀疑论和无神论，证明相信上帝存在和灵魂不死的信念是正确的。十六和十七世纪自然科学的巨大成功倾向于鼓励这样的观点：物质和运动是仅有的终极实在。霍布斯和其他人的哲学是明确唯物主义的。甚至谨小慎微而又笃信宗教的洛克也在考虑，物质能够思维。贝克莱认为，只要他能否证物质实体的客观的、独立的存在，则唯物主义的基础，并且连带地无神论和怀疑论的基础就都将被铲除。他甚至企望表明，上帝和他创造的精神是仅有的终极实在，由此达致对宗教更确实的东西。他的观点一定程度上借助于洛克的《人类理智论》，但又在一定程度上

① 原文意为"合欢属植物"。——译者

反对它。

洛克的《人类理智论》的主旨之一是,驳斥笛卡尔主义者和剑桥新柏拉图主义者所持的天赋观念学说。洛克把天赋观念理解为一定程度上充分发展的或者说明显的观念,而据说人出生时就已具有这种观念。洛克否定这种观念存在。他坚持认为:一切人类观念都导源于经验。虽然洛克反复把出生时的人类心灵描述为像一张白纸或一间暗室,然而对于他辩驳天赋观念的目的来说,他不一定非得坚持认为,人类心灵是完全被动的。事实上,当他在说明人类经验的增长时,他认为,心灵进行多种多样活动。在洛克看来,心灵能够"反省"它的感觉,能够把简单观念结合成复杂观念,能从它的经验进行推理,还能够发明新的观念。最终,洛克给人类观念开列了清单,其中包括:(1)有限的人类心灵,它们每一个都是其自己经验的载体,都直觉地知道其自己的存在和活动;(2)因果性,这个范畴导源于"我们对我们自己的自愿作用的意识";(3)上帝,它的存在用因果性范畴加以说明,是一切存在的"第一原因";(4)物质实体,是第一性的性质(广延、坚实性、形象和运动)的支持,它们在人类心灵中产生某些相似的感觉;(5)第二性的性质(颜 748
色、滋味、气味),它们是主观的感觉,和任何物质性质都不同。洛克清单的这五项中,贝克莱现在拒斥第四项——物质实体和第一性的性质,但接受其余四项。如下所述,他所以拒斥物质实体和第一性的性质,是因为他认为,这样做便更一以贯之地应用洛克的经验方法。

在他的《视觉新论》中,贝克莱仿效古代原子论者、伽利略和洛克,也区分第一性的性质和第二性的性质。在区分视觉和触觉时,

他指出，前者是内在的或主观的，而后者是客观的、外在的或“心灵以外的”。然而，这只是对于流行观点的一种暂时的让步，并且这在一部关于经验心理学而不同于哲学的书中是合理的。他解释说：“在一部讨论视觉的书中，去考察和反驳这个错误，就超出了我的目的。”（*Principles*，§44）然而，贝克莱的基本论点实际上却是：区分第一性的性质和第二性的性质，是没有道理的。“让任何一个人去考虑一下那些被认为显然证明颜色和滋味只存在于心灵之中的论据，那他就会发现，这些论据都能同样有力地用来证明，广延、形象和运动也是如此”（§15）。一切凭以知道这种种性质的感知都正是“观念”，“我们的思想、情感和……观念都不能离开心灵而存在，这一点是每个人都会承认的”（§3）。贝克莱拒斥这样的论点：对第一性的性质的观念是“存在于心灵以外的事物的摹本或图像”。他的根据是：广延、形象和运动都是观念，并且“一个观念只能和另一个观念相似，不能与别的东西相似；因此，不论它们或它们的原型，都不能存在于一个不能感知的实体之中”（§9）。总之，第一性的性质和第二性的性质实际上不可能相互分离。它们总是合在一起，乘在同一条船上。“就我自己来说，我清楚地看到，我没有能力来构成一个关于一个有广延和运动的物体的观念，但我必须给它某种颜色或别的感性性质，而这性质公认仅仅存在
749 于心灵之中。总之，离开了所有别的性质，广延、形象和运动就都是不可想象的。因此，凡是其他感性性质存在的地方，这些性质也必定存在，就是说，它们只存在于心灵之中，而不能存在于别的地方”（§10）。如果这样的话，就没有理由像洛克做的那样断定物质实体是第一性的性质的外在支持。事实上，任何人都不会妄称，对

这样的一个或一些实体具有明确的观念。洛克自己也坦率地承认,他说的“实体”的意思,“仅仅是对我们所不知道的东西的一个不确定的假定”。而且,贝克莱还论证说:“既然即便主张物质的那些人自己也没有妄称,在物体和我们观念之间有什么必然的联系,那么,有什么理由可以使我们根据我们所知觉的东西来相信心外之物的存在呢?我可以说,大家都承认(在睡梦、癫狂和诸如此类情形下发生的事,也都使这一点无可争议),即使外界没有相似的物体存在,我也有可能受我们现有的一切观念影响。因此,我们观念的产生显然无需假定外物的存在。因为大家都承认,即便没有外物协助,观念有时也会产生,并且可能总是按照同样秩序产生。”(§18)此外,“即使我们让唯物主义者拥有外物,可他们也承认,他们绝不更切近地知道我们的观念如何产生。因为他们自己并不能理解,物体怎样能作用于精神,或者怎样能把观念印在我们的心灵上。因此,显然,我们不能因为观念或感觉在我们心灵中产生,就以为有理由假定**物质**或有形实体存在,因为他们也承认,无论有无这个假定,观念的产生同样无法加以解释”(§19)。

贝克莱通过这样的论证而自信,不存在物质实体,也不存在在意识之外的第一性的性质,一切性质和性质群的实在唯在于它们被某个心灵感知。他认为,下面是一个“明显的”真理:“天上的一切星宿、地上的一切陈设,总之,构成浩瀚世界的一切物体,在心灵以外没有任何存在,它们的**存在**就是**被感知**或知道。因此,只要它们没有实际上被我感知,或者未存在于我的心灵或任何别的所创造的精神的心灵之中,那么,它们就必定要么根本就不存在,要么存在于某个**永恒精神**的心灵之中。”(§6)

由最后一段引文可知，在把视在外界的物体的**存在**看做为它们之**被感知**时，贝克莱并未使它们的实在性像任何有限心灵的感知那样必然要消逝，因为它们可以继续为**永恒精神**所感知。贝克莱用这条原理来解释下述事实：我们的有些观念独立于我们的意志。正因为我们的感官知觉独立于我们的意志，所以通常认为，外界物体及其性质是感知的原因。贝克莱认为，上帝是一切这种经验的原因。因此，从某种意义上说，“一切构成浩瀚世界的物体”实际上都外在于认识它们的有限心灵，不过，这仅就它们“由一个异
750 于感知它们的那个心灵的**精神**印入”这个意义而言（§90）。自然规律也保留其客观性或对有限心灵的独立性，因为它们是“我们所依存的**心灵**据以激发我们感官观念的那些一定的规则或确定的方法”（§30）。不过，“观念间的联系并不表示**原因**和**结果**之间的关系，它只表示一个标志或**符号**同**所标示**的那个事物间的关系。我所看见的火，并不是在我趋近它时所感受到的痛苦的原因，而只是警告我的标志”（§65）。

有限的心灵或精神不仅仅是被动的或接受性的，而且还是主动的。“我发现，我能随意地在我的心灵中激发观念，并且只要我觉得合适，我也能随时变换景象。……这种观念的产生和消失，正可使我们得以恰当地称心灵是主动的”（§28）。按照贝克莱的意见，观念仅仅是“迟钝的、倏忽即逝的或从属的存在，它们不能独立自存，而是由心灵或精神实体所支持，或者存在于心灵或精神实体之中。我们藉助内部的感觉或反省而理解我们自己的存在，藉助推理而理解其他精神的存在”（§89）。贝克莱认识到，我们没有一个精神实体的“观念”，而只有“概念”。然而，他还继续按他考察物

质实体的方式考察精神实体的要求,从而给休谟留下了缺口。这位善良的主教感到心满意足的是,他已通过“从自然界逐出物质”摧毁了无神论、宿命论和偶像崇拜的基础(§§94,96),他从正面证明了“我们在其中生活、运动和存在”的自然界的**创造者**的存在、智慧和仁慈(§66)。他毫不怀疑,他的唯灵论和唯心主义在很大程度上是他的初始假定所要求的,这假定是说,凡是用精神理解的东西,也一定是精神的。

作为一个令人纳罕的历史嘲弄,贝克莱主教的哲学虽然旨在反驳怀疑论,但却仅仅成为通往休谟怀疑哲学的桥梁。然而,时来运转,贝克莱的唯心主义在某些杰出科学家的著作中现在又复活了,由此得到了补偿。这些科学家最近已转变为哲学家,即阿瑟·爱丁顿爵士和詹姆斯·琼斯爵士。

二、休谟的怀疑论

戴维·休谟(1711—1776)的哲学像洛克和贝克莱的哲学一样,也是建基于他的心理学,后者已经在第二十八章中论述过。贝克莱通过比洛克更彻底地运用经验方法而达致他的唯心主义哲学。同样,休谟也是通过比贝克莱更彻底地运用这位善良主教的
批判方式而转归于怀疑论。洛克相信,具有第一性的性质、相互处 751
于因果联系的物质实体是实在的。贝克莱拒斥这一信念,因为它未为经验所证明。休谟坚认,正因为没有什么理由可以认为,精神及其作为原因的力量是实在的,所以,可以肯定的东西唯有观念及其联想。在某种程度上,贝克莱本人已预见到他的精神哲学遭到

如此严厉批判的可能性。这从他的《海拉斯和菲洛诺斯的三篇对话》的第一篇可以看出。在那里,海拉斯这个角色说:"尽管你这么说,但我觉得,按照你自己的思维方式,根据你自己的原则,可以推论:你仅仅是一个漂浮观念的体系,这些观念没有任何实体支持。……既然**精神'实体'**并不见得比**物质'实体'**更有意义,那么,两者同样地被戳穿。"(Berkeley's *Works*,Fraser 编,Ⅰ,p. 328)但是,贝克莱所能由菲洛诺斯之口作出的唯一回答是,重申他直接认识到自己是一个主动的本原。"我**自己**不是观念,而是……一个思维的、主动的本原,它操作观念。我知道,我……感知颜色和声音;因此,我是一个个别的本原,区别于颜色和声音,也区别于……一切别的可感觉事物或惰性的观念"(同上,p. 329)。因此,在休谟看来,理由一直是明白的。他对贝克莱的哲学的反应表达在下述饶有趣味的一段话里。"这位极机敏的作者的著作,大都已成了古今哲学家包括培尔在内的怀疑论的最好课程。他承认……(这话无疑是真实的)他写此书是为了反对怀疑论者。……不过,他的全部论证……都只是怀疑论的,因为它们都不容有任何答案,也不产生任何信念。它们的唯一作用是引起暂时的惊异、犹疑和混乱,而这正是怀疑论的结果"(*Enquiry Concerning Human Understanding*,Sect. Ⅱ,注)。

休谟的哲学包含在他的《人性论》(*Treatise of Human Nature*)(1739—1740)和《人类理智研究》(*Enquiry Concerning Human Understanding*)(1748 年,等等)之中。休谟以更严格的方式运用洛克和贝克莱的经验的或心理学的方法。他写道:"我们可以看到,哲学家们公认的、其本身也十分明显的是,除了心灵的知觉或印象和观念以外,再没有什么东西实际存在于心灵之中。752
……既然心灵中除了知觉而外,再没有别的东西存在,既然一切观念都来源于先前存在于心灵的东西,因此,我们绝不可能构想或形成关于任何与观念和印象有特别不同的事物的观念。让我们尽可能地把注意力移开自身,把我们的想象移到天际,或者一直移到宇宙尽头。可是,纵然如此,我们也还实际上一步超不出自我,而且除了那些出现在狭窄范围里的知觉之外,也不能想象任何一种存在。这就是想象的宇宙,除了从那里产生的观念之外,我们再没有什么观念了。"(*Treatise*,Book Ⅰ,Part Ⅱ,Sect. Ⅵ)

站在上述引文所表达的原则的立场上,休谟当然看不到,有理由承认对物质实体及其据认为的性质的信念的正确性。他重复了贝克莱的一些批判,又增加了一些。感觉印象是生动的和非自愿的这一事实并未证明,假定相应的外在性质是有理由的。"因为很显然,我们的痛苦和快乐、我们的情感和感情,虽然我们绝不假定它们具有知觉以外的存在,但它们却比对形象和广延、颜色和声音的印象更为强烈地起作用,并且同样地是非自愿的"(*Treatise*,Ⅰ,Ⅳ,§Ⅱ)。至于所说的第一性的性质的"支持",并没有与之对应的印象。"实体"仅仅是一种"结合要素"。藉助它,可以通过想象按联想规律把各种印象和观念结合起来,并成群地因而更方便地经验它们。我们知觉的恒常性和连贯性鼓励或引起了一种通常的信念:对应于我们知觉的物质实体是独立的和连续的存在。但是,这种恒常性和连贯性(或变化的规则性)实际上是想象所造成的。关于恒常性,休谟说:"当我们习惯于从某些印象中看出一种恒常性,因而发现,比如当对太阳或海洋的感知不在或消失了之

后，又带着跟初次出现时一样的组成部分和秩序返回我们的时候，我们不大会认为，这些中断过的知觉是不同的(实际上是不同的)，相反倒认为，它们一一相同，因为它们是相像的。可是，当它们的存在的这种中断同它们的完全同一相反，因而使我们认为，那次印象已消灭，这第二个印象是新产生的时候，我们便自感困惑，陷于某种矛盾之中。为了摆脱这种困难，我们要尽可能地掩饰这种中断，或者更确切地说，完全去除之，方法是假定，这些中断的知觉由我们感觉不到的一个实际存在连接起来。这种连续存在的假定或观念从这些破裂印象的记忆中，从它们赋予我们的这样假定它们
753 的倾向中取得力量和生气；……信仰的本质正在于这种概念的力量和生气。”(同上)至于连贯性，休谟写道：“我们可以看到，尽管那些我们认为是转瞬即逝的内部印象也在外表上有某种连贯性或规则性，然而，它还是在本质上不同于我们在物体中发现的那种连贯性。经验表明，我们的情感相互联系和彼此依存。但是，根本不必为了保持我们已经验到的这种依存性和联系，而去假定，当这些情感未被感知时，它们也是存在的，并也在起作用。外界对象的情形就不同了。它们需要连续的存在，否则便在很大程度上失去其作用的规则性。……我生平大概没有这样的时刻……那时为了把对象过去和现在的现象连接起来，给予它们一种结合，即我从经验知道这结合适合于它们的特定本性和环境，而不必假定它们是连续存在的。于是，这里我自然而然地走向认为，世界是实在的和持久的，并且甚至在它不再存在于我的知觉时也保持其存在。”(同上)不过，休谟又补充说：“关于我们可感觉的知觉独立存在的学说同最平常的经验相悖。”(同上)他还拒绝“知觉和对象双重存在的观

点”，认为它只是“一种姑息疗法，带有这种拙劣方法的一切困难以及它自己所特有的一些其他困难”(同上)。

贝克莱拒斥物质实体，但坚认精神实体、自我、灵魂或精神的实在性。然而，休谟像对于前者一样，也看不出有什么理由可以承认后者。“因为，这观念能从什么印象得来呢？……每一个实在观念的产生都必定由某个印象所引起。但是，自我或人格并不是任何一个印象，而据假设是我们的若干印象和观念与之有关系的一种东西。如果某印象引起了自我观念，那么，该印象在我们一生的全过程中都必然始终不变地保持同一，因为自我被假设为以这种方式存在。但是，根本不存在恒常的和不变的印象。……人类……只不过是一束不同的知觉或它们的集合体，它们以不能想象的速度彼此接续，处于永恒的流动和运动之中”(*Treatise*，Ⅰ，Ⅳ，§ Ⅵ)。所以倾向于假定一种保持同一的自我，是由于想象的作用所使然。想象错误地把一个“由若干相关对象构成的接续”当 754
做一个“不间断的和不变的对象”，因为这些不同的但相关的对象的关系“便利了心灵从一个对象到另一个对象的过渡，使之平滑地进行，似乎在思考一个连续的对象。……虽然我们可以在一个时刻把这相关的接续当做变化的和间断的，但我们在下一时刻仍一定会赋予它以完全的同一性，认为它是不变的和不间断的。……这样，我们就虚构了我们感官知觉的连续存在，以消除这种间断；并达致**灵魂、自我**和**实体**的概念，来掩饰这种变化”(同上)。休谟还继续说：“同一性并非真正属于这些不同的知觉而且把它们结合在一起的一种东西，而只是我们归诸知觉的一种性质，这是因为它们的观念在想象中结合起来”，而这种结合按照联想的原则进行

（同上）。这样，休谟精心阐发了贝克莱的海拉斯的意见：精神实体像物质实体一样地被戳穿，灵魂“仅仅是一个漂移观念的体系，这些观念没有任何实体支持”（见第 903 页）。

与洛克和贝克莱不同，休谟更重视的是因果性的问题而不是实体的问题。他认识到，说到底，对在实际知觉和记忆之外的物质和精神实体或者任何种类实在存在物或事实的信念，通常建基于据认为的发现我们经验之原因的需要。洛克和贝克莱甚至在证明上帝之存在时，也乞求“第一原因”来解释存在和发生的一切。因此，休谟感到，如果能够表明，原因和结果的信念没有逻辑的理由，那么，根据事实本身，假定实体存在的论辩就归于失败。并且，他还很少注意考虑一般的因果性原理，而满足于充分考察据认为的因果关系的特定情形，因为他感到，如果能够表明，对特定情形的断定得不到证明，那么，对一般原理的断定也就不攻自破了。

现在，因果关系的观念不是从任何一个印象，也不是从被感知对象的任何一个性质得来的。因为，“没有不被认为是原因或结果的外在或内在的存在物。可是，又很显然，不存在一种性质，它普遍地属于一切事物，使它们称得起它”（*Treatise*，Ⅰ，Ⅲ，§ Ⅱ）。因果关系的观念必须从某种**关系**得出来。休谟通过考察发现，通常认为存在于原因和结果之间的关系包括：(1)邻接，(2)接续；(3)必然联系，最后一种被认为是最重要或必要的关系，因为“一个对
755 象可以是邻接于和先于另一个对象，而又不被认为是它的原因”。可是，他又找不到“可从中得出必然联系观念的一个或若干印象”（同上）。在考察了有关情形后，他发现，正是对**恒常连接**的观察，导致对必然联系的信念。“我们记得，我们常常看到一个对象种存

在的事例。我们也记得,另一个对象种的个体总是伴随着它们,同它们结成邻接和接续的规则秩序而存在。例如,我们记得,看到过我们称之为**火焰**的对象种,也感到过我们称之为**热**的感觉种。我们同样也想起在一切以往事例中它们的恒常连接。我们不拘任何礼仪地称一个为**原因**,另一个为**结果**,从一者的存在推出另一者的存在"(同上,§Ⅵ)。然而,这是观念联想的结果,而不是推理的结果。"即使借助于经验,推理也绝不能给我们表明在一切以往事例中的一对象同另一对象的联系以及对它们的恒常连接的观察。因此,当心灵从对一个对象的观念或印象过渡到对另一个对象的观念或信念时,它不是由推理所决定,而是由某些原理所决定,这些原理把这些对象的观念联系在一起,把它们在想象中结合起来。如果观念像没有对象一样,也没有幻想中的结合需要加以理解,那么,我们就绝不能进行从原因到结果的推理,也不能相信任何事实情况。因此,推理仅仅取决于观念的结合"(同上)。休谟强调了相似连接的多样性对于形成必然联系观念的重要性。他写道:"假定有两个对象呈现在我们面前,则很显然,仅仅简单考虑这两个对象或其中一个,我们绝不可能感知它们所由结合的纽结,也肯定不可能宣称,它们之间存在一种联系。……可是,如果我们再假定我们观察到同一些对象总是联系在一起的若干事例,那么,我们立即就设想出它们间的一种联系,并开始进行从一者到另一者的推理。因此,相似事例的这种多样性构成了力量或连接的本质,并成为观念由之产生的源泉。"(同上,§ⅩⅣ)

现在产生了这样的问题:某些连接中没有一个能单独引起必然联系的观念,那么,这些连接的单纯重复是怎么能引起这种观念

756 的呢?“当然,相似对象在相似情境中的这种重复**产生**不出什么新东西,无论在这些对象之中,还是在任何外界物体之中”(同上)。不过,休谟解释说:“尽管引起力量观念的若干相似事例彼此没有影响,也绝不可能产生任何新的性质,但是,对这种相似性的**观察**却**在心灵中**产生一个新的印象,而这正是它的实际模型。因为,在我们在足够多事例中观察到相似性之后,我们立即感到,心灵决心从一个对象过渡到它通常的伴随物,并从更清楚地阐明该关系中来设想它。……这些事例本身彼此截然不同,仅在观察它们的心灵中相结合,并集合它们的观念。因此,必然性是这种观察的结果,仅仅是心灵的一个内在印象,或者仅仅是把我们思想从一个对象推移到另一个对象的决心。”(同上)于是,休谟实现了他的期望:“或许最终将可明白,必然联系取决于推理,而不是推理取决于必然联系。”(同上,§Ⅶ)

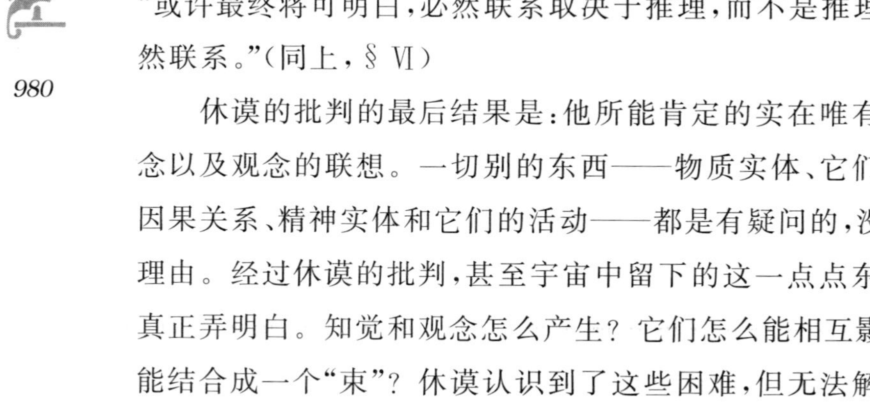

休谟的批判的最后结果是:他所能肯定的实在唯有印象与观念以及观念的联想。一切别的东西——物质实体、它们的性质和因果关系、精神实体和它们的活动——都是有疑问的,没有逻辑的理由。经过休谟的批判,甚至宇宙中留下的这一点点东西也没有真正弄明白。知觉和观念怎么产生?它们怎么能相互影响?怎么能结合成一个“束”?休谟认识到了这些困难,但无法解决。他供认:“当我最后要解释那些在我们的思想或意识中把我们接续的知觉结合起来的原则时,我的一切希望终成泡影。我找不到在这一方面使我满意的理论。简言之,有两条原理,我无法使它们相一致,我也无力抛弃其中某一个。它们就是:**我们的一切确实知觉全都是确实的存在**;以及**心灵绝不感知确实的存在之间的任何实在**

的联系。无论我们的知觉本质上属于某种简单的和个别的东西，还是心灵感知它们间某种实在的联系，在这种情形里都没有什么困难。就我而言，我必须为一个怀疑论者的荣誉辩护，承认这种困难之艰巨，是我所无法理解的。然而，我不敢妄自宣称，它是绝对不可克服的。其他人或许我自己在进一步深思熟虑之后，能够发现某个假说，它将调和这些矛盾。”(*Treatise*，附录)

在这样的境况下，一切关于事实情况的信念都只是似然的。在休谟看来，这适用于一切自然科学，而且在某种程度上甚至也适用于几何学(就它是经验的而言)。确实知识仅有的对象是量和数，因此，代数、算术以及总的来说还有几何学，是“仅有的几门科学，在其中我们可以把推理链继续进行到无论多么复杂，而又保持

完全的精确性和确实性”(*Treatise*，Ⅰ，Ⅲ，§ Ⅰ)。理由是这些科 757
学全都不是关于事实情况，而是关于观念间的关系。“这类命题我们只凭思想的操作就可以发现，无需依据宇宙中任何地方存在的任何东西。自然界中纵然没有一个圆或三角形，但欧几里得所证明的真理仍会永远保持其确实性和明白性”(*Enquiry Concerning Human Understanding*，Sect. Ⅳ，Part Ⅰ)。

为了防止某些常见的对休谟观点的误解，必须提请大家注意以下几点。第一，休谟并不彻底批判对因果联系的信念。相反，他认为，因果性是知觉和观念间的一种**自然的**关系；它实际地把它们联结起来，由此形成或造成回忆或期望的习惯。正是求助于这种**自然的**、精神的因果性，休谟才成功地把因果性解释为外界对象间一种**哲学的**或解释性的关系。其次，休谟并未妄称，已经**否证了**外界对象及其因果关系的存在。他只是试图表明，看来没有逻辑的

理由可据以承认它们。即便如此，他的怀疑论也只是纯粹理论的或哲学的，而不是实际的。他承认甚至坚认，实际生活受他所说的“自然本能的强大力量”指导（同上，XII，III）。他的《英国史》（*History of England*）也总是诉诸原因来解释历史事件。“自然以绝对的和不可控制的必然性决定我们进行判断和表露、感觉。……凡是勉力拒斥……**彻底**怀疑论的爱挑剔的人，实际上都是在进行没有对手的争论，是在努力通过论证确立一种官能，而自然早已预先把这种官能植入心灵之中，并使之成为不可避免的”（*Treatise*，I，IV，§ I）。“因此，即便怀疑论者断言，他未能用推理来捍卫推理，他也仍将继续推理和抱信念。照此成规，他必定赞同关于物体存在的原理，尽管他不能妄求通过哲学论证来维护它的真实性。自然没有把对此的选择权留给他，自然无疑认为，这是极端重要的事务，因此不能托付给我们不确定的推理和思辨”（同上，§ II）。

可以明白，在休谟看来，人是由自然构造的。因此，他必须在实际上承认外界物体的实在性和影响，而不管他的思辨观点可能怎样。所以，托马斯·瑞德及其追随者似乎无非也就是用“常识”
758 来取代休谟所说的“自然本能”。而且可以不算过分夸张地说，甚至康德也只是呕心沥血地试图设想出自然或自然本能借助哪种精神器官而可能影响人类。然而，关于休谟的最重要事实是，他在调和他的哲学结论同他对实在的自然态度上面归于失败。如上所见，这种冲突使休谟自己对他的哲学感到不满，但他找不到使之更令人满意的途径。正是这个冲突使瑞德和康德两人相信，休谟对人类知识的批判说明一定有错误，并使他们各自试图对认识同其对象的关系作一种新的解释。

三、瑞德的常识实在论

托马斯·瑞德(1710—1796)出生于斯特拉钱(邻近阿伯丁),他的父亲刘易斯·瑞德在那里当了五十年牧师。他的母亲玛格丽特·格雷戈里是反射望远镜发明者詹姆斯·格雷戈里的哥哥戴维·格雷戈里的二十九个孩子之一。她有一个兄弟是牛津大学天文学教授,另有两个分别是爱丁顿大学和圣安德鲁斯大学的数学教授。托马斯在阿伯丁的马里夏尔学院就学,还一度在该院当过图书馆管理员。1737 年,他在纽麦查尔就任牧师,在那里一直待到 1752 年。那年他应召回到阿伯丁当皇家学院哲学教授,在那里还教授数学和物理学。1763 年,他应邀接替亚当·斯密当格拉斯哥大学道德哲学教授,在那里度过余生,于 1780 年从教授职位退休。他最重要的著作是他的《根据常识原理探究人类心灵》(*Inquiry into the Human Mind on the Principles of Common Sense*)(1764 年)、《论人的理智力量》(*Essays on the Intellectual Powers of Man*)(1785 年)和《论人的主动力量》(*Essays on the Active Powers of Man*)(1788 年)。

瑞德是著名的"苏格兰常识哲学"的主要代表人物。他最初是贝克莱的信徒。后来,他在休谟《人性论》(1739 年)中发现,从洛克和贝克莱所遵循的思路得出的结果,是可疑的。他受到了冲击,因此,决心改弦更张,重新考虑洛克、贝克莱和休谟的哲学的原始前提的正确性。他得出的结论包含在他的《探究人类心灵》之中。

759 他曾把该书手稿寄给休谟，请休谟评论。在感谢休谟的友好回信时，瑞德写道："我将始终以您的形而上学上的弟子自居。我从您的这方面著述中所学到的东西，比从一切其他地方学到的总和还要多。在我看来，您的体系不仅各个部分相互一致，而且也正是从哲学家公认的原理推演出来的。这些原理，在您的《人性论》中引出的结论使我对它们发生怀疑之前，我从未想到它们会有什么问题。如果这些原理是可靠的，那么，您的体系就一定站得住脚。从这些原理产生出来的这整个体系曾大部分包藏在朦胧的云雾之中，在您完成对它的澄清之后，人们就能更好地判明它们是否可靠。因此，我赞同您的意见：如果这个体系将被推翻，那么，您正应当备受称誉，这是因为，您树立了一个作为瞄准目标的鲜明而又确定的标志，也因为，您提供了为达此目的的专用大炮。"（1763 年 3 月 18 日的信——Thos. Reid 的 *Works*，Sir Wm. Hamilton 编，1872 年，p. 91）

瑞德感到，休谟是由于没有充分考虑到"自然本能"的要求而陷于哲学怀疑论的。在实际生活中，"自然本能"毕竟很容易战胜哲学怀疑。休谟自己就指出了，自然本能轻而易举地驱赶掉了一切怀疑的妄想。"我吃了饭，玩了一盘十五子棋，再同朋友们交谈，嬉笑。这样娱乐了三四个小时以后，我又回到这些思考上来，可是，它们现在显得非常冷漠、牵强附会和荒谬。因此，我无法从内心再进入这些思考"（*Treatise*，Ⅰ，Ⅳ，§ Ⅶ）。由于这个理由，休谟感到"对他的哲学怀疑缺乏自信"。可以说瑞德力陈这样的主张：一个人在最后决定他的哲学倾向之前，应当先考虑"自然本能"的本性和要求。并且，在休谟仅仅看到某种不明不白的（如果不可抗拒的话)“本能”的地方,瑞德看到了“常识的原理”(关于常识原理,本节下面还要谈到)。瑞德认为,休谟的怀疑是洛克无视常识而又未做“最低限度证明”就作出的一个虚假开端的结果。这个初始错误在于瑞德所称的“观念学说”或“观念体系”,它假定“每个思想对象都必定是一个印象或一个观念”。瑞德说,“观念似乎本质上有着某种敌视其他存在的东西。它们之最初引入哲学,是去扮演事物的映象或代表这种低下的角色。……可是……它们渐渐取代自己的委托者,损害除自己之外的一切东西的存在。首先,它们丢弃物体的一切第二性的性质。……贝克莱主教……发现,广延、坚实性、空间、形象和物体都是观念,自然界除了观念和精神之外,别无他物。观念的胜利是《人性论》完成的,但它还抛弃精神,只留下观念和印象作为宇宙中仅有的存在。……这些观念在无限空间中遨游时像伊壁鸠鲁的原子一样自由和独立。……它们构成了宇 760
宙的全部陈设。它们进入存在,或者脱离存在,都没有任何原因;它们结合成常人称之为**心灵**的团块;彼此按固定的规律前后相继,离开时间、空间或这些规律的创造者”(*Inquiry*, Ch. Ⅱ, § 4; *Works*, p. 108f.)。

瑞德试图驳斥休谟的怀疑论,证明关于具有第一性的性质的物质实体、进行活动的心灵和因果联系等的实在性的普遍信念。他企图表明,休谟的心理学不是对心理过程的精确说明,而是忽视了构成“自然本能”实在论的那些要素。他试图诉诸某些原理来证明这种自然实在论,而“这些原理……是我们本性的构造引导我们去相信它们的,并且我们是必然地认为,它们理应属于日常生活所关心的东西”(同上)。他试图在语言结构这种普遍和可靠信念的存储库中证实他所谓的“常识原理”。

像他之前的洛克和贝克莱一样，休谟也把简单的感觉或理解看做为最初的心灵操作，而且认为，复杂观念和判断是这些操作后来的结合。但是，瑞德反驳说，“我们不应当说，心灵的比较复杂的操作是通过复合简单理解而形成的，倒应当说，简单的理解是通过分析比较复杂的操作而得到的。……不是直接凭感官，而是凭分析和抽象的能力，我们才获得甚至对感觉对象的最简单而又最明确的概念”(*Intellectual Powers*, Essay Ⅳ, Ch. Ⅲ; *Works*, p. 376)。感觉在实际经验中不是简单的也不是孤立的，而带有某些复杂性或自然的“启发”(在这个词的贝克莱的意义上)，即“当前存在的概念、对我们知觉或感觉到的东西之现在存在的信念……心灵的概念、对心灵之存在的信念。……而且……某些触觉……启发我们联想到广延、坚实性和运动”(*Inquiry*, Ch. Ⅱ, §7; *Works*, p. 111)。换言之，最简单的现实经验实际上是一个判断或
761 信念，而从中可以抽象出而不是分离出感觉、知觉、记忆等等(*Intellectual Powers*, Essay Ⅵ, Ch. Ⅰ; p. 414)。休谟的困难是由于他假定孤立感觉或印象是一切知识之起源所造成的。

在谈到“常识原理”时，瑞德列举了很多条。他对它们的研讨很使人想起早先那些不是洛克而是笛卡尔设想的“天赋观念”，也即不是以一开始就明显的禀性，而是天性。我们这里局限于那些说明他之反对休谟的原理。为此，我们只需提到那些同物质、心灵和因果性有关的原理，而这将足以说明他的方法。至于心灵，瑞德提出这样的原理：“我有意识的思想是一个存在物的思想，而这存在物我称之为**我自己**、我的**心灵**、我的**人格**。”为了支持它，他说：

“自然把同样的东西口授给一切人，这从一切语言的结构表现出来：因为在一切语言中，人都用人称动词表达思维、推理、意欲、爱、憎，而人称动词本质上就要求一个思维、推理、意欲、爱或憎的人。由此可见，自然教人相信，思想要求一个思维者，推理要求一个推理者，爱要求一个热爱者。”关于物体及其第一性的性质，他规定这样的原理：“我们用感官明确感知的那些事物是实际存在的，并且也就是我们对它们感知的东西。”为了支持这条原理，瑞德援引了每个涉世不深的人显然都接受它这一事实。他还反驳了贝克莱和休谟的论证，说他们建基于这样的奇怪假定：“我们并未感知对象本身，而感知映象或观念。”关于因果性，他提出这样的原理：“凡是开始存在的东西，都必定有一个引起它的原因。”为了支持这条原理，他引用“人类的普遍承诺”以及“生活实践建基于它”这一事实。他还巧妙地击中了休谟的弱点。为此，他引用了休谟的话，即休谟认为，不可能判定印象究竟产生于对象还是心灵，抑或导源于上帝。他还评论说，“在这些选择中，他就是没有想到它们不是由任何原因引起的”(*Intellectual Powers*, Essay Ⅵ, Chs. Ⅴ, Ⅵ; *Works*, pp. 443—57)。

在关于常识原理的说明中，瑞德始终承认，这些原理所以无法直接证明，正是因为它们是些第一原理。但他试图间接支持它们，主要借助 Consensus gentium〔公论〕这种古老论据，但形式略有创新。他坚持认为，“时代和民族的承诺、有学问的人和无学问的人的承诺，都应当有很大的权威性”；当这些原理“关涉人类生活”，并成为“我们生活的日常行为”的基础时，更是如此。他之常常诉诸语言的结构，乃受他对语言结构的评价所支配。他认为，它是某些

762 信念的普遍性的证据，因为“语言是人类思想的表达映象和图画”，“各种语言结构上的共同之处表明了，在该结构所植基的那些东西上意见一致”（同上，Ch. Ⅳ；pp. 439—41）。瑞德可能并非无懈可击地应用他的方法，但无疑他可能包含一些合理和宝贵的思想。实在论（自然的或批判的）、普遍性应用和实用价值（作为检验真理的标准）等的一再复兴，充分证明了瑞德在哲学史上的重要性。瑞德在很长时间里由于康德而黯然失色，康德尖刻地和不公正地奚落他。但是，常识和不平凡的机巧之间的冲突现在还没有完结。

四、康德的先验论

伊曼努尔·康德（1724—1804）很晚才正式形成他的哲学。作为他的声誉之主要来源的《纯粹理性批判》（*Critique of Pure Reason*）（1781年；修订版，1787年）在他59岁时才发表，而贝克莱和休谟在发表主要著作时分别仅为25岁和28岁。这里将要说明，像瑞德的实在论哲学一样，康德的批判哲学也是休谟的怀疑论所激起的。但是，康德看来很晚才了解休谟的著作，这之前他已在其他人尤其莱布尼茨、沃尔夫和洛克的影响下对哲学问题作了长期研究。他的一些认识论观点在一定程度上是在那时形成的。当他试图改弦更

图 342—康德

张时,他的一些旧思想和思考习惯,甚至他就各种问题做的旧笔记和从沃尔夫派著作与教师沾染来的学究气都仍然缠住他,使他的《纯粹理性批判》犹如老学究拼凑的杂拌,没有统一的构想,同时,在题材造成的固有困难上又不必要地增添了因缺乏阐述技术而发生的困难。尽管如此,《纯粹理性批判》仍是哲学史上最伟大的里程碑之一,也是整个现代思想史上有最广泛影响的著作之一。

康德《纯粹理性批判》的目标本质上同洛克《人类理智论》的目标相似,即确定人类知识的范围和界限。但是,他的方法则不同。康德把他自己的方法说成是**批判**方法,**批判**这个字眼出现在他各主要著作的书名中。他说的**批判**(*citicism* 或 *critique*)是指这样一种方法,它不同于洛克基本上属于描述的经验方法,不同于休谟怀疑的经验论,尤其不同于莱布尼茨和沃尔夫的独断论,后两个人无限相信独立思想的力量,“而不对其力量作预先的批判”(*Introd.*,第二版)。极端经验主义的独断假定认为,一切知识产生于经验,极端唯理主义同样独断的假定认为,一切知识产生于独立的思想。同这两种假定相反,康德的批判提出要仔细检查知识,以确定它得自认识着的意识的是什么以及它得自某种别的东西的是什么。如果说我们能在某种程度上预期进一步的解释,那么,康德的批判引导他在知识中分辨出两种可以区别的成分,即**给予**意识的东西和意识独立于一切经验地**提供**的某些形式和关系。他把前一种成分称为知识的经验的或**后验的**元素;他称后者为先验的或**超验的**(即超越经验的)元素。同时,因为他的结论是,人没有关于**后验**因素本身的内在本性的知识,所以,他的阐释主要关涉知识的**先验**或**超验**因素。因此,康德通过他的**批判**所达致的那些结果被称

为**先验论**。

由于上述种种原因，知识的**先验**元素几乎占据了整个康德的舞台，而给未知的后验因素只留下了很小地位。所以说，虽然洛克认为，人类知识主要由作用于相当被动的意识的感觉印象所决定，而康德却说，知识主要是意识对以其他方式给予的未知材料进行的活动的产物。康德把这种态度上的变化同天文学上的哥白尼革命相比。他写道："迄今为止，人们一直假定，我们的一切知识都必须符合于对象。……应当做这样的实验，即假定对象必须符合于我们的认识方式，看看我们是否会在形而上学问题上更有建树。……我们在这里的境况和哥白尼的首创思想相同。如假定一切星球围绕观察者旋转，他便无法解释天体的运动，因此，哥白尼便尝试假定观察者旋转，星球静止不动，看看他能否藉此更有建树。"（同上）康德的意思明白而又正确。但是，为了避免误解，这里还可

764 以指出，从某些重要方面说，康德的革命更像是托勒密的反革命。因为，虽然哥白尼发起的革命推翻了地心说并且连带也推翻了人类中心世界观，可是，康德的革命却倾向于恢复人类中心观点，并且实际上使一切知识都成为拟人的。

《纯粹理性批判》的计划在很大程度上是由关于不同认识类型的传统的和一定程度上柏拉图的观点所决定的。按照这种观点，认识有三类或三等，即感官知觉、知性和理性。感官知觉关涉特定物体；知性关涉发现一般联系或规律，例如各门科学所试图确立的规律；理性则探索一种终极的、宇宙的或大要的实在观。康德并不总是在同一意义上或一以贯之地使用这三个术语。有时（例如在《纯粹理性批判》的题目中）他用"理性"这个术

语囊括整个认识能力。然而,他更经常地是遵从传统的区分,《纯粹理性批判》各主要部分就是根据它们划分的。因此,各主要部分都是一分为三的。“先验感性论”试图阐明感官知觉的**先验**元素或形式〔“感性”(aesthetic)在其原始意义即“感官知觉”上使用〕。“先验分析论”描绘知性的**先验**形式。“先验辩证论”论述理性的理念的本性和要求。然而,必须记住,这些区分和划分主要是为了方便起见,因为他始终坚持意识的统一性和它的各个能力或才能的有机协作。

《纯粹理性批判》所试图重新解决的主要问题,休谟已极其明确地提出过,莱布尼茨哲学中也比较隐含地提出过,像他的有些追随者所教导的那样。在休谟看来,既然人类经验似乎仅仅在于孤立的印象和观念,而我们又未感知它们之间的实在联系,因此,不可能有关于事实情况的实在知识。休谟承认,对观念间关系的研究确能提供某种知识;但是,这种知识仅仅是观念的知识,而不是事实情况的知识。莱布尼茨派虽然遵循断然不同的思路,但也力主,一切知识仅仅是观念的知识,而不是事实情况的知识。因为在莱布尼茨看来,终极的实在是精神的单子,每个单子都是独立自足的,从自身之中演化出它的观念。按照这种观点,各种认识仅仅是单子发展的不同阶段;感觉和知性或者事实情况的认识和关于观念关系的知识只在程度上不同,而无种类上的差别。因此,沃尔夫及其追随者致力于阐明知识的终极概念或范畴,而事实情况的认识则被认为由尚未发展到足可加以完全分析的观念组成。因此,在休谟和莱布尼茨派看来,像在他们之前的洛克一样,不可能有关于事实情况的科学(如物理学等等)。但是,尽管极端经验主义和

极端唯理主义双方都赞同否定自然科学的可能性，康德却不接受这种论断。他长期对当时的科学（特别是牛顿物理学）深感兴趣。
765 他甚至对之作出了一个宝贵贡献，即预言了拉普拉斯的星云说（见第93页），并且他相信自然科学的正确性。一个认识理论竟否定这种正确性，那么，这理论何以糟糕若此呢？它需要加以彻底检查。康德以做这种彻底检查为己任，其结果就是他的批判认识论。

为了明白康德的程序模式，必须记住，他相信自然科学的可能性和现实性，因而也相信自然科学所根据的日常知觉认识的正确性。在这种情况下，他的任务不是（像休谟的情形那样）仅仅发展一个认识理论，而不顾其结果。相反，可能的话，他要建立这样一个理论，它将明确证明自然科学和常识的正确性，即使它未证明支持形而上学的思辨。然而，很自然的是，尽管他在向一个预定的必然结局前进，但他担心，他的成就不要成为空中楼阁，而应得到令人满意的证据或论据的充分支持。

上面已指出，从一开始就对康德产生极大影响的两个哲学家是莱布尼茨和洛克。《纯粹理性批判》之前那些年里的著作中，康德处处表现出一种分离的效忠，时而倾向于洛克的经验主义，时而倾向于莱布尼茨的唯理主义。自然，康德致力于解决人类知识问题的努力体现了这两种倾向的影响。就完全可以把康德的认识论看做为极端唯理主义和极端经验主义间的一个折中而言，的确是如此。与极端理性主义不同，康德坚认，人类知识不是完全从我们内在意识演化出来的，而需要外来的感觉资料。与极端经验主义不同，康德认为，人类认识不仅仅来源于感觉印象，而是还包括心灵的活动。并且，在提到心灵或意识时，康德有点仿效贝克莱的方式,也强调个人参与其中的“一般意识”,而不强调个人意识。

康德认识到,实际的认识总是包括综合或联系。休谟阐明了,联系不是经验资料给予的。康德则并不认为,综合包含在形式的心理操作(沃尔夫派强调它们)之中,因为这些操作意味着一种关于业已综合的对象的知识。因此,实际知识似乎是意识对给予它
的材料——形式和质料的结合进行综合活动的结果。因此,《纯粹 766
理性批判》的任务是阐明知识获得所涉及的一切元素,以及描述意识由之认识这些元素的过程。

现在,按照康德的见解,知识的基本条件之一是意识的统一性和连续性。没有这一条,就不可能理解作为知识的本质之差别中的统一性。然而,意识本身不产生差别。因此,这些差别一定是作为感觉资料提供给意识的,因而构成了知识的又一个基本条件。这些资料由意识以各种形式的综合来理解,而意识的统一性正是这样表现出来的。这些形式有两种,即知觉形式(空间和时间)和思想形式(即范畴)。

感觉资料以空间和时间的形式(即纯粹知觉)加以综合,以便形成感性知觉。空间和时间比概念更像直观,因为不同的空间和时间分别被看做是单一无限空间和单一无限时间的组分,而不是一个一般类的实例。它们不是以知觉经验得来的,因为知觉经验本身离开了它们便不可能。换句话说,它们是**先验的**,不是**后验的**。因此,凡是对空间和时间成立的东西,一定也对感性知觉的对象成立。这样,康德便解释了数学的确实性及其对感觉经验的对象或可能对象的有效适用性。可以指出,早在 1769 年,康德就已抛弃了牛顿的绝对空间和时间观念(它们有独立的实在性,并不受

其中物体或事件的相对位置变化的影响),而抱有这样的观点:它们仅仅是现象的,或者说,仅仅是感觉经验的形式(*Inaugural Dissertation*,1770)。

然而,甚至带空间和时间直观形式的感觉经验也还未构成知识。实在的认识或知识还要求理智理解感性知觉对象间的联系。“知觉和概念是我们一切知识的两个元素。每个概念都有某个知觉形式与之对应,没有概念,觉知就不能产生知识。……如果说**感性**是心灵在实际理解某个印象时的**接受性**,那么,知性就是知识的**自发性**,即自己产生观念的能力。……没有感性,就没有对象给予我们,没有知性,就没有东西可思维。没有内容的思维是空洞的,
767 没有概念的知觉是盲目的。……知性不能感知,感官不能思维。只有它们相结合地起作用,才能产生知识”(*Critique of Pure Reason*,Trans. Logic,§1)。

因此,康德的下一个问题是发现知性用以从知觉建立知识的一切基本概念即范畴。既然**思维**就等于是**判断**,因此,判断的基本种类或形式应当就代表知性的基本概念(即范畴)。同时,当像通常那样用语言表达时,判断一般称为命题,命题或命题形式的主要类型在形式逻辑的书中都有列述。因此,康德从逻辑提供的关于命题或判断的习见说明找到了他对待范畴的线索。许多人误解了这一点的真正意义。看来,康德实际上是在学习托马斯·瑞德的独创方法,即试图借助被看做为思维体现的“语言结构”来建立“常识原理”。然而,康德在这方面采取的步骤不像瑞德那样清楚。并且,在接受通常的命题形式表的时候,他还对之作了修改,而这显然是为了满足他那对对称性的学究式爱好。他至少在两个场合在

每个主标题下作了三个重分(而不是通常的两个)。下表示出康德所采取(更确切地说是改编)的四大类命题或判断,每一类都包括三个子类,以及他从它们导出的相应范畴(理智综合的纯粹概念或形式)。

判断形式	相应范畴
Ⅰ.量:	Ⅰ.量:
(1)单称判断(这 S 是 P)	(1)单一性
(2)特称判断(有些 S 是 P)	(2)杂多性
(3)全称判断(所有 S 都是 P)	(3)全体性
Ⅱ.质:	Ⅱ.质:
(1)肯定判断(S 是 P)	(1)实在性
(2)否定判断(S 不是 P)	(2)否定性
(3)无限判断(S 是非 P)	(3)限制性
Ⅲ.关系:	Ⅲ.关系:
(1)直言判断(S 是 P)	(1)实体和性质
(2)假言判断(如果 A,则 C)	(2)原因和结果
(3)选言判断(或者 A,或者 B)	(3)交互性(或主动性和被动性)
Ⅳ.模态:	Ⅳ.模态:
(1)或然判断(S 可能是 P)	(1)可能性和不可能性
(2)实然判断(S 是 P)	(2)存在和非存在
(3)必然判断(S 必定是 P)	(3)必然性和偶然性

康德指出:"这四类范畴自然地分为两组。第一组(Ⅰ和Ⅱ)的范畴 768
系关于知觉的对象,无论纯粹的还是经验的;而第二组(Ⅲ和Ⅳ)的范畴则关于彼此相关或同知性相关的那些对象的存在。第一组可称为**数学的**范畴,第二组可称为**动力学的**范畴。"(同上,§2)这种区分本质上类似于洛克和休谟对"观念关系"和"事实情况关系"作

的区分。在康德看来，数学范畴决定了可能经验的构成原则，因此可以指望，感觉经验的实质或内容表明外延的和内涵的量。动力学范畴关涉的不是经验的内容，而是经验对象间的联系。正是通过这些范畴，自然才被设想为一个相互联系的系统。“关系”（Ⅲ）项下的那些范畴也是如此。但“模态”（Ⅳ）项下的那些范畴就不是这样了，它们看来无非只是给“可能性”、“现实性”和“必然性”等下的定义而已，根本不应列入范畴。

至于一般地对待范畴，康德提出了一种早先的警告，反对把它们应用于一切可能经验以外的东西。“知性的纯粹概念即使像在数学中那样应用于**先验**知觉，也不会产生事物的知识。在能够有知识之前，纯粹知觉（空间和时间）和知性的概念（范畴）必须先经过纯粹知觉的媒介应用于经验知觉。因此，除非范畴能够应用于**经验知觉**，否则，即便借助知觉，它们也不会给我们提供关于实际事物的知识。换言之，它们仅仅是**经验知识**的可能性的条件。于是，这种知识被称为**经验**。因此，范畴只参与那些成为可能经验之对象的事物的知识”（同上，§22）。

于是，把意识提供的综合形式应用于经验给予的资料而产主的知识，不能声称超过了关于那些给予意识的资料的现象（当然不是假象）的知识。因此，我们关于它们的知识不是关于它们自在和自为究竟怎样的知识，而仅仅是关于它们现象的知识。康德把这一点表达为这样的断定：人类知识局限于**现象**，并不扩及**本体**（或**自在之物**）。要记住，他对真正知识的条件的分析预先假定了某种给与意识的独立实在的东西。但是，人类意识不知道也不可能知道，自在的资料究竟怎样。康德肯定，它是存在的；它的自在**究竟**

怎样,是不知道的,也是不可能知道的。然而,既然为了指称的目 769
的,必须给它一个名字,因此,康德称它为**本体**,而我们有一个关于它的含糊"概念"(在贝克莱的意义上),即"自在之物",尽管"物"作为一个范畴实际上并不适用于它。

范畴之应用于不属于直观或经验之可能对象的东西,被康德称为**超验**,也即超越了知识的固有界限。然而,不同于知性,理性倾向于超越经验知识的界限,完成它对作为一个相互联系的即连接起来的整体的整个宇宙的一般探索。因此,这些传统哲学问题通常在关于**理性心理学**、**理性宇宙学**和**理性神学**的著作中加以讨论(例如沃尔夫的讨论),它们分别关涉自由的自我意识的灵魂的存在和终极本性、宇宙的终极本性和上帝的存在。在康德看来,这些超出了人类的**知识**。它们不可能得到证明。不过,在如此专门命名的**知识**的范围内,它们也不可能加以否证。因此,它们是**信仰**的合法对象。实际上,对于这种信仰,也有着良好的"实践"理性。道德或良心预先就假定了意志自由、灵魂不死和上帝的存在,因为它无条件地即绝对地命令去做正确的事,哪怕天塌下来也罢。康德深信不疑地接受责任感之正确性或合理性,而这预先规定了一些条件:人"能够"做(或"自由地"做)他"应当"做的事;有一个上帝,他能调节尘世生活中那么明显的德行和幸福之间的脱节;以及存在可在其中进行这种调节的来世。康德没有对自然科学的正确性提出疑问,而仅仅试图规定它的条件。同样,他也未对"绝对命令"的正确性提出疑问,而只是指出它的先决条件和假定。他的程序模式部分地仍然一样。不过,在康德看来,相应感觉资料的缺乏,把**信仰**领域同**知识**领域划分了开来。表述康德关于"实践"理

性公设的观点的另一种方式，是说人的所作所为，应当表现为“仿佛”他是自由的、不死的和在上天的庇佑之下。康德哲学的这一方面最终导致今天所称的“‘仿佛’哲学”。

就流行这个词的通常意义而言，康德哲学由于太艰深而没有
770 流行。然而，它还是大为时兴过好几十年。关于康德哲学的文献之多，恐怕是没有别的思想家能望其项背的。这种流行主要是由于它对科学家和神学家产生感染力所使然，在一定程度上这种感染力现在仍然存在。因为，一方面它让科学卸除了探讨终极实在本质的任务；另方面它又保护宗教免受对其基本信条的“科学”攻击。

第三十二章　哲学(二) 771

上一章考察的四个哲学家中,有三个是专业哲学教师,只有第四个差一点就任教授。在本章研讨的十七个哲学家中,只有两个是大学教师,其余都是业余爱好者。不过,这个词在此不是贬义,因为这个时期科学和哲学上的最好工作都是业余爱好者做出来的。启蒙时代的特征是,几乎每个受过教育的人都想成为哲人。人们认为,哲学探索世俗处世道理中本质上属于常识的东西,并且,只依凭它自己而不仰赖权威。此外,人们对抽象哲学本身并不特别感兴趣;他们主要把哲学用做进行宗教和政治改革的工具。文学全都倾向于带一定程度的哲学性,即便不采取蒲伯说教诗《论人》(*Essay on Man*)(1733 年)那种形式时,也是如此。蒲伯计划以这诗篇作为一个部分,进而全面阐发博林布鲁克勋爵(1672—1751)教导的那种自然神论哲学,而且不管怎样,这诗篇用著名诗句"人类正经的研究对象是人"妙不可言地表达了这个时代的哲学气质。在关于十八世纪文化的一部通史中,还必须考察许多著作家,尤其是让・雅克・卢梭(1712—78),他那激情的倾泻促进了法国大革命(1789 年)。*Salons*〔上流社会人士〕的影响也必须提到。然而,我们在本书只关心为了理解十八世纪科学的哲学背景所需要的东西,不关心这个时期宗教和政治或社会的论争。无疑,世俗

的倾向促进了对科学的兴趣的传播,也促进了科学以各种各样方式前进。但是,就本书的特定目的而言,这里有选择地论述这个时期的第一流代表人物,也就够了。我们不是胡乱地而是精心地加以选择,因此,这实际完成的选择可以认为是公允的典范。将这些有代表性的哲学家分类,是比较困难的,因为,他们大都抱有共同的实际目标,而且许多人对专门哲学家特别感兴趣的种种区别,观点也比较含糊。不过,某种有条理的分类总是有益的,这里实际采取的分类也只能做到大致合理。

772 五、法国怀疑论者

怀疑论几乎总是同对神学学说的批判相联系。然而,在哲学上,它更经常地用来指怀疑一切种类知识的态度。例如,古代的皮浪和十八世纪的休谟的怀疑论就是这样。这种怀疑论不一定旨在反对宗教信仰,而倒甚至可能用来支持宗教信仰,其方法是防止基于科学或哲学的敌对批判。近代的例子是,已故鲍尔弗勋爵为了证明宗教信仰的主张是合理的,撰著了《保护哲学怀疑》(*A Defence of Philosophic Doubt*)(1879 年)一书。本书简略考察的法国怀疑论者的怀疑论也属于这种类型。它旨在反对人类理性的自然力量,以便确证需要天启。然而,这些思想家在哲学上的重要性在于,事实上,他们对十八世纪思想产生了与他们本意相反的影响。这样利用怀疑论的通常结局是:虽然它可能使某些已经是信仰者的人更坚定其信念,但是,信仰者因之变为怀疑者的,多于怀疑者变为信仰者的。

普瓦雷

皮埃尔·普瓦雷(1646—1719)一度受笛卡尔和斯宾诺莎哲学影响。像许多其他人一样,他也误解了斯宾诺莎,在斯宾诺莎所谓的"无神论"中看到了理性主义的顶峰,也即对人类理性力量的依赖。因此,为了把人引向宗教信仰,普瓦雷试图削弱人对他的推理力量的信心。他在同亨利·莫尔的通信中和他的《论三位一体的教育》(*De Eruditione Triplici*)(1692 年)中解释了他的观点。

普瓦雷的出发点是传统上对主动理智和潜在或被动理智的区分。以前的哲学家(包括笛卡尔)对主动理智的评价远高于对被动理智的评价。数学被当做这一点的证据,因为数学是三动理智运用它自己的力量创造的。然而,普瓦雷把这两种评价颠倒了过来。他坚持认为,主动理智只能把握空洞的形式或关系。这可以从它的最高成就数学中看出。它不能把握实在的内在的、有目的的实体,而只能把握实在的单纯影子、形状或形式。他指责说,自行其是的主动理智是没有任何内容的空洞形式。而当(像在数理物理学情形里)主动理智或理性应用于实在时,它把握的只是大自然的僵尸、机构,而不是大自然那带有自由和秩序的活生生的实在。773
(普瓦雷的这一观点可以说在一定程度上开了亨利·柏格森观点的先河。)真正的知识是被动或接受的理智(实在对它呈现或显露)的获得物。被动的理智或者通过感觉经验或者通过天启接受知识。同理性主义者相反,普瓦雷坚持认为,与理性相比,感觉经验提供好得多的关于物体的知识。同样,被动的理智以接受信仰态度的形式获得最确实和最高级的知识,也即天启宗教的真理。

于埃

阿弗朗什主教皮埃尔·丹尼尔·于埃(1630—1721)在他的《论人类精神的衰弱》(*Traité de la faiblesse de l'esprit human*)中继续了这种怀疑论。像普瓦雷一样，于埃也研究过笛卡尔和斯宾诺莎。但部分地由于读了公元二世纪怀疑论者塞克斯都·恩披里柯的著作，他又转而反对他们的观点。因之，于埃产生了一个想法，即用怀疑论作为工具反对理性主义，支持宗教信仰。于埃有点模仿普瓦雷的方式论证，如果说有某种人类知识是可靠的，那么，它就是通过感性知觉得到的知识，而不是用推理获得的知识。因为，在感觉经验的情形里，知识是谦卑地接受的，而用推理力量获得的知识易受力量感所唤起的傲慢和武断的歪曲。于埃赞同洛克把感官看做一切知识的终极源泉。他甚至看来倾向于唯物主义，因为他认为，一切思维都依赖于大脑过程。然而，于埃的动机却只是想强调一切人类知识的这低级源泉，强调如果任其自行其是，它便倾向终结于唯物主义和无神论、不道德和非宗教。他试图通过败坏人的自然知识的声誉来褒扬天启知识。他甚至大胆到敢于断言：被人类理性奉为探索真理之公理的那些终极原理，不是从理性本身而是从上帝的意志获得其正确性的，上帝可以随意改变这些原理。

培尔

皮埃尔·培尔(1647—1706)是这批怀疑论者中最最重要的人物。他是勒卡拉勒孔德(阿里埃日)地方的一个加尔文派牧师的儿

子，在图卢兹的耶稣会学院就学。1699 年，他信奉天主教，但后来 774
又皈依加尔文教，一度去到日内瓦。1675 年，他就任色当大学哲学教授，1681 年就任鹿特丹大学哲学教授。1684 年，他创办了一份普及文学的期刊《文学界新闻》(*Nouvelles de la répubique des lettres*)。一篇归咎于他的短文的发表导致他于 1693 年退休。于是，他就致力于编撰他的《历史与批判辞典》(*Dictionnaire historique et critique*)(两卷本，1695 年，1697 年)，这是第一部重要的近代百科全书，对十八世纪的思想产生了十分强大的影响(参见第 14 页)。

培尔甚至比普瓦雷、于埃和洛克更进一步强调理性和启示、科学理论和神学学说之间的差别。前一个差别认为，宗教教义高于理性，或者说，是超理性的。但是，培尔更坚持认为，宗教教义是同理性相对立的，或反理性的。因此，他认为，试图调和这两者是徒劳的。然而，他的动机不是反宗教的(像通常所误认为的那样)，而是反理性主义的。他不折不扣地接受德尔图良(160—220)的格言：credo quia absurdum〔正因荒谬而信仰〕。他赞同这样的见解：相信同理性一致的东西，是没有意思的。因此，如果宗教信仰是值得称道的，那就要求，宗教教义应同理性相背。总之，他不相信自行其是的人类理智。像笛卡尔一样，他也怀疑物体的实在性，但又和笛卡尔不同，他还怀疑自我意识的可靠性和数学公理的确实性。他论证说，这些合理可能仅是人类经验的抽象，而公理和人类经验将来都可能变化，因此，甚至也不能赋予这些公理以绝对的确实性。培尔认为，人类理性只有揭露错误的消极功用，而没有发现真理的积极功能。它有如苛性药，后者破坏患病的肌肉，但实际上也

损害健康的肌肉。当理性应用于宗教真理时，其结果是灾难性的，因为它由其本性所驱使，必定把这些真理表示为必然的，从而把上帝的自由行动曲解为必然行动。

培尔关于基督教教义的非理性观点比他替教义作的辩护更容易使他的读者折服。实际上，许多人认为，他是狡猾的伪君子，知道如何打着宗教易信的幌子宣传无神论。然而，这样看，对培尔是不公正的。他在感情上是真正宗教的，在哲学上则是怀疑的。他忠诚而又勇敢地力陈己见。他的观点收到同他本意相反的效果，
775 那不是他的过错。培尔从未攻击过道德，这可以看做是表明他真诚的一个证据。相反，他认为，公认的道德准则中丝毫没有非理性的或可疑的东西，他坚持认为，道德独立于宗教教义，实际上独立于整个宗教。他指出，有些古代不信教的人有着高度道德水准，而有些狂热的基督教徒却犯下可怖的暴行。他并不为此而谴责基督徒，因为按照他的道德独立观点，任何宗教都不会因其信徒的德行而博得信任，也不因他们的丑行而遭受谴责。

培尔的道德独立观点促使他坚认，对每个个人，都应按他的道德价值加以评价，而不应按他的宗教组织成员身份加以评价。他恳求国家实行最广泛的宽容，甚至无神论者也应得到宽容，只要他们的行为是令人满意的。这种崇尚有道德个人的固有价值而不管其余一切考虑的主张，在十八世纪思想界的头面人物中赢得了热烈响应。然而，这里又得指出，培尔对道德独立性的强调，不是他对宗教淡漠的结果，而是他崇敬上帝的结果。和有些英国自由思想家不同，他认为，把上帝看做是警察局长式人物或者令人可怖的怪物，威吓不听话的人顺从和归正，那是对上帝的诋毁。

六、德国唯理主义者

沃尔夫

克里斯蒂安·沃尔夫(1679—1754)是个折衷的哲学家,他的思想大都假借自亚里士多德经院哲学和莱布尼茨,其次假借自笛卡尔和斯宾诺莎。他使一切知识都成为他的领域,并试图按照一种逻辑图式把它们全都系统化。他一以贯之地持理性主义(一般的和哲学意义上的),他力主把全面改善人作为一切知识和一切其他人类活动的目标。这一切使他成为所谓的启蒙哲学在德国的奠基人。作为他的整个态度的表征,他的大量著作有许多都在题目中冠以 Reasonable Thoughtson〔关于…… 的一些理性思想〕这几个词。

图 343—沃尔夫

他那联合一切知识的概念本质是亚里士多德式的,可以简短说明如下。作为科学方法的学问,逻辑学是知识的一切其他分支的总导引。其余分支或者是理论的或者是实用的,视它们的功能是认识的还是欲望的(或意志的)而定。这两组科学按柏拉图方式各又分为高级组和低级组。于是,就有了四大组学问或科学(在这 776

个词的广义上)：Ⅰ.高级理论科学；Ⅱ.低级理论科学；Ⅲ.高级实用科学和Ⅳ.低级实用科学。沃尔夫在Ⅰ中包括第一哲学、理性心理学、理性宇宙学和理性神学；Ⅱ中包括经验心理学、自然科学和神学；Ⅲ包括伦理学、经济学和政治科学；Ⅳ包括技术和一般经验人文学科。Ⅰ和Ⅲ是理性的或先验的科学；Ⅱ和Ⅳ是经验的或后验的学问。沃尔夫在另一些场合把这些科学分成三类即数学的、“历史的”和哲学的。“历史的”这个词,他是在其原始意义上使用的,即“描述的”或“经验的”。他的“哲学科学”是指那些寻求事物“理由”而不是对它们作经验描述的科学;他并不区别“理由”和“原因”。他认为,经验科学仅仅是它们最终转变为哲学科学的一个暂时阶段。

在他的《辑逻学》(*Logic*)(1728 年)中,沃尔夫试图从“矛盾原理”(“S 不可能既是 P 又不是 P”)推出一切。甚至莱布尼茨作为基本原理提出的“充足理由原理”(任何事物所以如是而不是别的,总有一个理由存在),沃尔夫也认为是派生的,也即可从矛盾原理推出。沃尔夫认为,一个真命题就是一个其主词决定其谓词的命题。这个思想表明,他倾向于认为,一切哲学知识皆由基于同一原理(“S 是 S”)的分析判断组成。然而,他进而把真理定义为从差异中认识统一。

《第一哲学或本体论》(*First Philosophy or Ontology*)(1729 年)考察各种基本概念或范畴,例如“事物”、“可能性”、“量”、“质”,等等。沃尔夫区别两类个别实体,即具有独立自我存在的个别实体和依赖于其他个体的个别实体。前者是绝对的或必然的,后者是偶然的。他还区分甚至在思维中也不可分的绝对简单实体和复合实体,后者具有广延、形象、时间、运动以及从其他实体和向其他实体的变化。他把绝对简单实体称为**单子**。但是,和莱布尼兹不同,沃尔夫提出两类单子,一类是有意识的单子即灵魂,而另一类是无意识的“自然原子”。单子是唯一实在的“实质”。一切单子都是永恒的,没有两个单子是相同的。

在他的《一般宇宙学》(*General Cosmology*)(1731 年)中,沃 777
尔夫考察了物理学的基础。一切物理的组合、联系和变化都是运动引起的。事实上,世界是一部由各种组合和运动构成的、受运动规律支配的机器。物体不是真正的实质,它们仅仅看起来是这样,因为我们知觉还不够敏锐,无法看到物体的组分。它们甚至不是同质的。当它们显得是这样时,那也是因我们混乱的知觉所使然。物理学的微粒说所假定的微粒还是“自然原子”或无意识单子所组成的复合体。这些单子并不占据任何空间;它们仅仅是“形而上学的点”。因此,物体的广延即空间性仅仅是现象上的,这种现象是“自然原子”全部集合在我们混乱心灵上产生的。原子或微粒的物理学就其本身而言是正确的,只是绝不可认为它提供了**终极的**解释。

虽然沃尔夫支持把完全机械论解释作为物理科学的理想目标,但他同样还劝人相信神学解释作为对机械论或因果解释的补充的重要性。在他的《关于自然事物的目的的一些理性思想》(*Reasonable Thoughts on the Purposes of Natural Things*)(1724 年)和《关于人、动物和植物的组分的一些理性思想》(*Reasonable Thoughts on the Parts of Man, Animals, and Plants*)(1725 年)之中,他充分发挥了自己的想象,提出一切事物尤其有

机体所服务的各种目的。他不仅过分神学化，而且他的神学完全是人类中心说的。在说到事物的用处时，他总是指它们对于人的用处。甚至在康德看来含义那么丰富的“星空”，在沃尔夫的眼中，其功能充其量也不过是充当灯或火炬——恰似那古老《圣经》的观念。正是这种过分的、人类中心说的神学招致伏尔泰的嘲笑。

在他的《心理学》(*Psychology*)(1732—1734)中，他支持关于灵魂和肉体关系的所谓平行论。事实上，这是沃尔夫所保留的莱布尼茨“先定和谐”说的唯一部分。他认为，感觉不是外部印象在感官上引起的，而完全是心灵本身产生的，但同心灵之外发生的事物精确一致。心理过程和躯体过程是平行的或相应的，但它们之间没有相互作用。灵魂不可能影响肉体，肉体也不可能影响灵魂。

在他的《自然神学》(*Natural Theology*)(1736—1737)中，沃尔夫差不多只是复述了莱布尼茨的《神正论》(*Theodicy*)。然而，
778 这本书包括了一些十八世纪启蒙运动所特有的论点。上帝被认为是一切可共存实在(或能同时存在的实在)的总和。因为，上帝是最完善的“存在”，而如果上帝缺乏现实的或可共存的实在，那他就不是最完善的存在。沃尔夫实际上拒斥奇迹，尽管他还不敢直言不讳。正如奇迹违犯他的理性主义一样，永远惩罚的教义也冒犯他的人道主义，因此，他也毫无保留地加以反对。

在他的实用哲学中，沃尔夫力陈，道德的善具有固有的和绝对的价值，即便没有上帝也罢。他把德行的目标描述为“向更高的完善前进”。他把社会的职能同国家的职能一样从属于它们个别成员最高的善的实现。

沃尔夫的书对德国思想家产生了很大影响。尽管流于矫揉造作的学究气,也不无琐碎浅薄之处,但他的著作还是树立了所谓德意志透彻性的一个范例。在一般读者看来,他的著作非常枯燥乏味,不堪卒读。不过,其他人编写了供大众阅读的比较通俗的解说本,甚至包括专门迎合太太小姐的。这样,沃尔夫影响之广实际上超过了所能期望的范围。

门德尔松

莫泽斯·门德尔松(1729—86)是作曲家费利克斯·门德尔松-巴托尔迪的祖父。他是德国最主要的"通俗哲学家"之一。他出生于北德的德绍。他的父亲是个贫穷的犹太教师和文牍。莫泽斯天生畸形,穷困不堪。海涅说:"老天爷赐给他驼背,仿佛直率地向芸芸众生表明,人不可貌相,而要从他的品质去判断。"他在十四岁时只身去到柏林,他的老教师弗伦克尔博士当时在柏林当犹太法学博士。弗伦克尔雇用他抄写手稿。后来,他靠给犹太儿童教希伯来文自谋生计。1750 年,他有一个学生的父亲,一个名叫伯恩哈德的丝绸商聘他当簿记,最后又邀他当股东。在几个犹太支持者的指导下,门德尔松掌握了范围广泛的精湛学识,涉

图 344—门德尔松

及数学、逻辑学、哲学、英语、法语、拉丁语和希腊语以及德语。1754 年，他在某个棋社之类的俱乐部里邂逅莱辛，两人不久就结为终身友好。1755 年，门德尔松把他就莱布尼茨哲学中的斯宾诺莎主义因素撰写的《哲学对话》(*Philosophical Dialogues*)给莱辛看。莱辛事先不作任何表示就把这手稿出版了。这使门德尔松又
779 惊又喜。同年，柏林学院颁发一项奖金，征求一篇关于蒲伯《论人》的哲学的论文。这对朋友借此机会匿名发表了一篇合著论文《蒲伯，一个形而上学家》(*Pope ,a Metaphysician*)，它论述了诗歌和哲学的差别。约在同时，门德尔松开始写作他的《感觉书简》(*Letters on Sensations*)，它对美学研究产生了很大影响。约从 1757 年起，门德尔松和 F. 尼古拉(1733—1811)合作编纂《美术文库》(*Library of the Fine Arts*)。1759 年，莱辛和他们一起创办期刊《现代文学通信》(*Letters on Recent Literature*)。1763 年，柏林学院颁发一项奖金，征求一篇关于形而上学能否加以数学证明的论文。这项奖金授予了门德尔松。竞争者中包括康德(他的论文被授予二等奖)和林特尔恩的哲学教授阿布特。这三个人结成了挚友。门德尔松在柏林仍旧没有地位，那里只有 120 名"受保护"的犹太人，他们的家族允许在柏林居住。他不属于那些人，因此随时有可能被驱逐。在柏林学院这次授奖之后，一个法国廷臣达尔让侯爵劝说国王(腓特烈大帝)赐予门德尔松以"受保护"犹太人的地位。在十九世纪里，德国犹太人逐渐得到解放。在一个很短的时期里，他们得以用宝贵的卓著功勋报效这个祖国。但是，尽管这一切，或许也因为这个缘故，他的解放突然被凶暴地终止。1767 年，门德尔松发表了他的《斐多，或论灵魂不死》(*Phädon, or on the Im-*

mortality of the Soul)。这本书在很大程度上是他同阿布特就人类命运问题通信的产物。像在柏拉图那里一样,这篇对话的主角也是苏格拉底。在一封致阿布特的信(1766 年 7 月)中,门德尔松解释说:“我用苏格拉底之口提出我的论点,这样就要冒使苏格拉底成为莱布尼茨的一个追随者的风险。不过,那也无妨。我必须有一个非基督教徒,才能避免‘天启’的问题。”因此,门德尔松的苏格拉底是一个十八世纪哲学家,他熟谙普洛蒂努斯、笛卡尔、莱布尼茨、沃尔夫和其他人的思想。门德尔松自己的有些论点是属于伦理学性质的,在某些程度上还预示了康德把宗教信仰建基于道德公设的方法。《斐多》在二年里印行了三版,最后还被迻译成几乎一切其他欧洲语言。它是德国哲学史上第一部文学杰作,它确立了门德尔松的声誉,因此博得了“德国柏拉图”之称。很久以后,康德在他的《导论》(*Prolegomena*)的《导言》中还说,门德尔松的哲学文笔“那样深刻而又那样优美”。1771 年,柏林学院把门德尔松的名字列入新院士名单。但是,国王(他被奉为“登御座的哲学 780
家”,曾怂恿伏尔泰进行反对偏见和偏执的战斗)把它划掉了。像门德尔松在另一个场合写的那样,“理性和人性徒劳地大声疾呼,因为由来已久的偏见已完全丧失听力。”此后,在许多年里疾病、事务和犹太人麻烦占据了门德尔松的整个心身。然而,他在 1783 年发表了《耶路撒冷,或论宗教权威和犹太教》(*Jerusalem, or On Religious Authority and Judaism*),文中恳求宽容和良心自由。他在剥夺偏执者的宽容权利上表现出真知灼见。有些欧洲民主人士可能正是因为对他的教训耿耿于怀,所以才免于犯粗暴的不容异端的罪恶。康德写信给他说:“您那么深刻而又那么明白地表明

了在一切宗教中无限良心自由的必要性，因此，我们的教会终将也考虑如何消除一切侵扰和压制良心的东西，这有朝一日将使每个人关于宗教实质的观点达致统一。”门德尔松最重要的哲学著作发表于1785年，题为《晨课，或论神之存在讲演录》(*Morning Hours ,or Lectures on me Existence of God*)。康德说它是旧形而上学最后一个也是最坚固的据点，因为它没有考虑到康德1781年新的“批判”哲学。门德尔松对康德的哲学天才深怀敬意，但他觉得康德的“批判”有“横扫一切”的倾向，因此无法与之妥协，只能走他自己的路。但是，那时以来许多别的思想家不是绕过就是摒弃这条“非常先验的道路”，各自另辟蹊径。作为对有神论的哲学辩护，《晨课》可同后来许多故意反对康德认识论的著作相媲美。总之，康德的同胞都是通过藐视“绝对命令”来摧毁他的整个宗教哲学的基础。

门德尔松在他的获奖论文《论形而上学科学中的证据》(*On Evidence in the Metaphysical Sciences*)(1763年)中，将证据区分两个要素即确实性和可理解性。他论证说，形而上学同数学一样确实，但一点也不像数学那样可理解。可理解住上所以有差异，部分地是因为数学拥有适当符号的体系，部分地还因为数学脱离了生活及其种种实际问题。数学和形而上学的另一个差别在于，事实上，形而上学的理论预期对实在世界有效，而数学家并不关心他的命题是否适用于实际存在的图形等等的问题。从概念地判定某个谓词合理地属于某个主词，过渡到证明这两个词项代表实际存在物，通常是形而上学中最困难的步骤。门德尔松称赞笛卡尔在
781 两个情形中成功地实现了这种过渡，即笛卡尔从“我思”过渡到“故

我在”，以及笛卡尔从上帝的绝对完善出发通过论证而达到上帝的存在。门德尔松力主，纯粹可能性不可能一致地同关于一个绝对完善存在的观念相联结。他由此精心构造了上帝存在的本体论证明。于是，人们面临这样两个抉择：“要么上帝是不可能的，要么上帝存在。”他在这篇论文的结束部分力陈，道德律强加给我们和其他人以促进自己完善的职责，它同一条数学公理一样确实。

他的《斐多》中为支持人的灵魂之不死所援用的主要论据如下所述。说上帝预先决定人遭受苦难，或者上帝希望阻断或终止人朝向完善的进步，那是不可思议的。此外，道德品行假定了来世，因此，今世品行和报应间的失调是能够纠正的。

像康德一样，门德尔松也认为，宗教的三个基本观念是道德生活的公设。门德尔松写道：“在我看来，如果没有**上帝**、**天意**和**不死**，生活的一切好处便都失去价值，尘世的生活就将……犹如风雨飘摇，失去了在黑夜中可以找到提供遮掩和保护的某种庇佑这种令人宽慰的前景。”

莱辛

戈托尔德·埃弗赖姆·莱辛(1729—81)可以说是十八世纪德国启蒙运动的领袖人物。他出生于上劳齐茨的卡门茨，在迈森上中学，后来到莱比锡大学攻读。他的主要工作领域是文学和戏剧，但他兴趣广

图 345—莱辛

泛，也从事哲学和神学的工作。上面已经提到他同门德尔松和尼古拉的合作。1769 年，他发表了《拉奥孔》(*Laocoon*)。这是一部十分重要的美学研究著作。他写这个题材是受了门德尔松的影响，从而又影响了康德。他还在他的《汉堡剧评》(*Hamburg Dramaturgy*，1767—9)中对戏剧理论作出了重要贡献。这部著作是在他担任同汉堡剧院有关的一个职务期间写作的，在这之前由于国王的干预(1765 年)，他未能谋得柏林皇家图书馆馆员的职
782 位。1770 年，他接受了不伦瑞克附近沃尔芬比特尔图书馆馆员的职位，他在那里终老。当馆员期间，他发表了所谓的《沃尔芬比特尔残篇》(*Wolfenbüttel Fragments*)，它实际上是 H. S. 赖马鲁斯(1694—1768)撰写的《辩护，或者为上帝的理性崇拜者的辩解》(*Apology, or Defence of the Rational Worshipper of God*)的节录，赖马鲁斯是一个严肃的基督教评论家。《残篇》的发表把莱辛卷入了一场同形形色色狂热者的激烈争论。但是，它还最终导致他写作他最著名的作品即诗体剧《智者纳旦》(*Nathan the Wise*)(1779 年)。他的最后一部著作于 1780 年以《人类的教育》(*The Education of the Human Race*)为题问世，这是早期对宗教史哲学的一个令人瞩目的贡献。

莱辛并不自命为一个有体系的哲学家。他是一个富有独创性的伟人。但是，也许由于艺术家的气质太盛，因此，他定不下心来有系统地专攻一门。不过，他是一个杰出的学者和尖锐的评论家。他也是一个伟大的人文主义者，对人的权利和职责深感兴趣。他出于人文主义而褒扬卑贱者，鄙薄褊狭的人和自高自大的人。所以，他的观点似乎有一定程度的摇摆，视引发他表示意见的场合而

定。对于某些正统的信条,当它们被狂热者利用作为褊狭的藉口时,他就把它们撕得粉碎,而当它们受到浅薄理性主义者攻击时,他就从中找出好的东西。

莱辛主要受莱布尼茨和斯宾诺莎这两位哲学家著作影响。沃尔芬比特尔图书馆得到了著名的斯宾诺莎肖像,这或许不无意义。曾在1780年同莱辛一起度过五天的F. H. 耶可比后来说,莱辛是个斯宾诺莎主义者。因此,耶可比在门德尔松死前不久发起了一场同门德尔松的激烈论争。莱辛看来对耶可比说了这样的话:"如果要我自封为某某大师,那么除了斯宾诺莎,我想不出别的名字"可是,莱幸非常个人主义,所以他没有用任何大师来命名自己。然而确实的是,莱辛的思想中正像包含莱布尼茨主义的因素一样,同样也包含斯宾诺莎主义的因素。我们现在可以来尽可能系统地勾勒他主要思想的轮廓。

早在1752年,莱辛就已在他零散的《理性的基督教》(*Rational Christianity*)中描述了宇宙那些作为从神的造物的终极简单的实体或实在物。在他的论文《论神以外事物的实在性》(*On the Reality of Things Outside God*)(1763年)中,他坚持认为,世界并不在神之外,尽管就神比有限事物世界更广包而言,可以说神在世界之外。这些都是斯宾诺莎的观点。然而,莱辛最独特的思辨同宗教信仰的历史有关。这些思想部分地是莱布尼茨主义的,部分地是他自己的。

在他同时代人中间,保守的基督教徒把教义看做是绝对的和最后的真理,而许多反基督教的理性主义者则认为,它们是狡诈的教士发明的。莱辛对这两种极端观点均持批判态度。在他看来,

783 进化的思想提供了正确解释宗教信仰历史的钥匙。莱布尼茨认为，含糊的知觉是明确观念的发展阶段，同样，莱辛也认为，某些理性主义者所称的粗糙和虚假的宗教观点是真实观念进化的历史阶段。像斯宾诺莎一样，他也认识到，宗教学说是受每个时代的历史环境和思想支配的。就这个意义而言，它们包含历史偶然性的因素。但是，它们不仅仅是教士心机的欺诈发明。它们从一开始就追求一个理想目标，也即获得明确的和必然的真理。因此，一方面《圣经》绝不可能要求终极性，就是说，把《旧约全书》或《新约全书》看做神学最终的说教，那不是**宗教**，而是**《圣经》崇拜**。另一方面，《圣经》受到嘲笑，因为它没有表达一个晚得多的时代的思想，暴露出丝毫没有历史感，没有看到不同观念适合于不同时代和不同条件。莱辛认为，这种进化是神作出的进步性启示，而不是人类精神从自身内部的进步性发展。他也许受同时代人影响，潜移默化地也相信腓特烈大帝的仁慈的独裁。因此，他能以身作则说明，历史环境影响一个人的上帝观念。这样，莱辛便把宗教的进化说成是《人类的教育》(1780 年)，而教师是上帝。上帝给人类启示适合时代的、能在一定时候进化成理性真理的信仰。例如，神向犹太人启示自己的统一性，并用允诺尘世的报应来逐渐培养他们服从自己。然而，在莱辛时代，神的统一性终于可用理性证明。同样，犹太教徒和基督教徒还逐渐地在受教育中树立起对灵魂不死的信仰。并且，藉助允诺藏之于天国的报应，这种对灵魂不死的信仰变得司空见惯了。但在十八世纪，灵魂不死可以用理性证明。随着时间的推移，人可能被教得学会抛却尘世和天国的报应，像斯宾诺莎一样也认识到，善就是它自己的报应。《智者纳旦》中三个戒指的寓言

在某种程度上也许旨在表明一种类似的道德教训,说到底,也即真正的题材是人物和品行,而不是教义和信条。我们应当努力成为的不是基督教徒或犹太教徒,而恰恰是人。

莱辛的人类教育观使他投身研究两个不同问题。首先,任何认为自己时代信仰绝对正确、不止是朝向真理的道路上迈出一步的人,看来都没有真正证明,他的看法是合理的。为了解决这个困难,莱辛力主,问题实际上不在于对真理的**占有**,而在于达致它的**努力**。他用下述名言表达这一点:如果上帝一只手给他完全真理, 784
另一只手仅仅给他对真理的追求,那他情愿选择后者。其次,《人类的教育》中描述的进步,实际上是作为整体的**人类**的进步,而不是个别**人**的进步。对于像莱辛这样一个个人主义看来说,这不可能完全令人满意。他用古老的轮回概念解决这个问题,这种概念使他得以想象同一个人重复出现在各个不同时代,从而参与人类教育的不同阶段。灵魂轮回信念所以对莱辛产生吸引力,是出于对瑞德的某种追忆,也即因为它是最古老的信念之一,所以很久以前就已得到人类良知的允准。

七、英国唯物主义者

与诸如十八世纪法国唯物主义或十九世纪德国唯物主义相比,英国唯物主义可以说是独树一帜。它的独特性主要在于它同无神论相分离。托马斯·霍布斯(1588—1679)这位近代经典唯物主义者并不是宗教的反对者,他相信上帝是第一原因。他在英国的十八世纪后继者甚至比他更少无神论色彩,其中有一位实际上还是牧师。因此，在考察十八世纪英国唯物主义者时，必须剔除通常同唯物主义者这个术语相联系的部分观念。

哈特莱

戴维·哈特莱(1704—57)的主要工作在关于心理学的那一章里已经概述过。在他《对人的观察》(1749 年)中，他把心理经验如此密切地同神经物质的振动关联起来，以致他的心理学被称为“神经纤维心理学”。哈特莱并不自认为是唯物主义者。他在该书第一部分的《结论》(*Conclusion*)中明确断言：“人们在解释我的时候，绝不可说，我反对灵魂的非物质性。”他想维护的东西无非是，“灵魂的感觉和脑的髓质中激发的运动之间有某种确实的联系”

785 (同上)。然而，他对心理过程的说明是非常机械论的和生理学的，对自由意志的解释也是非常决定论的，因此，他给读者的印象是，他是一个唯物主义者。例如，像下述的说法自然引起这样的观点。“如果自由意志是指一种引发运动的力量……那么，人没有这种力量。但是，每一活动或肉体运动均产生于以往环境或脑中业已存在的肉体运动也即振动，而振动或者是当时产生的印象的即时结果，或者是以往印象的遥远的复合结果，或者兼具两者”(同上)。

哈特莱对他那生理学的心理学所涉及的各个形而上学问题，说不上作过深入研究。作为一个医疗实践者，他相信肉体状态和精神状态之间存在密切关系。他的书有力地驳斥了那种认为灵魂仅仅束缚在肉体之中的旧观念。但是，他没有认真思考过心身关系的哲学问题。他只是偶尔轻描淡写地提到其他人的观点，一带而过。总的来说，可能他赞同洛克的观点，也即他认为，因为灵魂

(即精神实体)的终极本性还不知道,物质实体的本性也还不知道,所以,可能两者是相同的,物质实体也能思维。当然,这应当算是一种唯物主义,普利斯特列正是从这一意义上理解哈特莱。如大家所知,他是宗教徒,但他甚至又丝毫不怀疑无神论。

普利斯特列

约瑟夫·普利斯特列(1733—1804)是著名的化学家和物理学家,他在这两个领域中的工作已在前几章中介绍过。他比哈特莱更明显地是唯物主义者。也许由于他专心于物理学和化学的问题,因而他注定要沿着这个方向。他的唯物主义教育是通过研习哈特莱《对人的观察》完成的。1775年,普利斯特列发表了哈特莱此书的简写本,其中增添了几篇他自己写的补充论文,支持哈特莱的观点。两年以后,他在《论物质和精神》(*Disqwisitions Relating to Matter and Spirit*)中继续鼓吹他的观点。他在文中批评其他各种关于灵魂本性的理论。1778年,他又发表了一部关于这个问题的著作,题为《一些唯物主义学说的自由讨论》(*Free Discussions of the Doctrines of Materialism*)。不用说,普利斯特列是个宗教徒。他是主张自然神论、自然宗教或者理性宗教的领袖人物之一。他竭力清除基督教中迷信的或非理性的附加物。但是,他是笃信宗教的。因此,尽管自己是个唯物主义者,但他对霍尔巴赫《自然体系》(*Système de la Nature*)(1770年)所表达的法国唯物主义感到愤怒,起劲地抨击它。

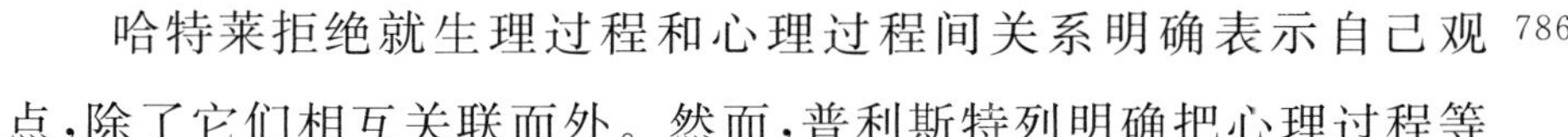

哈特莱拒绝就生理过程和心理过程间关系明确表示自己观 786
点,除了它们相互关联而外。然而,普利斯特列明确把心理过程等

同于生理过程，精神过程等同于肉体过程。因此，在普利斯特列看来，灵魂是一个物质实体，事实上也即脑；一切所谓的精神活动都由肉体决定，因此不存在自由意志。他认为，生理学仅仅是一门关于神经系统的物理学或生理学，而在这系统中必须假定，严格的因果联系一如在物理学和化学中那样起作用。或许令人不可思议的是，普利斯特列竟设法使任何宗教都同这种决定论的唯物主义相调和。然而，他认为，大自然是一部令人惊叹的机器，这一事实表明了一个无比智慧的造物主的存在。宿命论形式的决定论毕竟是加尔文派的信条之一，因此，看来并不总是被认为同宗教相对抗。被设想为能够思维、能够进行有道德行为等等的物质，不像更通常认为的纯粹惰性物质那样引起宗教反对。总之，我们在普利斯特列的哲学中可以看到一种令人感兴趣的尝试，即力图调和宗教徒易动感情的倾向同对自然科学理性范畴的尊重态度。

达尔文

伊拉兹马斯·达尔文（1731—1802）是查尔斯·达尔文的祖父。他看来也是由于研究了哈特莱而转向信奉一种唯物主义哲学。他在剑桥和爱丁堡攻读，在诺丁汉、利奇菲尔德和德比等地行医。他对科学极感兴趣，也写作诗歌。他的主要诗作是《植物园》（*Botanic Garden*）（1792 年）。他最重要的科学著作是《动物生理学》（*Zoonomia*）（1794—6），按他孙子的说法，他在这本书中“预言了拉马克见解的种种观点和一些错误的根据”。他提出了这样的假说：上帝最初赋予一根细丝以生命以及各种特殊力量和倾向，一切时代的活动物都是这一活细丝的后裔。

达尔文从哈特莱的心理——肉体相关理论和一些他从古代思
想假借来的论点推衍出他的唯物主义哲学。就是说,他论证了,只
有在灵魂和肉体具有一些共同性质的条件下,它们才能统一和彼
此影响。因此,灵魂的视、听等等官能意味着,灵魂本身是看得见
的、听得着的,等等,换言之,它是物质的。他甚至进而提出,灵魂
具有有时呈现任何种类肉体性质、状态和活动性的能力。像普利 787
斯特列一样,达尔文也不认为,他的唯物主义同关于上帝是第一原
因的信念相悖。

八、法国唯物主义者

十八世纪唯物主义可以更正确地说成是物活论,因为它的倡导者通常都认为,物质赋有生命和感觉力。此外,虽然这些唯物主义者中有些人(例如大多数法国唯物主义者)把无神论同他们的唯物主义相结合,但是,其他人却设法与此同时还维护某种宗教,主要是一种自然神论或泛神论性质的宗教。这一时期第一个成熟的唯物主义者是拉·美特利(或拉美特利)。

拉美特利

朱利安·奥弗雷·德·拉·美特利(1709—51)出生于圣马洛,在莱顿从伯尔哈韦攻读医学。他一度当过军医,但当他因发表《心灵的自然史》(*Histoire naturelle de l'âme*)(1745 年)而冒犯了军队牧师之后,便离开军队。巴黎的医生遭到讽刺时,他又转到荷兰。他发表《人是机器》(*L'homme machine*)(1748 年)时,又被

逐出荷兰。腓特烈大帝邀他到宫中，他在那里度过了短暂的余生。

拉美特利所以信奉唯物主义，是因为他认为，它是当时自然科学的带机械论性质的逻辑推论。尤其对他产生影响的是，他在自己和病人身上观察到，心理状态对肉体状况有紧密的依赖性。同时，一切知识都通过感官获得。但是，感官绝不给我们表明绝对惰性的物质，而总是表明处于某种运动之中的物质。我们没有任何观察根据，可据以提出物质以外的运动的原理。因此，必须认为，物质被赋予运动性和生命。这不仅适用于构成大有机体的物质团块，而且也适用于组成这些团块的个别微粒。他试图在某种程度上用实验证明这一点，为此，他观察砍了头的动物以及单个器官等等在同整个有机体分离之后生命和运动的延续。这种观察使他相信，生命和感觉力也附属于构成元件或微粒，心灵仅仅是有机体的一种功能，尤其是脑的功能，同肉体的其他功能没有本质区别。人类智力所以优于低等动物，是因为人脑的结构比较精细和复杂，这

788 使人的记忆能够达到远为广泛，从而使人类经验作为准备后来行为的一种训练变得远为有成效。笛卡尔把低等动物说成是自动机，但把人放在一个特优地位，因为他具有灵魂。然而，拉美特利否认，人和低等动物之间有种类上的差别，认为只有程度上的差别。如果低等动物可以说成是机器，那么，人也是机器。他的主要著作的书名即由此而来。然而，在另一部著作中，拉美特利力主，甚至植物也不能正确地说成是机器，但植物同动物和人一起排列在一个生命上升标尺上（*L'homme plante*，1748，Preface）。

拉美特利并不掩饰他的唯物主义的否定含义，反而坦率地甚至风趣地强调它们。如果心灵仅是脑的一个功能，那么，谈论灵魂

不死就没有意义了。当肉体死亡时,灵魂也死去,“喜剧就终止了”。至于所谓的上帝存在,那是一个无法根据科学加以解决的问题。如果物质实体具有运动要素,那么,实际上就根本不需要这条假说。这种假说甚至可能证明是一个阻止科学进步的障碍,倘若让它干涉解释自然现象的机械论方法的话。此外,对上帝存在的信念,常常引起一种给人类幸福带来更大危险的狂热。人类蒙受宗教狂热引起的苦难,超过一切其他种类邪恶导致的苦难,在政府由无神论者组成之前,不会有和平。

霍尔巴赫

霍尔巴赫男爵海因里希·迪特里希(1721—89)出生于德国,但在法国受教育,并在那里几乎度过了一生。他很富有是艺术和科学的赞助人,周围聚集了当时全部智士能人,他的殷勤好客使他的宅第博得了“哲学家之家”的美称。他的主要著作是《自然体系》(1770年),它假托1760年去世的法兰西学院秘书米拉波的名字发表。霍尔巴赫看来在写作这本书上得到了他的一些朋友尤其狄德罗的帮助。《自然体系》获得了无神论者的“《圣经》”这个坏名声。

在霍尔巴赫看来,自然界即整个实在体系乃由物质和运动组成。运动是物质的一个原始的和不可分离的性质。自然界不受任何目的的支配,而受纯粹必然性支配。运动受抵抗、吸引和排斥控制。这些物理力分别等同于道德学家所称的自爱、爱和恨。只是有一点不同,即这些道德性质由脑中微小的、看不见的分子运动组 789
成,而物理力通常同大量分子集合体的可见运动相联结。因此,差

别仅仅是一种量上的差别,而不是种类上的差别。然而,这差别足以使人认为,自己是由肉体和灵魂构成的双重存在物。但是,没有人自称知道,灵魂是什么,他们只知道,灵魂不是什么。在霍尔巴赫看来,所谓的灵魂无非就是脑,它的精细的分子运动构成外部印象引起的感觉。可能一切物质都是可感觉的,也就是说,都有引起感觉的能力。但是,也可能这种能力局限于特殊种类物质或特殊组合物质。总之,它是一个有机体中固体和流体物质的混合物的本性,而这混合物决定着这有机体的气质;气质决定着一切所谓心理过程的本性、尤其是情绪,而后者决定着行为。实际上,像上面所已提出的,在霍尔巴赫看来,构成一切其他情感的、影响我们整个品行的那些情绪或情感即自爱、爱和恨等,仅仅是构成脑的分子之间发生的精细形式的物理惯性、吸引和排斥。

霍尔巴赫运用他的唯物主义哲学对宗教教义进行破坏性批判。他认为,上帝的观念和灵魂的观念是同等的。正像后者是对人的肉体的无根据的摹写一样,前者也是对自然界整体的无根据的摹写。像在灵魂的情形里一样,在上帝的情形里,也没有人自称知道,上帝是什么,人们只知道,他不是什么。普通神学家们把形而上学属性归诸上帝,而这些属性把他表示为与人截然不同,他们因而又自相矛盾地赋予他以道德品质,而这些品质又把他降格到人的水平。唯一实在的天意是自然界及其规律;人们越早认识到这一点越好。甚至把上帝观念用作为控制大众的手段,也是一个危险的错误。它像是要毒害一个健康人,以便阻止他滥用其体力。自由意志的观念是神学家的一个错误手段,用来替上帝卸除对于现存邪恶的一切责任。如果人真正自由地在世界上掀起任何新的运动,则他从而就改变了整个世界。道德责任的问题并不是题中之义。罪犯之所以受惩罚,不是因为他们要为他们的罪行负责,而 790 是因为像我们杀害野兽或者筑拦河坝一样的理由,也即为了防止进一步的危害。改良人的正确途径不是使他们道德化,而是改良他们的健康。至于灵魂不死的学说,它不仅虚假,而且有害。因为,它使人的注意力脱离现世,从而阻止他充分利用之。如果认识到了唯物主义教导的那些真理,人就将看到一切发生的事物的必然性,就将摆脱同上帝观念相关联的种种令人痛苦的忧虑和来世的惩罚,他将尽可能多地从生活获取幸福

狄德罗

德尼·狄德罗(1713—84)作为《百科全书》的编者和心理学家的工作,在前面几章已经研讨过。最初他是有神论者,后转变为怀疑论者,继而成为自然神论者,最后成为无神论的唯物主义者。上面已提到他同霍尔巴赫在撰写《自然体系》上的合作。狄德罗在他《论解释自然》(*Pensées sur l'interprétation de la Nature*)(1754年)中就已充分表达了他的唯物主义,尽管他在《论物质和运动》(*Sur la matière et le mouvement*)(1770年)中又有进一步阐发。但是,有理由相信,他是受霍尔巴赫影响而真正转向接受唯物主义的。不过,或者更为确定一点的是,他受到了来自下述几方面的影响:斯宾诺莎和莱布尼茨哲学中的某些因素、布丰的有机分子概念以及哈特莱的生理学的心理学。

在狄德罗看来,终极的实在是被赋予运动和感觉力的能动原子。整个宇宙由这种活的原子组成,但这些原子分成无数等级,感

觉力在有些原子中是潜伏的。灵魂或精神仅在某些原子组合中才显现出来。自然是自足的，它在自身中包含构成全部存在物的一切元素，从最低等的原子到我们现在知道的最富于智慧的、最有艺术才能的和最有道德的人类乃至还在将来更高等的存在物。自然的生命不停顿地通过某些循环。个别的客体通过新的原子组合而产生，随着这些组合离解而消逝；只有作为一个整体的自然是永驻的。在一切变化中，只有形式（即组合）发生变化；原子保持不变。人对他的自我或他的连续性的意识产生于这样的事实：他经历的变化是迂缓进行的，因此在连续的变迁中每一阶段和下一阶段之间有一定量的重叠。意志自由、我们每一活动之乃由外部印象决定、我们肉体的状态、对过去的记忆、关于未来的观念以及我们的情绪或情感，这类东西都不存在。心理经验和道德经验全都受生理过程支配。

791 尽管他采取唯物主义哲学，但就道德而言，狄德罗可以说在本质上仍是个唯心主义者。他认为，道德就是对全人类仁慈为怀的感情；他力主，这种道德不止是幻想或错觉（例如，像灵魂不死那样），而是内在地正确的或有效的。

卡巴尼斯

皮埃尔·卡巴尼斯（1758—1808）如上所述是十八世纪最重要的生理学的心理学家。哈特莱认为，一切心理过程皆起因于神经或脑髓实体的机械振动，而卡巴尼斯还诉诸化学过程和肉体实体的化学亲合性作解释。他还强调本能。像哈特莱一样，卡巴尼斯看来也不自认为是一个唯物主义者，而只是一个探索心理-肉体关系的研究者。然而,他的观点曾被认为明确地倾向于唯物主义。像在哈特莱的情形里一样,他的生理学的心理学也曾被错误地解释为一种哲学唯物主义。

九、泛神论者

托兰德

约翰·托兰德(1670—1722)出生于爱尔兰伦敦德里附近的地方。他在格拉斯哥、爱丁堡和莱顿等大学攻读。1696年,他匿名在伦敦发表了《基督教并不神秘》(*Christianity not Mysterious*),这本书遭到广泛谴责。他1697年访问都柏林时,这本书在那里由刽子手奉命加以焚毁,作者被判处囚禁,但他及时逃遁了。1701年,他访问德国,在柏林受到索菲·夏洛特皇后的接见。1704年,他发表了《致塞雷纳的信》(*Letters to Serena*)。它包括讨论各种问题的三封信,一封写给普鲁士的索菲皇后,两封写给荷兰的一个斯宾诺莎主义者。他在1707—10年间游历欧洲大陆。他的最后一本书《泛神论者的神像》(*Pantheisticon*)于1720年问世。他的晚年是在伦敦及其附近度过的。

托兰德以一个天主教徒开始他的生涯。他后来转变为新教徒,继而成为自然神论者,最后以一个泛神论者而告终。他在第一本书里已包含一些斯宾诺莎主义的思想。他力主,天启的真理之所以已被启示,是因为它们是真的和合理的,而它们之所以不是真的,仅仅是因为已被启示。他企求思想和言论的自由。在《致塞雷纳的信》中,虽然表面上批评斯宾诺莎,但托兰德的斯宾诺莎主义

792 已表现得十分明显。他说,**“一切”**是永恒的和无限的;他拒斥超验上帝的观念,教导宇宙有神性内在的学说;他赞同斯宾诺莎认为**“一切”**有动力学性质的概念,尽管他看来并不知道这是斯宾诺莎的观点;他承认,心理-形体属性并存。他的《泛神论者的神像》看来使术语**泛神论者**对应于乔丹诺·布鲁诺和斯宾诺莎教导的那种哲学而流行开来。这本书本身旨在为建立一个国际性的泛神论者联谊会或兄弟会作宣传,这个组织在一定程度上试图模仿共济会分会。它规定一种半宗教的仪式,宣称教授神秘的哲学;它自命不凡,但却渺小而又浅薄。

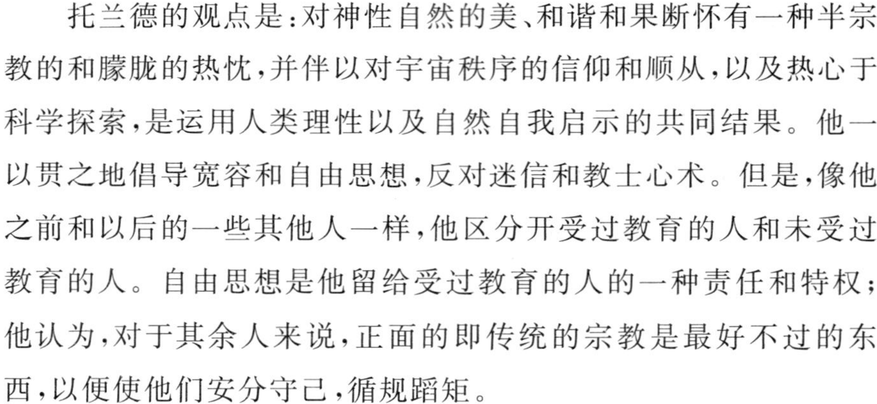

托兰德的观点是:对神性自然的美、和谐和果断怀有一种半宗教的和朦胧的热忱,并伴以对宇宙秩序的信仰和顺从,以及热心于科学探索,是运用人类理性以及自然自我启示的共同结果。他一以贯之地倡导宽容和自由思想,反对迷信和教士心术。但是,像他之前和以后的一些其他人一样,他区分开受过教育的人和未受过教育的人。自由思想是他留给受过教育的人的一种责任和特权;他认为,对于其余人来说,正面的即传统的宗教是最好不过的东西,以便使他们安分守己,循规蹈矩。

布丰

在十八世纪中期以前,认为某种活原子是自然的终极组分的概念相当广泛地流行。然而,它导致两种不同的倾向,视强调原子间关系的机械论性质还是它们的有机关系而定。在前一种情形里,所产生的哲学是像狄德罗和霍尔巴赫那样的一种唯物主义;在后一种情形里,它以一种普遍的活力论告终,这种活力论多少带泛神论的性质。布丰和罗比耐都抱这种泛神论,不过前者比较审慎和隐含,后者则比较明显和彻底。

布丰伯爵乔治·路易·勒克莱尔(1707—88)的生物学著作和地质学思辨前面已在关于动物学和地质学的两章里介绍过。他的时代以前的各种思想家已经提出,某种有机分子散布在构成物理自然的原子之间,这些有机分子造成活有机体,正像无机原子构成惰性物质的团块一样。这种观点在仅由万有引力定律和运动定律支配的无机界和似乎需要另一种解释模式的有机界 793 之间留下了一道鸿沟。现在,布丰试图给这条鸿沟架设桥梁,为此,他设想自然的**一切**终极组分都是“有机分子”,它们有无限多组织等级。在他的《一般和特殊的自然史》(*Histoire naturelle générale et particulière*)(1749 年以后)之中,他使用自然神论的语言。但是,他的神是斯宾诺莎的神,deus sive natura (“神即自然”),自然像在斯宾诺莎那里一样被设想为是能动的、自我生存的实体,它产生、维持和变换其一切有限样态或者个别现象。牛顿和伏尔泰认为,自然是一部巨大的、极其复杂的机器,而这预先假定了一个无比智慧的全能的“工程师”。然而,布丰则把自然表示为一个巨大的有机体,它凭借其自己固有的或内在的能动性或力量包含、维持、组合和重组有机分子,不需要超验的神作为其外部的、传递的或创造性的原因。这样,布丰认为,他能够克服机械论解释模式和目的论解释模式之间的冲突,能够把一切自然现象结合成一个无所不包的体系,而在这个体系中,自然现象表现为许多不同等级的有机实体,它们随环境或境遇的条件而变。布丰有点含混的泛神论哲学在法国十分流行,并导

致兴起一种对自然的普遍热忱。

罗比耐

让·巴蒂斯特·罗比耐(1735—1820)出生于雷恩,一度参加耶稣会。他后来脱离耶稣会,去到阿姆斯特丹,于1761年在那里发表了他的主要著作《论自然》(*De la Nature*)(第二卷,1763年)。在他的其他著作中,最重要的是他的《存在形式自然分等的哲学思考》(*Considérations philosophiques de la gradation naturelle des formes de l'etre*)(1767年)。这两部著作都引起了激烈争论。1778年,他回到巴黎,就任监察官。法国大革命爆发后,他隐退到故乡,从事赈济贫民的慈善工作。

罗比耐的哲学在有些方面同布丰的相似,但更明显地属于斯宾诺莎主义。罗比耐认为,有没有宇宙的第一原因的问题,是一个
794 我们根本无法回答的问题。但是,实际上并不需要假定第一原因,因为宇宙表现出了自足性、内在力量和活力。像他之前的其他人一样,他也设想自然的终极微粒被赋予感觉力。他实际上是把斯宾诺莎的实体并存属性也即广延和思维或物质性和精神性的概念运用于这些微粒。罗比耐力主,设想为一个活宇宙(Cosmos)的"宇宙"(Universe)可以认为是终极的论据事实,没有理由预期它还有进一步的解释。假定一个超验的神或造物主,不会得到什么东西,因为既然再不能有理由探寻解释神之存在的一个进一步原因,所以,这样做无非是把这终极的论据事实再推后一步。

罗比耐比布丰更明确地提出了一种普遍的或宇宙的活力论,它认为,一切物质都从一开始就被赋予生命。甚至矿物也生存、成长和消亡,天体亦复如此。不过,虽则一切事物都是有机的和有活力的,但它们在程度上各个不同,相差悬殊。有一个连续的有机生命上升标尺,从表面看来无生命的岩石上升到人。一个有机体的形体方面和精神方面不是分离的,而只是可分辨的,在无论什么情形里都是如此。认为人类灵魂是某种同人体相分离的东西,那就错了。

罗比耐饶有意思而又异乎寻常地运用了能量或力的守恒原理。他认为,每个有机体都是一个自给自足的心理-形体单元或系统,它保持其力或能量守恒。因此,他坚持认为,一个有机体的诸能动性的总和必定是恒定的。但是,他并不区别形体能量和心理能量;他同等地对待它们,也即认为它们根本上或形而上学地相等同,尽管它们以两种表面上不同的方式表现自己。因此,凡是肉体消耗的能量,都必定从精神获得等量能量得到补偿,反之亦然。罗比耐还把这守恒原理用于作为整体的宇宙,还从中引出一个十分玄虚的结论。罗比耐错误地运用斯宾诺莎对快乐和痛苦、喜悦和哀伤的心理的说明,论证说,既然力或能量的增加构成快乐,它的减小构成痛苦,既然宇宙的总能量总是不变,那么,宇宙中快乐和痛苦的总量也一定保持恒定的平衡,所以,痛苦的任何增加被快乐的相应增加所抵消,反之亦然。

十、一个讨伐的哲学家:伏尔泰

弗朗索瓦·玛里·阿鲁埃(1694—1778)出生于巴黎,在一所耶稣会学院里受教育。他很早就同贵族、教会和政治发生冲突,两

795 次被短期囚禁在巴士底狱中。1726 年，他去到英国，一直逗留到1729 年，在那里密切接触了一些主要的自然神论者和自由思想家。约在这个时候，他把自己的名字通过重排字母从小阿鲁埃[Arouet l. j. (lejeune)]改成伏尔泰(Voltaire)。离开英国后，他在法国一直居住到 1750 年，中间只去过一次荷兰。他于 1746 年当选为巴黎学院院士。1750 年，他到柏林成为腓特烈大帝的廷臣，但在 1753 年就离去，一度在科尔马居留。1758 年，他在日内瓦附近法国——瑞士边界的法国一侧费尔内地方购置了一所庄园，在那里居住了二十年。1778 年 2 月，他返回巴黎，在那里受到隆重接待，于 5 月 30 日去世。作为作家、诗人、戏剧家和评论家，伏尔泰是他那个时代最著名、最成功的人物。然而，这里我们只关心作为一个哲学家的伏尔泰。他大力向欧洲大陆介绍牛顿的科学、洛克的经验主义和英国的自然神论。他自己的哲学并不特别重要。可是，他在启蒙和理性事业上做的工作是超群卓绝的，因此，在叙述十八世纪思想史时，如果忽视他，那将是极大的不公平。

伏尔泰是一个作家荟萃时代里最多产的作家。然而，他的哲学思想几乎全都集总在他的小册子《无知的哲学家》(*The Ignorant Philosopher*)(1767 年，D. Williams 的英译本，1779 年)的短小篇幅之中。这本小书的题目表明，作者对洛克所教导的关于人类心灵的限制的教训耿耿于怀，而他几乎在一切哲学问题上都赞同洛克。伏尔泰说："你是谁？你来自何方？你的职责是什么？你将会怎么样？这是些应当对宇宙中每一存在物都提出的问题；但我们没有一个人能回答它们"(§1)。"对基本原理，我们现在同在摇篮里时一样无知"。(§2)"如果没有观念而只凭经验，那我们就绝不可能知道物质是什么。我们触摸和看到该实体的性质。但是,甚至语词实体即**在下面的东西**[①]也使我们有充分理由认为,这在下面的东西将是我们所永远无法知道的:无论我们发现它的现象怎样,这实体、这在下面的东西都将永远是有待发现的。由于同样的理由,我们也永远不会知道,我们自己的精神是什么。”我们也永远不会知道,精神实体如何接受感想和思想。“我们完全知道,我们有一点点智能;但是,我们是怎么获得它的呢?它是自然的一个奥秘;她还没有向任何凡人泄露过这个奥秘”(§8)。“我们永远不会看出甚至想象一个物理原因的哪怕最小的可能性。为什么 796
呢?因为引起这个困难的症结,乃属于事物的基本原理之列。对于在我们之中起作用的东西,亦复如此。……关于那使我得以思维和行动的基本原理,我不可能知道些什么”(§11)。

在转到自由意志的问题时,伏尔泰区分开**行动**自由和**意志**自由;他承认前者,但不承认后者。“获得真正的自由,就是获得权力。当我能为所欲为时,我就是自由的;但我必然地希望我所希望的东西;否则,我便是无理由、无原因地希望,而这是不可能的。我的自由在于当我想行走的时候就行走……在于当我的心灵必然地把一个邪恶的行动说成是邪恶的时候不做它;在于当我的心灵使我觉察到一种情感的危险时,以及当这行动的恐怖强力地同我的欲望作斗争时,克制它。……但是……我们不可抗拒地顺从我们最近的观念,这最近的观念是必然的。……奇怪的是,人们不满足

① “实体”一词的原文为 substance,其中前缀 sub 意为“在……之下的”。——译者

于这样程度的自由,即不满足于在许多场合做他们选择做的事情的……权力。……我们想象,我们具有没有理由地希望和除了希望之外别无其他动机地希望这种不可思议的和荒谬的天赋”(§§13,29,51)。

伏尔泰始终是个自然神论者,用他的时代所已知道的一切论据证明,他对一个未知的神之存在的信念是合理的。“在观察支配宇宙以及万物的手段和无数目的的那些秩序、绝妙的艺术以及力学与几何学定律时,我深怀赞叹和崇敬的心情。我立刻就断定,如果说人们的作品甚至我自己的作品迫使我承认,我们中间有一个理智,那么,我应当承认,有一个远为英明的理智,它操纵这么多作品”(§15)。“这理智是永恒的吗?毫无疑问。因为……如果它现在存在着,那么,它从来就存在着”(§16)。但是,我还说不上,这理智究竟与宇宙不同,还是像灵魂之弥漫于肉体之中那样弥漫于宇宙之中(§17)。“我们肯定是神的作品……他使蚯蚓获得生命,使太阳绕其轴旋转”(§19)。“这永恒的存在、这普遍的原因把我的观念给予我;它们不是客体给予我的。无智能的物质不可能把思想送进我的头脑。我的思想不是来自我自己;因为,它们反对我的意志,而且常常以同样方式消失。……我崇拜我靠着他而在不知道我如何思维的情况下进行思维的神”(§21)。“在人就上帝发明的所有体系中,我赞成哪一个呢?除了崇拜他之外,我一个也不赞成”(§23)。伏尔泰根据下述事实而反对关于神之本性的种种精巧的形而上学思辨:它们是常识所不能理解的。他认为,“从事日常生活事务的普通人最大限度地发挥了他们的理智,而超出普通人力所能及范围的……不是人类所必需的”(§25)。

然而,对神的信仰并未保全伏尔泰早年所抱像莱布尼茨在其 797
《神正论》中所说明的那种乐观主义。1755 年的里斯本大地震冲击了他,他放弃了乐观主义,不再认为,这是“最好的和可能的世界”。他在一首关于里斯本震灾的诗中表达了他的道德愤慨,后来在他的《老实人又名乐观主义》(*Candide, ou sur l' optimisme*)(1757 年)中发泄了他对轻率乐观主义的蔑视:

> Lisbonne ,qui n'est plus ,eut-elle plus de vices Que Londres,que Paris,plongés dancs les délices? Lisbonne est àbimée,et l'on danse à Paris.
>
> 〔里斯本已无存,难道是因为它比现在还沉迷于享乐的伦敦、巴黎更放逸的缘故?里斯本已经倾覆,可是巴黎人还在狂舞。〕

在那首里斯本诗过了 15 年后写的《无知的哲学家》中,伏尔泰又回到这种指责,要求莱布尼茨派乐观主义者用乐观主义解释恺撒屠杀三百万高卢人和西班牙人这类历史事件(§26)。但是,虽则伏尔泰抛弃了他的乐观主义,但他仍然相信独立于任何神学学说、哲学世界观或者法律的道德主张。“随着我注意到,人们在风气、举止、语言、法律和崇拜等方面都存在差异,我显然相信,他们有着相同的基本道德原则。人人都有关于正义与非正义的一般观念,哪怕没有最起码的神学知识也罢。……因此,我以为,正义与非正义的观念之所以是必然的,是因为一旦人们能够行动和推理,便人人都对这个问题抱一致的看法。造就我们的神明规定尘世必须有正义”(§31)。“正义的观念……乃全世界人同此心,因此,滔天的罪

行……全都是在虚伪的正义借口下犯下的。一切罪恶中最凶残的……是战争；但是，从来的侵略者莫不用正义的借口掩饰这罪行”（§32）。

可以毫不夸大地说，正义的主张是促成伏尔泰的自然神论观点和指导他毕生活动的基本信念。神和灵魂不死的信仰，对他的吸引力，主要是作为道德的终极基础或公设。因此，他说：“如果神并不存在，那么，我们应当发明他”，虽然他又补充说：“整个自然表明，他是存在的”（《哲学辞典》（*Dict. Phil.*）中的“Dieu”[“神”]）。在他看来，真理和正义难分难解；他不是隐居的书呆子，而是为他的信念而战斗的战士。因此，他同时致力于一方面通过使人类摆 798 脱迷信来对他们启蒙，另方面通过砸断压迫、专制和社会不公正的锁链来改善他们中许多人的状况。因此，他无情地攻击天主教教义，攻击狂热的偏执和压制，而他正是为了这些而谴责天主教教义的。伏尔泰也许由于道德热情而看不到，事实上，人类的真正敌人是那些野心勃勃的狂热之徒，他们利用任何为实现他们邪恶图谋提供便利的机构。在伏尔泰时代的法国，天主教和高僧会[①]就是这样被利用的。二十世纪里，其他非宗教的“主义”，尤其爱国主义或民族主义也同样地甚至更为粗暴地被利用了。只要群众还没有足够的知识和理智，因而不能识破蛊惑人心的政客的装模作样和诡计，而这些政客为了把整个国家变成大监狱和大屠场，剥夺群众赖以真正生活的一切而空许诺言，那么，宗教就不是唯一能用作为

① 高僧会（Jansenism）是比利时詹森（Cornelius Jansen，1585—1638）主教创立的教派，它否定意志自由。1740 年以后，它作为教派已不存在。——译者

掩盖妒忌、贪婪等动机或者狂热权力欲的借口的东西。

作为《无知的哲学家》的附录,伏尔泰写了“一篇简短的离题文章”,文中讲述了一则寓言,它现在也至少意义不减当年,这里简写如下。“我们知道,当巴黎盲老医院刚开办时,[盲目的]养老者人人平等,他们连小事也由表决的多数票决定。……但是,不幸他们有一个教师伪称对视觉有明晰的观念。他引起了注意;他玩弄诡计;他煽动了一些热衷者;最后,他成为这个团体的公认头领。……巴黎盲老医院的这个独裁者首先选举了一个小型委员会,他借助它攫取了全部救济金。……他宣布,凡是居住在巴黎盲老医院里的人都穿着白衣服。盲目养老者们都相信他。因此,除了他们谈论白衣服之外,再也听不到其他声音,尽管那里根本没有这种颜色的东西。熟识他们的人都嘲笑他们,所以,他们抱怨这个独裁者,而他指责他们是创新者、自由思想家、反叛者,让自己被亮眼人的错误引入歧途,胆敢怀疑他们头领的一贯正确”(英译本,p. 76)。

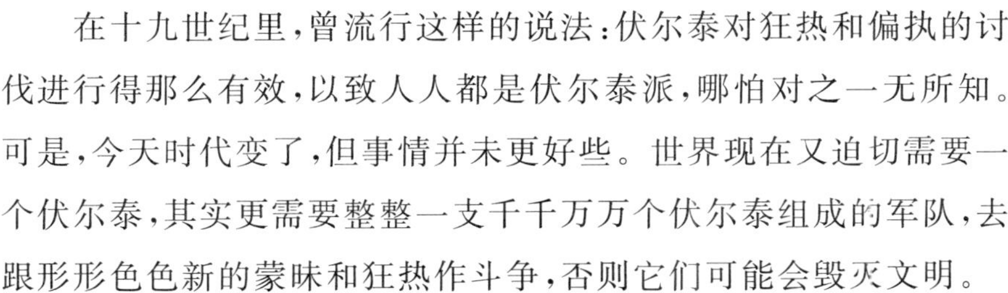

在十九世纪里,曾流行这样的说法:伏尔泰对狂热和偏执的讨伐进行得那么有效,以致人人都是伏尔泰派,哪怕对之一无所知。可是,今天时代变了,但事情并未更好些。世界现在又迫切需要一个伏尔泰,其实更需要整整一支千千万万个伏尔泰组成的军队,去跟形形色色新的蒙昧和狂热作斗争,否则它们可能会毁灭文明。

(参见 J. E. Erdmann:*History of Philosophy*,Vol. Ⅱ,1892,等等;W. Windelband:*History of Philosophy*,N. Y.,1901;A. Weber 和 R. B. Perry:*History of Philosophy*,N. Y.,1925;H. Dresser:*A History of Modern Philosophy*,1928;Bertrand Russell:*History of Western Philosophy*,London,1948。)

插图目录

事项索引

按英文字母顺序排列。页码系原书页码，排在本书切口处。

C

D

E

F

G

H

N

O

P

Q

R

S

T

U

V

W

人名索引

人名按英文字母顺序排列。有异译的,附列于后。年代和地点系指生卒年代、生卒地点。页码系原书页码,排在本书切口处。

B

C

D

G

H

L

M

N

O

P

Q

R

T

U

V

W

Y

Z

译　后　记

本书系根据原书 1952 年伦敦修订第二版译出。原书初版于 1938 年。第二版修订者为 D. 麦凯(Mckie)。

本书翻译分工如下。周昌忠:序言、第一、十一——三十二章;苗以顺、毛荣运;第二——十章。全书由周昌忠校订,并编制人名索引。

译文容有错误和不妥之处,诚望读者指正。

译　者

1987 年 12 月

图书在版编目(CIP)数据

十八世纪科学、技术和哲学史/(英)亚·沃尔夫著;周昌忠,苗以顺,毛荣运译.—北京:商务印书馆,2017
(汉译世界学术名著丛书:120年纪念版:珍藏本)
ISBN 978-7-100-14722-4

Ⅰ.①十… Ⅱ.①亚… ②周… ③苗… ④毛…
Ⅲ.①自然科学史—世界—近代②社会科学—科学史—世界—近代③哲学史—世界—近代 Ⅳ.①N091②C091

中国版本图书馆CIP数据核字(2017)第159820号

汉译世界学术名著丛书
(120年纪念版·珍藏本)
十八世纪科学、技术和哲学史
(全两册)
〔英〕亚·沃尔夫 著
周昌忠 苗以顺 毛荣运 译
周昌忠 校

商务印书馆出版
(北京王府井大街36号 邮政编码100710)
商务印书馆发行
北京冠中印刷厂印刷
ISBN 978-7-100-14722-4

2017年12月第1版 开本710×1000 1/16
2017年12月北京第1次印刷 印张69
定价:350.00元